天
Borderless
下

天 下 ， 在 乎 正 义 和 你

天
Borderless
下

法学新经典

当代刑法的理论与课题

黎宏 著

法律出版社 LAW PRESS · CHINA
北京

图书在版编目（CIP）数据

当代刑法的理论与课题 / 黎宏著. -- 北京：法律出版社, 2022
（法学新经典）
ISBN 978-7-5197-7087-7

Ⅰ. ①当… Ⅱ. ①黎… Ⅲ. ①刑法－法的理论－研究－中国 Ⅳ. ①D924.01

中国版本图书馆CIP数据核字（2022）第169944号

当代刑法的理论与课题
DANGDAI XINGFA DE LILUN YU KETI

作　　者：黎　宏
责任编辑：韩满春
装帧设计：李　瞻
出版发行：法律出版社
编辑统筹：学术·对外出版分社
责任校对：李慧艳
责任印制：陶　松
经　　销：新华书店
开　　本：710毫米×1000毫米　1/16
印　　张：27.25
字　　数：378千
版　　本：2022年12月第1版
印　　次：2022年12月第1次印刷
印　　刷：天津嘉恒印务有限公司
书　　号：ISBN 978-7-5197-7087-7
定　　价：128.00元

销售电话：010-83938349　客服电话：010-83938350　咨询电话：010-63939796
地　　址：北京市丰台区莲花池西里7号(100073)
网　　址：www.lawpress.com.cn
投稿邮箱：info@lawpress.com.cn
举报盗版邮箱：jbwq@lawpress.com.cn
凡购买本社图书，如有印装错误，我社负责退换。电话：010-83938349

作者简介

黎宏　武汉大学法学学士、法学博士，师从我国著名刑法学家马克昌教授；日本同志社大学法学硕士、法学博士，师从日本著名刑法学者大谷实教授。现为清华大学法学院教授、博士生导师，清华大学法学院商业犯罪研究中心主任，兼任中国刑法学研究会副会长、北京市法学会副会长、北京市委法律专家、广西壮族自治区人民检察院咨询专家等职。曾任职清华大学法学院副院长、副书记、党委书记，挂职北京市西城区人民检察院副检察长、最高人民检察院司改办副主任等。

荣获“首届首都十大杰出青年法学家”“全国十大杰出青年法学家提名奖”“北京市先进教师”等荣誉；著作曾获“北京市哲学社会科学优秀成果一等奖”“教育部优秀教育成果二等奖”等。代表性独著有《不作为犯研究》（武汉大学出版社1997年版）、《单位刑事责任论》（清华大学出版社2001年版）、《日本刑法精义》（第二版，法律出版社2008年版）、《刑法总论问题思考》（第二版，中国人民大学出版社2012年版）、《结果本位刑法观的展开》（法律出版社2015年版）、《刑法学总论》（法律出版社2016年版）、《刑法学各论》（法律出版社2016年版）等。译著有《刑法总论》《刑法各论》《刑事政策学》《刑法学基础》《刑法的基础》等。另外，在《中国法学》《法学研究》《同志社法学》（日本）等中外刊物发表学术论文100余篇。

序　言

我们有幸生活在一个见证历史的时代。就个体而言,30 年前,当我在内地一所大学攻读博士学位的时候,出国留学,对于一个很少有机会睁眼看世界的年轻人来说,绝对是一件极具吸引力的事情。当时,即便不能去这个星球上较发达的欧美国家,而是去东方最现代化的近邻——日本,甚至去一所几乎之前从没有听说过的大学,都是一个可遇不可求的机会。但仅仅过去了 30 年,就已然沧海桑田、今非昔比了。现在,在我所服务的学校,学生去国外读书已是一件稀松平常的事情。不仅如此,很多人还要“挑三拣四”,看学校看导师了。现在早已不是“外国人来中国看他们的过去,中国人去国外看他们的未来”的年代,全球化浪潮的出现,人们不用出国就能享用世界知名企业和品牌的产品和服务给我们带来的便利;而且,发达的互联网和信息化渠道,使人们足不出户,就能洞悉世界的每一个角落、每天所发生的大大小小的事情,查阅最新的国外专业文献。生活在这样的时代,国外还有什么吸引人之处呢?

但是,新的问题接踵而至。随着我国改革开放政策 40 多年来所积累的成果深入民间,越来越多的普通人在享受和世界同步的现代科技和管理制度所带来的福利的同时,也越来越和西方发达国家的人面临同样的烦恼。现代的经济制度、社会管理制度、科学技术等就像一把“双刃剑”，在提高了人们的生活水平，为人们带来生活便捷的同时，也衍生出对人们不利的一面。如现代的集权制度有助于提高决策效率和保持国家政治秩序的安定，但稍有不慎就会妨害人们的权利、自由；现代的金融制度有助于人们在不确定的环境中有效地进行资源的时间配置，但由于信息的严重不对称，容易爆发金融危机；现代的科学技术有助于人们发现和利用自然资源来提高我们的生活质量，但其中蕴藏着深刻的引发生态乃至人类生存的危机。特别是在当今所谓风险无处不在、无时不在的“风险时代”，无数的事实似乎反复在向人们证明卢梭200多年前在《社会契约论》中提出的一个观点：“人生而自由，却无往不在枷锁之中。自以为是其他一切的主人的人，反而比其他一切更是奴隶。”

为了克服这种宿命，一些刑法学者借鉴西方发达国家的前沿理论，开出这样的方子：告别传统的“制裁刑法观”或者“保障刑法观”，采用处罚更为严厉的“风险刑法观”或者“预防刑法观”，通过提高以“露骨”的刑罚威慑为内容的刑罚制裁规定，提高对已经具有犯罪征兆的“潜在犯罪人”的消极的一般预防，同时，通过维持、唤醒国民的规范意识，以确保可能会陷入犯罪的“一般国民”的规范意识，更加早期、周延地保护法益，进而实现刑罚的积极的一般预防目的。相较于传统刑法观，其实质是扩张刑事制裁的范围、扩大犯罪圈。具体做法：将刑事违法判断的重心前移，只要具有危险行为即可处罚，而不用等到实害发生；改变法益原则的功能，从“没有法益侵害，就没有犯罪”转向“有法益侵害，就有犯罪”，使刑法从消极被动介入转为积极主动介入；改变刑法的机能，淡化刑法与警察法的界限，将刑法看作社会防卫机制的一部分，消除传统刑法的最后手段性与辅助性特征。如此，方能防止现代社会中的风险变为现实，使人们不至于沦为自己所创设的文明成果的奴隶。

受上述积极的预防刑法观的影响，我国近年来的刑事立法和司法发生了显著变化。就刑事立法而言，具体表现：一是通过新增罪名、扩张行为类型或者行为对象范围、加大犯罪主体范围、减少犯罪构成要件要素等方式，扩张刑法的处罚范围；二是通过调整总则中有关刑罚制度、调整特定主体的刑罚、加重个罪的刑罚、限制死刑的适用、修改诉讼程序规定等方式，实现处罚上的宽严相济，从而在整体上达成所谓“积极刑法立法观在中国的确立”的效果。就刑事司法而言，也是通过所谓能动司法或者实质解释，根据社会发展需要，通过扩大或者限定解释，填补刑法规定的漏洞或者明确的模糊之处，满足社会公众的处罚感情，让司法机关立足检察、审判职能，发挥主观能动性，顺势而为，有所作为，以主动回应转型期经济社会发展的需要。

但是，这种积极的预防刑法观似乎并没有完全被学界所认可。如认为预防刑法是社会需求的产物，虽具有种种合理性与优势，但预防总是和无节制相关，具有不确定性和难以捉摸、威胁和改变法治国的核心价值、模糊刑法干预社会的应有界限的危险的观点就是其体现。

确实，在互联网、核能、转基因等新兴技术正在使人类生活方式发生深刻变化，且并不确定这些变化会导致什么样的不利后果的社会背景之下，强调只有在结果出现之后才能予以刑法干预的传统刑法观，具有一定的滞后性。环境犯罪、食品犯罪、毒品犯罪、金融犯罪、交通犯罪等与人们日常生活密切相关的犯罪一旦得逞，便会无可挽回地造成不特定多数人的损失，对这种严重危及一般人生活的犯罪，必须提前防范，露头就打，从而将其消灭在萌芽状态。因此，与时俱进，更新刑法观念，并对刑法的相关内容进行调整，很有必要。但是，正如一些学者所指出的，国家的法治图景是双面的，其既有保护公民权利的一面，也有威胁公民权利的一面，作为法治图景中的一环的刑法也是如此。所谓刑法中的“秩序安全”也具有双面含义，在国家的法治图景没有改变之前，单方面对刑法的预防机能给予美好期待，放松对刑罚权的限制，很可能会动摇刑事法治的根基，结果反而事与愿违。应当说，这种担心不是没有道理的，且不说中外历史上的无数事例在此方面让人记忆犹新，仅看如今我国的一些现象也足以值得人们深思。

一是最近讨论得热火朝天的是否要废除醉驾犯罪的问题。在2022年3月的“两会”上，有人大代表提交了“关于修改刑法，取消醉驾罪的议案”。理由是,我国每年有高达30余万人因“醉酒驾车型”危险驾驶罪被判刑,占全国刑事案件总数的1/3;犯罪人除了自身承受行政处罚和刑事处罚的负担之外,对其家属的就业自由、社会生活等造成重大影响。这种观点得到了部分人的支持,认为即便不废除,也应当提高醉驾入刑的门槛,减少社会的负面效应。醉驾入刑,是在2011年的《刑法修正案(八)》当中。当时入刑的主要理由有,现有法律无法应对日益增多的包括醉驾在内的危险驾驶行为;醉驾入罪有利于预防和制止此类行为发生;醉驾入刑符合国际潮流。但是,仅仅在约10年之后,这个在我国当初被认为是应对风险社会的一大创新的罪名,就面临如此非议的结局,不得不让人回想起当时反对醉驾入刑建议的见解。即这样的立法会导致刑事法网大开,占据大量的刑事司法成本和羁押、监禁资源,降低刑事司法效率;这种因应社会热点、民众呼吁而设立的“头痛医头、脚痛医脚”式的立法,体现出立法的理想主义、浪漫主义特征和一定的情绪化色彩,并且体现出立法的短期主义特质以及对刑法的依赖与迷信,这是一个危险信号。仅仅大概10年时间,这些反对声就被不幸言中了。

二是人脸识别技术的过度应用问题。这个问题并不直接关乎刑事立法或者刑法解释,但却涉及更为基本的问题,即如何看待风险社会刑法观。从预防犯罪的角度来讲,俗称“刷脸”的人脸识别技术,不失为一种理想的手段。想想看,只要通过采集用户的照片归档到数据库,再把通过算法而获取的用户的脸部特征跟照片进行比对,即可快捷、精准、卫生地进行特定人员的身份认定。即便对象者做了易容手术,该技术也能根据脸部特征快速准确地找出“原来的他/她”。对于传统的派人跟踪发现犯罪嫌疑人的行踪或者监控,要耗费大量的人力、物力,并且还经常因为跟丢了而失败的刑事侦查手段而言,这无疑是一种有效便捷的替代措施。据报道,现在包括公安、海关、边检、机场、车站等很多单位在用“刷脸”技术替换传统的人工手段,检查、发现失踪人员,锁定犯罪嫌疑人,识别身份证件的真假,查验进出特定场所的人员。疫情防控期间,有些地方部门甚至在使用该技术监控那些不遵守居家隔离规定或者在公共场所不戴口罩的人。

但正如前述，任何科技创新都是一把“双刃剑”。“刷脸”技术在便利人们生活、保障人们的安全感的同时，却也给人们的隐私保护带来了极大的隐患。由于每个人的面部生物信息都具有唯一性，一旦泄露，便有可能被滥用甚至被别有用心者非法利用，直接危及个人的信息安全、财产安全乃至人身安全。特别是有关部门在利用“刷脸”技术开展工作时，不排除其中的某些人徇私枉法、公器私用，用它来威胁或者侵犯无辜公民的自由。因此，反对推广“刷脸”的呼声也不绝于耳，且其绝非杞人忧天。

这或许也是在国人还没有做好充分心理准备的情况下，被快速带入现代社会的一种纠结。包括我在内的许多人的观念仍然停留在30多年前。那时候，国人都在看西方人的笑话，嘲笑他们在无处不在的摄像头、监控设备之下“一丝不挂地裸奔”，毫无隐私可言。不料世道轮回、风水骤转，现在到让我们感到紧张的时候了。只是，这种形势来得有点快，让人猝不及防。

和西方国家经历了上百年乃至几百年的法治思潮和政制更替的历练，其学者见惯了太多的王旗变换、翻云覆雨，洞悉任何一种制度之得失利弊，从而总能在时代的喧嚣中保持一种超然的宁静相比，我们这一代的学者却像“手把不湿的红旗，面向潮头而立”的钱塘江上的“弄潮儿”，追波逐浪，永立潮头。前些年，在国内学界“风险社会刑法观”甚嚣尘上的时候，邻国也通过了一部类似允许对有组织犯罪进行电子监控的法律。这部法律在其国会讨论时，却遭到了著名刑法学者的带头反对。理由之一就是，这部法律一旦通过，将会使原来只能偷偷摸摸地进行的侵犯公民隐私的行为合法化，今后可以堂而皇之地公开进行了。当一位国外同行向我提起这件事情的时候，我当时除了情不自禁地对国外同行表示钦佩之外，另一种不祥之感也骤然而生。我们满怀热情地迎接一种新的世界前沿学说，却很少关注到其消极的一面。某种学说在逻辑上似乎有其十足的理论依据，但是不是就一定适用于我们的现实，学者在倡导某种学说时似乎总是选择性地不做这方面的考虑。日本学者西田典之在其教材被翻译成中文的时候，特地告诫我国读者“刑法理论尤其是有关犯罪的一般成立要件的刑法总论，与该国的政治、经济、社会、文化密切相关，因而日本的刑法理论当然不能原样适用于中国刑法”。同样。伟大导师列宁也说过，“真理向前一步，哪怕是极小的一步，就是谬误”。即便是正确如真理的学说，也有其特定的适用环境和相匹配的适用条件，否则，就可能沦为“被歪嘴和尚念坏了的佛经”。

这个道理恐怕也能适用于有关“刷脸”技术的争议。如果说我国当代已经属于风险社会，当代人已经无可选择地面临“无时不在、无处不在”的现代科技和社会管理体系所带来的风险，而这种风险一旦变为现实，损失便无可挽回的话，那么，最好的应对手段就是从发现蛛丝马迹开始，将风险扼杀在襁褓之中。相较于探头监控只能留痕，帮助事后破案，“刷脸”技术则能够在特定人员一旦出现在特定时空环境时，及时跟踪制止，从而收到事前预防之效。这大概就是“刷脸”技术在当今已经全面介入国家的社会治理和人们的日常生活的重要原因。而且，正如在飞机、火车出现之初，人们因为安全原因而对其持排斥或者观望态度，但最终经不住其安全、快速、能够去很远的地方的诱惑而张开双臂迎接其到来一样，从利益衡量的角度来看，“刷脸”技术尽管有诸多隐患，但既然现代社会是风险社会，则我们终将要接受并习惯这种可能侵害个人隐私的风险。否则，就只有抛弃现代社会是风险社会的观念。

实际上，上述两个话题，都只是一种表象，在其背后掩藏着两个问题：一是对“积极的一般预防论”该如何看待？即在当今所谓的风险社会背景下，应当采用何种刑事立法和刑事司法观念？是仍然恪守传统的法治国观念，将刑法作为限制国家刑罚权的手段，本着谦抑原则，秉持刑法的二次性、辅助性、最后性特征，将刑法的适用范围限制在最小的范围之内，还是与时俱进，将刑法作为维持社会秩序的手段和工具，主动出击，对于可能出现的风险和存在的漏洞，未雨绸缪、事先防范？二是在“积极的一般预防论”已经成为现实的情况下，如何保证体现该宗旨的法律规定妥当有效运行？因为，不管什么样的刑法，一旦生效之后，必然是要适用的。那么，一定程度上具有争议的刑法法条生效之后，如何在保证其适用的前提下，克服和回避其中所可能存在的过度干涉公民个人生活的隐患，保持刑法的保护法益（维持秩序）和保障人权的机能的平衡协调呢？这也是我们不得不面对的现实问题。

基于上述问题意识，我的一贯见解是，现代社会中的刑法既是法益保护法又是人权保障法，但二者经常处于紧张的对立之中，特别是在我国对违法行为所采用的“刑事制裁与行政处罚”并行的二元制裁体系之下，刑法学尤其是刑法解释学的任务，就是如何在此二者之间权衡利弊，以保持妥当的协调和衡平。本书尽管涉及刑事立法的基本理念、犯罪学的变化与刑事立法、单位犯罪与企业合规、正当防卫、财产犯罪、贿赂犯罪的适用等方面的问题，但万变不离其宗，其内容仍然是围绕上述中心思想而展开的。

本书在成稿的过程中，得到了多方的帮助。首先是《中国法学》《法学研究》《清华法学》《法学评论》《南大法学》《环球法律评论》《法学》《上海政法学院学报》《中国刑事法杂志》《法治现代化研究》等期刊，本书各章节的内容，都是借助它们的版面而得以问世的。其次是法律出版社的编校人员，没有他们的付出，就不可能有本书的付梓。最后是参加我的读书会的各位同行和同学，在本书的酝酿和修改过程中，他们提出了许多让我眼前一亮的宝贵意见，特别是李家寅同学，对本书的注释进行了一一校对。在此，对他们一并致以衷心的谢忱！

黎宏

2022 年 4 月 1 日于北京清华园

目　录

第三部分　刑法适用的新课题

第一部分　现代社会的刑事立法论

第一章　预防刑法观的问题及其克服

一、引言

通过《刑法修正案》频繁地修改现行《刑法》，已经成为我国刑事立法领域的常态。如此频繁地修改刑法的重要原因之一，便是随着当今社会的沧海桑田，我国的违法制裁体系也发生了巨大变化。我国历史上很长一段时期之内，实行"行政处罚—劳动教养—刑罚"的三级制裁体系，即对一般违法行为予以行政处罚，对严重违法行为予以劳动教养，对犯罪行为予以刑罚处罚。但2013年年底劳动教养制度被废止之后，原本由其规制的行为很大一部分转归刑法规制了；同时，与传统的"制裁刑法观"或者"保障刑法观"不同，当今流行的是"风险刑法观"或者说"预防刑法观"。其主要内容是，提高对已经具有犯罪情形的"潜在犯罪人"进行以物理力量的露骨威吓为内容的消极的一般预防的同时，通过维持、唤醒国民的规范意识，以确保说不定就会犯罪的"一般国民"的规范意识，更加早期、周延地保护法益，进而为实现刑罚的积极的一般预防目的。①

① 孙道萃：《风险社会视域下的风险刑法理论辨析》，载《中山大学法律评论》第10卷第1辑；[日]松原芳博：《刑法总论重要问题》，王昭武译，中国政法大学出版社2015年版，第5~11页。

相较于传统刑法观而言,其实质是扩张刑事制裁的范围、扩大犯罪圈。具体做法是:将刑事违法判断的重心前移,只要具有危险行为即可处罚,而不是等到实害发生之后;改变法益原则的功能,从"没有法益侵害,就没有犯罪"转向"有法益侵害,就有犯罪",使刑法从消极被动介入向积极主张介入转变;改变刑法的机能,淡化刑法与警察法的界限,将刑法看作社会防卫机制的一部分,消除传统刑法的最后手段性与辅助性特征。①

受上述预防刑法观的影响,我国近年来的刑事立法也发生了显著变化。具体表现为:一是通过新增罪名、扩张行为类型或者行为对象范围、加大犯罪主体范围、减少犯罪构成要件要素等方式,扩张刑法的处罚范围;二是通过调整总则中有关刑罚制度、调整特定主体的刑罚、加重个罪的刑罚、限制死刑的适用、修改诉讼程序规定等方式,实现处罚上的宽严相济,从而在整体上达成所谓"积极刑法立法观在中国的确立"的效果。② 根据不完全统计,截至 2020 年颁布生效的《刑法修正案(十一)》,已经新增近 80 个罪名。

但是,预防刑法观所倡导的"积极的刑法立法观"并没有被学界所完全接受。如认为预防刑法是社会需求的产物,虽具有种种合理性与优势,但预防总是和无节制相关,具有不确定性和难以捉摸、威胁和改变法治国的核心价值、模糊刑法干预社会的应有界限的危险的观点③就是其体现。

确实,在互联网、核能、转基因等新兴技术正在使人类生活方式发生深刻变化,这些变化会导致什么样的不利后果,并不确定的风

---

① 劳东燕:《风险社会与功能主义的刑法立法观》,载《法学评论》2017 年第 6 期;何荣功:《预防刑法的扩张及其限度》,载《法学研究》2017 年第 4 期。

② 周光权:《积极刑法立法观在中国的确立》,载《法学研究》2016 年第 4 期。

③ 何荣功:《预防刑法的扩张及其限度》,载《法学研究》2017 年第 4 期。类似观点,参见刘艳红:《我国应该停止犯罪化的刑事立法》,载《法学》2011 年第 11 期;齐文远:《修订刑法应当尽量避免过度犯罪化的倾向》,载《法商研究》2016 年第 3 期。实际上,国外也有类似见解。如日本学者松原芳博就认为,现代社会中,不确定因素很多,人们往往将漠然的不安集中于对犯罪的不安,并往往试图通过重刑化来象征性地消除这种不安,以求获得精神上的安宁。国家也能通过回应这种诉求以维持威信,进而获得国民的支持与服从。对此,笔者感觉,刑罚正成为国家自导自演、国民自我满足的手段。参见[日]松原芳博:《刑法总论重要问题》,王昭武译,中国政法大学出版社 2015 年版,第 10 页。

险社会背景之下,强调只有在结果出现之后才能予以刑法干预的传统刑法观,明显具有一定的滞后性。环境犯罪、食品犯罪、毒品犯罪、金融犯罪、交通犯罪等与人们日常生活密切相关的犯罪一旦得逞,便会造成不特定多数人的无可挽回的损失,对这种严重危及一般人生活的犯罪,必须提前防范,露头就打,将其消灭在萌芽状态。因此,与时俱进,更新刑法观念,并对刑法的相关内容进行调整,很有必要。但是,正如一些学者所指出的,国家的法治图景是双面的,其既有保护公民权利的一面,也有威胁公民权利的一面,作为法治图景中的一环的刑法也是如此。所谓刑法中的"秩序安全"也具有双面含义,在国家的法治图景没有改变之前,单方面对刑法的预防机能给予美好期待,放松对刑罚权的限制,很可能会动摇刑事法治的根基,结果反而事与愿违。① 应当说,这种担心不是没有道理的,古今中外的无数事例在此方面让人记忆犹新。因此,在将当今刑事处罚的时点不断提前、处罚范围不断扩大的背景之下,如何合理地避免刑罚权的滥用,实现刑法的保障人权机能,就成为当前的刑法学特别是刑法立法中绕不开的话题。

上述对立,实际上涉及两个问题:一是对"积极的刑法立法观"该如何看待?即在当今所谓的风险社会背景下,应当采用何种刑事立法观念?是仍然恪守传统的法治国观念,将刑法作为限制国家刑罚权的手段,本着谦抑原则,秉持刑法的二次性、辅助性、最后性特征,将刑法的适用范围限制在最小的范围之内,还是与时俱进,将刑法作为维持社会秩序的手段和工具,主动出击,对于可能出现的风险和存在的漏洞,未雨绸缪、事先防范?二是在"积极的刑法立法"已经成为现实的情况下,如何保证该种宗旨的行为稳妥有效运行?因为,无论什么样的刑法,一旦生效之后,必然是要适用的。那么,一定程度上具有争议的刑法法条生效之后,如何在保证其适用的前提下,克服和回避其中所存在的过度干涉公民个人生活的隐忧,保持刑法的保护法益(维持秩序)和保障人权的机能的平衡协调呢?这也是我们不得不面对的现实问题。

---

① 何荣功:《预防刑法的扩张及其限度》,载《法学研究》2017年第4期。

以下,笔者在述评当今学界几种具有代表性的观点之后,就当前流行的以积极的一般预防为宗旨的积极刑法立法观进行评价,在此基础上,从刑法规定所具有的行为规范与裁判规范的属性的立场出发,就预防刑法的适用,提出自己的看法。

二、既有学说及其述评

针对当前预防性刑事立法可能会过度扩张刑法的处罚范围,危及法治国自由刑法的基本原则的趋势,已经有不少学者表达了其担心,并提出了自己的解决方法。以下,列举其中若干代表性观点加以述评。

(一)劳东燕教授的见解

劳教授认为,过去的20多年中,中国已经身不由己地蜕变为风险社会,与此相应,有必要发展与构建一种立足于对现实社会的考量、追求刑法立法的社会功能、注重对社会问题的回应的功能主义刑法观。这种立法观包含三个面向:一是积极介入即在行为危险现实化之前考虑介入;二是将政策上的需罚性放在首位,追求预防效果;三是放松刑法的明确性要求,注重灵活回应。当然,劳教授也清醒地意识到,上述三个面向中蕴含三方面的风险:一是积极介入会使社会治理过度依赖刑法,导致象征性立法与情绪性立法;二是追求预防效果不仅无法获得预期的预防效果,反而走向规制与预防的反面,酿生更多的风险;三是注重灵活回应会弱化罪刑法定的形式性限制,危及刑法的客观性与统一性。① 对此,劳教授认为,应从有效性与合理性的双重视角,对功能主义立法观适当调控:一是委托专门机关,借助大数据,在对风险进行科学预测和评估的基础上进行刑法立法;二是走出单纯的控制思维,建立保障权利的思维,在整合权利保障思维的基础上,进行全面、综合性的利益衡量;三是放弃现行的一元化的刑法典的做法,改为多轨制的刑法立法模式,以缓解立法的稳定性与灵活性之间的紧张。②

---

① 劳东燕:《风险社会与功能主义的刑法立法观》,载《法学评论》2017年第6期。

② 劳东燕:《风险社会与功能主义的刑法立法观》,载《法学评论》2017年第6期。

但上述调控手段,能否消除劳教授所提倡的功能主义刑法立法观中的隐忧,值得怀疑。

近年来流行的所谓功能主义刑法观,正如“法律是社会控制和组织的工具”的命题所言,本质上是将刑法作为一种社会治理手段,强调其在社会治理中如何发挥作用的功利主义的立法观,和源自启蒙时期以限制国家权力、保障个人自由为基本宗旨的法治国刑法理念卓然迥异。简单地说,功能主义刑法观将刑法视为一种社会治理工具,强调与时俱进,主张因应社会外部环境的变化而调整其主要作用,因此,其所应对的并不一定是一般观念上应当由刑法处理的行为;相反地,传统的法治国刑法观则强调刑法是限制国家权力的肆意运用、保障个人权利的手段,虽说刑法随着社会的发展,其内容和理解都会发生变化,但其核心内容,即限制国家刑罚权的肆意发动和保障人权的基本功能,则始终没有变化。因此,当今的所谓功能主义刑法和传统的法治国刑法二者之间在刑法功能的理解上,有天壤之别。①

功能主义法律观来自社会学的理论与方法,注重研究社会运行和社会发展之间的协调与平衡,认为在对制度、规则、法律等社会规范进行诠释时,需要密切关注来自社会层面的影响,使法学家的视线从法律内部转移出来,将目光更多地投向法律与外部世界的关系、法律在社会中的实际功能等一系列问题上。② 就刑法而言,功能主义认为刑法(而不是刑罚)作为规制社会的手段之一,应当考虑其在不同时空环境之下,具有什么样的作用。传统刑法学,正如日本学者平野龙一所言,致力于刑法解释特别是犯罪论的构成,关注理论的独创性、精致性和体系的首尾一贯性,很少关心其作为规制社会手段的特征即刑法本身应当具有的功能。在日本首倡功能(机能)主义刑法观的平野教授认为,刑法是时代文化的镜子,反映的是文化基础上的价值。价值观发生变化的话,刑法也应当发生变化,

---

① 王强军:《功能主义刑法观的理性认识及其限制》,载《南开学报(哲学社会科学版)》2019年第3期。

② 赵运峰:《功能主义刑法解释论的评析与反思——与劳东燕教授商榷》,载《江西社会科学》2018年第2期。

因此，在再建刑法的时候，面临两个基本问题：一是新世界中最为重要的价值是什么？二是这种价值是否应当用刑法加以保护？[①] 可见，功能主义刑法观改变了传统刑法的独立性、民主性的理念，在刑法立法和解释中引入外部即政策要素或者说社会因素。这种刑法观自身作为一种方法论应当无可厚非，关键是在其适用上必须引入什么样的“社会因素”，或者说立足于什么样的“社会问题的考量”，实现什么样的社会功能。就日本当时的情况而言，主张功能（机能）主义刑法观的平野教授认为，刑法修改当中，应当重点体现战后日本新宪法中所规定的民主主义的精神，将个人主义、自由主义特别是被新宪法作为基本人权而置于中心位置的个人权利作为重点考虑的社会因素，从而排除自战前开始一直延续至当时的国家主义、集权主义价值观。[②]

相反地，在我国，当今主倡功能主义刑事立法观的劳东燕教授将刑事立法所应考虑的中心要素放在了风险社会所带来的挑战上。[③] 劳东燕认为，风险社会的挑战必然会影响刑法的功能定位，即刑法由一套注重事后惩罚的谴责体系，而逐渐蜕变为一套偏好事前预防的危险管控体系，即所谓预防刑法。[④] 在这种前提之下，强调在立法层面上对功能主义立法观进行管控，似乎是开错了药方。功能主义刑法观本身就是预防刑法即预防犯罪、预防风险变为现实的刑法观念的衍生品，只要强调预防，就必然会关注社会整体的安全与秩序，必然会将立法规制的中心从结果前移至风险行为，必然会将悖德、行政违法行为上升为犯罪行为，将具体危险犯上升为抽象危险犯，将共犯规定为正犯，即强调刑法的保护法益的一面，而众所周知，刑法的保护法益（秩序）机能和保障人权（自由）机能天然地处

---

① ［日］平野龙一：《刑法的基础》，东京大学出版会 1995 年版，第 93 页以下。

② 赖正直：《机能主义刑法理论研究》，中国政法大学出版社 2017 年版，第 26 页以下。

③ 劳东燕：《风险社会与功能主义的刑法立法观》，载《法学评论》2017 年第 6 期。

④ 劳东燕：《风险社会与功能主义的刑法立法观》，载《法学评论》2017 年第 6 期。

于二律背反状态,[①]在此背景之下,开出作为避免功能主义可能干预个人自由和权利的良方,就是"确立权利保障思维,防止刑法纯粹以预防为导向",[②]这岂不是与其所提倡的功能主义的前提即"风险防控"的理解自相矛盾吗?

更为重要的是,功能主义立法观期待通过严密刑事法网来达到规制社会风险、维持社会秩序稳定的目的,这或许可以说是劳教授倡导的风险刑法观的最大亮点,也是风险刑法观在刑事立法中的反映。随着积极刑法立法观的展开,越来越多的社会领域被纳入刑法规制范围,公民权利空间自然会受到一定挤压,这是难以避免的事实,此时,立法层面与解释层面应当保持一种平衡:当立法主体比较积极时,司法主体在适用法律时应当采取谨慎、相对谦抑的态度;相反地,当立法主体较为消极时,司法主体在依据现有的法律针对社会发展的新情况时,可以较为主动积极,从而避免规制立法过猛而带来的消极和负面影响。但是,劳东燕教授不仅在立法上提倡以积极的一般预防为中心的功能主义,在解释刑法时也仍然提倡功能主义,这在其 2016 年发表的《能动司法与功能主义的刑法解释论》论文中有清晰的体现。[③] 不过,在这篇论文中,劳东燕教授似乎已经意识到过度强调功能主义的能动性与创造性可能导致法律规定的极度膨胀,特别是风险刑法观的误用甚至滥用可能放松对刑罚权的限制,从而招致对公民生活的过度干预,因此,其尽管在司法解释中也提倡功能主义或者能动司法观,但已经不再将"风险社会"作为刑法解释中必须考量的外部政策性要素了,而是说"相信风险社会中刑法发展的必然选择",但同时主张"在允许司法者能动地发挥创造自由的同时,如何对此种自由进行必要的、合理的约束,也是功能主义的刑法解释论所必要考虑的重要命题"。[④] 这种观点在其最新

---

① 这一点,劳东燕教授自身也不否定。她说,但凡刑法介入某个领域,该领域就为国家权力所控制和主导,个人的自由空间就变得极为逼仄。参见劳东燕:《风险社会与功能主义的刑法立法观》,载《法学评论》2017 年第 6 期。

② 参见劳东燕:《风险社会与功能主义的刑法立法观》,载《法学评论》2017 年第 6 期。

③ 劳东燕:《能动司法与功能主义的刑法解释论》,载《法学家》2016 年第 6 期。

④ 劳东燕:《能动司法与功能主义的刑法解释论》,载《法学家》2016 年第 6 期。

的有关功能主义刑法观的论文中，得到进一步的系统阐释。在该论文中，劳教授同样没有强调“风险社会观”这种外部政策要素对刑法解释的主导作用，而是说在刑法解释过程中，必须考虑体系性控制，即在以功能主义刑法观来解释刑法时，除特定的刑法法条内部需要保持协调之外，不同法条之间也要达成协调。同时，刑法法条与其他法部门（包括宪法）之间也必须保持协调。[①] 这种理解，让人具有无限遐想的同时，更给人一种“以风险时代的功能主义刑法学之名大闹一场之后，最终沉寂于四平八稳传统的刑法学了”的感觉。从20世纪60年代日本平野龙一教授提倡以自由主义、个人权利作为外部参考要素的功能（机能）主义刑法观，从而导致日本刑法学界一场革命性变化的历史过程来看，剥离“风险社会观”这种最能体现劳教授刑法学特色，并可能引起一场刑法变革的标签来谈功能主义刑法观的话，功能主义便失去了其灵魂，在具体问题的结论上，不会和在我国大致已成定论的以法益论或者“行为与结果并重的二元论”为基础的实质刑法观之间有明显差别。

（二）何荣功教授的见解

与劳东燕教授相反，何荣功教授从一开始就对预防刑法持怀疑态度。他认为，国家的法治图像是双面的——既是公民权利的保护者，也是公民权利的威胁者。在国家的法治图像没有改变之前，单方面对刑法的预防机能给予美好期待，放松对刑罚权的限制，很可能会动摇刑事法治的根基，结果反而事与愿违。[②] 具体而言，基于对安全的关注，着眼于未来，着重防范潜在的侵害法益危险，从而实现有效的社会控制的预防刑法，不强调以既成的法益侵害结果为追究刑事责任的基础，是国家在面对风险社会时向社会安全需求做出的妥协与让步，是社会需求的产物，具有种种合理性与优势。但预防总是与无限制相联系，具有不确定性与难以捉摸的特性，具有与生俱来的内在扩张逻辑。这种逻辑会威胁和改变法治国的核心价值，模糊刑法干预社会的应有界限，其所隐含的巨大法治风险和运行成

---

① 参见劳东燕：《功能主义刑法解释的体系性控制》，载《清华法学》2020年第3期。

② 何荣功：《预防刑法的扩张及其限度》，载《法学研究》2017年第4期。

本,使其不能当然成为值得国家优先选择和提倡的制度。[①]

基于上述担心,何教授提出,应当对预防刑法进行法制控制。具体来说,就是建立在宪法框架下的法益侵害危险预防机制。其包括三方面的具体内容:一是在宪法上对危险预防进行定位,坚持警察法与司法法相区分,以追求效率和安全为目的的危险预防是国家行政(如警察)职责,而预防刑法只能在例外场合即国家面对特定法益侵害危险时才能采用。二是坚持比例原则与谦抑性原则,即刑罚的属性决定了刑罚立法和司法都必须坚持谦抑性,在立法上贯彻谦抑性更能有效限制刑法干预范围。刑法秉持谦抑主义是宪法上比例原则的根本要求。因此,在刑法立法上贯彻宪法原则,就不能动摇谦抑原则。三是将法益侵害危险作为预防的限度,立法上所设置的预防刑法条款,除了具备犯罪化的一般要件之外,还必须具有"重大的"法益侵害危险。[②]

何荣功教授提倡的"宪法框架下的法益侵害危险预防机制",是在看到了当前的积极的刑法立法观之下所产生的种种缺陷和不足,而从传统的制裁刑法的理念之下所提出来的防范方案。从所欲达成的目的来看,有其积极的一面。但在传统的法益侵害法的基础上,加上"宪法框架"的限制,是不是就可以实现"警惕立法者将刑法推演为保护国民心理安全和国家寻求国民政治支持的工具"[③]的目的呢?笔者本人对此并不乐观。

首先,针对当今社会中的风险,传统的制裁刑法的确有捉襟见肘、力不从心之处。在传统观念下,刑法是法益保护法,以行为引起法益侵害结果或者具体危险为限度;刑罚的本质是对已然的危害结果的报应或者制裁,虽然其也有预防犯罪的效果,但那也只是在事后制裁侵害法益行为时所反射出来的附随效果,因此,在刑法的性质上,强调刑法的最后手段性、谦抑性和被动性。相反地,现在流行的预防刑法观则认为,当代社会是风险社会,刑法的主要功能是风

---

① 何荣功:《预防刑法的扩张及其限度》,载《法学研究》2017年第4期。

② 何荣功:《预防刑法的扩张及其限度》,载《法学研究》2017年第4期。

③ 何荣功:《预防刑法的扩张及其限度》,载《法学研究》2017年第4期。

险防控,因此,刑法关注的重心必然要从事后制裁向事先预防转变。为实现事先预防的效果,刑法制裁的时间必然要从事后的结果发生时前移至事先的行为实施时,制裁的类型必然要从侵害个体法益的犯罪转向侵害集体法益尤其是严重危及社会系统的犯罪。这样,刑法就不仅仅是法益保护法,而更加具有秩序管制法的色彩。在这种话语体系下,以传统的刑法观对其进行修正,即便辅之以"宪法框架"的限定,其效果也可想而知。

其次,即便以宪法框架为根据,也难以为预防刑法的限定提供有价值的依据。如何教授认为,应当在宪法上对危险预防进行定位,并将其交由司法机关和行政机关分别处理。但这种观点是否具有可操作性,值得探讨。且不说"危险"也是作为刑事司法的处理对象之一(如作为特定犯罪的未遂犯之所以被处罚,就是因为其具有引起实害结果的危险),而且依照我国《宪法》第 140 条的规定,公安机关和人民法院、人民检察院同为办理刑事案件的机构,他们在办理刑事案件时应当分工负责,互相配合,互相制约。换言之,公安机关或者说警察的执法活动不完全是追求效率和安全的行政执法,也兼具司法活动的性质。因此,以宪法上的定位为准,主张将危险预防交由行政处罚,而将法益侵害交由刑法处罚的对策在我国现行宪法框架下,理由并不充分。还有,何教授认为,即便是当今预防刑法中也得贯彻谦抑原则,这是宪法中的比例原则的要求。[①] 但比例原则是否能够从我国现行宪法框架之下推导出来,还值得商榷。如就刑法中广泛存在的侵犯公民人身、自由、财产等权利的犯罪而言,很多人援引的我国《宪法》第 51 条即"中华人民共和国公民在行使自由和权利的时候,不得损害国家的、社会的、集体的利益和其他公民的合法的自由和权利"的规定,主张对其成立范围进行限制。但是,比例原则的基本宗旨是限制国家权力对个人权利的侵犯,而《宪法》第 51 条表达的是对公民行使基本权利的总的限制,其在方

---

① 所谓比例原则,简单地说,就是刑法手段必须与其目的相适应,即刑法将某种行为规定为犯罪时必须有合理根据,且该犯罪行为和与之相对应的刑罚之间必须均衡。

向上与比例原则冲突,[①]而且《宪法》第51条是将公民权置于"国家的、社会的、集体的利益"之下。如果说国家利益是最高的绝对公共利益的话,那么该条宪法规范之社会利益和集体利益的规定,自然就限缩了比例原则的适用空间,并不存在权衡二者的余地。[②] 因此,以所谓宪法上的比例原则为根据限制预防刑法的干预范围,可能也只是论者的一厢情愿。

最后,更为重要的是,何教授所倡导的传统的、以结果(危险)为中心的事后制裁的刑事立法观[③]固然不错,问题是,频繁的、带有预防性质的刑事立法已经成为我国现实生活中不可避免的现实,传统刑法观的标准,不仅无法对我国当今的刑法修正进行有意义的指导,且可能会得出目前的许多刑事立法都是不妥当的立法的结论来。[④] 但是,刑法法条一旦被制定出来,任何对该立法的批判都没有多大的实际意义。已经成文的法条,绝对不会因为一两个学者的反对,就马上被废除,这是显而易见的事情。学者基于自己固有的见解,对经过复杂程序而制定出来的法条进行批判,固然可以,但有多大意义,值得怀疑。学者可以做的工作,就是基于自己的价值观,探讨如何适用该法条,说服法官,进而对法官的行动进行控制,这样才能够发挥学者以及学术所具有的建设意义。[⑤] 事实上,何教授也并不是对当前的刑事立法进行完全否定,而是基于传统的刑法理论,从立法和司法两个方面善意地提出了一些建议。即立足于刑法的

---

① 翟翌:《比例原则的中国宪法规范基础新论——以宪法第33条为中心》,载《新疆社会科学》2012年第5期;石文龙:《论我国基本权利限制制度的发展——我国〈宪法〉第51条与德国〈基本法〉第19条之比较》,载《比较法研究》2014年第5期。

② 门中敬:《比例原则的宪法地位与规范依据——以宪法意义上的宽容理念为分析视角》,载《法学论坛》2014年第5期。

③ 何荣功教授自认为,其并非一概排斥对"风险行为"的犯罪化,而只是认为在立法上对"风险行为"进行犯罪化时,应尽可能地采用结果犯的构成要件设置,避免采取预防刑法模式,从而将刑法的调整范围集中于最终造成法益侵害的情形。何荣功:《预防刑法的扩张及其限度》,载《法学研究》2017年第4期。

④ 在何荣功教授的另一篇论文当中,就认为我国的刑事立法中存在"过度刑法化"的问题,并从法哲学的高度对其进行了批判。参见何荣功:《社会治理"过度刑法化"的法哲学批判》,载《中外法学》2015年第2期。

⑤ [日]平野龙一:《刑法的基础》,黎宏译,中国政法大学出版社2016年版,第193页。

谦抑性和比例性原则，将侵害法益危险作为预防刑法适用的限度。这种建议，实际上是换了一种表述，重申必须重视现行《刑法》第 13 条有关犯罪的概念而已。

（三）梁根林教授的见解

梁根林教授认为，近年来展现出的刑法干预的早期化、能动化、犯罪圈不断扩大的立法趋向，既不意味着法治国自由刑法的诉求已经成为过眼云烟，也不意味着积极的刑法立法观在我国就此确立。犯罪圈扩大的立法趋势在总体上具有客观必然性和实践合理性，但保障公民个体自由不被恣意专横的国家刑罚权侵蚀，始终是法律人首先应当关注的价值目标。因此，他对一些学者对权力约束和权利保障机制尚未健全的情况下的犯罪圈的不断扩大、刑法干预早期化和能动化的忧虑表示理解。但梁教授同时认为，复杂中国面临共时性的多重（传统的、现代的和后现代的）安全威胁，刑法必须回应彼此间具有内在张力的多元价值诉求（自由、民生与安全），这一现实决定了当代复杂中国的刑法不可能是单向度和单面相的。如果囿于古典自由主义的单一价值标准，给我国刑法修正贴上某种意识形态化的标签，就难免站在传统刑法观的立场批判我国晚近的刑事立法，有失公允。①

据此，梁教授认为，应当超越肯定与否定的立场选择之争，区分立法论与解释论的不同范畴，在立法论上进行客观、深刻理解与中肯批评，在解释论上发挥刑法教义学的限制功能，对干预起点可能过于前置的条文的适用范围进行限缩。② 即需要在立法论的基础上，将关注的目光转向解释论上对实定刑法内涵的教义学诠释、界定，发展出相应的消除上述潜在危险的刑法体系内部的控制规则与机制。他深信，如此就能最大限度地达成对我国刑法修正案具体条

---

① 梁根林：《刑法修正：维度、策略、评价与反思》，载《法学研究》2017 年第 1 期。

② 梁根林：《刑法修正：维度、策略、评价与反思》，载《法学研究》2017 年第 1 期。与这种见解类似，田宏杰教授在其《立法扩张与司法限缩：刑法谦抑性的展开》（载《中国法学》2020 年第 1 期）一文中也表达了类似观点。田教授认为，我国当今的刑事立法是以谦抑性为内核的传统刑法观之精义所在，刑法谦抑性在我国刑法现代化进程中的实现之路在于刑事立法扩张与形式司法限缩并行不悖和张弛有度。

文与立法趋向的共识性理解、评价与适用,并且实质性地化解对刑法干预早期化、能动化、犯罪圈不断扩大的立法趋势可能侵蚀法治国自由刑法机能的隐忧。①

从本书的立场来看,梁根林教授的方案,即针对我国当下的积极的预防刑事立法当中蕴含的侵害公民个人自由的隐忧,区分立法论和解释论的不同范畴,在立法上进行客观深刻理解、在司法上进行适当限定的策略,基本上是可行的,具有现实妥当性。

一方面,其可以避免立法一问世便成为批判对象的结局。如前所述,21 世纪之后,随着核能、网络、生物工程等前所未有的新技术进入人们的日常生活,原本距离寻常百姓生活遥不可及的"风险"一下子变得现实而紧迫;同时,随着社会组织结构的日趋复杂,决策过程链条的不断拉长,致使业务活动过程中危害结果发生时,掺杂数个原因的情形,已经成为常态;特别是恐怖主义犯罪、金融犯罪、环境犯罪前所未有的猖獗,且手段更加隐蔽,由此而导致人们似乎生活在一个充满恐惧的风险社会当中。为消除这种风险,准确地说,为了消除这种风险而导致的社会不安感,21 世纪以来,包括英、美、德、日在内的世界主要国家均展开了以风险管控为主要内容的所谓积极的刑事立法。这些刑事立法,由于以消除尚处于萌芽状态的风险为出发点,目的是消除普通人的恐惧感,因而难免会有放松对国家刑罚权的约束,弱化法治国保障之嫌,甚至有些防范风险的举措在与生俱来的"越早越好"的内在扩张逻辑支配之下,致使其适用标准上难免存在模糊不清而成为政府不断侵犯公民权利的新的危险源,②这是无法避免的客观事实。但仅仅因为这种担心,便对现实社会中的各种问题充耳不闻、视而不见,一味地对目前的刑法修正进行批判,无异于对急剧变化的现实世界的掩耳盗铃、自欺欺人。因此,包括我国在内的立法机构顺应当前的世界发展大势,积极修改补充相关刑法规定,是有其现实的客观需要的。从此意义上,梁教授认为"随意给我国刑法修正贴上某种意识形态化的标

① 梁根林:《刑法修正:维度、策略、评价与反思》,载《法学研究》2017 年第 1 期。
② 劳东燕:《风险社会与功能主义的刑法立法观》,载《法学评论》2017 年第 6 期。

签”“有失公允”的见解，是有其道理的。

另一方面，通过解释来克服立法过猛的不足，也有其可行性。众所周知，我国是成文法的国家，成文法的一个重要特点也可以说其宿命就是，一旦制定出来，就落后于社会现实了。为了克服这一不足，使法条规定本身具有较大的包容性，立法时不得不使用一些抽象模糊的用语，这也导致了刑法适用中的困难。这种现实的存在，使作为法律适用者的司法机关就不得不在一定时空环境之下，基于特定的价值观和立场，对法条用语进行有倾向性的说明和选择，以使“死法”变为“活法”。这样做的结果，导致我国刑事司法的一个重要特点是，司法人员在个案的处理上往往无法照搬《刑法》法条，必须借重司法解释即国家最高司法机关在适用法律过程中对具体应用法律问题所作的解释。这种司法解释的重要作用之一就是，对法条用语可能引起的各种用语进行明晰和限定，消除《刑法》法条在适用中可能引起的弊端。① 其中，这种想法也并不为我国所独有。如日本学者前田雅英曾指出，指望立法来确定合理的处罚范围和明确处罚界限的想法是一厢情愿的幻想，倒不如说，通过国会渠道来尊重全体国民的意愿虽然很重要，但通过司法官员的法律适用或者刑法解释来制定合理的“法规范”，更加值得期待。很多人认为，日本可以说是半个判例法的国家，只有认真地承认这一点，才

---

①　如《刑法》第120条之六规定了非法持有宣扬恐怖主义、极端主义物品罪。作为本罪的主观要件，行为人必须具有“明知”，但如何认定“明知”，非常困难，稍有不慎，便有不当扩大本罪处罚范围之嫌。对此，2018年5月8日最高人民法院、最高人民检察院、公安部、司法部《关于办理恐怖主义和极端主义犯罪案件适用法律若干问题的意见》规定，本罪中的“明知”的认定，应当根据案件具体情况，以行为人实施的客观行为为基础，结合其一贯表现，具体行为、程度、手段、事后态度，以及年龄认知和受教育程度、所从事的职业等综合审查判断。即便行为人具有：(1)曾因实施恐怖活动、极端主义违法犯罪被追究刑事责任，或者2年内受过行政处罚，或者被责令改正后又实施的；(2)在执法人员检查时，有逃跑、丢弃携带物品或者逃避、抗拒检查等行为，在其携带、藏匿或者丢弃的物品中查获宣扬恐怖主义、极端主义的物品的；(3)采用伪装、隐匿、暗语、手势、代号等隐蔽方式制作、散发、持有宣扬恐怖主义、极端主义的物品的；(4)以虚假身份、地址或者其他虚假方式办理托运，寄递手续，在托运、寄递的物品中查获宣扬恐怖主义、极端主义的物品的等行为，但只要其能作出合理解释的，或者有证据证明其属于被蒙骗的，仍可以认定其不具有“明知”。可见，就本罪的主观要件的“明知”而言，最高司法机关充分考虑到了各种可能的情形，对其成立进行了限定理解。

能对罪刑法定原则进行实质性地讨论。[①] 换言之,前田教授也认为,就法治理念的贯彻落实而言,和立法相比,司法更加可靠。

美中不足的是,针对当前蕴含侵害公民个人自由隐忧的积极刑事立法观,为什么可以采取"立法上肯定、司法上限定"的对策?其道理何在?如何进行操作?这些在梁教授的文中均没有进行更为深入的展开。可以说,梁教授只是提起了一个话题,但未充分展开。

三、行为规范与裁判规范及其分离

本书认为,可以借助行为规范与裁判规范之间存在一定分离的特点或者说属性,对当前具有浓厚的预防色彩的积极刑事立法的存在合理性,及其如何适用问题进行论证。

(一)预防性刑事立法的合理性

在当今,展开以预防即在实害出现之前进行积极预防为主导的刑事立法,已是大势所趋。一方面,随着以信息网络为代表的科技的发展普及,一个难以受现实制度和力量控制的公共和私人领域,即虚拟社会正在形成,其不仅深刻地影响着人们的生活方式,也影响着人们的生活观念。启蒙时代以来所形成的社会制度和道德观念的影响日渐式微,借助互联网技术的多中心社会日渐形成,人类逐渐进入一个难以在技术和观念上被统一控制的"风险社会",这种风险"潜藏于早已具体存在的混乱无序状态日益显现的过程当中,正是因为这种混乱无序状态使得社会生产管理机制及针对危及人类生存巨大威胁和灾难而设立的预防预警机制等,早已变得乱糟糟一团而一发不可收拾",[②]而以谦抑为本,强调一定要等到有具体的法益侵害后果才能动用刑罚的传统刑法观,至少在理论上显得局促被动,为此,必须将刑法作为事前教育装置,未雨绸缪,将实害扼杀在未然的萌芽状态。另一方面,随着现代犯罪学的发展,人们越来越意识到,与其纠结于犯罪原因的探寻,倒不如退而求其次,研究

---

① [日]前田雅英:《现代社会与实质犯罪论》,东京大学出版会1992年版,第65页。

② [德]乌尔里希·贝克:《从工业社会到风险社会》(上),王武龙译,载《马克思主义与现实》(双月刊)2003年第3期。

与某种违法结果相关的条件或者事实。对这种与违法结果有关的事实或者条件进行防范。换言之,刑法学应当转变观念,从以“打”(惩罚犯罪)为主向“打”“防”(预防犯罪)结合、以“防”为主的方向转变。因为刑罚针对的是罪行,并不针对犯罪产生的原因,刑罚只解决犯罪人与被害人(包括社会)的矛盾冲突,而不直接减少犯罪。减少犯罪要靠犯罪发生前的预防和犯罪发生后对犯罪人的再犯罪的预防。① 犯罪发生后的预防,当然是通过对已经犯罪的人进行处罚来实现,但问题是,犯罪学并没有发展到能够准确地甄别出潜在的犯罪人,并事先加以防范的程度。因此,对犯罪的预防,除了广泛地设置监控装置、对参与特定活动的人进行随身携带物品的检查等物理技术防范外,事先在《刑法》当中明确告知禁止或者允许的行为,为一般人提供行为举止的规范的做法,便成为一个重要方式。②

只是,在将刑法作为预防犯罪和事前教育装置的时候,必须预想到这种预防手段当中也存在不当侵犯公民个人自由的风险。毕竟,刑法是一把“双刃剑”,在通过大量增设刑罚法规,将其作为一般人的行动指南,于未然之中防止侵害发生的同时,也潜在地具有不当限制乃至剥夺公民的个人自由的可能。因此,必须通过某种机制,既可以为现代社会中的一般人提供行动指引,又可以将其中所蕴含的侵犯公民自由的风险降至最低限度。在这一点上,我国近年来所探讨的行为规范与裁判规定分离的理论,或许能够为如何看到我国当前的刑事立法与刑事司法之间的关系,提供一些启发和借鉴。

(二)积极的一般预防论与行为规范、裁判规范

我国当今流行的预防刑法的基本宗旨是积极的一般预防,即将普通人作为对象,向其提供行为举止的规范。其实,预防刑法观并非近年来才有的新概念,近代以来便已有之。这一点,从我们耳熟能详的“刑罚的本质是惩罚,刑罚的目的是预防”的说法中就能体

---

① 王牧:《我国犯罪对策的战略选择》,载《中国刑事法杂志》2004 年第 3 期。

② 黎宏:《情景犯罪学与预防刑法观》,载《法学评论》2018 年第 6 期。

会。只是,原来所说的“预防”,通常是指消极的一般预防,即对已经犯罪的人进行处罚或者抱有犯罪意思的潜在的犯罪人进行威慑,通过维持、唤醒其规范意识,而达到预防一般人犯罪的效果;相反地,当今所谓“预防”,指的是积极的一般预防,即通过确保对规范或者说法秩序的“信赖”,唤醒可能会实施犯罪的“一般人”的规范意识,以确保来自可能会成为被害人“善良市民”的信赖。[①] 换言之,积极的一般预防,实际上是对社会生活中连犯罪意思都没有的正常人的预防。这一点,从我们日常生活中随处可见的场景,如乘坐飞机、地铁、进入重要场所或者参与重要活动时,通常会被要求接受随身携带物品的安全检查当中,就能体会出来。因为我们无法判断谁是犯罪分子或者说谁是潜在的犯罪分子,因此,我们便将所有参与某项活动的人都视为防范对象,让其接受安全检查,从而抑制意图犯罪的人的想法,确保善良市民的安全感,以维持人们对规范的信赖。由此说来,所谓积极的一般预防,实际上是将传统刑法论中预防的对象,从犯罪人、潜在的犯罪人,提前到了日常生活中的普通市民。

积极的一般预防观,是通过法律规范中行为规范的一面来实现的。所谓法律规范就是国家制定或者认可,由国家强制力保障实施的行为规则,根据其适用对象的不同,有行为规范和裁判规范之分。前者以一般公众为适用对象,用以指引公民日常生活中的行为举止;后者以司法人员为适用对象,用以指导司法人员的裁判实践。[②] 二者之间不仅在适用对象上存在差别,在其他方面亦存在诸多不同。如行为规范是对一般市民科处义务和责任的规范,其对象是一

---

① [日]松原芳博:《刑法总论重要问题》,王昭武译,中国政法大学出版社 2014 年版,第 8~10 页。

② [日]日高义博:《刑法总论》,成文堂 2015 年版,第 15 页。一般认为,行为规范与裁判规范的区分,最初来自英国学者边沁(J. Bentham)。其认为,裁判规范是用来设立犯罪的,而行为规范是用来处罚触犯这项犯罪的行为人的,二者规范的行为不同,适用的对象也不同。尽管如此,在适用的时候,我们告诉法官,按照法律规定将所有盗窃犯人处以绞刑,虽说这一规定并不直接适用于公众,但通常会以无形的方式警戒公众“不得盗窃”,效果跟直接告诉公众“不得盗窃”的规范效果一样。参见[英]边沁:《道德与立法原理导论》,时殷弘译,商务印书馆 2016 年版,第 371、372 页。

般人,之所以对市民科处义务和责任,主要是为了保护法益,因此,在是不是违反了行为规范的判断上,不仅必须在和法益的关系上进行,而且因为是预防性的法益保护,因此,事前判断必不可少,即行为规范的违反,通过对行为是不是对法益具有一般的抽象危险即可认定。相反地,裁判规范的对象是法官等司法人员,他们的任务是对违反行为规范的人进行可罚性的判断,因此,在判断时点上通常采用裁判时即事后判断。在进行规范判断之际,除了考虑分则所规定的各种犯罪构成要件之外,总则中的未遂规定、共犯规定、排除违法性以及责任的规定等,均包括在内。①

(三)行为规范与裁判规范的关系

现实社会中,一般人显然不是依据刑法规定来进行日常生活的,或者说普通人在日常生活中并不依赖刑法,刑法规定首先是写给司法人员看的,其是司法人员的工作指南,因此,现实生活中的刑法规定首先是裁判规范,这是毫无疑问的。② 但是,正如在“故意杀人的,处××刑”的规定当中,必然包含警告社会一般人“不要杀人”的意义一样,作为法官裁判指南的裁判规范当中无疑也暗含或者说隐含指导一般人行为的行为规范。但正因为只是“暗含”“隐含”——而不是“等同”,所以,行为规范与裁判规范之间到底处于何种关系,充满了玄机。

多数说是“合一说”。这种观点认为,指导法官裁判的规范即裁判规范中必然包含了规范公众行为的行为规范,因此,刑法规定既是裁判规范又是行为规范。如我国学者张明楷教授认为,追求裁判规范与行为规范之间的分离存在理论与实践障碍。因为,这种做法具有欺骗性、恐吓性,侵犯了国民的尊严,一般国民有权获知裁判结论与裁判规范的内容。在媒体发达、交往频繁的时代,根本不可

---

① [日]高桥则夫:《规范论和刑法解释论》,成文堂 2007 年版,第 7~19 页。

② 当然,相反的观点则认为,刑法的第一次机能,不是刑事追诉,而是为市民指引行为方向,只有在实施了犯罪,第一次机能未能发挥其作用时,才能启动第二次机能即追究犯罪的机能,此时就由法官确定犯罪,实施制裁。因此,刑法首先是行为规范,以面向将来的展望性规范为内容;其次是裁判(制裁)规范,以面向过去的回顾性规范为内容。参见[日]高桥则夫:《规范论和刑法解释论》,成文堂 2007 年版,第 7 页。

能防止“声音泄露”，相反地，刑法用语的模糊性会影响刑法的明确性，侵害阅读刑法的国民的预测可能性。[①] 茹士春博士也认为，在基本的是非问题上，裁判规范与行为规范必须统一。按照行为规范构成犯罪的行为，根据裁判规范也应当构成犯罪；按照行为规范不是犯罪的行为，根据裁判规范也应当不是犯罪。[②] 裁判规范只有在价值上统一于行为规范，才能符合明确性的要求，获得公众认同，相反地，在技术上，行为规范必须表现为裁判规范，否则就无法得到人们的遵守。裁判规范对行为规范的制约表现为，它可以影响行为规范的实现程度，而无法改变行为规范本身。[③]

作为少数说的“分离说”则认为，行为规范与裁判规范在功能上可能实际上也是分离的。若仅仅因为裁判规范与行为规范之间具有隐含关系，就将二者不加区分地混合在一起，会给刑法理论带来一系列问题。[④] 刑法规范主要是裁判规范，是对现实的犯罪进行裁判的基准，在法律规范不明确时，法官应该考虑如何裁判才能避免裁判规范与行为规范的冲突。如果通过说明裁判理由就能消除二者之间的冲突，法院应当说明裁判理由。当然，法院的说理不是为了改变刑法规范的内容、强求裁判规范与行为规范的一致性，而是为了消除二者之间由于不一致所产生的紧张关系。此外，还应当认识到，裁判规范与行为规范无法在具体个案的判决中达成一致，也是正常现象，由于裁判规范是基于事后的立场对具体案件作出回溯性的判断，因此，具体个案的判决并不能改变或者影响基于事前的立场对于将来行为的行为规范的内容。[⑤]

---

① 张明楷：《行为规范与裁判规范的分离》，载《中国社会科学报》2010 年 11 月 23 日，第 10 版。

② 茹士春：《刑法规范二重性要论——行为规范与裁判规范的范围异同、内容离合与反馈互动》，载《刑事法评论》2017 年第 2 期。

③ 茹士春：《刑法规范二重性要论——行为规范与裁判规范的范围异同、内容离合与反馈互动》，载《刑事法评论》2017 年第 2 期。

④ 王永茜：《论刑法上裁判规范与行为规范的分离》，载《清华法学》2015 年第 5 期。

⑤ 王永茜：《论刑法上裁判规范与行为规范的分离》，载《清华法学》2015 年第 5 期。

(四)本书的见解

本书认为,作为刑法规范的裁判规范与行为规范在一定限度内具有分离。理由如下:

第一,刑法条文潜在的保护法益(维持秩序)和保障人权机能之间的二律背反,使刑法条文所具有的行为规范属性与裁判规范属性之间必然存在分离。众所周知,近代刑法既有法益保护机能又有保障人权机能,二者之间处于二律背反的关系。过分强调法益保护,必然会将处罚侵害法益行为无条件地正当化,导致对被告人、犯罪嫌疑人人权的侵犯;相反地,过于重视保障被告人、犯罪嫌疑人人权的话,就会导致犯罪的增加,难以对被害人的法益进行有效的保护。上述任何一种局面的出现,都会使人们失去对刑法的信赖,引起社会秩序的混乱,因此,如何协调保护法益和保障人权之间的关系,就是古今中外的刑法学上的基本问题。

对此,近代以来的刑法所采取的一个基本做法是,通过原则与例外的规定方式来解决。即在刑法分则当中,通过对实施具体犯罪行为必须予以某种处罚的方式,让一般人意识到该种行为中所蕴含的命令或者禁止,告诉一般人在日常生活中应当如何规范自己的行为举止。如我国《刑法》第 232 条规定,"故意杀人的,处死刑、无期徒刑或者十年以上有期徒刑;情节较轻的,处三年以上十年以下有期徒刑"。按照这个规定,所有的杀人行为,都必须受到包括死刑在内的刑罚的处罚,因而可以说,其向一般公众传达出一种强烈的信息——"不得杀人"。这种"不得杀人"的禁止命令,就是指向一般人的行为规范即原则要求。

但是,任何人在自己受到别人的主动攻击时,基于自卫或者说自我防护的本能,必然会对加害人进行包括杀死程度的反击;任何人在遭遇较大的突然袭击时,基于趋利避害的人性通常会选择转嫁危害,可能会造成无辜第三者的死亡。这些都是出于人的本能或者人性的行为,对这种情况下的"杀人"行为,即便作为违反行为规范的行为予以刑罚制裁,也不能保证该人在下次遇到这种情形时不做出相同的反应。换言之,对这种情形进行处罚,不仅无济于事,而且还会有"强人所难"之嫌,因此,包括我国在内的各国刑法,在总则规定中,又例外将上述情形作为正当防卫和紧急避险,排除在本应处罚的犯罪行为之外。这种规定的意义是,在特定情形之下,即便行为人违反了"不得杀人"的行为规范,但例外地,法官也会依据刑法总则中的相关规定,不将其作为犯罪处罚。甚至有时候,即便是刑法当中没有明确的规定,法官等司法人员也会基于一些所谓超法规的事由,将刑法没有明文规定的违反"不得杀人"禁令的行为不作为犯罪处理。如没有期待可能性,就是一个经典的出罪理由。课堂教学当中经常会讲到的例子:两名落水者在水中争抢一个救生圈,因为该救生圈只能承载一个人,于是力气大者将力气小者推开,自己独占该救生圈并因而得救,而被推开者溺死的例子("阿特勒斯板案");几名水手因为遭遇风暴流落到一个荒岛上,弹尽粮绝,面临死境,于是就合力将其中最为虚弱的一名水手杀死,依靠其血肉维持数日,终被附近过往船只救助的例子("木犀草号案")。[①] 这些是游走在法律和道德的边缘、拷问人性的极端案例,也是能体现行为规范和裁判规范分离的典型情景。从"人自身是目的,不是手段"[②]的角度来看,人们无论出于什么目的,都不得牺牲他人拯救自己。但是,从现实的法律裁判来看,无论是法官还是社会一般人,都对上述场景下的人的行为表示宽恕和理解。[③]

对于这种行为规范与裁判规范分离现象,即向世界上的人们发布的规则与法庭实际适用的规则之间存在差异的现象,理论上称为"声音隔离效应"。[④] 事实上,这种客观存在的现象遭到了各种基于道德的反对。因为,"声音隔离的存在意味着透明度的降低",并且,"事先发布这项规则(声音隔离)会令人忧虑不安,因为而后人

---

① [美]萨伯:《洞穴奇案》,程福勇、张世泰译,生活·读书·新知三联书店 2009 年版,第 7~9 页。

② [德]康德:《实践理性批判》,韩水法译,商务印书馆 2003 年版,第 95 页。

③ [Divisional Court] The Queen v. Dudley and Stephens. 1884 Dec. 9. Lord Coleridge, C. J., Grove and Denman, Jjpollock and Huddl-ESTON, BB;本案的中文介绍,参见李松锋:《女王诉杜德利和斯蒂芬斯案》,载《苏州大学学报(法学版)》2014 年第 1 期;相关评论,参见[美]迈克尔·桑德尔:《公正——该如何做是好?》,朱慧玲译,中信出版社 2012 年版,第 34~37 页。

④ [美]沃德·法恩斯沃思:《高手——解决法律难题的 31 种思维技巧》,丁芝华译,法律出版社 2018 年版,第 218~224 页。

们在决定是否实施一起颇有诱惑的犯罪时可能会有意利用它”。[①]但从国外的研究来看,这种担心似乎是多余的。一方面,因为在前述所一直讨论的这些案例中,这种关切并不强烈。人们发现,在这些案例中,人们通常从那些要比他们预料的更为宽大的规则中受益,那些意料之外的处罚并没有让他们感到吃惊。另一方面,事实上,提出“声音隔离”分析实验的学者也认为,在那些存在一定声音隔离的场合中,法律能够准许这种辩护理由,但无须担忧人们了解到这些,并且在将来会基于此作出自己的行为决策。[②]

第二,作为社会分工发展的结果,当法律人(特别是法官)作为职业团体独立于一般民众时,必然导致行为规范与裁判规范的适度分离。

行为规范与裁判规范的区分,不仅是因为适用对象上的不同,还因为适用主体上存在差别。从行为规范的角度来看,作为面向一般人的生活指南的法条规定,其理解,主要取决于一般人的立场,而从裁判规范的角度来看,作为司法人员工作指南的裁判规范的法条规定,其判断必须听从于法官等受过职业训练的法律人。判断主体的不同,必然导致对同一法条的理解不同,这也决定了行为规范与裁判规范分离现象的不可避免。

这一点,举一个简单的例子就能理解。如我国《刑法》第232条关于故意杀人罪是这样规定的:“故意杀人的,处死刑。”对这一规定,一般人和法官阅读之后的理解应当是有差别的。在一般人看来,“杀人”就是“弄死”或者“使人丧失生命”这样简单不过的行为,[③]因此,任何人不得实施“弄死”或者“使人丧失生命”的行为。这就是一般人阅读该规定之后的必然结论。在这一点上,法官的理解应当于此无异,此时可以说,行为规范与裁判规范是合一的。但

---

① [美]沃德·法恩斯沃思:《高手——解决法律难题的31种思维技巧》,丁芝华译,法律出版社2018年版,第222~223页。

② [美]沃德·法恩斯沃思:《高手——解决法律难题的31种思维技巧》,丁芝华译,法律出版社2018年版,第219~220、222页。

③ 中国社会科学院语言研究所词典编辑室编:《现代汉语词典》(第五版),商务印书馆2005年版,第1180页。

是,就日常生活中常见的“见危不救”,导致他人死亡的行为,是不是“杀人”?殴打怀孕的母亲,致使其腹中8个月大的胎儿流产死亡的行为是不是“杀人”?重创他人,致使他人“脑死亡”的行为,是不是“杀人”?在这种极为罕见的场合,一般人可能很难得出“弄死”或者“使人失去生命”的结论。这些情形,只有法官等从专业角度进行规范判断,才能得出结论。其中,“见危不救”,一般人可能会认为其是故意杀人,但从法官的角度来看,并不一定如此,有的构成,有的不构成;致使母亲腹中8个月大的胎儿流产死亡的场合,一般人看来或许是杀人行为,但由于我国《刑法》中并没有规定堕胎之类的犯罪,因此只能将其评价为对母亲的重伤;致人脑死亡的行为,依照我国现在的司法解释,也只能评价为重伤,而不能评价为杀人。

之所以出现这种情况,主要是因为针对同一法条,肩负不同职责的主体所欲实现的目的不同,必然导致其在法条的解读上存在差别。在将某法条作为行为规范时,其作用是告诉一般人什么能做、什么不能做,做了会有什么法律上的后果,因此,这种规定必须一目了然、简单易懂,不能让人有过多的理解;而且为了防止人们常有的侥幸心理,故在行为是否违规的理解上,只能站在事前的立场上考虑,而不能将事先难以预测的事后因素考虑在内。相反地,在将该法条作为裁判规范时,其作用是告诉作为法律职业人士的法官等司法人员,对违反法条规定的行为该如何处理。由于刑法适用本身除了罪刑法定、法律适用平等、罪责刑相适应的原则要求之外,还必须兼顾刑法的工具性、目的性要求,因此,其在适用中不得不掺杂一般人所难以知晓的政策性要求。同时,因为刑法适用对象必须是“严重危害社会的行为”,其判断除了行为人在行为时的主观心理状况、行为及其伴随情况以及身份等之外,还必须将事后即裁判时所收集的情况考虑在内,才能确定行为本身是不是具有社会危害性、具有多大的社会危害性,这就使得在将法条理解为裁判规范时,必须考虑事后因素。详言之,裁判规范中的法官思维与行为规范中民众思维之间存在重大的不同:首先,民众思维的重心是朴素的正义观和道德标准上的是非善恶,而法官思维的重心是合法性分析。其次,民众思维的驱动力多是基于原始的报复心理而产生的感情冲动，所要得到的仅仅是一个发泄私愤的对象；而法官思维的驱动力是职业要求，注重逻辑和证据，司法的事后性、救济性决定了法官面对的永远是过去的事情。最后，民众思维容易带有一定的情感偏向，特别是对与自己身份、地位或者处境相同者给予更多的同情，而法官思维的基本要素是中立性，其意味着法官在具体案件的审理中不得带有任何情感倾向，只承认既定的规则。①

第三，我国特有的二元制裁体系导致行为规范与裁判规范的分离。

尽管正在发生变化，但从我国现行的违法行为制裁体系以及现行刑法的规定来看，我国主要还是采用了一套独特的违法行为制裁体系，即对同种性质的行为，区分为违法和犯罪两种形式，并且采用完全不同性质的处罚；而违法和犯罪的区分，多半取决于行为所引起的后果或者说行为本身所伴随的情节。② 如关于虐待和遗弃行为，按照《治安管理处罚法》第 45 条的规定，虐待家庭成员，被虐待人要求处理的；遗弃没有独立生活能力的被扶养人的行为，构成行政违法，要接受 5 日以下拘留或者警告处分。但是，同样的行为如果达到"情节严重"程度，就构成刑法上的犯罪，接受更为严厉的刑罚处罚。③ 同样，依照《治安管理处罚法》第 49 条的规定，有盗窃、诈骗、哄抢、抢夺、敲诈勒索或者故意损毁公私财物行为的，要处 5 日以上 10 日以下拘留，可以并处 500 元以下罚款；情节较重的，处 10 日以上 15 日以下拘留，可以并处 1000 元以下罚款。但是，同样的行为，若达到"数额较大"程度或者伴随有"入户""多次""携带凶

---

① 卜晓颖：《司法民意与法官的职业化思维》，载《南昌大学学报（人文社会科学版）》2011 年第 5 期。

② 我国刑法当中的这种犯罪规定模式，被称为"定性+定量"的规定方法。储怀植：《刑事一体化与关系刑法论》，北京大学出版社 1996 年版，第 269 页。

③ 《刑法》第 260 条规定，虐待家庭成员，情节恶劣的，构成虐待罪；《刑法》第 261 条规定，对于年老、年幼、患病或者其他没有独立生活能力的人，负有扶养义务而拒绝扶养，情节恶劣的，才能构成"遗弃罪"。

器”等情节，就构成刑法上的犯罪。[①] 这一点，与国外多数国家采用的制裁体系不同。在德、日等国的制裁体系当中，行为违法行为（轻犯罪）与犯罪行为之区分，仅仅取决于行为本身，与行为情节或者后果关系不大。换言之，某种侵害行为若被作为犯罪规定在刑法当中的话，无论其情节多么轻微，都不会被规定在其他法律当中，反之亦然，即行政违法与犯罪之间，泾渭分明、一望而知。

从理论上讲，既然实施虐待、遗弃、盗窃、诈骗、哄抢、抢夺、敲诈勒索或者故意损毁公私财物的行为都要受到处罚（或者是刑罚处罚，或者是行政处罚），就意味着从行为规范的角度来讲，任何人不得实施上述行为，从此意义上讲，《治安管理处罚法》和《刑法》中的相关规定都可视为面向一般人的行为规范。但是，从法官等司法人员的角度来讲，其所面临的不是“不得或者制止实施”上述行为的问题，而是在实施了上述行为的场合，该如何处理的问题。特别是在该行为同时为两种或以上的法条所规定，行为人面临两种可以选择的制裁时，该如何判别大是大非问题。如《治安管理处罚法》第67条规定，引诱、容留、介绍他人卖淫的，处10日以上15日以下拘留，可以并处5000元以下罚款；情节较轻的，处5日以下拘留或者500元以下罚款。但是，我国《刑法》第359条却规定，引诱、容留、介绍他人卖淫的，处5年以下有期徒刑、拘役或者管制，并处罚金；情节严重的，处5年以上有期徒刑，并处罚金。从字面上看，两个法条的用语完全一致，而且行为人一旦实施行为就要遭到不利制裁的结局，表明其中含有任何人不得实施“引诱、容留、介绍他人卖淫”的禁令即行为规范。但二者的处罚却大相径庭。“引诱、容留、介绍他人卖淫”的行为，一旦被认定为《刑法》第359条规定的犯罪，就可以面临最高15年的有期徒刑，而一旦被认定为《治安管理处罚法》第67条规定的违法行为，行为人最多会面临15日的拘留。二者之间，近似天壤之别。这种差别，必然会导致一般人与法官等专

---

① 参照《刑法》第264条、第266~268条、第274条、第275条的相关规定。

业人士理解上的不同，由此而导致行为规范与裁判规范之间的偏差。①

当然，必须补充的是，行为规范与裁判规范之间的偏差，虽然客观上存在，但并不是一件值得提倡或者说发扬光大的事情。因为，对一般民众，就某些司法潜规则而言，警察或者其他司法人员知晓，而民众不知晓，或者说法院判决的技术性太强，以致大部分人无从知晓的话，就意味着透明度的降低，如果人们接受这种降低，则可能会产生另一种风险，②即民众对于司法的不信任，从而降低其遵守行为规范的意愿。因此，正视行为规范与裁判规范之间客观上存在一定限度的分离的现实，并不意味着我们肯定或者希望存在这种现象，而只是表明认识并接受这种现实而已。

四、行为规范与裁判规范分离论的应用

如果说刑法条文中所隐含的行为规范和条文所显现出来的裁判规范之间在一定程度上可以分离，面向一般人的禁止或者命令和面向司法人员的命令和禁止并不完全一致，刑法中蕴含的面向一般人的禁止或者命令在裁判中并没有严丝合缝地原样执行的话，那么，对当今积极的刑事立法动向的担心，一定范围内便能迎刃而解，至少不用如临大敌了。换言之，面向一般人提供命令和禁止的行为指南的积极的刑事立法中所蕴含的侵犯公民自由的隐忧，可以通过司法解释或者具体个案，在裁判阶段，以为司法人员提供裁判规则，约束、指导其司法活动的方式加以消除。

---

① 依照2017年7月21日最高人民法院、最高人民检察院《关于办理组织、强迫、引诱、容留、介绍卖淫刑事案件适用法律若干问题的解释》第8条的规定，引诱、容留、介绍他人卖淫，只有具有下列情形之一的，才能依照《刑法》第359条第1款的规定定罪处罚：(1)引诱他人卖淫的；(2)容留、介绍2人以上卖淫的；(3)容留、介绍未成年人、孕妇、智障人员、患有严重性病的人卖淫的；(4)1年内曾因引诱、容留、介绍卖淫行为被行政处罚，又实施容留、介绍卖淫行为的；(5)非法获利人民币1万元以上的，从而将《刑法》第359条之规定与《治安管理处罚法》第67条所规定的违法行为区分开来了。

② ［美］沃德·法恩斯沃思：《高手——解决法律难题的31种思维技巧》，丁芝华译，法律出版社2018年版，第223页。同样，我国学者王永茜博士也认为，行为规范与裁判规范的分离会产生一定的副作用。参见王永茜：《论刑法上裁判规范与行为规范的分离》，载《清华法学》2015年第5期。

关于行为规范和裁判规范分离的积极意义，王永茜博士认为包括以下几个方面：更好地梳理犯罪论体系（将法规范的行为规范的侧面作为犯罪论的内容，而裁判规范作为刑罚论的内容）、使规范的模糊性成为一个优点（防止法官为了普遍正义而牺牲具体个案的正义）、消解判决与民意的冲突（要求法院在判决书中正确充分地说理，以消除公众的疑惑和误解）、利于深化刑事司法体制改革（要求公开司法信息，提高人们对于司法判决的接受程度）。[①] 但这种理解与其说是积极利用行为规范和裁判规范分离的属性，倒不如说是在将这种"分离"看作一种缺陷的基础上，如何加以避免的见解。换言之，是对如何消弭其二者间的分离，从而摆脱分离论所遭受的"既具有欺骗性，也具有恐吓性，侵犯了国民的尊严"的批判[②]的回应。

从本书的角度来看，承认刑法上行为规范与裁判规范的分离属性，其最大长处就是可以用来克服积极的一般预防观中所隐藏的侵犯个人自由的隐忧。具体来说，既然同一条文中同时包含两种面向不同人群的规范，且二者之间并不完全一致，那么，我们便可以利用法规范所具有的这种属性，在不至于侵害公民自由的前提下，实现刑法本身所追求的预防目的。如前所述，近代刑法既是法益保护法又是人权保障法，二者之间经常处于紧张冲突状态。为了消除这种紧张冲突状态，近代刑法学采取的基本对策，就是罪刑法定。即什么样的行为构成犯罪，对该犯罪应当予以什么样的处罚，事先以明文加以规定。之所以要一反古代法中的"刑不可知则威不可测"的理念，将法条明文昭告天下，是因为在本能上倾向于趋利避害的理性人，总是选择对自己最为有利的行为方式。事先将犯罪及其后果在刑法当中明文规定出来，社会上不太可能犯罪的一般人以及潜在的犯罪人便会根据刑法法条的规定，预测自己的行为后果，从而选择实施或者不实施犯罪（当然多半会选择后者）。如此说来，罪刑

① 王永茜：《论刑法上裁判规范与行为规范的分离》，载《清华法学》2015 年第 5 期。

② 张明楷：《行为规范与裁判规范的分离》，载《中国社会科学报》2010 年 11 月 23 日，第 10 版。

法定的首要意义在于预防犯罪，即通过明确规定犯罪及其处罚的方式，事先向一般人说明法律上的命令和禁止，晓以利害，从而向一般人提供日常生活的行动指南。

但是，即便有刑法的事先通告，但还是有人奋不顾身、铤而走险。这种情况，显然是明目张胆地违反行为规范，作为规范的创立者的国家自然地产生惩罚的冲动，迫切地希望使用刑法手段对其加以惩罚。但一有违反行为规范的举止，就立即对其加以惩罚，显然不够理性，有过于草率之嫌。毕竟行为人在何种心理之下实施了该种行为？该行为是不是引起了应受刑罚处罚程度的后果？该行为是否在刑法当中具有明文规定？这些都需要经过专业人员的慎重的规范判断。否则，会招致侵害犯罪嫌疑人、被告人权利的危险。当此之际，刑法条文作为裁判规范即司法人员工作指南的一面便会凸显出来。因为，即便对违反行为规范的行为进行惩罚，其也只能在刑法规定的前提之下进行。毕竟，刑法，正如德国学者李斯特所言，是犯罪人的大宪章(die magna charta des Verbrechers)。[①]

作为裁判规范的刑法，克服其作为行为规范中所包含的侵害公民自由隐忧的方式，主要是通过法官等司法人员的价值判断来体现。如就违反行为规范的行为，是不是构成刑法上的犯罪，法官的判断和一般人的判断之间存在鸿沟。这一点，从行为危险性的判断上就能看出。按照一般人的理解，行为是不是具有违法性即侵害法益的危险，只要以行为时一般人所能认识的事实以及行为人所特别认识的事实为基础，从一般人的常识出发，站在行为时的立场上判断即可。相反地，从法官等专业人士的立场来看，行为是不是具有

① [德]冯·李斯特:《论犯罪、刑罚与刑事政策》，徐久生译，北京大学出版社 2016 年版，第 137 页。顺便说一下，本句出处的查找，得到了清华大学法学博士、德国图宾根大学访问学者吕翰岳的帮助。据他考证，在我国广泛流传的李斯特名言“刑法既是善良公民的大宪章，也是犯罪人的大宪章”系谬传。他遍查李斯特的文献，只发现有后半句，而没有前半句。从相关文献来看，“刑法，既是善良公民的大宪章，也是犯罪人的大宪章”最早可能出自日本学者木村龟二笔下。依照他提供的线索，笔者查看了相关文献，证实了他的判断。木村龟二于 1950 年初版，之后再版 32 次的名著《刑法读本》中提出:刑法，首先是没有实施犯罪的善良国民的大宪章;其次，在针对犯罪人，国家不得对其科处针对该犯罪所规定的刑罚之外的处罚的意义上，可谓是犯罪人的大宪章。上述内容，参见[日]木村龟二:《全订刑法读本》，法文社 1990 年版，第 14 页。

侵害法益的危险,从必须以行为时所客观存在的全部事实为基础,从科学的一般人的立场出发,站在行为后即裁判时的立场上进行判断。在误将白糖当作砒霜杀人、误将面粉当作白粉(毒品)贩卖、在他人饭碗里投放未达致死剂量的毒物杀人、用空枪杀人等场合,从一般人的立场来看,上述行为从外观上看,都足以让人感到危险,因而多半会得出上述行为都有侵害法益危险的结论来,但从站在科学一般人立场的法官的角度来看,结论并不一定如此。如就误将面粉当白粉(毒品)贩卖的行为而言,误将从厨房或者食品店中拿来的面粉当作毒品的场合,由于在这种场合下,该面粉属于白粉(毒品)的可能性极低,产生毒品一样的危害人的身心健康的可能性极小,因此,一般不会将其作为犯罪处理。相反地,从毒贩或者国外不正规渠道进口获得该物质的场合,即便由于某种原因而真的是面粉,但由于从获取手段来看,属于真毒品的可能性极高,此时,从预防的角度来看,即便真的是面粉,但也必须作为毒品看待,构成贩卖毒品罪的未遂犯。这种结论,显然不是从一般人的经验或者常识推导出来的。由此看来,普通人的判断和司法人员的判断存在显著差别,即便违反行为规范的行为,但最终也不一定违反裁判规范。

如此说来,近代以来的刑法所追求的保护法益和保障人权机能,在罪刑法定的形式之下,通过行为规范与裁判规范二者之间的相互制约和平衡,是能够加以实现的。人们之所以对预防刑法抱有担心和恐惧,主要是因为既然是预防,则必然伴随处罚时间的提前、行为类型的扩张、处罚后果的加重等改变,而这些改变难免会导致刑法处罚范围的加大、犯罪认定标准的模糊,最终导致侵犯个人自由的结局。确实,在我国对违法行为双重制裁体系之下,这种担心是能够理解的,但也不是不可以克服的。如《刑法》第128条规定,违反枪支管理规定,非法持有、私藏枪支、弹药的,处3年以下有期徒刑、拘役或者管制;情节严重的,处3年以上7年以下有期徒刑。因为非法持有枪支、弹药的行为要受到刑法处罚,因此,从行为规范的角度来讲,任何人不得非法持有枪支、弹药,即便是一支枪、一颗子弹亦是如此。但违反上述行为规范即禁令的行为,是不是一定就要构成犯罪,则必须从裁判规范的角度来判断。依照我国《刑法》

第 13 条“但书”的规定,即便违反行为规范的行为,“情节显著轻微危害不大的”,不认为是犯罪。按照这种理解,有关《刑法》第 128 条的适用,一般人和司法人员之间就会有微妙的不同。即按照相关司法解释,[①]非法持有、私藏军用枪支 1 支,或者以火药为动力发射枪支的非军用枪支 1 支或者以压缩气体等为动力的其他非军用枪支 2 支以上,才能构成非法持有、私藏枪支罪。子弹的场合,也是如此。非法持有、私藏军用子弹 20 发以上,气枪铅弹 1000 发以上或者其他非军用子弹 200 发以上的,才能构成非法持有、私藏弹药罪。不仅如此,对于以压缩气体为动力且枪口比动能较低的枪支的行为,在决定是否追究刑事责任以及如何裁量刑罚时,“不仅应当考虑涉案枪支的数量,而且应当充分考虑涉案枪支的外观、材质、发射物、购买场所和渠道、价格、用途、致伤力大小、是否易于通过改制提升致伤力,以及行为人的主观认知、动机目的、一贯表现、违法所得、是否规避调查等情节”。[②] 可见,尽管从形式上看,《刑法》第 128 条所规定的非法持有、私藏枪支、弹药罪是抽象危险犯,只要违反“不得违法持有枪支弹药”的行为规范就能构成,但在实际的认定上,司法人员还是从刑法总体上所保持的谦抑性的立场出发,根据特定时空环境以及行为人本人的情况,进行了限定理解。

同样的情况在其他条文中也存在。如依照《刑法》第 133 条之一的规定,只要具有醉酒状态下在道路上驾驶机动车的行为,就要处拘役,并处罚金。其中所体现的行为规范是,任何人不得在道路上醉酒驾驶。但是不是违反这一规范要求,即只要行为人每 100 毫升血液中的酒精含量达到 80 毫克以上时在道路上驾车,就要被认定为“醉驾”呢?从相关司法实务的情况来看,似乎不是如此。如最高司法机关的法官认为,对于醉酒驾驶机动车情节较轻、情节轻微或者显著轻微的情形,可以依照《刑法》总则的规定,依法宣告缓

---

① 2009 年 11 月 16 日修改后的最高人民法院《关于审理非法制造、买卖、运输枪支、弹药、爆炸物等刑事案件具体应用法律若干问题的解释》第 5 条。

② 2018 年 3 月 30 日最高人民法院、最高人民检察院《关于涉以压缩气体为动力的枪支、气枪铅弹刑事案件定罪量刑问题的批复》。

刑、免予刑事处罚或者不作为犯罪处理。[①] 同时,各地的司法机关在醉酒型危险驾驶罪的认定上,也进行了一定的实质性理解。重庆市“公检法”机关联合发布的《关于办理危险驾驶犯罪案件法律适用及证据规范问题的座谈会综述》[②]第6条“关于危险驾驶案件的处理标准问题”中规定:(1)司法机关在办理危险驾驶案件时,应根据相关规定,在考虑酒精含量的基础上,综合把握以下情节,贯彻宽严相济刑事政策,分类处理:①行为人醉酒程度;②醉酒后驾驶机动车的原因、目的;③机动车类型;④行驶道路、行驶时间、行驶速度、行驶距离;⑤是否造成实际损害、损害程度及事故责任划分情况;⑥行为人是否有危险驾驶前科;⑦是否存在自首、立功等法定从宽情节;⑧行为人是否认罪、悔罪,积极赔偿,以及取得被害人谅解情况;⑨其他影响定罪量刑的情节。(2)经检验,行为人血液中酒精含量在80mg/100ml～130mg/100ml(含130mg/100ml),认罪、悔罪的,检察机关可以作微罪不起诉处理,已经提起公诉的,法院可以判处免予刑事处罚。同样,江苏省“公检法”机关发布的《关于办理醉酒驾驶案件的座谈会纪要》[③]中也规定:认定醉驾行为,应当严格把握(第11条)。行为人血液中的酒精含量是反映危险驾驶罪犯罪程度的主要因素,其驾驶的车辆种类、行驶的道路种类、行驶的路程、实际损害后果也是重要因素;同时要综合考虑行为人认罪悔罪态度、曾经酒后或者醉酒驾驶机动车被处罚的情况以及其他交通违法情况(第12条)。在农村人烟稀少、偏僻道路上醉酒驾驶摩托车,行为人血液酒精含量未超过醉酒标准20%,且未发生事故,或者虽然发生交通事故但仅造成自伤后果或者财产损失在2000元以内的,可以认定为情节显著轻微,不作为犯罪处理(第14条)。这些情况不仅表明了刑法条文中蕴藏的行为规范与裁判规范之间的分离的客观存在,而且实务部门也正在利用这种客观现实,消除或者纠正积极的一般预防刑法当中所可能存在的刑罚过度干预社会的隐忧。

---

① 高贵君、马岩、方文军、曾琳:《〈关于办理醉酒驾驶机动车刑事案件适用法律若干问题的意见〉的理解与适用》,载《人民司法》2014年第3期。

② 渝检会〔2018〕15号。

③ 苏高法〔2013〕328号。

五、结语

日本学者前田雅英教授在总结日本的立法与司法现状时曾指出,“通过议员来确保罪刑法定原则的民主主义要求”的命题,只是一个客套话,并没有人真心这样理解。在实际案件的处理当中,可以期待的,是体现国民的规范意识,处理具体案件的法官等法律实务家。在他们的解释当中,应当并且也能够反映现代社会中国民的考虑。从现在的法律家的整体来看,他们在某种程度上比议员更能理解“国民的法意识”,更对法律具有洞察力。[①] 确实,在立法主要取决于官僚机构,而议会仅仅只是走程序通过的现实背景之下,与其说法律重要,倒不如说适用法律的人的解释更为重要。这一点,从我国的实务当中,最高司法机关颁布的司法解释、座谈会纪要等和法律规定本身具有同等乃至更高地位的现实就能窥豹一斑。

对于这种现象,很多人持以批判态度。但从我国当今的刑事立法日趋与世界接轨,假功能主义之名的情绪立法、象征立法、现象立法等倾向越来越明显,刑法规定的行为规范特征越来越明显的当今,与其进行没有实质意义的批判,倒不如退而求其次,利用行为规范与裁判规范之间存在的一定程度分离的客观事实,充分发挥刑法条文的裁判规范之效,在法律适用阶段将作为行为规范的刑法条文中所可能存在的过度干涉公民自由的隐忧予以排除或者修正,从而实现刑法的一般预防之功效。从此意义上讲,预防刑法与保障人权,尽管理念上有相互冲突之虞,但并非无法共存。

---

① [日]前田雅英:《现代社会与实质犯罪论》,东京大学出版会 1992 年版,第 31~32 页;[日]前田雅英:《刑法讲义总论》(第七版),东京大学出版会 2019 年版,第 55 页。

第二章　情境犯罪学与预防刑法观

一、问题意识

尽管学界存在极大的争议,但现在的刑事立法和相关司法解释和 10 多年前相比,均已发生了很大变化,这是难以否认的事实。就立法而言,修改频繁,从 1997 年《刑法》制定以来,已经通过了 11 个刑法修正案,平均约两年一个,增设了许多新罪名和新的刑罚制度;特别重要的是,刑事立法观念已经发生了重大变化:从“没有法益侵害,就不能发动刑罚”的消极、被动保护变为立法上主动发现、积极评估未来可能出现的法益危险或实害并积极跟进的立法观,并通过大量设置危险犯,实现从重视法益实害向重视法益危险的转变;[①]就司法而言,受上述立法观念的影响,近年来,司法机关也在能动司法观的驱使下,出于满足“民意”、一般预防、应对劳动教养制度的废除的目的,大量制定有超越罪刑法定之嫌的司法解释。[②] 刑事立法和司法上的上述

---

① 周光权:《积极刑法立法观在中国的确立》,载《法学研究》2016 年第 4 期。

② 张明楷:《简评近年来的刑事司法解释》,载《清华法学》2014 年第 1 期。同样的观点,参见李翔:《论刑事司法政策司法解释过度化的弊端及其反思》,载《法治研究》2014 年第 8 期。

让人眼花缭乱的变化,让人不得不对其背后的深层次原因进行思考。

有力观点试图以风险社会概念对其进行说明。认为现代社会进入风险社会之后,经济、社会、技术和医疗结构高速改进过程中,社会肌体对混乱的抵抗力完全丧失,面临越来越多的威胁其生存的由社会所制造的风险。为此,人们必须将刑法的防卫线向前推进。和古典刑法强调实害犯相反,风险社会中危险犯处于刑法的中心地位,并基于此而提出了所谓风险社会的刑法观。①

但这种以风险社会概念来说明我国当前刑法变化的见解是否妥当,值得商榷。

一方面,我国当前的刑法变革并不仅限于所谓风险社会中的犯罪类型。西方学者所言"风险社会"中的"风险",指的并不是传统的农耕社会为了抗击自然灾害所引起的风险,而是现代社会中的风险即现代的社会结构、管理制度和高科技自身的伴随物。② 我国当今虽然也面临网络犯罪、环境犯罪、食品药品犯罪、恐怖主义犯罪、金融诈骗等与高科技以及现代社会结构相关的犯罪,但更多的还是有关盗窃、抢夺、抢劫、绑架、贪污受贿等无论在传统农耕时代还是在现代工业时代均存在的犯罪,其产生原因和现代社会制度以及科技发展之间,关系并不十分紧密。特别是国家公职人员的渎职行为、企业主恶意拖欠工人工资行为、老百姓的群体上访行为与风险

---

① 其中的代表性文献如下:薛晓源、刘国良:《法治时代的危险、风险与和谐——德国著名法学家、波恩大学法学院院长乌·金德霍伊泽尔教授访谈录》,载《马克思主义与现实》2005 年第 3 期;劳东燕:《公共政策与风险社会的刑法》,载《中国社会科学》2007 年第 3 期;陈晓明:《风险社会之刑法应对》,载《法学研究》2009 年第 6 期;郝艳兵:《风险社会下的刑法价值观及其立法实践》,载《中国刑事法杂志》2009 年第 7 期;王拓:《风险刑法:风险社会下传统刑法的必要补充》,载《检察日报》2010 年 4 月 26 日,第 3 版;徐显明:《风险社会中的法律变迁》,载《法制日报》2010 年 6 月 23 日,第 10 版;沈柳兰:《风险社会下的我国刑事政策与刑事司法》,载《江苏警官学院学报》2013 年第 3 期。

② 如新技术、新材料的应用改善人们生活的同时,伴有遗传、基因技术滥用、新材料污染的风险;工业化、城市化的进程增加了对基础设施、能源交通和各种消费品的需求,也带来了严重的环境污染风险;网络系统的广泛应用为人们工作、生活提供便利的同时,却带来过分依赖机器、私人隐私不保的风险。人们为了控制风险而采取了更为严密的预防和管理措施,但这些措施却进一步加剧了现代社会的风险。而且,这种风险,一旦爆发,就没有国家、地区界限的限制,针对不特定且多数的个人和财产,呈现难以挽回的特征,因此,风险社会理论提醒人们,必须重视现代社会本身所带来的风险管理。

社会没有任何关系。如果说这些行为也是属于社会制度所异变出来、并且让人时时感到不安的风险社会犯罪的话，则人类在茹毛饮血的原始社会就进入风险社会了。因为，人类的祖先自从树上下地行走之后，就面临疾病、自然灾害以及来自其他部落的袭击；在进入阶级社会之后，就面临统治阶级的渎职、同类相残的风险了。

另一方面，风险社会刑法观忽视了人自身的主观能动性，完全落入了（环境）决定论的窠臼。确实，人是社会的产物，人所生活的社会环境发生了变化，必然导致其中的人有所反应。就此而言，以风险社会为核心说明当前的刑法变化的做法有一定道理。但是，这种继承了环境决定论见解的最大问题是过于形而上，忽视了对人自身的主观特性的理解。风险社会概念仅仅是对工业化社会之后的当代社会现状以及置身于其中的人们的焦灼、恐惧的一种描述，但这种焦灼与恐惧是如何让置身其中的人实施犯罪？风险社会概念则没有提及，也无从说明。

笔者认为，还是应当从刑事政策特别是犯罪原因论的变迁的立场加以说明。犯罪原因论以探讨“人为什么会犯罪”，或者说犯罪为什么发生为主题。正如医学上强调，只要找到原因，就能对症下药、治病救人一样，尽管犯罪比疾病复杂得多，但和疾病具有同样的原理，人们只有了解犯罪的确切原因，才能获得相对比较合理且有效的犯罪对策。刑法作为应对犯罪的重要手段，要想合理且有效，首先必须借鉴犯罪学的研究成果。这是毫无疑问的。正因如此，德国学者耶塞克说，犯罪学可提供源自事实的对刑法立法非常重要的知识，如此，刑法规范方可能“公正合理”。[①] 没有犯罪学的刑法是个“瞎子”，没有刑法的犯罪学是无边际的犯罪学。[②] 法国学者卡斯东 · 斯特法尼说：“面对犯罪学经过长期研究所得到的成果，法学家仅仅付之一笑的时代已经过去”，“犯罪学的影响首先表现为对立法者的影响。犯罪学对犯罪的原因以及对孕育犯罪的过程所做的

---

① ［德］汉斯 · 海因里希 · 耶塞克、托马斯 · 魏根特：《德国刑法教科书》，徐久生译，中国法制出版社 2001 年版，第 60 页。

② ［德］汉斯 · 海因里希 · 耶塞克、托马斯 · 魏根特：《德国刑法教科书》，徐久生译，中国法制出版社 2001 年版，第 53 页。

阐述,对立法者进行各种改革起着指导作用……”[①]我国学者王牧教授说:“如果没有对犯罪问题的犯罪学研究,就没有对犯罪问题的全面的、整体的和真正本质上的研究和把握”,[②]“犯罪学让刑事立法找到理性”。[③] 还有学者认为:“犯罪学研究是刑法学思想变革的推动力。”[④]

以下,笔者首先从犯罪原因论变迁的角度,考察情境犯罪学出现的历史背景,然后分析其基本内容和现实意义,最后从该种立场出发,在犯罪学和刑法学之间的新型关系的基础上,说明我国刑法学应当适度从惩罚刑法学向预防刑法学转变,并就其中的若干具体问题阐述自己的见解。

二、情境犯罪学产生的背景

人类自远古开始,就对自身为什么会犯罪充满了好奇心。在古代,由于缺乏现代科学知识,人们认为犯罪是某种人类力量难以抵抗的超自然力量所导致的,如认为犯罪是附着在人体当中的鬼神作祟的“鬼神附体论”就是其典型表现。[⑤]

在18世纪的时候,随着自然科学的发达、理性主义的兴起,犯罪不再被简单地认为是对神意的违反和一种单纯的道德邪恶,而是行为人理性计算的结果(“古典犯罪学说”)。古典学派的基本观点:犯罪是理性人作为行为主体对犯罪所带来的快乐与痛苦进行计算之后,基于自由意志做出选择的结果。换言之,在古典学派看来,

---

① [法]卡斯东·斯特法尼:《法国刑法总论精义》,罗结珍译,中国政法大学出版社1998年版,第55~56页。

② 王牧:《犯罪学与刑法学的科际界限》,载《中国法学》2004年第1期。

③ 王牧:《犯罪学让刑事立法找到理性》,载《检察日报》2007年8月21日,第3版。

④ 辛忠孝、杨述:《犯罪学研究是刑法学思想变革的推动力》,载《湖北社会科学》2001年第12期。

⑤ 吴宗宪:《西方犯罪学史》(第二版)(第一卷),中国人民公安大学出版社2010年版,第57~58页。尽管这种说法看起来可笑,但即便是现代社会当中,我们还是会有意无意地将某人的违法犯罪行为归于“中了邪”。这实际上是“鬼神附体论”的一种通俗表现。

犯罪原因是理性人进行趋利避害的利益计算。[①] 这种见解的潜在前提是,任何人,如果不受惩罚恐惧的制约,都具有犯罪的潜在可能性。[②] 即任何人都是潜在的犯罪人,因此,作为预防犯罪的最好对策,就是向人们事先告知作为犯罪所获利益对价的刑罚的痛苦,且这种告知越迅速、越严厉、越确定,就越能有效地控制犯罪行为。

由此看来,古典犯罪学派有关犯罪是理性算计的见解,与其说是犯罪原因说,不如说是惩罚根据论或者惩罚尺度论。其重心并不在于解释人为何犯罪,而是意图以此为基础,推动建立一种旨在威胁潜在犯罪人的理性的、系统的、效率的、正义的社会制度。因此,古典犯罪学派到底是不是一种犯罪原因学,值得怀疑。[③] 特别是,人是否具有不受限制的自由意思?是否所有的犯罪都是行为人的自由选择结果?至今尚无定论。[④] 因此,随着政治、经济、文化的发展,尤其是西方主要资本主义国家进入工业化时代之后,社会解体现象加剧,犯罪率不断上升。古典学派单一的刑罚主义预防策略对上述现象无能为力,饱受批判。此种情形下,主张犯罪不是理性人自由选择的结果,而是社会与个人的产物,是由犯罪人周围的社会关系以及犯罪人的固有性格造成的实证主义犯罪学派便乘虚而入,其以把个人行动和社会整体结合起来的社会学以及以 19 世纪的达尔文主义(Darwinism)为基础的生物学的兴起为背景,意图用自然科学研究中的实证手段和方法对犯罪这种人类行为展开探讨。[⑤]

实证主义犯罪学派是第一个提倡从大量观察当中获取一定的

---

① 吴宗宪:《西方犯罪学史》(第二版)(第一卷),中国人民公安大学出版社 2010 年版,第 131~134、175 页。

② 许福生:《刑事政策学》,台北,元照出版有限公司 2010 年版,第 131~132 页。

③ 这个结论,主要参照了莫洪宪教授的观点。莫洪宪教授在其主编的《犯罪学概论》一书中,关于中外主要犯罪原因论,没有列举所谓古典犯罪原因论的部分,而是直接从"犯罪人类学理论"开始。参见莫洪宪主编:《犯罪学概论》,中国检察出版社 1999 年版,第 110 页以下。

④ [日]大谷实:《刑事政策学》,黎宏译,中国人民大学出版社 2009 年版,第 89 页。

⑤ 吴宗宪:《西方犯罪学史》(第二版)(第二卷),中国人民公安大学出版社 2010 年版,第四编"序言"部分。

规律性，然后应用于其他个别现象，检验其是否能够普遍应用的犯罪原因学说。它完成了犯罪学研究中的重大转向：将研究对象从犯罪转变为罪犯，将犯罪预防策略的核心对象看作与普通人不同的异常人群，即潜在犯罪人。[①] 作为判断“潜在”犯罪人的标准，主要如下：

一是行为人所固有的生物或者说心理特征。这种见解相信，犯罪以及越轨行为人所具有的某些不同于常人的生物与心理特征使他们容易陷入犯罪，[②]因此，作为预防犯罪的对策，就是找出具有这种潜在特征的人并加以治疗。“天生犯罪人说”尽管遭到了众多反对，但从生物学的角度即人自身的生物特征来研究犯罪原因的做法，在当时而言，则是一场革命，其开创了犯罪原因论研究的新时代，这种从微观上研究“罪犯”——而不是从宏观上研究“犯罪”——的做法，至今仍然香火不绝、长盛不衰，[③]以至于发展出了一套所谓“特征理论”，假设犯罪由来于犯罪人个人生理或者心理上的缺陷与不健全，犯罪现象是个人的一种“病态”。[④] 基于这种犯罪原因论，后人发展出了一套所谓的“医疗模式”或者“矫正哲学”。[⑤]

二是行为人所处的外在社会环境。作为实证主义犯罪学派的

---

① 徐爱国：《论19世纪刑事实证学派方法论上的转型》，载《法学家》2006年第3期。

② 在这方面，最让人熟知的就是意大利法医学者龙勃罗梭提倡的“天生犯罪人说”。他认为犯罪人是具有一定体格精神方面的变异特征的人。这种特征来自返祖现象即隔代遗传，使生物学上进化迟钝的野蛮状态突然被释放出来。具有这种特征的人不能适应文明社会，因而成为天生犯罪人。[意]切萨雷·龙勃罗梭：《犯罪人论》，黄风译，中国法制出版社2000年版，第319页。

③ 如后来的有关具有特殊体质特征的违法犯罪人、具有基因和遗传缺陷的犯罪人、文化程度与智商低的犯罪人、存在心理缺陷的犯罪人、具有犯罪遗传倾向的犯罪人等学说均源于此。

④ 许福生：《刑事政策学》，台北，元照出版有限公司2010年版，第177页。

⑤ 徐爱国：《论19世纪刑事实证学派方法论上的转型》，载《法学家》2006年第3期。即强调犯罪人是病患，他们所需要的是治疗、矫正即处遇，而非刑罚，主张将医学上的治疗技术手段转移到犯罪人身上，促使犯罪人改变其反社会行为而达到社会复归处遇。因此，对犯罪人的制裁，不需要审判，也不需要律师代理，只需要由社会科学专家组成的委员会听证；而对犯罪人处遇的主要内容，就是不定期刑、假释、不经犯罪人同意的强制治疗。

另一主要派别，“犯罪社会学派”则从“团体”即人所处的社会环境的角度来探讨犯罪原因。这种方法始于法国 19 世纪前半期所形成的犯罪统计方法，但勃兴于 20 世纪之后的美国，并对当今世界的犯罪学产生了巨大影响。如奠定美国犯罪社会学基础的“社会解体论”认为，人类社会从原始的机械社会向有机社会过渡，在此途中，迎来了价值混乱的所谓社会解体即混沌（social disorganization）的病理状态，使犯罪多发。[①] 这种混沌，形成了芝加哥学派的中心概念即“社会解体”的理论基础，在此之上，生长出了“文化传播论”“社会构造论”等具有重大影响的学说。[②] 这样，美国的犯罪原因论，和人类学的原因相比，更加强调社会原因。

但即便如此，当时的犯罪原因论还是存在很大的问题。首先，从其所提炼出的各种犯罪原因学说来看，无论是内在的还是外在的原因，均能找到相反的例证。如说智商低的人易于犯罪或者具有一定体表特征的人易于犯罪，但是，现实当中，并非所有智商低的人或者具有一定体表特征的人都会实施犯罪；同样，虽说贫困家庭或者贫民区长大的孩子容易犯罪，但是，并非所有从这种家庭或者地区成长起来的人最终都沦落为罪犯。因此，犯罪原因论并不具有广泛推广适用的价值。其次，容易导致歧视，而这种歧视成为新的犯罪原因。实证犯罪学说当中，无论是哪一种犯罪原因论，都有一个共同的假设，即犯罪人和正常人之间存在可以辨认的差别，所谓“存在基因缺陷的违法者”“社会文化程度低的违法者”“存在心理缺陷的违法者”的提法，无不是这种假设的体现。但这种提法本身存在巨

① ［法］埃米尔·涂尔干：《社会分工论》，渠敬东译，生活·读书·新知三联书店 2017 年版，第 328 页。

② 其中，“文化传播论”认为，“犯罪是学习的结果”（差异接触论）；在犯罪人的作用被大众传媒赞赏性地描述时，会引发犯罪（差异同化论）；文化冲突一旦深入人的内心，便会导致人格解体，诱发犯罪（文化冲突论）。这就是移民和社会下层人士犯罪多发的原因。“社会构造论”则认为，社会构造上的阶层差别使人们丧失了对规范的共识，招致规范的瓦解，从而使他们陷入心理上的反常状态，做出越轨行为（反常状态论）；还有，下层社会的少年由于所处社会地位不能享受占主流地位的中产阶级的价值观和文化时，便会走上犯罪之路（非行亚文化论）。上述学说的介绍，参见莫洪宪主编：《犯罪学概论》，中国检察出版社 1999 年版，第 128～134 页；［日］大谷实：《刑事政策学》，黎宏译，中国人民大学出版社 2009 年版，第 51～54 页。

大的问题。如果说出身贫寒、没有受过良好的教育、智商低、心理素质差等都是导致犯罪的原因的话，则具有上述特征或者在上述环境中成长起来的人在现实生活当中就容易遭到歧视，在就业、婚恋等方面遭遇不公平。这种不公平不仅会引发新的犯罪，还会妨害人的自我救赎。再次，其不仅会导致刑罚无用论，而且会导致极端思想和极端行为。按照犯罪原因论，人之所以犯罪，很大程度上是因为外在环境所致。既然在一定环境下的特定个人无法逃避可能犯罪的宿命，那么，作为对其惩罚和改造手段的刑罚还有什么意义呢？不仅如此，由于社会制度也是犯罪的原因之一，因此，要想消除或者减少犯罪，只有改变现实的社会制度，此外别无他法。但这无异于煽动人们起来实施反政府、反社会行为，或者将自身的犯罪归结于所处的社会。在这种观念之下，还能寄希望于犯罪人的矫正和改造吗？最后，其忽视了行为人的主体性的一面。即犯罪尽管以环境和社会为条件，但其最终实施仍然取决于个人的主体选择，而传统的犯罪原因论，恰好在这一方面存在缺陷。

由于上述原因，从 20 世纪 60 年代中叶开始，以美国为中心而展开的犯罪论的新动向是，否定历来的犯罪原因论和对策论，追求“犯罪学中的反潮流式转型”。

对传统犯罪学发起第一波冲击的是所谓“标签理论”。[①] 这种理论认为，犯罪并非“环境”和“素质”的产物，而是社会互动的产物。当个人被对其生活具有决定意义的他人（如教师、警察、邻居或者父母）贴上标签，认为其是犯罪人或者越轨者的时候，犯罪人便产生了。[②] 因此，“标签理论”否认所谓本质上的犯罪行为，认为犯罪是第三人从所谓特定规范的立场出发，对他人行为贴上越轨行为（犯罪、非法行为）标签的结果。由于作为社会反应的贴标签行为使偶尔越轨的人沦为经常性的越轨者，因此，标签理论认为，产生犯罪的真正原因在于司法机关自身，分析越轨行为的发生机制是犯罪

① 标签理论，又称“标定理论”或者“贴标签论”。其详细内容，参见吴宗宪：《西方犯罪学史》（第二版）（第四卷），中国人民公安大学出版社 2010 年版，第 1174～1204 页。

② 许福生：《刑事政策学》，台北，元照出版有限公司 2007 年版，第 217 页。

学的主要课题。[①]

对于传统犯罪学来说,标签理论堪称一场革命。因为,其所提出犯罪并非特殊环境或者素质者的专利的见解,实际上否定了犯罪概念的客观性、绝对性,而赋予了主观性、相对性的色彩,这实际上是说,任何人都有可能犯罪;同时,其所提出的"司法机关拥有太广泛的自由裁量权,容易滋生选择性执法"的见解,不仅具有犯罪学上的重要意义,对于刑事法学特别是刑事立法和司法也有震撼。在此之后,犯罪学研究中便引入了明确犯罪概念和非犯罪化、司法过程中的歧视对待、回避贴标签的替代等问题。

标签理论盛行于20世纪60年代,尽管其在否定特殊素质和环境产生犯罪、批判本质的犯罪行为、提倡犯罪的相对化方面有发人深省之处,但在完全无视犯罪人的素质和环境成因、认为"犯罪的成因在于司法机关的强化社会控制"上过于极端,也没有得到实证检验,因而在20世纪70年代后期迅速衰退。[②] 相反地,复活传统犯罪学的兆头开始出现。这就是下文中所述的情境犯罪学。

三、情境犯罪学的内容与意义

对传统犯罪学发起第二波冲击的是情境犯罪学。该学说自20世纪80年代以后流行至今,对包括我国在内的治安管理等具有重大影响。[③] 情境犯罪学继承了标签犯罪论的基本宗旨,认为任何人都可能犯罪,犯罪人和非犯罪人之间几乎没有什么差别,只是在有无犯罪机会方面存在差别;即便是良好公民,只要有适当的环境和

---

① 吴宗宪:《西方犯罪学史》(第二版)(第四卷),中国人民公安大学出版社2010年版,第1200页。标签理论基于上述看法,对改造原则以及重返社会模式的不当性进行批判,主张真正值得作为犯罪进行谴责的是诸如人种差别之类的非人道行为;犯罪是受司法机关的标签行为所致,越是强化社会统治越容易产生犯罪,为防止这种现象的发生,有必要对法律本身以及司法机关进行改革;尽可能地考虑刑罚最后性,以不干涉原则为刑事政策的优先考虑。

② [日]大谷实:《刑事政策学》,黎宏译,中国人民大学出版社2009年版,第57页。

③ 参见李波:《少一些法律,多一些秩序——中西方犯罪预防策略的考察与批判》,载《犯罪研究》2011年第6期;周东平:《西方情境犯罪学:理论、实践及借鉴意义》,载《厦门大学学报(哲学社会科学版)》2014年第3期;岳平:《犯罪防控战略与策略之辨明——论犯罪空间防控的兴起及发展》,载《上海大学学报(社会科学版)》2015年第6期。

机会,也会实施犯罪,因此,不给犯罪提供机会,就是最好的犯罪预防。[①] 其中又有多种学说:“理性选择理论”认为,每一种犯罪类型都有符合特定目的的构成要素,选择实现犯罪目的的人会用有限的理性做出决定,做决定的过程受到他们的知识、技术以及情景因素的限制,因而在刑事政策领域中提出强硬的犯罪镇压模式以及提出环境设计的犯罪预防模式策略。[②] “环境犯罪学”认为,犯罪多发生于特定的环境即状况和空间,为了防止犯罪,就必须发现这种环境,营造能够阻止犯罪的新环境。因此,这种见解将目光紧盯在有可能发生犯罪的环境场所、有可能扩大犯罪被害的地理场所或者发生犯罪危险较高的建筑物等犯罪多发的地点上,倡导“通过环境设计预防犯罪”(Crime Prevention Through Environmental Design, CPTED)。[③] “生活方式犯罪学”则认为,在具备具有实施犯罪行为动机的人、存在能够适当搬运的对象物、没有对该对象物进行保护或者监控的装置这样三个条件时,发生犯罪的概率极高。因此,预防犯罪的最好方式,就是不给行为人提供犯罪机会。[④] “破窗理论”则认为,如果放任环境中的不良现象存在,就会诱使人们竞相效尤,甚至变本加厉。[⑤] 因此,建设社区的祥和气氛,防止地域环境的恶化,有利于预防犯罪。总的来说,情境犯罪学所暗含的潜台词是,可能犯罪的人和不可能犯罪的人之间几乎没有什么差别,因此寻找潜在的犯罪人只是一厢情愿;情景或机会是所有犯罪行为的基本条件,虽说仅有机会并不一定能促成犯罪,但没有犯罪的条件或者机会,即便是有

---

① [日]大谷实:《刑事政策学》,黎宏译,中国人民大学出版社 2009 年版,第 314~315 页。

② [美]布兰登·C. 韦尔什、[英]戴维·P. 法林顿编:《牛津犯罪预防指南》,秦英等译,中国人民公安大学出版社 2015 年版,第 315 页。

③ [美]Timothy D. Crowe 著,Lawrence J. Fennelly 修订:《环境设计预防犯罪》(第三版),陈鹏、苏国锋、李一静、侯冬尽编译,中国人民公安大学出版社 2015 年版,第 1 章 CPTED 概况;刘涛:《表现型犯罪的情境预防——一个西方犯罪学视角的观察》,载《犯罪研究》2012 年第 2 期。

④ [美]布兰登·C. 韦尔什、[英]戴维·P. 法林顿编:《牛津犯罪预防指南》,秦英等译,中国人民公安大学出版社 2015 年版,第 315~316 页。

⑤ 伍德志:《论破窗效应及其在社会治理中的应用》,载《安徽大学学报(哲学社会科学版)》2015 年第 2 期。

可能犯罪的人,也不至于实施犯罪。因此,创造出不利于犯罪的物理或者心理上的恶劣条件,加大实施犯罪的难度和风险,增强区域居民的连带意识和防范意识,减少犯罪风险,就能有效地预防犯罪。①

和历来的犯罪原因论相比,情境犯罪学在以下几方面具有重要意义:

第一,提供了一种新的预防犯罪思路。古典犯罪学是通过刑事司法体系事后施加刑罚的方式来预防犯罪,而当今的情境犯罪学则主要是通过在日常生活中不给罪犯提供机会的方式来预防犯罪。通过刑事司法体系来预防犯罪,必然会加大死刑执行力度或者延长自由刑,引起严刑峻罚的后果。这不仅会增加刑罚执行中的经济和人权成本,而且在犯罪原因不明的情形下,严刑峻罚是否具有预防犯罪的效果,也并不一定清楚。相反地,主张不给行为人提供犯罪机会的情境犯罪学则不会太加重行刑的经济和人权成本,即便会增加一些罪名,但也不会像古典犯罪学派一样采用严刑峻罚的方式。

第二,放弃对终极犯罪原因论的探寻,转而寻找容易诱发犯罪的条件即犯罪原因链条中的中段因素,具有现实可操作性。传统犯罪学痴迷于终极犯罪原因的研究,在罪犯本身的素质以及所处的环境当中上下求索;而当代的情境犯罪学则认为,寻找终极犯罪原因的努力是徒劳的,即便能够查明该原因,也难以提出现实可行的对策,与其进行没有实际意义的犯罪原因假设,不如退而求其次,在现有的条件之下,想方设法减少诱发犯罪的机会。因为犯罪本质上是行为人与周围的人、物即环境之间的行为互动,只要制造或者设置不适合犯罪的情境,犯罪自然会在互动的过程中减少。因此,改善微观环境,便能预防犯罪。在这种"没有机会,就没有犯罪"的思路下,人们不再追求犯罪的终极原因,也不奢望通过改善社会、经济结构,或者通过矫正犯罪人的人格、改善犯罪人的家庭乃至社会大环境来消灭或者减少犯罪,而是通过增加犯罪风险、降低犯罪报酬、减少犯罪刺激等较小成本的方式,以取得减少犯罪的较大收益。

---

① 许福生:《犯罪与刑事政策学》,台北,元照出版有限公司2010年版,第150~151页。

第三,讲求学科融合。情境犯罪学的另一个特征,就是学科融合。正如很多文献所指出的,情境犯罪学,在起源上,犯罪学者以外的人特别是建筑设计师有很大的贡献。1961 年,美国学者 Jane Jacobs 出版《美国大城市的死亡与生活》一书,对于当时大城市的规划与设计走向垂直化、郊区化腐蚀社区生活方式加以抨击,为未来的"环境设计规划预防犯罪"理念奠定良好基础。1971 年,建筑师 C. Ray Jeffery 撰写《经由环境设计预防犯罪》(*Crime Prevertion Through Environmental Design*)一书,提出建筑物的安全装置、门锁、街灯以及相互守望等均能减少犯罪。1972 年建筑师 Oscar Newman 提出"防卫空间"(defensible space)概念,提倡以特殊的建筑设计,如限制或者减少逃跑路线、增加监控、减少匿名等,以打造安全空间,降低犯罪的机会,以达到预防犯罪的效果。[①] 这样,犯罪预防是警察的事情、犯罪学是犯罪学者的专利的固有观念开始崩溃了。之所以出现这种现象,很大程度上是因为,20 世纪 80 年代以后,人们逐渐认识到刑事司法体系对于预防和减少犯罪有其局限性,犯罪的发生,"情境"(situation)因素发挥着重要作用。只要消除存在于生活环境中的犯罪机会,便会有效防止犯罪之发生,而在这一方面,建筑师、治安志愿者乃至犯罪被害人本人所发挥的作用,甚至比传统的警察等司法人员的作用更大。

第四,改变了传统的刑法学的观念。尽管传统的刑法学以及犯罪学也提倡预防犯罪,但从现行刑事司法制度的发展历史来看,事先预防犯罪制度并不是十分完善,相反地,事后惩罚犯罪制度却非常完善。如现代的刑事司法制度,几乎都是为了在事后惩罚已经犯罪的人而设立的。相反地,所谓预防犯罪,仅限于对已经实施犯罪的人进行刑罚处罚的反射效果而已,其并不是刑法的直接追求目标。但是,惩罚是古老的、效果不佳的犯罪对策,预防才是现代犯罪

① 参见以下文献:[美]Timothy D. Crowe 著,Lawrence J. Fennelly 修订:《环境设计预防犯罪》(第三版),陈鹏、苏国锋、李一静、侯冬尽编译,中国人民公安大学出版社 2015 年版,第 1 章 CPTED 概况;刘广三、李艳霞:《犯罪预防的新思路:利用环境设计预防犯罪——奥斯卡·纽曼的"防卫空间理论"述评》,载赵秉志主编:《刑法论丛》第 14 卷,法律出版社 2008 年版。

对策的本质和核心。如果说惩罚犯罪是基于报复心理,而不是针对犯罪原因所作出的理性选择,那么预防犯罪则是基于减少犯罪的社会效果需求而直接针对犯罪原因的理性选择。情境犯罪学的最大贡献是,让人清楚地认识到,刑罚针对的是罪行,并不是产生犯罪的原因,所以刑罚只能解决犯罪人与被害人(包括社会)之间的矛盾冲突问题,而不是直接解决犯罪减少的问题。犯罪的减少,要靠犯罪发生前的预防和犯罪发生之后对犯罪人的再犯罪的预防。这就是情境犯罪学的宗旨。①

情境犯罪学自20世纪80年代末进入我国,之后主要为社会治安所采用。近年来,我国重大暴力犯罪案件发案率下降,社会治安好转,很大程度上和情境犯罪学的广泛应用有关。如对菜刀、汽油等有可能被用于犯罪的日常生活用品的交易严格审查;对乘坐飞机、火车、地铁等交通工具以及进入特定场所进行随身携带物品的检查;公共场所广泛设立监控摄像头并明文提醒;住店、开户、购买手机等要求使用身份证等,实际上都是情境犯罪学在日常生活中应用的体现。在不对社会制度、司法制度、生活环境进行大幅度变革就能取得实效的情况下,可以说情境犯罪学是一种有魅力的犯罪学说。②

四、情境犯罪学对预防刑法学的促进

尽管没有明确地使用"情境犯罪学"的概念,但类似的学说却在我国20世纪90年代中期便已存在。我国学者储槐植教授在20世纪90年代中期就提出了"犯罪场"的概念。其所谓犯罪场,是

---

① 王牧:《我国犯罪对策的战略选择》,载《中国刑事法杂志》2004年第3期。

② 当然,世上不存在对任何犯罪都管用的万能特效药。对于情境犯罪学,批判意见也不少:第一,为了在事前防止犯罪而强烈行驶国家权力的话,有可能侵害市民的人权。实际上,穿制服和不穿制服的警察站在各个街头巷尾,有事无事地进行查问,这并不让人高兴。第二,意图事前防止犯罪的话,有必要使用庞大的人力和物力。犯罪在什么时候、什么地点发生,并不清楚,在未然之中对其完全防止,几乎是不可能的。第三,即便在特定的地点将意图犯罪的人加以阻止,但其还会在其他场合和时间实施犯罪,即其只是将犯罪加以转移而已。[日]大谷实:《刑事政策学》,黎宏译,中国人民大学出版社2009年版,第57页;许福生:《刑事政策学》,台北,元照出版有限公司2007年版,第164~168页。

"存在于潜在犯罪人的主观体验中,促成犯罪原因实现为犯罪行为的特定环境"。[①] 这种观点和情景犯罪学的见解不谋而合。但遗憾的是,该书并没有从犯罪原因论变迁的角度对此进行深刻阐释,刑法学者也仅就储教授据此所推导出来的"严而不厉""刑事一体化"的观念显示了极大的热情,[②]但对这种观念背后的理论支撑,特别是其与刑法学之间的逻辑关系并没有予以相应的理论关照。这显然不符合储教授的初衷。[③] 究其原因,可能与犯罪学与刑法学之间的关系理解有关。因此,笔者认为,在论述犯罪原因论的变迁对刑法学的促进问题之前,有必要先探讨犯罪学与刑法的关系问题。

(一)犯罪学与刑法学的关系

早先,有见解认为,犯罪学与刑法学之间处于二律背反关系,即"随着犯罪学的发达,相应地,刑法学的存在空间就越来越小,最终甚至会归于消灭"。[④] 这是因为,犯罪学和刑法学属于两种在方法论上完全不同的学科。犯罪学认为,万物皆有其因,犯罪也不例外。犯罪学的任务就是找到这种原因,然后由其他学科对症下药,便能消灭犯罪。相反地,刑法学则认为,犯罪是行为人自由意思的选择,在行为人能够选择合法行为却基于自由意思选择了违法行为时,就应当受到刑罚的谴责。如果说犯罪是原因支配的产物,则自由意思当然无从存在了;相反地,若说犯罪是行为人自由意思的选择,则其当然不是原因支配的结果。按照这种理解,犯罪学与刑法学之间在方法论上注定是形同水火,势不两立。万幸的是(对犯罪学来说,也

---

① 储槐植主编:《犯罪场论》,重庆出版社1996年版,第20页。

② 学界多次就储槐植教授的"刑事一体化思想"举行学术研讨,最近的一次是在2017年12月14日,由国家检察官学院与中国犯罪学学会联合主办,主题是"刑事一体化:理论与实践",有来自北京著名高校和最高司法机关的专家学者30多人参加。参见张建升:《"刑事一体化:理论与实践"研讨会在京召开》,载《检察日报》2017年12月15日。

③ 储槐植教授在一个访谈中说到,在缺乏犯罪学研究基础的情况下,就事论事,狭隘地对刑法或者刑事政策问题进行封闭思考,只会做出缺乏犯罪学根基的相关决策。皮艺军、翟英范:《"严而不厉"和"刑事一体化"——储槐植先生访谈》,载《河南警察学院学报》2015年第2期。

④ [日]平野龙一:《刑法的基础》,黎宏译,中国政法大学出版社2016年版,第48页。

许不幸)，目前的犯罪学并未达到对所有的犯罪都能对症下药的程度。不仅如此，从当今我国的现实来看，刑法学的研究方兴未艾，而犯罪学的研究却日渐萎缩，甚至到了有刑法学者提出“使犯罪学回归刑事法学，使犯罪学在刑事法理论中找到安身立命的根基”[①]的程度。

从本书的立场来看，认为犯罪学与刑法学之间属于二律背反关系是过于形式化的理解。一方面，人具有自由意思并不意味着人绝对不受其他因素的影响。换言之，犯罪学的发展并不排斥刑法学的存在。的确，只有认为人的意思受因果法则的支配，才可以说包括刑罚在内的犯罪对策具有存在价值。在此意义上讲，即便人有自由意思，但该种意思也只能是受“因果法则支配”的相对的自由意思。但这并不意味着，自由意思必须完全受制于因果法则。人在为素质和环境所决定的同时，作为理性的存在，也能自主地完善自己的人格，并利用外部条件来实现自己的追求。这种因势利导地利用周边环境、追求自我实现的过程本身就是“意思自由”的体现。行为人只要具有这种程度的自由意思，就可以对其违反规范的行为进行谴责，并不要求其具有完全不受任何因素影响的绝对自由的意思。另一方面，犯罪学目前还没有发展到查明原因、对症下药，即可药到病除，可以不需要刑法学的程度。众所周知，作为近代最为有力的犯罪原因论是实证主义学派，其致命缺陷是，将犯罪学看作预防医学，认为只要查明病灶即犯罪原因，消除该病灶，即可消灭犯罪。诚然，犯罪，某种意义上是社会之病，但病症是自然科学即医学范畴上的概念，其有无，通过科技手段大致能够查清；相反地，犯罪属于社会科学的现象，与行为人的生物、心理特征以及其所处的社会环境密切相关，这种涉及人类精神、心理的现象，比人身疾病复杂得多，即便穷尽现在所有的科技手段，均无法查清。这是犯罪与疾病二者之间的本质差别。迄今为止的各种犯罪原因论之所以走入死胡同，最终均停留于假说的阶段，很大程度上就是这种将犯罪视为疾病，将

---

① 陈兴良：《刑法的知识转型》(学术史)，中国人民大学出版社 2012 年版，第 57 页。

犯罪学视为临床医学的形而上学的理解。不仅如此，上述比喻也没有太大的实际意义。因为，即便现代科技能够查明犯罪原因，但也不能立即消除该所谓犯罪原因。如因为不适应自由竞争的社会环境而实施反社会犯罪的场合，就要改变现行社会制度；由于少年时的不幸成长经历实施犯罪时，难道能够让时光倒流，使行为人从头再来吗？

其实，所谓犯罪原因，也并不一定如实证犯罪学所言，是指对犯罪产生影响的之前的状态，即动力因。随着犯罪学研究的精致化，原因观念逐渐被转换为了相关性的概念。[①] 相关性，通称相关关系，是指一个现象或者事物发生变化时，另一个事物或者现象也随之变动，其是比因果关系更宽泛的概念。事物之间有因果关系时必定有相关关系，但有相关关系却并不一定有因果关系。查明事物之间的因果关系是人类几千年来梦寐以求的，[②]犯罪原因论不过是这种因果关系论的具体体现之一。如前所述，犯罪原因太过复杂，以人类现在的认识能力和科技水平实在难以查清，因此，现代人采取了一种相对务实的做法，即简化对因果关系的理解，不再拘泥于现象背后的原因，而是退而求其次，探寻相继发生的现象之间的规律即相关关系。如公鸡报晓、鸡叫天明，这是中国人的常识。但众所周知，鸡叫虽说通常和天明联系在一起，但鸡叫并不是天明的原因，这是无可置疑的。换言之，鸡叫和天明之间具有相关关系，但并不具有因果关系。这就意味着，相关性并不是传统意义上的因果关系。但相关关系并不排除或者抛弃因果性，而是既肯定因果性又不拘泥于因果性，是对传统因果关系的超越。如按照传统的犯罪原因论的理解，具备某种生理、物理特征的人，必然会实施某种行为。但这种理解有过于绝对之嫌。事实上，具备某种生物或者物理特征的人不犯罪的也大有人在。相反地，相关关系论的说法是，在某种条件下，会出现某种现象；或者具有某种经历或者特点的人，反复出现某行为

---

① ［日］平野龙一：《刑法的基础》，黎宏译，中国政法大学出版社2016年版，第50页。

② 古希腊哲学家德谟克利特曾说："我宁愿找到一个因果关系的说明，不愿得到一个波斯王位。"

时,可以说该条件或者经历、特点可能是导致该现象或者行为的原因。但仅仅是可能而已,其是否真的是引起某种现象或者行为的真实原因,则不必考虑。[①] 因为,根据相关关系的判断,在犯罪学的领域,人们实际上所能做到的,就是在某种违法结果的出现通常和某种条件或者事实相伴的时候,作为对策,就是消除该种条件或者事实,不让其存在就足以创造巨大的价值或者社会效益了,至于二者之间为什么相关,则留待将来慢慢研究。这样,冲动性格的人容易出现暴力犯罪,生活拮据容易导致财产犯罪的说法,在将因果关系简化为相关关系之后,就有其存在的合理性了。这样描述犯罪原因,不仅能够让备受质疑的犯罪原因论起死回生,也不否定自由意思论的存在。

如果说上述有关因果关系就是相继发生的现象之间的相关性,所谓犯罪原因就是和犯罪最为接近的相关因素说法成立的话,则犯罪学和刑法学之间的二律背反关系就不复存在了。因为,即便刑法学上的某"犯罪"存在犯罪学意义上的原因,但这种原因也只是为该犯罪提供了一种可能性,而不是必然性。换言之,该种原因或者条件下,行为人可能犯罪也可能不犯罪,而是否犯罪,最终还是取决于行为人自身的规范意识和价值体系。这样,某人在犯罪时,即便存在所谓犯罪学意义上的犯罪原因,但还是可以对其进行刑法学意义上的谴责,即向其传达社会的否定价值判断,向其诉说规范意识。[②]

(二)犯罪原因论的变化对刑法学的影响

如果说犯罪一定程度上是机会或者情景的产物,犯罪预防应当从事后的刑罚处罚转向事前的改变环境、减少机会上去的话,则刑法学的基本观念应当有所变化。

首先,就刑法学的基本理念而言,从以"打"(惩罚犯罪)为主向

---

① 或许永远说不清楚。如地震发生之前,通常会有牛、马、驴、骡惊慌不安、不进厩、不进食、乱闹乱叫、打群架、挣断缰绳逃跑、蹬地、刨地、行走中突然惊跑等症状。但何以如此,现代科学无法证明。

② [日]平野龙一:《刑法的基础》,黎宏译,中国政法大学出版社2016年版,第50页。

“打”“防”(预防犯罪)结合、以“防”为主的方向转变。著名犯罪学家王牧教授指出,犯罪学的重大贡献是让人们清楚地认识到,刑罚针对的是罪行,并不针对犯罪产生的原因,刑罚只解决犯罪人与被害人(包括社会)的矛盾冲突,而不直接减少犯罪。减少犯罪要靠犯罪发生前的预防和犯罪发生后对犯罪人再犯罪的预防。[①] 犯罪发生后的预防,当然是通过对已经犯罪的人进行处罚来实现,但是犯罪发生之前的预防,除了技术手段上的防范之外,事先在刑法当中将禁止或者要求的行为明确地加以规定,从而让一般人知道自己应当如何行为,即在立法阶段上充分发挥刑法的行为规范的作用,也是一个重要方式。

关于刑法到底是行为规范即社会一般人的行为指南还是裁判规范即司法专业人员的工作指南,一直有争议。应当说,二者兼而有之,只是从不同目的的角度来看,偏重不同而已。从预防犯罪的角度来看,刑法应当是让生活在这个社会中的一般人了解什么能做,什么不能做,做了之后会有什么后果的规定,从此意义上讲,刑法是一般人在社会生活中的行动指南,具有行为规范的性质;相反地,从保障人权的角度来讲,即便行为人实施了违反刑法的行为,应当受到刑罚处罚,但在处罚时,还必须实质性地考虑各方面的因素,如为什么要实施该行为、该行为给社会造成了多大的危害后果、应当在什么幅度之内量刑。这种分析判断,必须根据社会主流价值观和刑法本身的宗旨,实质地进行判断,从这个角度来讲,刑法是裁判规范。换言之,在立法阶段,刑法是行为规范,在适用阶段,刑法是裁判规范。

应当说,1997 年修订的《刑法》在很大程度上体现了刑法的行为规范特点。如 1997 年修订的《刑法》的一个明显特点是,同样的行为,从不同的角度反复规定。如诈骗类型行为,《刑法》中就规定有 9 种犯罪,除了最为经典的诈骗罪(第 266 条)之外,还有集资诈骗罪(第 192 条)、贷款诈骗罪(第 193 条)、票据诈骗罪(第 194 条)、金融凭证诈骗罪(第 194 条)、信用证诈骗罪(第 195 条)、信用

---

① 王牧:《我国犯罪对策的战略选择》,载《中国刑事法杂志》2004 年第 3 期。

卡诈骗罪(第 196 条)、有价证券诈骗罪(第 197 条)、保险诈骗罪(第 198 条)、合同诈骗罪(第 224 条)。从裁判规范的角度来看,上述诈骗行为的最终结果还是他人的财产,本无如此这般叠屋架床的必要。但是,从行为规范的角度来看,上述规定非常必要。其旨在提醒一般人,在上述各个领域中,存在很多的具体的风险点,为了将这些风险消灭于无形,特意指出各种不同领域或者情景中的诈骗,规范处于该环境中的人的行为,减少犯罪机会。

同时,大量增设规制犯罪诱因乃至犯罪中间环节的犯罪类型。如前所述,从当今流行的情境犯罪学的角度来看,犯罪预防,最为重要的就是减少犯罪机会即犯罪的有利条件。这些有利条件,包括有利于或者容易引起犯罪动机的犯罪目标(如妇女、儿童、老人、残疾人、病人、金融机构、关键部门等)、地点(如公共场所、户外、公共交通工具等)、手段(如利用互联网、恐怖主义、极端主义手段)、工具(如虚假身份证件)、武器(如枪支、弹药、爆炸物等)以及其他容易引起犯罪的事实(如赌博、卖淫、吸毒等)。正因如此,《刑法》分则当中,存在一些从常理上难以解释,但从情境犯罪学的角度很容易说明的犯罪,如持有枪支、弹药、爆炸物、假币、假发票、毒品等违禁品的行为,尽管尚未实施具体犯罪,但持有这类物品本身容易引发其他犯罪,因此对持有行为本身必须作为犯罪处罚;还有,赌博、卖淫、吸毒等属于所谓无被害人的违法行为,行为人本身实施的话,属于自损行为,不构成犯罪,但这些行为容易诱发其他犯罪,因此,从预防引起更大犯罪的角度出发,对于引诱、容留、教唆、帮助上述行为的行为,必须作为犯罪处理;还有,刑法当中,将"多次""经公安机关处理后又种植的"规定为犯罪。单次实施这些行为,均不构成犯罪,但"多次"表明行为人已经具备某种习性,因此,对这类人必须加以防范。

但从总体上讲,我国刑法主要还是体现了打击刑法的特点。现行《刑法》第 1 条明确地将"惩罚犯罪,保护人民"作为目的;第 2 条将"用刑罚同一切犯罪行为作斗争"作为实现刑法任务的主要手段。这些无不属于"打击刑法"的体现。同时,《刑法》第 3 条、第 4 条、第 5 条强调罪刑法定、罪责刑相适应、法律适用平等近代法治原则。在我国的现实背景之下,这些原则固然有其重要价值,但在我国对罪刑法定原则普遍偏向形式理解的现状之下,在适用上难免过于死板,缺少灵活性、缺少预防犯罪尤其是预防重大犯罪的机制,缺少为适应现代社会犯罪多样性和复杂性而设定的罪与刑的多样性措施,不能较好地适应现代社会复杂多变的犯罪状况。① 同样,在《刑法》分则所规定的具体犯罪的成立要件上,过于强调"后果",绝大多数犯罪只有在"造成严重后果"、"致人重伤、死亡或者致使公私财产遭受重大损失"、"情节严重"、"情节恶劣"、造成"数额较大"损失、"致使公共财产、国家和人民利益遭受重大损失"的场合,才能构成犯罪。在我国对于同一违法行为,并用行政处罚和刑事处罚,二者的分别只是在于"情节"或者"后果"不同的现状之下,这种规定有其存在的现实合理性,但其并不合乎情境犯罪学的要求。因此,下一步应当考虑,将其中的一部分行为,如严重危及人身安全和自由的部分纳入刑法的处罚范围。

其次,在刑法适用的一些具体问题上,应当根据当前社会治安形势和人们的治安要求,进行最大限度灵活解释,以体现预防刑法的理念。在这方面,至少可以做以下几方面的工作:

一是改变"以处罚既遂犯为原则,处罚未遂犯为例外,处罚预备犯为例外的例外"的传统司法观。受传统的犯罪原因论的影响,从报应角度出发对犯罪进行"以暴制暴"的事后打击,从而体现公正理念的"惩罚犯罪"成为我国刑法第一位的任务。为避免在"打击刑法"理念下,对被告人、犯罪嫌疑人的人权和自由造成侵害,学界主流观点强调惩罚的限度不能超越行为所造成的侵害,即成立犯罪,一定要有现实具体的法益侵害结果,没有造成侵害法益结果的行为,无论行为在形态上多么恶劣,也不能纳入犯罪的范围;同时,相关司法解释也坚持这种观点,对于刑法分则中所规定的只有具有某种行为即构成犯罪的所谓"行为犯"(如《刑法》第 125 条"非法制造、买卖、运输、邮寄、储存枪支、弹药、爆炸物罪"),也仍然将其解

① 王牧:《我国犯罪对策的战略选择》,载《中国刑事法杂志》2004 年第 3 期。

释为以发生程度的结果为成立条件的结果犯。[①] 但是,从“破窗理论”的立场来看,不及时消除不良环境,就会形成更为严重的违法后果。因此,改变观念,未雨绸缪,适当扩大未遂犯的处罚范围,“以处罚未遂犯为原则、处罚预备犯为例外”,也并非不可。特别是在我国刑法规定之下进行这种变更,并不存在任何违反罪刑法定原则的问题。因为,从理论上讲,我国有关未遂犯、预备犯的条文规定在刑法总则当中,理论上对分则条文中的所有犯罪均可适用。

在扩张未遂犯的适用范围方面,数额犯是否具有未遂,值得探讨。如就盗窃、诈骗之类的财产犯罪而言,实践当中一直坚持这样一种默契,即盗窃罪的未遂犯,只有在以数额巨大的财物为对象的场合,才能成立;而在盗窃行为足以造成数额较大的财物被盗的场合,则不能作为盗窃罪的未遂犯处理。但其理由何在,并无说法。同时,实践中盗窃罪的发案率长期以来一直处于各种违法犯罪行为之首,立法已经对“多次盗窃”“入户盗窃”“扒窃”等常见盗窃只要求有行为即可,而无数额较大的要求。这种背景下,仍然对普通盗窃限定为只有实际盗窃数额较大财物的场合才能加以处罚,恐怕也是不合适。因此,从预防犯罪的角度来看,必须将盗窃罪之类的数额犯的未遂犯的处罚范围适当扩张。某盗窃行为,事前从一般经验

---

① 2009年11月16日修正后的最高人民法院《关于审理非法制造、买卖、运输枪支、弹药、爆炸物等刑事案件具体应用法律若干问题的解释》第1条规定,个人或者单位非法制造、买卖、运输、邮寄、储存枪支、弹药、爆炸物,具有下列情形之一的,依照《刑法》第125条第1款的规定,以非法制造、买卖、运输、邮寄、储存枪支、弹药、爆炸物罪定罪处罚:(1)非法制造、买卖、运输、邮寄、储存军用枪支1支以上的;(2)非法制造、买卖、运输、邮寄、储存以火药为动力发射枪弹的非军用枪支1支以上或者以压缩气体等为动力的其他非军用枪支2支以上的;(3)非法制造、买卖、运输、邮寄、储存军用子弹10发以上、气枪铅弹500发以上或者其他非军用子弹100发以上的;(4)非法制造、买卖、运输、邮寄、储存手榴弹1枚以上的;(5)非法制造、买卖、运输、邮寄、储存爆炸装置的;(6)非法制造、买卖、运输、邮寄、储存炸药、发射药、黑火药1000克以上或者烟火药3000克以上、雷管30枚以上或者导火索、导爆索30米以上的;(7)具有生产爆炸物品资格的单位不按照规定的品种制造,或者具有销售、使用爆炸物品资格的单位超过限额买卖炸药、发射药、黑火药10千克以上或者烟火药30千克以上、雷管300枚以上或者导火索、导爆索300米以上的;(8)多次非法制造、买卖、运输、邮寄、储存弹药、爆炸物的;(9)虽未达到上述最低数量标准,但具有造成严重后果等其他恶劣情节的。介绍买卖枪支、弹药、爆炸物的,以买卖枪支、弹药、爆炸物罪的共犯论处。

上看,具备使公私财物被盗的可能性即抽象危险(如针对公私财物进行盗窃),且从事后所查明的事实来看,该行为已经引起数额较大的财物被盗的危险结果(如行为人确实已经接近数额较大财物,或者已经将数额较大财物拿到手,但尚未离开现场即被抓获)的话,即可构成盗窃罪的未遂犯。换言之,只要盗窃行为足以引起数额较大的公私财物被盗,即可构成盗窃罪的未遂犯。这样,不仅符合《刑法》中的未遂犯的处罚规定,也可与《治安管理处罚法》中的相关规定一致。

二是关于未遂犯的判断标准,即在行为是否危险的判断上,考虑规范要求即一般人的感受。众所周知,未遂犯是因为对保护法益具有现实危险而受罚的,这一点毫无争议。但如何判断该具体危险?则众说纷纭。目前,客观说尽管非常有力,但却因为过于强调判断事实、判断标准上的客观化,并因为强调事后判断,因而难以逃脱"该标准之下,所有的未遂犯都是不能犯"的厄运。本书认为,在行为尚未产生实害结果时就要予以处罚,很大程度上是因为,在一般人看来,其对刑法保护法益形成了现实威胁。为了在未然之中防止危害结果的发生,不得不提前采取措施,对其加以防范。因此,在未遂犯的危险的判断上,必须考虑一般人的感受。具体而言,即在依据客观危险说判断未遂犯中的危险时,进行适当调整,先基于科学的经验法则,以行为时所存在的全部事实为基础,查明结果未发生的原因事实("差错"),并据此判断在什么样的情况下,结果能够发生("假定事实");之后,从一般人的立场出发,将现实存在的事实和前述"假定事实"进行对比分析(在分析时必须对现存的客观事实进行一定抽象,即舍弃上述导致结果未发生的"差错"即原因事实),看现存的事实有无引起结果的危险或者可能。得出肯定结论的话,就说明行为有引起结果的危险("一般人的事后危险感"),成立未遂犯;相反地,如果得出否定结论,就不能说该行为具有引起结果的危险,成立不能犯。如在向人开枪,因为枪口稍微向左偏离而没有命中的场合,按照上述见解,其分析过程就是:之所以没有发生致人死亡的结果,是因为枪口稍微向左偏离("差错")。但科学地看,如果枪支是真枪,人也在有效射击范围之内的场合,向人开枪是能够夺人性命的（“假定事实”）。根据一般人的经验，如果说在当时的情况下，将枪口稍微向右挪一点，就足以剥夺被害人生命（“一般人的事后危险感”）的话，可以说，上述向人开枪的行为具有夺人性命的现实危险，能够成立未遂犯。相反地，如果枪是玩具枪，不能击发子弹打死人的场合，因为玩具枪无论如何都不可能通过发射子弹夺人性命，因此，以玩具枪向人开火的行为，不会引起夺人性命结果的危险，不会成立未遂犯。这种见解是在强调科学的事后判断的客观危险说的基础上，参考了具体危险说中的一般人观念加工而成的，因此，可以称为“修正的客观危险说”。[①]

三是改变对犯罪概念的理解。出于防卫社会的需要，结合《刑法》第15条第2款的理解，扩大《刑法》第13条有关犯罪的理解，扩张刑法的处罚范围。

关于“犯罪”的理解，近年来，尽管司法解释已经将其扩展到了“是指具体犯罪行为而不是具体罪名”，[②]不受行为人未达刑事责任年龄等因素影响的程度，与《刑法》第15条第2款即“过失犯罪，法律有规定的才负刑事责任”中的“犯罪”一致了，但在具有后果或者数额要求的“犯罪”之中，其认定仍有一定困难。如按照《刑法》第312条，明知是犯罪所得及其产生的收益而予以窝藏、转移、收购、代为销售或者以其他方法掩饰、隐瞒的，构成犯罪。但在明知是价值800多元的盗窃所得之物的自行车而收购的场合，行为人的行为还能构成本罪吗？从《刑法》第312条规定的字面来看，明显存在困难。毕竟价值800多元的被盗自行车不是“犯罪所得”，[③]不符合本罪中所规定的上游犯罪的要求；但不处罚的话，会在刑法当中留下处罚漏洞。因此，就刑法当中具有数额要求的前罪，是不是可以要

① 黎宏：《刑法学总论》（第二版），法律出版社2016年版，第245页。

② 参见2002年7月24日全国人大常委会法制工作委员会《关于已满十四周岁不满十六周岁的人承担刑事责任范围问题的答复意见》。

③ 盗窃公私财物价值3000元以上的，才能达到《刑法》第264条规定的“数额较大”。

求解除数额要求,便成为问题。①

实际上,从保护法益和预防犯罪的角度来看,“掩饰、隐瞒犯罪所得、犯罪所得收益罪”的成立,要求前罪也必须达到成立犯罪的程度并不一定合适。本罪被规定在《刑法》分则第六章“妨害社会管理秩序罪”第2节“妨害司法罪”一节当中,其保护法益,是指国家司法秩序。换言之,本罪并不是财产犯罪的事后帮助犯,而是独立的妨害司法秩序的犯罪。能够侵害司法秩序这种抽象法益的犯罪,除了一次性的重大侵害之外,还包括以“作为单个行为是不可能的,但大量实施的话,就会引起一定的法益侵害、危险的个别行为”为要件的累计犯(蓄积犯)。这种单个行为容易被模仿,不予制止的话,会诱发其他人的反复同种侵害行为,这种侵害行为一旦和其他原因结合,就会引起难以挽回的实害结果。因此,必须对该种行为予以严厉禁止。作为“掩饰、隐瞒犯罪所得、犯罪所得收益罪”成立条件的“上游犯罪”,以盗窃、诈骗、抢夺等手段获取的财物未达数额要求的场合,尽管从形式上看难以说是“犯罪所得”,掩饰、隐瞒该财物的行为不能成立掩饰、隐瞒犯罪所得罪,但对窝藏、转移、收购、代为销售或者其他方式掩饰、隐瞒这种财物的行为不予处罚的话,就难以预防更严重的犯罪的发生,因此,从预防犯罪的角度来看,本罪

---

① 我国刑法当中,类似问题有很多。如按照《刑法》第287条之二,明知他人利用信息网络实施犯罪,为其犯罪提供互联网接入等帮助,即构成帮助信息网络犯罪活动罪。这就意味着,成立本罪的前提是,“明知他人利用信息网络实施犯罪”,这里的“犯罪”该如何认定,就成为问题。如在利用发送短信、拨打电话、互联网等电信技术手段对不特定多数人实施诈骗,诈骗数额难以查证的场合,相关司法解释规定,具有下列情形之一的,应当认定为《刑法》第266条规定的“其他严重情节”,以诈骗罪(未遂)定罪处罚:(1)发送诈骗信息5000条以上的;(2)拨打诈骗电话500人次以上的。按照这一规定,即便电信服务商发现他人在利用自己经营的信息网络实施诈骗行为,但如果次数或者人数不达上述要求,就不能构成诈骗罪。如果前述行为不构成犯罪,接踵而来的问题是,为诈骗分子提供电信服务的网络运营商的不制止行为也不能构成《刑法》第287条之二所规定的“帮助信息网络犯罪活动罪”。这是理所当然的结论。但由此而来的问题是,成立“帮助信息网络犯罪活动罪”,必须要受到双重“情节严重”的限制。一方面,成立帮助信息网络犯罪活动罪,按照《刑法》第287条之二的规定,行为人除了具有帮助信息网络犯罪活动行为之外,该行为还必须到达“情节严重”的程度;另一方面,作为成立本罪的前提的“他人利用信息网络实施犯罪”中的“犯罪”,依照相关司法解释,也要达到“情节严重”的程度。这样的话,帮助信息网络犯罪活动罪的成立范围就非常有限了。

中的“上游犯罪”并不一定要执着于“达到一定数额要求的犯罪所得”。[①] 实际上,司法机关也注意到了这一点。在相关司法解释当中,并没有格外强调上游犯罪必须达到一定数额,而是说只要“掩饰、隐瞒犯罪所得及其产生的收益价值3000元至10,000元以上的”“一年内曾因掩饰、隐瞒犯罪所得及其产生的收益行为受过行政处罚,又实施掩饰、隐瞒犯罪所得及其产生的收益行为的”,即可构成本罪。[②] 这就意味着,即便一次“上游犯罪”的数额不足以成罪,但数次掩饰、隐瞒该违法所得的价值达到“3000元至10,000元以上”,或者本次犯罪的“上游犯罪”的数额不足以成罪,但1年内曾因掩饰、隐瞒犯罪所得及其产生的收益行为受过行政处罚,又实施掩饰、隐瞒犯罪所得及其产生的收益行为的,也还是能够成立本罪。这种强调掩饰、隐瞒行为本身,而不关注其上游犯罪的做法,实际上也体现了预防刑法的理念。[③]

四是关于偶然防卫,即行为人的加害行为巧合了正当防卫的成立条件场合的定性问题。对此,有无罪说、既遂说和未遂说之争。其中,无罪说是有力说。这种学说的背后,隐藏着这样一种理念:即行为只要没有造成实际的法益侵害结果,就没有社会危害性,没有必要作为犯罪处罚。笔者过去也是这样理解的。[④] 从刑法谦抑性的角度来看,这种理解也无可厚非。但是,从预防刑法的角度来看,这种理解值得商榷。即便在偶然防卫的场合,行为人所打死的是正在加害他人、任何人都可以对其反击的人,但行为人在实施所谓偶然

---

① 当然,必须说明的是,《治安管理处罚法》第60条第3款也有处罚明知是赃物而窝藏、转移或者代为销售的规定。因此,在理解《刑法》第312条中的“上游犯罪”时,尽管不要求达到成立犯罪的要求,但也不是所有的违法所得都能成立掩饰、隐瞒犯罪所得罪中的“上游犯罪”,还必须结合违法所得的次数、总额以及受处罚的情况综合考虑。但即便如此,也还是可以说,《刑法》第312条掩饰、隐瞒犯罪所得罪中的“上述犯罪”,并不要求一定成罪。

② 2015年5月29日最高人民法院《关于审理掩饰、隐瞒犯罪所得、犯罪所得收益刑事案件适用法律若干问题的解释》第1条。

③ 其他类似情况,在《刑法》第287条之二规定的帮助信息网络犯罪活动罪,《刑法》第310条规定的窝藏、包庇罪,第399条规定的徇私枉法罪当中也存在。对其中的上游犯罪均应当和《刑法》第312条规定做同样的理解。

④ 黎宏:《刑法学》,法律出版社2012年版,第138页。

防卫行为的时候,毕竟没有意识到这一点,而且还具有杀害无辜的故意。如果说任何人都可以任意乱杀无辜,最后却因为碰巧打死了一个可以杀死的人便因而无罪的话,客观上会鼓励其他人去碰运气——杀人没关系,万一杀死的是一个可以杀死的人呢?社会容许抱这种心态的人与自己生活在同一个空间之内的时候,预防犯罪从何谈起呢?因此,关于偶然防卫,从预防刑法的角度来看,该行为是具有社会危害性的,值得作为犯罪处理。只是考虑到行为人出乎意料地杀死了一个法律允许杀死的人,因此,将其定性为未遂犯是比较合适的。

最后,必须注意的是,在刑法适用阶段,必须考虑刑法的裁判规范的一面。刑法是指导法官等专业人士定罪量刑的工作指南,尽管在刑法适用中,必须进行目的性思考,但"刑法是刑事政策不能逾越的藩篱",在刑法适用当中,考虑预防刑法理念时,无论如何不能突破刑法条文的具体规定。这一点,在情境犯罪学的应用当中,尤其要注意。因为,一方面,现行的刑事司法体系本身是以惩罚犯罪为基本宗旨而建立起来的,其中即便具有预防犯罪的宗旨和内容,但这种宗旨主要还是通过在事后对犯罪人进行处罚,依照刑罚本身的威慑力来实现的,而不是依照事前的预防来实现的;另一方面,情境犯罪学的理念本身也存在一些非议,[①]因此,在现行刑法规定的范围之内考虑刑事政策特别是犯罪学的研究成果这一点,就尤为重要。如就刑法中当前作为体现情境犯罪学理念的主要手段的抽象危险犯而言,其也要受到传统刑法本身的法益侵害原则、谦抑原则理念本身的限制。从刑法的目的是保护法益,违法性即社会危害性的本质在于侵害或者威胁法益的立场来看,即便是抽象危险犯,也应当有某种程度的危险要求。从"所有的犯罪都是结果犯"的立场来讲,抽象危险犯本质上也是结果犯,只有在发生威胁法益的结果时

① 如"善良百姓"只要有适当机会就会成为犯罪人的前提,这样会招致社会成员之间的相互不信任,丧失建立和维持社会共同体所必要的信赖;清理、监控可能导致犯罪的环境和条件,会侵犯公民隐私,导致犯罪的扩张等。[日]大谷实:《刑事政策学》,黎宏译,中国人民大学出版社2009年版,第317页;许福生:《刑事政策学》,台北,元照出版有限公司2010年版,第166~168页。

才能成立。但在形式上,刑法对其却采用了只规定行为的方式,只要实施特定行为即已构成犯罪,而没有像同属结果犯类型的具体危险犯一样,将发生特定危险作为犯罪成立条件。在这种情况下,侵害法益的结果犯的要求,在抽象危险犯的场合,就不可能像具体危险犯的场合一样,通过分析"有无法定的侵害法益的危险结果"来直接判断,而只能通过考察"有无法定的足以侵害法益的行为事实"来间接地加以判断。在以"有无足以侵害法益的法定行为事实"来间接地判断是否成立抽象危险犯时,需要注意的是,不能只看刑法法条的相关规定,还必须结合行为本身发生当时的各种客观事实情况(行为时的环境情况、行为对象、行为引起的外界变动等要素),以生活经验法则即从该特定时空环境下的一般人的生活经验来看,具有若干前提事实的话,就会发生后续事态的立场出发,进行全面判断。[①] 这样,在抽象危险犯的场合,情境犯罪学和刑法学就可以统一。

五、结语

德国学者耶塞克曾说:"刑法学作为一门规范科学,依赖于犯罪学所提供的实证数据,从而不至于迷失于刑法必须赖以生存与运行的现实世界。"[②]我国学者储槐植教授在1989年就提出"刑法刑事政策一体化"[③]的问题,之后更明确地指出,犯罪学对刑法学有促进作用,其作用过程是,犯罪学研究促进刑法思想变化从而推动刑事立法和刑法理论前进。[④] 笔者也在2004年撰文探讨"刑法的刑事政策化",[⑤]提出,"刑法的刑事政策化"已经成为我国刑法学发展的大

---

① 以上内容,参见黎宏:《论抽象危险犯危险判断的经验法则之构建与适用——以抽象危险犯立法模式与传统法益侵害说的平衡和协调为目标》,载《政治与法律》2013年第8期。

② [德]汉斯·海因里希·耶塞克:《一个屋檐下的刑法学和犯罪学》,周遵友译,载赵秉志主编:《刑法论丛》第2卷,法律出版社2010年版。

③ 储槐植:《刑事一体化与关系刑法论》,北京大学出版社1989年版。

④ 储槐植:《犯罪学的特性与功用》,载王牧主编:《犯罪学论丛》第一卷,中国检察出版社2003年版。

⑤ 黎宏:《论"刑法的刑事政策化"思想及其实现》,载《清华大学学报(哲学社会科学版)》2004年第5期。

趋势,其实际上是对近代以来西方国家刑事政策演变发展的概括总结。我们必须总结和借鉴现代刑事政策学的研究成果,将其融会贯通到我们的刑法适用中来。但遗憾的是,该文只是提出在刑事司法当中,我们应当认识到刑法的局限性和谦抑性,并没有提出我们在刑法学研究当中应当采取何种刑事政策。现在距此文问世,已经过了十多年,时过境迁。与此十多年间我国社会形势剧变的现实相对应,刑法,无论是立法还是司法,都发生了很大的变化。因此,如何根据刑事政策学特别是犯罪学的立场来考虑我国的刑事立法和司法的理念,或者反过来说,如何为我国当今的刑事立法和司法寻找刑事政策上的根据,就成为当务之急。从此意义上讲,本书从情境犯罪学的角度对我国刑法立法和司法所做的说明只是一个尝试,意在抛砖引玉,希望有更多的人来关注这个话题。

第三章　安全生产的刑法保障

——基于《刑法修正案（十一）》的相关规定

现在，尽管我国已经成为制造大国、基建大国，但还难以说是制造强国、基建强国。长期以来，在有关生产作业特别是矿山、化工行业的生产作业过程中，重大安全事故不断，已经成为一个严重的社会问题。仅就最近的情况而言，2020 年下半年，就有湖南耒阳源江山煤矿“11 · 29”透水、重庆永川吊水洞煤矿“12 · 4”火灾两起重大事故。在迈入 2021 年之后，山东烟台一个多月的时间内相继发生栖霞笏山金矿“1 · 10”重大炸药爆炸事故、招远曹家洼金矿“2 · 17”较大火灾事故。这些事故不仅给人民的生命、身体、财产造成了巨大的损失，而且还造成了恶劣的社会影响。因此，除了提高生产建设设备和技术水平之外，基于“所有的天灾都是人祸，所有的人祸亦都是天灾”的考虑，加强对人的管理，减少在生产经营过程中的人为失误，就成为当务之急。基于这种考虑，2020 年 12 月 26 日第十三届全国人大常委会第二十四次会议通过的《刑法修正案（十一）》，对有关安全生产的规定进行了重大调整，完善了强令违章冒险作业罪，增设了危险作业罪，拓宽了提供虚假证明文件罪的犯罪主体。这些修正，不仅拓展了有关安全生产的刑法规制范围，更改变了刑事立法的观念,将安全生产的处罚从事后制裁前移到了事前防范阶段,以求从源头上杜绝安全隐患,更好地防止安全事故的发生。本章拟结合我国安全生产的相关政策和规定以及安全事故的实际案例,对本次安全生产刑法规定的修改背景进行分析,之后就所修改内容的司法适用可能涉及的问题进行分析探讨。

一、相关背景

安全生产是关系人民群众生命财产安全的大事,是经济社会协调健康发展的标志,是党和政府对人民利益高度负责的要求。正因如此,在作为维持社会秩序、保障人民群众生命利益最为有力手段的刑法当中,至少有13个罪名与此相关。①

从相关数据来看,经过党和政府以及相关部门多年来对安全生产的常抓不懈和努力整改,我国近20年来的生产安全形势总体上在向好的方向发展。最高人民检察院在2021年1月27日举行的“筑牢生产安全底线,守护生命财产平安”新闻发布会上,国家应急管理部政策法规司副司长、一级巡视员邬燕云介绍,全国生产安全最为严峻的年份是2002年,当年的事故起数、死亡人数分别为107万余起、13万余人,之后持续下降,到2020年分别为3.8万余起、2.74万余人;重特大事故在2001年为140起、死亡人数为2556人,到2020年分别下降至16起、262人。② 确实,对于我们这样一个规模巨大、人民日益增长的美好生活需要和不平衡不充分的发展之间的矛盾依旧突出的发展中国家来说,上述成就来之不易。但我们必须清醒地认识到,上述成就并不意味着我国在有关安全生产方面已

---

① 具体为重大飞行事故罪、铁路运营安全事故罪、交通肇事罪、危险驾驶罪、重大责任事故罪、强令违章冒险作业罪、重大劳动安全事故罪、大型群众性活动重大安全事故罪、危险物品肇事罪、工程重大安全事故罪、教育设施重大安全事故罪、消防责任事故罪、不报、谎报安全事故罪。其他涉及安全生产的犯罪还有非法制造、买卖、运输、邮寄、储存爆炸物罪、生产、销售不符合安全标准的产品罪、非法经营罪、提供虚假证明文件罪、滥用职权罪、玩忽职守罪、徇私舞弊不移交刑事案件罪、以危险方法危害公共安全罪。

② 参见《最高检举行“筑牢安全生产底线,守护生命财产平安”新闻发布会》,载最高人民检察院网2021年1月27日,https://www.spp.gov.cn/spp/djwhaqscfz/xwfbh.shtml。

经无可挑剔。生命的价值并非单个的抽象数字可以衡量，哪怕死亡人数下降为1，也意味着一个鲜活生命的意外消失，每一场人命事故背后都承载着数个家庭难以弥补的痛苦。更何况，即便是在最好年份的2020年，死亡人数也仍达到了2.74万人，其意味着在此一年当中每天便有约750人因为生产安全事故而丧生。

特别是将上述数字转换为具体事件时，其惨烈程度更加让人触目惊心。如江苏省盐城市2019年3月21日下午发生的特别重大爆炸事故，造成78人死亡、76人重伤、640人住院治疗，直接经济损失198,635.07万元。[①] 特别让人遗憾和痛心的是，很多安全事故完全是在到发生结果为止的每一个环节，若有关人员或者主管机构认真履职、稍加注意的话，就能加以避免。如就“福建泉州欣佳酒店‘3·7’重大坍塌事故”而言，尽管事后查明事故发生原因是，事故单位将酒店建筑物违法加高，大大超过建筑物墙体的承载能力，加之违法加高时，作业不当，引发支撑钢柱失稳，最终导致建筑物整体坍塌，但是，在违法加高的过程当中存在一系列的人为违法因素。首先，酒店业主在未取得相关许可手续，且未组织勘察、设计的情况下，多次违法将工程发包给无资质施工人员，在明知楼上有大量人员住宿的情况下仍违规冒险蛮干，最终导致建筑物坍塌。其次，当地政府为片面追求经济发展，通过“特殊情况建房”政策为违法建设开绿灯，此政策为重大安全隐患埋下祸根。再次，上级有关部门对长期大量存在的违法建筑所具有的重大安全风险认识不足，使得房屋安全隐患排查治理流于形式。又次，地方政府的各主管部门长期对事发酒店在未取得相关许可证明的情况下对外营业的违法违规行为视而不见。最后，当地消防、公安等部门在材料形式审查和现场审查中把关不严，让不符合要求的项目蒙混过关并长期存在。

---

① 参见《2019年全国应急救援和生产安全事故十大典型案例公布》，载中国日报网，https://www.chinanews.com/sh/2020/01-11/9057206.shtml。

这些都为事故的发生提供了帮助和条件。[①] 换言之,在本次事故当中,业主部门只要稍微有点安全意识,有关政府部门只要稍微尽职尽责,从严把关,就不会导致这种结果的发生。

实际上,早在2015年天津港"8·12"瑞海公司危险品仓库特别重大火灾爆炸事故发生之后,习近平总书记就作出重要指示。[②] 2016年12月18日,中共中央、国务院联合发布了新中国成立以来第一个以党中央、国务院名义出台的有关安全生产工作的纲领性文件《关于推进安全生产领域改革发展的意见》(中发〔2016〕32号)(本章简称《意见》),其中明确提出,"研究修改刑法有关条款,将生产经营过程中极易导致重大生产安全事故的违法行为列入刑法调整范围"。在该意见公布之后,得到了有关方面的积极响应。如有专家建议对刑法规定的重大责任事故罪、违章冒险作业罪等条款进行修正,设立一个新罪名,就是危险作业罪。理由是,生产安全事故的背后常常存在一个或者若干个隐患,如果事先能够消灭事故的隐患或者违章行为,那么事故就会大大减少。因此,刑法应该把重点放在排除隐患或者治理违章行为方面,以改变现实中对消除隐患主要依靠行政手段,而行政手段治理力度不够,实施中往往又多打折扣,导致实践中大量隐患或者违章行为得不到纠正的局面。[③] 另外,2020年5月28日,全国人大代表孙景南在第十三届全国人大第三次会议中建议,应将故意隐瞒重大事故隐患的行为纳入刑法调整范围,遏制重特大事故发生。[④] 正是在这种背景之下,《刑法修正案(十一)》对有关安全生产的内容进行了部分修正。

---

① 参见《福建省泉州市欣佳酒店"3·7"坍塌事故调查报告公布》,载新华社客户端官方账号2020年7月14日,https://baijiahao. baidu. com/s? id=1672183559848858160&wfr=spider&for=pc。同样的问题也存在于"沈海高速浙江温岭段'6·13'液化石油气运输槽罐车重大爆炸事故"中。

② 参见《习近平对天津港"8·12"瑞海公司危险品仓库特别重大火灾爆炸事故作出重要指示》,载《人民日报》2015年8月14日,第1版。

③ 参见詹瑜璞等:《我国危险作业犯罪立法的几个问题》,载《中国应急管理报》2020年6月27日,第3版。

④ 参见孙景南:《故意隐瞒重大事故隐患应当"入刑"》,载《南京日报》2020年5月28日,第A4版。

二、具体内容

《刑法修正案(十一)》对现行《刑法》中有关安全生产犯罪的修订,主要包括以下三方面的内容:一是将“明知存在重大事故隐患而不排除,仍冒险组织作业”增列为《刑法》第134条第2款所规定的“强令违章冒险作业罪”的实行行为;二是增设《刑法》第134条之一,将在生产、作业中违反有关安全管理的规定,关闭、破坏生产安全设备、设施和篡改、隐瞒、销毁数据、信息的行为,拒不整改重大事故隐患的行为,以及擅自从事高危生产作业活动的行为,规定为“危险作业罪”;三是将承担安全评价职责的中介组织的人员增列为《刑法》第229条提供虚假证明文件罪的犯罪主体,同时将“在涉及公共安全的重大工程、项目中提供虚假的安全评价、环境影响评价等证明文件,致使公共财产、国家和人民利益遭受特别重大损失的”行为列为“处五年以上十年以下有期徒刑,并处罚金”的加重处罚情节。

(一)强令他人违章冒险作业罪

现行《刑法》第134条第2款规定,强令他人违章冒险作业,因而发生重大伤亡事故或者造成其他严重后果的,处5年以下有期徒刑或者拘役;情节特别恶劣的,处5年以上有期徒刑。这就是强令违章冒险作业罪的规定。本罪是根据2006年通过的《刑法修正案(六)》第1条第2款的规定而设置的。所谓强令,虽然理论上一般认为,只要强令者所发出的信息内容所产生的影响,达到了使工人不得不违心地继续生产、作业的心理强制程度即可,[①]但实务当中对“强令”一词进行不当理解,将某些强令违章冒险作业行为错误地认定为普通责任事故犯罪,导致处刑过低,不利于严惩犯罪。由于上述情况的存在,最高人民法院、最高人民检察院《关于办理危害生产安全刑事案件适用法律若干问题的解释》(法释〔2015〕22号)(本章简称《解释》)对“强令违章冒险作业”进行了扩张解释。其第

① 参见高铭暄、马克昌主编:《刑法学》(第九版),北京大学出版社、高等教育出版社2019年版,第360~361页。

5 条规定,明知存在事故隐患、继续作业存在危险,仍然违反有关安全管理的规定,实施下列行为之一的,应当认定为“强令违章冒险作业”:一是利用组织、指挥、管理职权,强制他人违章作业的;二是采取威逼、胁迫、恐吓等手段,强制他人违章作业的;三是故意掩盖事故隐患,组织他人违章作业的;四是其他强令他人违章作业的情形。

但是,即便将“强令违章冒险作业”进行如此程度的扩大解释,还是难以将行为人并没有掩盖事故隐患,也没有采用威逼、胁迫、恐吓等手段,或者利用组织、指挥、管理职权强制他人违章作业的情形囊括在内。这一点,只要看看訾某某犯重大责任事故罪一案,就能清楚。2008 年 3 月至 9 月,訾某某在担任禹州市某煤矿副矿长期间,由于不服从上级管理机构安全的监督管理,在煤矿存在重大事故隐患和接到上级管理机构停止作业通知书的情况下,仍然组织井下的作业人员掘进,且在掘进地有明显透水征兆的情况下,继续组织矿工冒险作业,造成重大透水事故,致使 6 名矿工死亡,12 名矿工下落不明,直接经济损失 1544. 18 万元。对此,法院认为,被告人訾某某身为负责人之一,履行副矿长职责,负责矿井采煤工作,由于不服管理,违反规章制度,强令工人违章冒险工作,导致该矿发生重大伤亡事故,情节特别恶劣,其行为构成重大责任事故罪,判处有期徒刑 3 年,缓刑 3 年。[①] 本案当中,被告人的主观状态显然不能以过失认定,而应当认定为故意。具言之,明知自己的行为可能发生透水事故的危险而放任该种结果发生,以致造成上述严重后果,这种情形下,行为人的心理状态至少应当认定为间接故意,但本案最终却被认定为重大责任事故罪这一过失犯罪,显然比较勉强。

强令违章冒险作业罪大多发生在化工、采矿等相对比较艰苦危险的行业,在此行业中进行生产作业的一线工人,往往是文化程度较低、在就业市场上竞争力较弱、处于绝对弱势地位的人。在强令违章冒险作业的场合,行为人正是利用了工人的这一弱点,使用各种手段,让其处于危险状态之中。其中,“利用组织、指挥、管理职

---

① 参见河南省禹州市人民法院刑事判决书,(2009)禹刑初字第 206 号。

权,强制他人违章作业”“威逼、胁迫、恐吓”是最为典型的强令手段;“故意掩盖事故隐患,组织他人违章作业”尽管在强制程度上比前述两种手段要轻,但“掩盖”是隐瞒、隐藏、掩饰,从形式上看,其是以某种作为方式故意掩盖事实真相即事故隐患而组织工人冒险作业的情形。但是,这种解释显然难以涵摄上述禹州矿难案“行为人訾某某明知存在重大事故隐患,且已接到上级管理机构停止作业通知书的情况下,仍然继续组织矿工冒险作业的情形”。因此,将并无掩盖事故隐患类型的组织冒险作业类型的行为增列为“强令违章冒险作业罪”,有其实际必要性,同时,从处罚均衡的角度来看,也有必要将上述行为增列到本罪之中。这一点只要和《刑法》第 138 条的规定进行对比就一目了然。在《刑法》第 138 条所规定的教育设施重大安全事故罪中,行为人只要明知校舍或者其他教育设施有危险,而不采取措施或者不及时报告,致使发生重大伤亡事故时,对直接责任人员就要处以 3 年以下有期徒刑或者拘役;后果特别严重的,处 3 年以上 7 年以下有期徒刑。从罪刑均衡的角度来讲,在教育行业,行为人只要“明知校舍或者其他教育设施有危险”即存在事故隐患而不排除仅此一个行为,在发生重大伤亡事故的场合,就要处以与重大责任事故罪相同程度的刑罚处罚,那么,在此以外的行业当中,行为人明知存在重大事故隐患而不排除,反而“仍冒险组织作业”,为何也只能论以重大责任事故罪呢?因此,《刑法修正案(十一)》将“明知存在重大事故隐患而不排除,仍冒险组织作业”增列为了“强令违章冒险作业罪”的实行行为是有充分理由的,其也可以最大限度地堵塞行为人利用化工、采矿工人处于弱势地位而千方百计地让其处于风险之中的漏洞。

在认定“明知存在重大事故隐患而不排除,仍冒险组织作业”时,要注意以下两个问题:

一是何为“重大事故隐患”?在理解“重大事故隐患”之前,首先得了解“事故隐患”。根据国家安全生产监督管理总局《安全生产事故隐患排查治理暂行规定》(国家安监总局令第 16 号)(本章简称《规定》)第 3 条的规定,事故隐患是指在生产作业过程中可能导致事故的危险,具体表现为物的危险状态、人的不安全行为和管理上的缺陷三个方面。事故隐患可分为一般事故隐患和重大事故隐患:前者是指危害和整改难度较小,发现后能够立即整改排除的隐患;后者是指危害和整改难度较大,应当全部或者局部停产停业,并经过一定时间整改治理方能排除,或者因外部因素影响致使生产经营单位自身难以排除的隐患。

任何事故的发生都有其征兆或者迹象,安全生产事故也不例外。根据航空业界熟知的海恩法则,一起重大的飞行事故背后有29起征兆或者轻微事故,一个征兆背后还有300起未遂先兆以及1000起事故隐患,而事故只是生产经营过程中一系列安全隐患积累的结果而已。[①] 因此,对于安全生产来说,事先发现并整治事故隐患就极为重要,不仅影响企业等的安全生产,还直接影响企业的经济效益。按照《安全生产法》的规定,县级以上地方各级人民政府的主管部门应当督促生产经营单位建立健全生产安全事故隐患排查治理制度,消除重大事故隐患(第41条);对存在重大事故隐患的生产经营单位可以作出停产停业、停止施工、停止使用相关设施或者设备的决定(第70条)。

必须说明的是,《规定》第3条有关重大事故隐患的规定只是一个概括性的规定。实际上,现实中从事生产经营活动的企业行业众多,情况复杂,因此很难对其规定一个统一的标准。基于这一现实,《安全生产法》第118条第2款规定,国务院主管部门根据各自的职责分工,制定相关行业、领域重大危险源的辨识标准、重大事故隐患的判定标准。依照这一规定,包括国家安全监督管理总局在内的相关政府部门以各自分管的行业领域为准,出台了本行业重大事故隐患判定标准和依据,具体包括《煤矿重大生产安全事故隐患判定标准(2020年版)》、《工贸行业重大生产安全事故隐患判定标准(2017版)》、《金属非金属矿山重大生产安全事故隐患判定标准(试行)》、《化工和危险化学品生产经营单位重大生产安全事故隐患判定标准(试行)》、《烟花爆竹生产经营单位重大生产安全事故隐患判定标准(试行)》、《重大火灾隐患判定标准(GA653-2006)》(本章简称

---

① 参见王明华:《海恩法则》,载《水资源研究》2013年第6期。

《标准》)、《重大火灾隐患判定方法》(本章简称《方法》)、《交通部关于报告船舶重大事故隐患的通知》等。

按照上述行业标准,在重大事故隐患即不安全因素的认定上,首先考虑是否违反相关法律规定或者技术规范,其次考虑是否具有引起人命伤亡或者财产损失的危险。如 2017 年国家质量监督检验检疫总局和国家标准化管理委员会联合发布的《方法》引言部分明确规定,所谓重大火灾隐患,是指违反消防法律法规、不符合消防技术标准,可能导致火灾发生或火灾危害增大,并由此可能造成重大、特别重大火灾事故或严重社会影响的各类潜在的不安全因素。重大火灾隐患的认定,必须参照《方法》中的相关规定,坚持科学严谨、实事求是、客观公正的原则,经现场检查、集体讨论、专家技术论证等程序。尽管《方法》中的重大火灾隐患的认定程序非常复杂,但实际上,其只是针对极为罕见的隐患的判断标准和程序,并不意味着所有的火灾隐患认定都需要经过这种程序。按照《标准》,下列重大火灾隐患可以直接判定,不用经过上述复杂程序:①生产、储存和装卸易燃易爆化学物品的工厂、仓库等未设置在城市的边缘或相对独立的安全地带;②甲、乙类厂房设置在建筑的地下、半地下室;③甲、乙类厂房、库房或丙类厂房与人员密集场所、住宅或宿舍混合设置在同一建筑内;④公共娱乐场所、商店、地下人员密集场所的安全出口、楼梯间的设置形式及数量不符合规定;⑤旅馆、公共娱乐场所、商店、地下人员密集场所未按规定设置自动喷水灭火系统或火灾自动报警系统;⑥易燃可燃液体、可燃气体储罐(区)未按规定设置固定灭火、冷却设施。[①] 相反地,下列任一种情形可不判定为重大火灾隐患:①可以立即整改的;②因国家标准修订引起的(法律法规有明确规定的除外);③对重大火灾隐患依法进行了消防技术论证,并已采取相应技术措施的;④发生火灾不足以导致特大火灾事故后果或严重社会影响的。而需要经过复杂程序,进行综合判断才能认定为重大火灾隐患的,只有介于上述两者之间的情形。

---

① 同样,国家安全监管总局 2017 年 11 月 16 日印发的《化工和危险化学品生产经营单位重大生产安全事故隐患判定标准(试行)》和《烟花爆竹生产经营单位重大生产安全事故隐患判定标准(试行)》也规定了可以直接认定的重大生产安全事故隐患。

如此说来,《刑法修正案(十一)》第3条所谓“明知存在重大事故隐患”,应当是指行为人明知存在在生产作业过程中可能导致事故的物的危险状态、人的不安全行为和管理上的缺陷。是否重大事故隐患,通常情况下应当直接依据行为人所在行业的相关规定来判断,在复杂场合下必须组织相关专家依据法定程序进行判断。

二是如何理解“明知存在重大事故隐患而不排除,仍冒险组织作业”?

在这一规定的理解上,首先,必须明确,行为人只要明知存在重大事故隐患,在没有排除的情况下,冒险组织作业的,即可构成本罪,而不要求行为人在此之外还有一个“不排除”重大事故隐患的行为。这里的“不排除”是一个纯正的不作为,不要求具有实际的行为表现。其次,“冒险组织作业”是指在重大事故隐患没有被排除的情况下,便策划、决策、指挥、协调工人进行作业活动,不要求采取威逼、胁迫、恐吓的手段进行“强令”。要注意的是,所谓事故隐患,就是发生危害结果的风险仍处在隐蔽、藏匿、潜伏、不可明见的状态。此时,是不是能够造成现实的危害结果尚不可知,也有可能仅仅停留在危险状态而不成为现实。“冒险组织作业”必须是在隐患状态下进行的。如果隐患已经具有发生结果的高度盖然性,即将成为现实的情况下,组织他人冒险作业,实际上是置他人于即将成为现实的死地,此时,组织冒险作业的行为就不成立组织他人违章冒险作业罪,而有成立故意杀人罪之嫌。

在将“明知存在重大事故隐患而不排除,仍冒险组织作业”增设为强令违章冒险作业罪的表现形式之一之后,会面临如何区分救援型的“冒险组织作业”与紧急避险的问题。

曾经有一个故事:患者心脏已经停止跳动,5分钟之内不开胸修补心脏的话,患者将不可逆转的死亡。当时,到正规的手术室进行开胸手术已经来不及了,医师当机立断,在急诊室(注意:不是手术室)就地做开胸手术。在备受煎熬的心脏修补术完成之后,患者“破碎”的心开始了正常跳动,在场抢救的医护人员的紧张心情终于缓解,患者最终得救。此举引起了在冒险抢救濒死病人中生命与程序何者更重要的讨论。[①] 其实,类似情况在生产作业过程中也会存在。如在火灾现场,按照《消防法》第44条的规定,任何单位发生火灾,必须立即组织力量扑救;邻近单位应当给予支援。但当时必然会面临这样的问题:起火现场特别是相关建筑物中,里面潜藏着什么样的隐患并不清楚;同样,在矿难发生有工人被困井下时,在地面上的现场指挥人员并不知道什么原因引起了矿难,甚至都不知道井下还有什么隐患。但是,基于救人要紧的考虑,在隐患尚未排除(也来不及排除)的情况下,现场组织人员紧急决定让其他工人下井冒险抢救。此时,如果出现救火的消防人员或者下井抢救的工人遇难的结果,是不是要以"明知存在重大事故隐患而不排除,仍冒险组织作业"而追究现场组织人员组织他人违章冒险作业罪的刑事责任呢?[②]

从本书的立场来看,这种场合,即便说具有在隐患没有消除的情况下冒险组织作业的事实,但也不一定能将相关组织者的行为作为犯罪处理。因为,这种情形可能属于刑法理论上所谓的防御型紧急避险。所谓防御型紧急避险,是对正在引起现实危险的危险源进行攻击,以避免危害结果发生的情形。例如,张三、李四二人在山中打猎的时候,李四遭受狗熊攻击而倒地挣扎,情况十分危急。张三为了救李四,于是朝正在撕咬李四的狗熊开枪。不幸的是,子弹击中了正在和狗熊纠缠在一起的李四致使其身亡。这种场合下,李四正在被凶猛的狗熊袭击,必死无疑。就张三而言,其当时面临两种选择:一是撒手不管,让李四被狗熊咬死;二是为救张三而向狗熊开枪。但这么做的风险是,有可能打中李四。但后一种情形显然更妥当一些。因为,就当时的情形而言,不开枪的话,李四只能被咬死,

---

① 《生死5分钟》,载央视网2008年3月4日,http://news. cntv. cn/program/dajiakanfa/20100407/106102. shtml。

② 这个问题并不是凭空臆想出来的。2015年8月12日"天津港爆炸案"给社会财富造成巨大损失的同时,也造成75名消防人员遇难。原因之一,就是天津港公安局消防支队平时对辖区疏于检查,对瑞海公司储存的危险货物情况不熟悉、不掌握,没有针对不同性质的危险货物制订相应的消防灭火预案、准备相应的灭火救援装备和物资。参见国务院调查组:《天津港"8·12"瑞海公司危险品仓库特别重大火灾爆炸事故调查报告》,第91页。

而开枪的话,李四则有可能获救。由此说来,张三的开枪行为是在李四正遭受紧急不法侵害的危险之下,不得已而实施的避险行为,尽管最终没能避免李四的死亡,但在当时的情况下,实属无奈之举,而且也没有超过必要限度而造成不应有的损害,因而属于《刑法》第 21 条所规定的紧急避险。只是这种场合下,保护者和牺牲者是同一人即李四而已。就火灾或者矿难的场合而言,尽管事故现场内部情况尚不清楚,但就当时的情形而言,不及时救助的话,情况只会更糟;而救助的话,或许能使局势向好的方向发展。基于"两害相权取其轻",即在两种合法利益发生冲突的紧急情况下,不得已而牺牲其中之一,以保全较大的利益的考虑,救助便是当时的最佳选择。因此,这种在特定的时空环境之下,明知存在重大隐患尚未完全消除,仍然冒险组织抢救作业的行为,即便最终造成了损害,但还是应当将其认定为紧急避险,免除行为人的刑事责任。

(二)危险作业罪

《刑法修正案(十一)》在安全生产方面的最大亮点就是增设了危险作业罪。本罪实际上是将《解释》第 12 条所规定的部分从重处罚情节上升为了独立犯罪。和现行《刑法》中所规定的有关安全生产的犯罪相比,危险作业罪属于具体危险犯,行为人只要实施法定的三种实行行为,"具有发生重大伤亡事故或者其他严重后果的现实危险"即可构成。在此意义上讲,危险作业罪与危险驾驶罪在性质上类似。如此规定,可将刑法的介入时间大大提前,从而将安全生产事故消灭在隐患阶段,以求从源头上扭转安全生产形势严峻的局面。作为本罪成立关键的实行行为,包括以下三种类型:

一是关闭、破坏直接关系生产安全的监控、报警、防护、救生设备、设施,或者篡改、隐瞒、销毁其相关数据、信息的行为。为保障安全生产,《国务院关于进一步加强企业安全生产工作的通知》(国发〔2010〕23 号)、《国家安全生产监督管理总局、国家煤矿安全监察局关于印发〈煤矿井下安全避险"六大系统"建设完善基本规范(试行)〉的通知》(安监总煤装〔2011〕33 号)、《烟花爆竹生产企业安全生产许可证实施办法》(2012 年 7 月 1 日国家安全生产监督管理总局令第 54 号公布)等推行先进技术装备,要求相关企业设置关系生产安全的监控、报警、防护、救生设备、设施、系统。这些设备、设施、系统都是有关企业生产经营过程中的事故隐患的预警设施,又是安全事故的证据记录设施,对于防止企业事故发生、记录事故发生过程等具有重要意义。但实践当中,一些生产经营者为了追求暴利或者基于其他目的,关闭、破坏直接关系生产安全的监控、报警,或者篡改、隐瞒、销毁其相关数据、信息,使上述设备形同虚设,并由此而造成重大事故。如“在李新军、韩二军、侯民、邓树军以危险方法危害公共安全案”中,四名被告人作为新华四矿管理人员,明知该矿存在瓦斯超标等重大安全隐患及矿难发生的可能性,但为追求暴利,通过要求瓦检员在瓦斯超标时不准报警、破坏瓦斯监测安全设施等手段逃避监管,从而使瓦斯传感器丧失预警防护功能,使井下瓦斯真实数据不能被准确及时监测,最终酿成致 76 人死亡、2 人重伤、4 人轻伤、9 人轻微伤的严重后果。[①] 在湖南衡阳源江山煤矿“11·29”重大透水事故、[②]山西朔州平鲁区茂华万通源煤业有限公司“11·11”透水事故、[③]沈海高速浙江温岭段“6·13”液化石油气运输槽罐车重大爆炸事故中,[④]也存在相同情况。这些鲜活的例子表明,关闭、破坏直接关系生产安全的监控等手段已经成为导致生产安全事故的重要原因之一。鉴于此,《刑法修正案(十一)》不要求发生实害结果,只要有实施关闭、破坏直接关系生产安全的监控等可能引起严重灾难事故后果的危险行为,刑法即可介入,从而将安全生产事

---

① 参见《李新军、韩二军、侯民、邓树军以危险方法危害公共安全案》,载郑州市中级人民法院网 2015 年 9 月 6 日,http://zzfy. hncourt. gov. cn/public/detail. php? id = 22910。

② 2020 年 11 月 29 日,湖南省衡阳市耒阳市导子煤业有限公司源江山煤矿发生重大透水事故,造成 13 人死亡,直接经济损失 3484. 03 万元。参见《2020 年全国煤矿事故十大典型案例》,载国家矿山安全监察局网,http://www. chinacoal-safety. gov. cn/xw/mkaqjcxw/202101/t20210125_377730. shtml。

③ 参见《2020 年全国煤矿事故十大典型案例》,载国家矿山安全监察局网,http://www. chinacoal-safety. gov. cn/xw/mkaqjcxw/202101/t20210125 377730. shtml。

④ 参见《2020 年全国安全生产事故十大典型案例》,载应急管理部网,http://www. mem. gov. cn/xw/bndt/202101/t20210104_376384. shtml。

故隐患消灭在萌芽状态。①

需要注意的是,危险作业罪可能会与非法控制计算机信息系统罪、破坏计算机信息系统罪之间产生竞合问题,因为现在很多有关生产安全的监控、报警设施、设备都采用了计算机信息系统自动控制的方式。对此,本书认为,由于危险作业罪与非法控制计算机信息系统罪、破坏计算机信息系统罪的侵害法益不同,前者侵害的是公共安全,后者侵害的是社会管理秩序中的公共秩序,二者之间属于想象竞合的关系。在行为人的关闭、破坏直接关系生产安全的监控、报警、防护、救生设备、设施,或者篡改、隐瞒、销毁其相关数据、信息的行为造成10台以上计算机信息系统的主要软件或者硬件不能正常运行,对20台以上计算机信息系统中的存储、处理或者传输的数据进行删除、修改、增加操作等,②具有发生重大伤亡事故或者其他严重后果的现实危险时,按照从一重处罚的原则,可以刑罚较重的非法控制计算机信息系统罪、破坏计算机信息系统罪论处。

二是因存在重大事故隐患被依法责令停产停业,停止施工,停止使用有关设备、设施、场所或者立即采取排除危险的整改措施,而拒不执行的行为。如前所述,重大事故隐患的危害大,一旦变为现实,引起生产安全事故,可能造成较多的人员伤亡和较大的财产损

---

① 问题是,将消防设施从自动状态改为手动状态的,是否构成危险作业罪?按照《消防法》的规定,消防设施属于直接关系生产安全的设备、设施。实践中,受消防设施质量状况、安装使用环境、消防给水、供电等因素影响,消防设施设置成手动控制状态比较常见。这种情况下,将消防设施设置成手动控制状态,是否构成本罪?本书认为,不能一概而论。无论在相关国家标准中,还是在设计、安装和使用的实践当中,消防设施一般都预定有手动和自动两种控制状态,手动控制也是消防设施应具备的基本功能。按照《建筑消防设施的维护管理》(GB 25201—2010)的规定,除了不得将自动喷水灭火系统、防烟排烟系统等设施设置在手动控制状态之外,在火灾情况下能够迅速将手动控制转换为自动控制时,将有关消防设施和设备设置在手动状态并非不可。就消防设施设备而言,《刑法修正案(十一)》中的关闭防护设施,应是指停止消防设施的运行。将消防设施设成手动控制状态,只是以现场人工操作方式代替了系统自动启闭方式而已,不能一律认定为关闭消防设施。当然,在并非每天24小时有专人值守的场合,将无人看守的消防联动控制设备设置成手动控制状态,无异于关闭了消防设施,可以考虑构成关闭生产安全设备设施的危险作业罪。

② 参见最高人民法院、最高人民检察院《关于办理危害计算机信息系统安全刑事案件应用法律若干问题的解释》(法释〔2011〕19号),第1条、第4条。

失。因此,2021 年修订的《安全生产法》对其极为重视,有多处规定。其中,第 70 条第 1 款规定,负有安全生产监督管理职责的部门依法对存在重大事故隐患的生产经营单位作出停产停业、停止施工、停止使用相关设施或者设备的决定,生产经营单位应当依法执行,及时消除事故隐患。《意见》也规定,相关政府部门要强化隐患排查治理监督执法,对重大隐患整改不到位的企业依法采取停产停业、停止施工、停止供电和查封扣押等强制措施,按规定给予上限经济处罚,对构成犯罪的要移交司法机关依法追究刑事责任。可见,危险作业罪中的相关规定,实际上是将上述法律规定和政策规定犯罪化的体现。

实践当中,因为拒不整改而导致的安全事故并不少见,2020 年陕西铜川乔子梁煤业有限公司“11·4”较大煤与瓦斯突出事故就是适例。在发现瓦斯突出之后施工方拒不执行监管监察指令,是导致该事故的根本原因。具体而言,在当年 4 月 4 日,该矿因安全生产许可证被暂扣、5902 采煤工作面自然发火之后,施工方就被责令立即撤出人员并封闭相关采煤工作面;4 月 7 日,该矿因拒不采取措施消除事故隐患仍组织人员在危险区域作业而被责令停产停业整顿,但该矿的施工方并未执行该措施,仍未停止作业,最终酿成了事故的发生。[①] 河北衡水翡翠华庭“4·25”施工升降机轿厢坠落重大事故中也存在同样的问题。事后查明,施工单位未对施工升降机等组织验收即违规投入使用,在收到停止违规使用的监理通知后,仍不整改、继续使用是导致事故发生的原因之一。[②]

三是涉及安全生产的事项未经依法批准或者许可,擅自从事矿山开采、金属冶炼、建筑施工,以及危险物品生产、经营、储存等高度危险的生产作业活动的行为。之所以实施企业生产安全许可制度,主要目的在于严格把牢各类企业特别是风险较高的矿山、危化企业的安全准入关口,从企业经营活动的开始环节就禁止不具备基本安

---

① 参见《2020 年全国煤矿事故十大典型案例》,载国家矿山安全监察局网,http://www.chinacoal-safety.gov.cn/xw/mkaqjcxw/202101/t20210125_377730.shtml。

② 参见《2019 年全国应急救援和生产安全事故十大典型案例》,载中国安全生产网,http://www.aqsc.cn/news/202001/11/c120582.html。

全生产条件的企业进入生产领域、进入市场,从而在源头上防止和减少伤亡事故的发生。实务当中,未经依法批准或者许可,擅自从事矿山开采等生产作业活动,并最终酿成事故的案例,并不罕见。如在震惊中外的2015年天津港"8·12"瑞海公司危险品仓库火灾爆炸案中,虽说事故直接原因是瑞海公司危险品仓库附近集装箱内物品在高温(天气)等因素的作用下积热自燃,殃及附近的危险化学品导致爆炸,但是,未经批准,违法从事危险化学品的存贮,也是导致事故发生的重要原因之一。[①] 如此情形,在云南曲靖罗平县树根田煤矿"2·29"较大顶板事故中也能窥豹一斑。事后查明,出事企业在有关部门未批准复工复产的情况下,擅自组织生产是导致本次事故的重要原因之一。[②]

以上便是危险作业罪的创设背景和主要内容。在本罪的认定中,要注意以下两点:

第一,本罪属于具体危险犯,即成立危险作业罪,客观上除了要求具有上述行为之外,还必须"具有发生重大伤亡事故或者其他严重后果的现实危险"。这一"现实危险"可以从两方面加以理解。一方面,"现实危险"属于本罪成立的客观要件中的结果内容。这意味着,在危险作业罪的场合,仅仅有法定的三种行为,但在根本没有可能引起安全事故的实害结果的现实危险的场合,不能构成本罪。另一方面,行为有无引起重大安全事故的"现实危险"的判断,必须结合行为实施当时的各种客观实际情况(如环境、行为对象、行为所引起的外界变动等因素),从一般人的生活经验法则来判断。[③] 具言之,在行为时的情境之下,从一般人的经验来看,若能得出"有前述危险行为,就会有后续的'发生重大伤亡事故或者其他严重后果'"的肯定结论的话,即可以说前述行为具有"现实危险",满足本罪的客观要求。

---

① 参见国务院调查组:《天津港"8·12"瑞海公司危险品仓库特别重大火灾爆炸事故调查报告》,第27、28页。

② 参见《2020年全国煤矿事故十大典型案例》,载国家矿山安全监察局网,http://www.chinacoal-safety.gov.cn/xw/mkaqjcxw/202101/t20210125_377730.shtml。

③ 参见黎宏:《刑法学总论》,法律出版社2016年版,第74页。

第二,本罪属于以危险方法危害公共安全罪的未遂犯,一旦引起了实害结果,有可能构成以危险方法危害公共安全罪。这一点,在前述"李新军、韩二军、侯民、邓树军以危险方法危害公共安全案"中已经得到体现。本案当中,法院查明,事故发生前,涉事煤矿处于技改阶段,没有安全生产许可证,营业执照、煤炭生产许可证均已过期。之后,该矿被当地政府确定为停工停产整改矿井。被告人既有破坏瓦斯监控设施、伪造瓦斯报表,有意逃避监管的行为,又有拒不执行相关安全生产整改措施的行为,而且,还有明知存在重大事故隐患仍强令工人冒险作业的行为。这些行为实际上是将下井作业工人的生命、身体置于极度危险的境地,其危险性与放火、爆炸等行为并无两样。鉴于此,法院遂以以危险方法危害公共安全罪对涉事矿长定罪处罚。[①]

（三）承担安全评价、环境影响评价、环境监测等职责的中介组织的人员提供虚假证明文件罪

《刑法修正案（十一）》第25条将"承担安全评价、环境影响评价、环境监测等职责的中介组织的人员"增列为提供虚假证明文件罪的犯罪主体,并规定上列人员在涉及公共安全的重大工程、项目中提供虚假的安全评价、环境影响评价等证明文件,致使公共财产、国家和人民利益遭受特别重大损失的,处5年以上10年以下有期徒刑,并处罚金。

我国在20世纪80年代引进了生产经营过程中的安全评价制度,其目的在于查找、分析和预测生产经营活动中存在的风险、有害因素及其程度,提出合理可行的指导预防对策,从而达到最低事故率、最少损失和最优的安全投资效益。2021年修订的《安全生产法》第34条规定,矿山建设项目和生产、储存危险物品的建设项目,都应进行安全评价。生产经营单位只有获得合格的安全评价报告,才能拿到生产经营许可证。2014年修订的《安全生产许可证条例》要求国家对矿山企业、建筑施工企业和危险化学品、烟花爆竹、民用

---

① 参见李旭兵:《平顶山9·8矿难终审维持原判》,载《河南日报》2010年12月2日,第1版。

爆破器材生产企业实行安全生产许可制度。企业取得安全生产许可证的条件之一,就是依法进行安全评价(第6条)。但现实当中,安全评价造假事件却频频发生。2012年1月11日,国家安全监管总局办公厅在一份通报中指出,有的安全评价信息内容和数据存在明显错误,有造假的痕迹。[①] 有报道显示,早在2006年,长沙市安监理局对宁乡县相关企业2006年的55份申报材料进行初查,发现有47份安全评价报告存在问题,占到了85%以上;湖南省安监系统组织抽查,发现几乎没有一份评价报告经得起现场检验。[②] 这种局面,直到现在也没有从根本上扭转。如在前述“天津港爆炸案”中,发现作为安全评价中介的天津中滨海盛科技发展有限公司与天津中滨海盛卫生安全评价监测有限公司系同一法人单位,其违反规定,同时承接瑞海公司的安全预评价和安全验收评价,且在安全预评价报告和安全验收评价报告中弄虚作假,故意隐瞒不符合安全条件的关键问题而出具“基本符合国家有关法律法规和标准规范要求”的意见。[③]

类似问题在环境影响评价和环境监测领域中也同样存在。随着我国经济和社会发展水平的不断提高,人们对生活环境的质量要求越来越高,对环境的保护意识越来越强,生态环境保护越来越受到国家的重视。依照相关法律规定,凡在我国境内,建设可能对环境造成影响的工程,都必须进行环境影响评价。环境影响评价对于预防因规划和建设项目实施后对环境造成不良影响,促进经济、社会和环境的协调发展具有关键作用。其中,环境影响评价的质量,又极为重要,可以说是环评工作的“生命线”。而影响环境影响评价质量的一个重要环节就是环境监测所取得的相关数据,其是环境影响评价的基础,直接决定着环境影响评价质量的高低和后续的预

① 参见《部分地区安全评价信息存在造假》,载中国新闻网,https://www.chinanews.com/gn/2012/01-11/3596204.shtml。

② 参见陈芳等:《安全评价都能作假,还能不出事故?》,载新华网,http://news.sohu.com/20070104/n247414203.shtml。

③ 参见国务院调查组:《天津港“8·12”瑞海公司危险品仓库特别重大火灾爆炸事故调查报告》,第47、48页。

防或者减轻不良环境影响的对策和措施。但现实生活中,我国的环境数据质量并不尽如人意,其中一个重要原因就是环境监测数据造假现象屡禁不绝、屡见不鲜。一些社会环境监测机构、环境监测设备运营维护机构,或受利益驱动,或屈从于委托单位的无理要求,编造数据、出假报告以赚取利润,或为了抢占市场低价竞争,为了降低成本不按规范开展监测活动,监测质量堪忧。① 如生态环境部在对2020年第一季度环评文件展开常态化复核工作时发现,24个省(区、市)各级审批部门审批的101份建设项目环境影响报告书(表)中,有8份报告书(表)存在遗漏评价因子、降低环境风险评价等级、缩小环境影响评价范围等各种各样的质量问题。②

环评数据造假误导了有关机关的决策,成为导致重大安全事故的隐患。如江苏响水天嘉宜化工有限公司"3·21"特别重大爆炸事故的教训之一,就是有关环保评价机构出具虚假失实文件,导致事故企业硝化废料重大风险和事故隐患未能及时暴露,干扰误导了有关部门的监管工作。③ 同样的问题,在"天津港爆炸案"中也存在。调查报告显示,作为环境中介的天津市环境工程评估中心在对瑞海公司危险货物堆场改造项目进行环境影响评价过程中,未按规定进行现场考察,未发现危险货物堆场改造项目中的未批先建问题;未对环评报告中的公众参与意见进行核实,未发现瑞海公司提供的公众参与意见属于弄虚作假;未认真审核环评报告,未发现该报告没有全面采纳专家的合理意见,使有关部门在审批过程中未能发现事故隐患。④

为了从源头上遏制环评造假现象的发生,最高人民法院、最高

---

① 参见郄建荣:《监测数据造假刑责追究写进两办文件》,载法制网2017年9月22日,https://baijiahao.baidu.com/s?id=1579242251061379912&wfr=spider&for=pc。

② 参见《环评报告粗制滥造、弄虚作假!生态环境部:38家环评编制单位及52人被处》,载经济网,http://www.ceweekly.cn/2020/0728/306323.shtml。有关环境评价涉嫌造假的最新典型案例是"深圳湾航道疏浚环评报告抄袭案"。参见徐兴东:《深圳湾航道疏浚环评报告抄袭》,载《深圳特区报》2020年4月2日,第A5版。

③ 参见《2019年全国十大生产安全事故》,载中国安全生产网2020年1月11日,https://baijiahao.baidu.com/s?id=1655424291581796392&wfr=spider&for=pc。

④ 参见国务院调查组:《天津港"8·12"瑞海公司危险品仓库特别重大火灾爆炸事故调查报告》,第49页。

人民检察院《关于办理环境污染刑事案件适用法律若干问题的解释》(法释〔2016〕29号)第9条规定,环境影响评价机构或其人员,故意提供虚假环境影响评价文件,情节严重的,或者严重不负责任,出具的环境影响评价文件存在重大失实,造成严重后果的,应当依照《刑法》第229条、第231条的规定,以提供虚假证明文件罪或者出具证明文件重大失实罪定罪处罚。因此,《刑法修正案(十一)》中将“环境影响评价、环境监测等职责的中介组织的人员”增列为提供虚假证明文件罪的犯罪主体的规定,实际上是将司法实践中已经实施的做法在立法上加以确认而已。总之,中介机构在矿产资源、安全评估、环境评价方面的“虚假评估”,是一些领域事故频发的原因之一,属于生产经营领域的重大安全事故隐患。通过上述修改,从此以后,《刑法》第229条提供虚假证明文件罪的犯罪主体,就不限于“承担资产评估、验资、验证、会计、审计、法律服务等职责的中介组织的人员”,还包括“承担安全评价、环境影响评价、环境监测等职责的中介组织的人员”了。这样,就可以在相关企业的设立阶段,发现事故隐患,从源头上抓安全生产,从而达到及早预防安全生产事故发生的效果。

三、结语

安全生产是关系人民群众生命财产安全的大事,是经济社会协调健康发展的标志,是党和政府对人民利益高度负责的要求。我国近年来尽管在安全生产领域取得了重大成就,但距离人民群众美好生活的愿望还有差距。因此,适时对刑法中的相关内容进行调整和增设,加强刑法对安全生产领域的提前干预,对导致安全事故的苗头露头就打,清除导致安全生产事故的重大隐患,以求从源头上消除导致安全生产事故的原因,具有重要意义。这是本次刑法修正对安全生产相关内容修正的初衷,也是其亮点。其从根本上改变了我国刑法在安全生产领域长期以来一贯秉持的只有在发生后果,即只有在“发生重大伤亡事故或者其他严重后果”的场合刑法才能介入的理念,切实体现了预防刑法即刑法的目的在于预防犯罪,而不是制裁犯罪的理念,从而能够最大限度地发挥刑法保护法益的机能。

只是,上述法条该如何适用,可能会出现什么样的问题,尚有待观察。特别是在将明知有重大事故隐患仍组织冒险作业以及危险作业行为规定为犯罪之后,其罪与非罪、此罪与彼罪的界限极为微妙。因此,下一步,有必要将其适用过程中的典型案例加以积累,对其适用中的各种争议加以探讨并类型化,从而使上述条文有效地发挥其效果,最大限度地减少安全生产中事故的发生。

第四章　民事责任、行政责任和刑事责任

实践当中，常会遇到一个行为同时符合多种法律规定，能够追究多种法律责任的情形。如生产、销售假冒伪劣产品的场合，首先，从民事角度来看，其符合我国相关民事法律规定，能够承担民事责任。根据《民法典》第1202条的规定，因产品质量不合格造成他人财产、人身损害的，制造者、销售者应当承担民事责任；《产品质量法》和《消费者权益保护法》对此规定得更为具体。《产品质量法》第40条规定，出售假冒伪劣产品，销售者应当承担修理、更换、退货的“三包”责任。给消费者造成损失的，销售者应当赔偿损失。《产品质量法》第43条规定，因产品存在缺陷造成人身、他人财产损害的，受害人可以向产品的生产者要求赔偿，也可以向产品的销售者要求赔偿。其次，从行政角度来看，生产、销售假冒伪劣产品也违反了有关行政法规，要承担行政责任。如《产品质量法》第5章对各种制售假冒伪劣产品的行为规定了相应的行政处罚，包括责令停止生产、没收违法生产的产品和违法所得、并处一定数额的罚款，并可以吊销营业执照。最后，从刑事角度来看，生产、销售假冒伪劣产品情节严重或者造成严重后果的，要承担刑事责任。我

国《刑法》分则第3章第1节规定了生产、销售各种假冒伪劣产品成立犯罪的条件,并规定了相应的刑事责任,即对制售假冒伪劣产品者可以处以拘役、有期徒刑、无期徒刑、死刑,并处罚金或没收财产。单位犯罪的,对单位判处罚金,对主管人员和其他责任人员按照各本条的规定处罚。

问题是,对这种同时符合多种法律规定,可以追究多种法律责任的行为到底该如何处理?理论和实务部门仍然存在较大争议。一种有力见解主张,各种责任之间可以相互转化,最后只追究一种责任即可。“刑法的民法化”的见解就是其代表。[①] 按照这种理解,刑事案件的行为人是否进行损害赔偿是决定是否追究行为人刑事责任的前提。实务当中,这种理解有一定影响,并被一些司法解释所采用。如有关交通肇事罪的司法解释规定,只要行为人有能力赔偿数额在30万元以上的,就不成立交通肇事罪,不追究其刑事责任。[②] 同时,就司法实践的情况来看,对于涉及多种法律责任的案件,往往也是“罚了不打、打了不罚”。如就前述的生产、销售假冒伪劣产品行为而言,有实务工作者指出,在侵权诉讼中,至今还未发现一个厂家因为销售伪劣商品而赔偿他人直至破产的,即便是上百万元、上千万元的民事赔偿也很难见到。一般都是采取行政处罚,最高罚款50万元了事。即便是对社会影响较大的案件,国家有关部门在对行为人进行刑事追究之后,采取国家买单的方式,对企业造成的损害进行救济,而对其他责任的追究就不了了之了。[③] 这种处理方式,显然不符合相关法律的规定,也达不到法律追究的效果。

之所以出现上述情况,笔者认为,很大程度上,是因为在一行为同时符合多种法律规定、涉及多种法律责任的场合,到底应当让行为人承担何种程度责任为宜的问题上,认识不清。而这种认识不清的背后,潜藏着对民事责任、行政责任和刑事责任的区别把握不够的问题。因此,厘清这种区别,对于我们合理地处理上述触犯多种

---

① 姚建功:《论刑法的民法化》,载《华东政法学院学报》2001年第4期。

② 参见2000年11月10日最高人民法院《关于审理交通肇事刑事案件具体应用法律若干问题的解释》第2条第3款。

③ 樊华中:《刑民交叉与刑民法律的调整限度》,载《中国检察官》2012年第6期。

法律规定、涉及多种法律关系的案件,具有重要意义。

一、民事责任、行政责任和刑事责任的区别

关于民事责任、行政责任和刑事责任的区别,通常认为其产生前提、适用主体、实现方式、严厉程度上存在不同。[①] 但这种理解过于偏重其外在形式上的区别,是在具体适用的法律关系确认之后才进行的区分,而对于具体案件事实发生之后、责任性质确定之前,到底应当选择适用何种法律关系,无法提供具有实际意义的指导。

从历史的角度来看,民事责任、行政责任和刑事责任的区分并非一开始就存在。初民时代的法律多半是“民刑不分、诸法合体”,更遑论独立的行政法了,侵权行为的解决也主要采用民事赔偿的方式。后来,统治者认为,侵权行为不仅是对私人利益的侵害,而且也是对国家、社会共同体整体利益的侵害,于是才开始有了民法和刑法、侵权与犯罪之分。对此,英国历史学家梅因(Henry Sumner Maine,1822~1888年)有非常清楚的描述。按照他的说法,古代社会的“刑法”不是“犯罪法”,而是“不法行为法”即“侵权行为法”。刑法的真正发展,是在国家或者社会团体自身受到了损害,尤其是当它感到某种直接作用于私人利益的侵权行为危害了社会团体的公共生活秩序,进而使整个团体受到损害之后,国家才不再以超然的姿态游离于损害之外,而是摒弃“临时被召唤来的私人仲裁者身份”,直接作为当事人的一方介入纠纷。[②] 只是,相对于强大的国家,个人力量显然是微不足道的,为了防止国家滥用其权利伤害无辜,在国家以犯罪的名义追究个人责任时,就要求使用与民法完全不同的标准和程序。这也就导致了民法与刑法的区分。而作为规范行政权的行政法,则起源更晚。其是在近代历史上出现了法治与民主,并形成了与其相适应的政治、法律制度条件下,作为规范国家

① 张旭:《民事责任、行政责任和刑事责任——三者关系的梳理与研究》,载《吉林大学社会科学学报》2012年第2期。

② [英]梅因:《古代法》,沈景一译,商务印书馆1996年版,第208~214页。我国学者于改之教授也持这种观点。参见于改之:《刑事犯罪与民事不法的分解——以美国法处理藐视法庭行为为范例的分析》,载《中外法学》2007年第5期。

行政权的手段而产生的。[①] 早期,尽管也有行政管理,在其并没有从其他国家权力体系中独立出来。及至近代之后,基于国家职能分工和权力制衡的需要,行政权从整个国家权力体系中独立出来,并成为与其他国家权力(如立法权、司法权)并立的一种权力。由于刚从其他国家权力中独立出来的行政权在手段和职能上主要或者首先表现为以公共权力来完成行政职能,具有很强的命令性与强制性,因此,早期的行政法以限制行政权的行使即"依法行政""法律之外无行政"为主要内容。但是进入 20 世纪以后,由于"市场失灵"带来了诸多的社会问题,使行政权不再是消极被动地"依法行政",受"法律之外无行政"规则的约束,也不再表现为采用制裁、强制等消极手段去维持社会某一领域的秩序,而更多主动地表现为为促进社会发展,而采用了组织、引导、奖励、赋予或者许可等积极手段实施行政。从此之后,行政权在法律范围之内有了较大的自由裁量余地,在法律上,从羁束行政权走向赋予其越来越多的自由裁量权。这种变化使现在的行政法,一方面,鉴于行政权力容易被滥用的事实,因此在行使行政程序以及对行政权进行监督等方面制定了越来越多、越来越详细的系列法律规范;另一方面,为了社会事业的发展和实现政府职责,在实体法规中对行政权的诸多方面只是进行原则性或者概括性的规定。[②]

由此看来,将法律区分为民事法、行政法和刑事法,将法律责任相应地区分为民事责任、行政责任和刑事责任,是国家特别是近代以来的国家与法治观念兴起的结果。一方面,国家为了进行相应的社会管理,保证整个社会的正常运行,可以在授权的范围之内,对公民权利进行一定限度的剥夺和限制;另一方面,这种剥夺和限制也有一定限度,即必须按照依照事先制定的法律,按照正当程序进行,并且,在进行该种剥夺和限制时,必须针对不同权利内容,采用相应的手段,使对当事人的不利影响维持在最小限度之内。正是这种最大限度地平衡维持秩序和保护公民权利的要求,使有关国家机关在

① 王周户等编著:《行政法》,法律出版社 2007 年版,第 6 页。

② 王周户等编著:《行政法》,法律出版社 2007 年版,第 8 页。

选择法律适用范围、追究法律责任时,必须选择与具体行为最为匹配的手段,即“适法制裁”。① 民事法、行政法以及刑事法尽管一定程度上都扮演着实现社会正义、维护社会秩序的角色,但由于其三者之间的具体价值目标不同,因此,在内在性质、责任方式、目标以及程序设计等方面具有显著区别。这种区别对针对具体行为选择适用何种法律进行处理来说,具有决定性的影响。

具体而言,民事责任、行政责任和刑事责任的主要区别,可以概括如下:

一是责任性质和承担责任方式不同。所谓民事责任,是民事违法行为人所应承担的法律后果,由于作为其前提的民事法属于调整私人之间的关系的私法,其目的和作用是通过使侵权行为人以金钱进行损害赔偿,从而恢复被侵权人的原状,恢复因侵权行为而改变了的私人之间的权利义务关系,因此,民事责任主要体现为一种弥补损失关系,以弥补受害人的损失为目标,遵循“无损害就无赔偿”的原则,因此,民事责任的性质,突出地表现为相对性、财产性、补偿性和恢复原状性。在实现责任的方式上,主要是损害赔偿责任,以财产责任形式为主,如返还财产、恢复原状、赔偿损失、支付违约金等。民事责任虽然也有非财产责任方式,如赔礼道歉、消除危险、恢复名誉等,但也是体现补偿的要求。相反地,所谓刑事责任则是行为因为违反刑法而构成犯罪依法应当承担的法律后果,是犯罪人向国家、社会承担的责任,而不是向被害人个人承担的责任,其目的在于通过对当事人科处刑罚(制裁)去预防遏制违法犯罪行为的发生,因此,刑事责任主要体现一种报应和预防的关系,在性质上突出地表现为惩罚性、人身性和绝对性。在实现方式上,主要采取限制和剥夺人身自由的刑罚方式,包括管制、拘役、有期徒刑、无期徒刑,个别场合下也考虑适用剥夺犯罪人的生命的死刑。刑事责任也会采用剥夺财产的方式,如罚金、没收财产等,但这些方式在性质上是附加刑,而且在数额的确定上也是以剥夺罪犯的再次犯罪能力为

① 王云海:《日本的刑事责任、民事责任、行政责任的相互关系》,载《中国刑事法杂志》2014年第4期。

主，而不是以填补损失为出发点。

与上述民事责任、刑事责任的区别一目了然的情形不同，所谓行政责任，就是行政机关基于一般统治权而对违反行政法上的义务的个人或者法人所科处的制裁或者惩罚。其尽管在以惩罚和预防违法行为的发生为目的的一点上，与刑事责任有共同之处，但其本身不是刑罚，在责任程度上不及刑罚；同时，行政责任也不同于民事责任，尽管其也有通过行政处罚恢复被破坏的权利、义务关系的一面，但它不局限于恢复权利、义务关系的原状，可以超出原来的权利、义务关系去追求惩罚或者预防违法行为，以此达到实现公共利益所期待的行政秩序。[①] 因此，可以说，行政责任总体上处于民事责任和刑事责任的中间地带，同时具有民事责任和刑事责任二者的若干特征。

二是追究责任的标准不同。由于民事责任、行政责任和刑事责任的性质不同，因此，三者在成立标准上也有明显的差别。首先，三者在所侵害利益的范围上有明显的不同。就作为刑事责任前提的刑事违法行为即犯罪而言，其所可能侵害的对象无论在广度还是深度上都远远超过民事违法行为。就广度而言，犯罪不仅可能侵害公民的人身权利、财产权利等个人法益，还可能侵犯国家安全、国防利益以及国家机关的正常活动等国家利益，以及公共安全、市场经济秩序以及社会管理秩序等公共利益，而作为民事违法行为的侵权行为所侵害的利益只可能是人身权、物权、股权、知识产权、继承权等个人法益。侵害与个人利益无关的公法益的行为，如组织卖淫或者引诱、容留、介绍他人卖淫的行为，不可能是民事违法行为，只能是犯罪行为。就深度而言，在某些场合下，作为刑事违法行为的犯罪不要求一定要实际引起了侵害法益的实害结果，而只要具有引起该种结果的危险就足够了，因此，即便是犯罪的未遂、中止、预备形态，也要承担刑事责任（当然，以有法律规定为限）。但在追究民事责任的场合，发生损害后果是成立民事侵权行为的必备要件，而且，这

---

① 王云海：《日本的刑事责任、民事责任、行政责任的相互关系》，载《中国刑事法杂志》2014 年第 4 期。

种损害只限于实害。无论行为具有多大的危险,只要没有造成实际损害结果,就不构成侵权,因此,没有造成实害结果的侵权行为的预备、未遂、中止的场合,侵权人不可能承担民事责任。其次,作为承担责任条件的主观要求也不相同。民事责任中的损害赔偿是直接为保护被害人的利益而服务的,为最大限度地实现这种目的,便在民事责任的追究当中,部分地采用了结果责任或者无过失责任的原则,即在特定情况下,不管行为人主观上是否具有过错,只要对他人造成了损害,就要承担侵权责任。相反地,追究刑事责任很大程度上是为了预防行为人再次犯罪,而行为人是否可能再次犯罪,多半取决于行为人对自己行为性质有无认识,因此,行为人在行为时没有故意、过失的话,是无论如何不会承担刑事责任的。特别是过失犯,只在刑法有明文规定的场合,才能追究。即绝对不能追究行为人的结果责任或者说是无过错责任。这样说来,刑事责任的有无以及大小要受行为人意思状态的影响,而民事责任(主要是侵权责任)的成立,在特定条件下是不问行为人主观意志状态的,其责任范围一般也不受主观恶性大小的影响。二者之间的界限,相对来说,比较清楚。

但是,行政责任的场合,情况则有所不同。由于可能作为行政责任而追究的范围较广,不仅包括责任主体对行政相对人所应负的责任,还包括责任主体对国家、行政机关应负的责任,另外,尽管行政责任同时具备救济功能(要求责任人为或者不为一定的行为,恢复行政行为造成的权利侵害和社会关系)和预防功能(剥夺一定能力,预防纠纷和被害发生的功能),但由于其属于公法责任,和刑罚一样,主要目的是预防,而不是救济,因此,作为行政责任前提的行政违法行为,不像民事侵权,一定要造成实害后果,只要具有违法行为就足以对其进行处罚。同时,由于行政责任的强度要低于刑事责任(主要是刑罚),预防效果也不及刑事责任,因此,作为行政责任前提的行政违法行为,在违法强度上也不像刑事犯罪,必须达到"情节严重"的程度,只要达到相关行政法规中的具体要求就足够。另外,作为行政违法行为的主观要件,行为人必须具有过错即故意或者过失,这一点,与刑事违法行为相同,而与民事违法行为有别。

三是法律适用要求不同。虽说民事责任、行政责任和刑事责任是现代国家中三种最为基本的法律责任,但其在适用要求上存在重大不同。之所以出现这种差别,主要是因为其三者在对作为当事人的个人生活利益的介入程度上存在巨大差别。其中,介入程度最深、影响最大的当属刑事责任,其直接后果是长期或者短期剥夺人的自由乃至生命,因此,包括我国在内的现代各国对其适用均规定了最为严格的要求。如在实体法即刑法的适用上,首先,要求严格遵守"罪刑法定"原则,即认定犯罪和科处刑罚必须严格按照事先制定的成文法,严禁适用对行为人不利的"事后法"、没有上升为法律的习惯和风俗不得作为定罪量刑的依据,类推解释绝对禁止。其次,必须遵守"责任原则",这是因为对实施危害行为时没有辨认、控制能力或者没有故意或者过失的人进行处罚,是不教而诛,达不到防止其本人再犯并威慑社会上其他潜在的犯罪人的效果,因此,要求作为刑事责任前提的犯罪行为,必须是在行为人具有辨认和控制能力以及故意、过失的前提下实施的。最后,必须遵循"罪刑均衡"原则,即在对被告人追究刑事责任时,要求制裁程度与行为的社会危害程度以及行为人的主观责任之间保持合理限度,即"重罪重判、轻罪轻判、无罪不判"。同时,在程序法即刑事诉讼法的适用上,首先,必须秉持"无罪推定"原则,即任何公民在没有经过合法程序确定其有罪之前,一律作为无罪处理;其次,在认定公民有罪的场合,国家必须承担举证责任,被告人"不得自证其罪";最后,对证明标准也提出了近乎苛刻的要求,必须达到"能够排除合理怀疑"的程度。这实际上是对国家介入个人生活利益时提出了最为严格的实体和程序上的要求。相反地,民事责任的场合,由于是以返还财产、恢复原状、赔偿损失、支付违约金、赔礼道歉、消除危险等较为轻微的强制手段恢复因为侵权行为而破坏的私人之间的权利义务关系,属于比较轻度的国家对私人生活的干预,因此,现代各国在追究民事责任时均采取较为宽松的态度。在实体法的适用上,首先讲究"意思自治",即私人相互之间在法律规定的范围内,按照自己的意志从事民事活动,管理自己的事务,创设自己的权利和义务,只要该种权利、义务关系不影响公共利益,违反公序良俗,就不受国家和他人的干涉;其次,没有类似于刑法上的"罪刑法定"之类的严格要求,在民事侵权行为的认定和处罚上,可以类推解释,承认适用事后法的情势变更原则,民事法律行为必须讲究以道德伦常为核心的"公序良俗"和"诚实信用"成为民法适用的一般原则。同时,在程序法即民事诉讼法的适用上,基本上坚持"谁主张,谁举证"的原则,在证明标准上依照"优势证据原则",即当证明某一事实存在或不存在的证据在分量与证明力上,比反对证据更具说服力或者更具可靠性的时候,法官采用优势方的当事人所列举的证据认定案件事实,而不要求达到刑事诉讼中要求的"排除合理怀疑"的程度。

相比之下,行政责任的适用要求则似乎处于民事责任和刑事责任的中间地带。首先,行政责任属于公法领域的责任,和刑事责任具有若干类似之处。如在行政实体法的适用中,也有类似于"罪刑法定"原则的依法行政、不得制定对公民产生不利影响的具有溯及力的法律规定("信赖保护原则"),以及与"罪刑均衡"原则类似的、行政机关在采取行政措施时必须尽可能地使行政措施造成的损害与所追求的行政目的相适应的"比例原则",但总的来说,在行政实体法的适用上,依法行政原则,在其适用上,根据对象的不同,则有所变通。如就涉及公民权利、义务的内容事项而言,只要法律没有明确授权,行政机关就不能实施相应的管理活动,否则即构成违法(法律保留原则);但是,就其他行政管理活动而言,只要行政活动不与法律规定相抵触就够了,不要求所有的行政活动均具有明确的法律依据(法律优越原则)。[①] 同时,在行政责任的追究程序上,也远没有刑事责任的追究程序那么复杂。就参与主体而言,一般来说,行政诉讼只涉及行政机关,而刑事诉讼则涉及法院、检察院和公安机关;从程序上看,行政处罚程序非常简单,行政处罚的决定可以当场作出,而在刑事诉讼中,这种情况极为罕见。同时,行政处罚的证明标准也低于刑事处罚的场合。我国刑事诉讼的证明标准是"犯罪事实清楚,证据确实充分",行政诉讼的证明标准,依照 2017 年修

---

① 朱维究、王成栋主编:《一般行政法原理》,高等教育出版社 2005 年版,第 92~95 页。

订的《行政诉讼法》第69条的规定，是“证据确凿”。从字面上看，二者之间似乎没有什么区别。但行政诉讼是一种司法审查，所要解决的是行使国家权力的行政主体和相对人之间的冲突。行政行为对相对人可能造成的损害主要集中于财产权，对相对人的人身侵害最重的只能是拘留，这些都比刑事处罚所可能引起的后果要轻得多。同时，对于行政诉讼而言，所涉争议除了作为原告的行政相对人的具体合法利益之外，还有隐藏在该合法利益之后的公共利益以及作为被告的行政主体的行政职责。另外，行政处理对象的广泛性和复杂性要求行政主体要有较大的裁量权，行政权的行使要迅捷，过高的证明标准会使行政主体过分谨慎和拘束，不利于行政目的的实现。因此，尽管现代各国都强调依法行政，要求行政行为要有法律和事实依据，以约束强大的公权可能对私权的损害。但在实际的操作上，一般认为，行政处罚的证明标准尽管比民事诉讼高，但要低于刑事处罚。[①] 即对涉及相对人人身、财产等重要权益问题的，采取略低于刑事诉讼的证明标准；而在其他问题上则采取略高于民事诉讼的标准。[②] 其次，尽管作为行政责任前提的行政法属于公法领域，但是其中许多原则却与属于私法领域的民法相通。如行政法中一个重要原则是“信赖保护原则”，其要求行政机关应当确保管理活动的明确性、稳定性与连贯性，从而树立和保护公民、法人或者其他组织对行政机关及其管理活动的真诚信赖。一般认为，所谓信赖保护原则实际上是民法上的诚实信用原则在行政法领域中的转换或者翻版。[③] 同时，行政机关在进行行政决定时，主要是遵循利益衡量原则，即进行公共利益与个人利益之间的比较衡量，这一点上，也与民事决定的判断相似；行政机关甚至可以在授权范围内，对特定的民事纠纷进行审理和裁决。[④] 如2013年《固体废物污染环境防治

---

① 牛广济、刘守芬：《犯罪与行政违法行为的理论界限新探》，载戴玉忠、刘守芬主编：《犯罪与行政违法行为的界限及惩罚机制的协调》，北京大学出版社2008年版，第179页以下。

② 王峰：《行政诉讼、民事诉讼与刑事诉讼之比较研究——从制度属性的视角》，载《行政论坛》2013年第1期。

③ 朱维究、王成栋主编：《一般行政法原理》，高等教育出版社2005年版，第100页。

④ 当然，这种情形越来越少。

法》第84条第2款规定："赔偿责任和赔偿金额的纠纷，可以根据当事人的请求，由环境保护行政主管部门或者其他固体废物污染环境防治工作的监督管理部门调解处理；调解不成的，当事人可以向人民法院提起诉讼。当事人也可以直接向人民法院提起诉讼。"这些都是行政责任受民事责任影响的体现。

二、区别民事责任、行政责任和刑事责任的现实意义

从理论上对民事、行政与刑事责任加以区别，不仅是为了满足人们学术上的好奇心，更主要的是为司法实践中处理相关案件提供有益指导。

首先，为对同时符合多种法律规定的行为（所谓"特殊竞合违法行为"[①]）同时追究多种法律责任时提供理论依据。有学者在研究民事不法与刑事犯罪的区别时指出的，长期以来，刑法学界在探讨犯罪与民事纠纷的关系时，似乎存在一种误解：犯罪与民事不法行为之间是非此即彼的关系，具体地说，如果是犯罪的话，就不再是民事不法行为，犯罪是民事不法行为发展而来的。这种倾向在实践中更为普遍，如果是民事欺诈，就不是刑事诈骗。[②] 实际上，这种情况不仅仅存在于所谓"民、刑交叉"的案件中，在"行、刑交叉"乃至"民、行、刑交叉"案件中也大量存在。如就"行、刑交叉"案件而言，实践中一直存在行政机关只要发现违法行为涉嫌犯罪，就直接移送司法机关，移送前不对该案件做任何处置的处理方式。[③] 实际上，这种做法是不妥当的。如前所述，由于现代社会各种法律规范的错综复杂，致使行为人的一个行为同时触犯数个法律条文的情形，是不可避免的事实。尽管在同一个法律领域之内，同一行为的界限可能会有彼此之分（但实际上也很困难），但在不同法律领域，由于其法

① "特殊竞合违法行为"是借用了杨解君教授的提法。参见杨解君：《竞合违法行为与行政处罚及其他法律责任的竞合适用》，载《行政法学研究》1994年第1期。

② 时延安：《论刑事违法性判断与民事不法判断的关系》，载《法学杂志》2010年第1期。

③ 谢治东：《行政执法与刑事司法衔接机制中若干问题理论探究》，载《浙江社会科学》2011年第4期。

律责任的性质不同,其判断规则和判断标准有异,导致对同一行为的判断并非相互排斥关系,而可能是同时存在、并列(或者先后)进行的关系。[①] 同时,不同法律规范在发挥不同的作用,具有不同的存在价值。如民事责任重在补偿损失和恢复原状,刑事责任重在惩罚罪犯和预防其他人重蹈罪犯覆辙,而行政责任则兼具惩罚和补偿两方面的作用。这些不同性质的法律责任通过相互辅助、相互配合,共同维系整体的法秩序。从此意义上讲,对同时符合多种法律规定,能够追究多种法律责任的情形,仅以其中一种法律规定为依据,仅仅追究一种法律责任的做法,是不符合我国的法律体系的整体规定的。而且,这种做法也难以恰如其分且有效制止现实所发生的违法行为。如对在公共道路上醉酒驾驶机动车的行为人在移送司法审查之前,不对其作出吊销或者暂扣机动车驾驶证的行政处罚、采取暂扣机动车的行政措施等,就难以有效避免行为人在司法审查过程中,再次实施相关违法犯罪行为;同样,对严重污染环境的排污企业在移送司法审查之前,不作出责令停产的行政处罚,也难以有效地防止违法犯罪行为的进一步扩大。

其次,为有关行政责任与刑事责任竞合案件("行、刑交叉"案件)的处理提供了具体指引。当同一违法行为既违反行政法的相关规定,又因为"情节严重"而违反刑法的相关规定时,就会出现行政违法与刑事违法竞合的问题。对这种情况该如何处理?对此,理论上素有争议。"吸收说"认为应当按照"重罚吸收轻罚"的原则,单处刑罚;[②]相反地,"并合说"则认为,应采取合并适用的原则。[③] 本

---

① 时延安:《论刑事违法性判断与民事不法判断的关系》,载《法学杂志》2010 年第 1 期。如此说来,那种认为"某一行为在侵犯民事权利的同时,也会对社会秩序造成一定的危害,应当由行政法予以制裁。这就可能导致民事责任与行政责任并存的情况。两种责任并存对于社会秩序以及被害人来说是没有问题的,但对于行为人来说他要对自己的一次错误承担两次后果。在现代民权社会中,即便是责任性质不同的前提下,一事再理也是存在问题的"的见解是错误的。上述观点,参见张旭:《民事责任、行政责任和刑事责任——三者关系的梳理与探究》,载《吉林大学社会科学学报》2012 年第 2 期。

② 参见应松年主编:《当代中国行政法》(上),中国方正出版社 2005 年版,第 867 页。

③ 参见侯艳芳、刘传颂:《行政处罚与刑罚折抵的思考》,载《山东审判》2008 年第 2 期。

文同意这种观点。如上所述,行政责任和刑事责任本是不同的责任形式,可以同时存在,并不存在“一事二罚”的问题;而且,追究行政违法行为,是行政执法机关和行政执法人员依法享有的权利,也是其依法应尽的义务。对于依法应当追究的行政责任不予追究,仅仅交由司法机关予以刑事制裁,以刑代罚,在行政法上即有构成行政不作为之嫌。

但是,在按照“并合说”追究行为人的法律责任时,要注意以下两点:

一是司法机关追究了行为人刑事责任或者免除其刑事处罚之后,行政机关在行政职权范围内对该案件继续处理时,必须按照以下原则进行:第一,相似性质的处罚不得重复适用。如对法院已经对行为人判处罚金的“行、刑竞合”案件,行政机关就不宜再作出罚款的行政处罚。因为,罚金是与罚款性质类似,且比罚款更为严厉的处罚措施,仅凭罚金即可达到教育和惩戒行为人的目的。[①] 第二,不同性质的处罚可以并用。如交通肇事的场合,人民法院判处行为人有期徒刑之后,行政机关对肇事者可以甚至必须科处吊销驾驶执照甚至罚款等行政处分。第三,免予刑事处罚的,可以给予行政处罚。我国《刑法》第 37 条规定,对于犯罪情节轻微不需要判处刑罚的,可以免予刑事处罚,但可以由主管部门予以行政处罚或者行政处分。

二是行政机关已经对行为人进行了行政处罚,但司法机关继续追究其刑事责任时,可以重复适用相似性质的处罚,但必须考虑相互折抵。如罚款和罚金刑属于性质相似处罚,但二者在强度上不同,后者明显大于前者,因此,在行政机关做出罚款决定之后,如若司法机关认为制裁强度不够,不足以遏制犯罪的再次发生的话,可以再次判处罚金,只是在金额的判定上,应当考虑行为人已经受到过罚款处罚的事实,予以适当减免。[②] 同样,对已被行政机关处以行

---

① 参见吴艳倩:《刑事责任与行政责任的竞合问题研究》,载《法治与社会》2014 年第 10 期。

② 之所以如此考虑,是基于《行政处罚法》第 35 条第 2 款规定的考虑。该条款规定,违法行为构成犯罪,人民法院判处罚金时,行政机关给予当事人罚款的,应当折抵罚金。

政拘留的行为人，司法机关同样可以处以自由刑。只是在刑期的裁量上，必须考虑其先前已经受过行政拘留的事实。行政拘留的期限，可以折抵相应的刑期。[①]

最后，为有关民事责任与刑事责任竞合案件（“刑、民交叉”案件）的处理提供了具体指引。在同一行为既侵犯了民事法律关系又侵犯了刑事法律关系，或者所侵犯的到底是民事法律关系还是刑事法律关系难以确定的场合，就会出现所谓“刑、民交叉”的现象。对这种案件的处理，也存在两种完全相反的见解：一种见解主张“先刑后民”。即对涉嫌刑事犯罪的民事案件，一律移送公安机关，在对涉嫌刑事犯罪的事实查清后，由法院先对刑事犯罪进行审理，再就所涉及的民事责任进行审理，或者由法院在审理刑事犯罪的同时，附带审理民事责任部分。在此之前不应当单独就其中的民事责任进行审理判决。这是我国司法实践的通常做法，也为最高司法机关所认可。[②] 另一种见解主张“先民后刑”。受刑法谦抑性观念和刑法是其他部门法的保障法，只有在迫不得已时才能适用的观念的影响，认为同一种行为在民法、行政法、刑法上都有规定时，就应当进行升级式的评判。民事法律能够调整固然好，在民事法律不能调整时，才能以行政法或者刑法加以调整。如此才能真正落实刑法的保障法地位。[③] 其中，所谓升级式评判，就是将涉嫌犯罪的民事案件，先尽量在民事案件的范畴内解决，以民事手段能够满足各方诉求、填补损失、恢复原状的话，刑法就不宜介入。只有在民事手段解决不了的时候，刑法才作为保障法介入其中。

应当说，上述两种做法都是权宜之计，不能长久。“先刑后民”在公权与私权发生冲突时，优先保护公权，体现了国家利益保护的绝对性，但其中的问题也是很明显的：如由于对侦查机关的侦查期

① 《行政处罚法》第35条第1款规定，违法行为构成犯罪的，人民法院判处拘役或者有期徒刑时，行政机关已经给予当事人行政拘留的，应当依法折抵相应刑期。

② 最高人民法院2020年12月29日公布的《关于在审理经济纠纷案件中涉及经济犯罪嫌疑若干问题的规定》第11条规定：“人民法院作为经济纠纷受理的案件，经审理认为不属经济纠纷案件而有经济犯罪嫌疑的，应当裁定驳回起诉，将有关材料移送公安机关或检察机关。”

③ 樊华中：《刑民交叉与刑民法律的调整限度》，载《中国检察官》2012年第6期。

限没有明确规定,会出现民事案件久拖不决甚至石沉大海的现象,使原告的合法利益难以得到及时保护;同样,轻伤之类的刑事案件被移送之后,被害人失去了只选择提起给予精神损害赔偿诉讼的机会,其损失也不能得到最大限度的保护。同样,“先民后刑”即在以民事手段解决不了问题之后再考虑刑事手段,固然可以体现刑法作为“保障法”和“最后手段”的特点,也符合我国目前司法实践中的一些做法,[①]但是,其抹杀了民事违法和刑事违法的区别和界限,违反了近代法治国的根本原则。民事责任和刑事责任无论在性质、功能、追究责任的标准和适用要求上都存在重大不同,即便说民事责任和刑事责任在一定范围内可以相互转化,但其范围也应当非常有限,只限于那些在严重的民事侵权和轻微的刑事犯罪之间摇摆的行为。

同时,如前所述,民事责任和刑事责任在性质、功能上的不同,导致其二者在举证责任以及证明程度等方面存在显著差别。在民事责任的追究上一般是“谁主张,谁举证”,在证明标准上采用“优势证据原则”,和刑事诉讼通常由检察机关举证,且必须达到“排除合理怀疑”的证明程度的情形明显不同。因此,对于“民、刑交叉”案件,即便是同一事实,完全可以两个程序同时展开进行。即在先提起民事诉讼的场合,对民事纠纷进行判断,先对民事部分作出判决,而不必等待刑事程序的终结。相反地,在先提起刑事诉讼的场合,即便当事人没有提起附带民事诉讼,也不必等到刑事诉讼终结之后再考虑民事诉讼。换言之,在“民、刑交叉”案件的场合,可以不受“先民后刑”或者“先刑后民”观念的限制,“刑民并用”,即对涉嫌犯罪的民事纠纷,分案审理,同时追究其刑事责任和民事责任。

实际上,从相关刑法规定来看,也并没有一味地坚持“先刑后民”或者“先民后刑”。我国《刑法》第36条规定:“由于犯罪行为而

---

① 参见2000年最高人民法院《关于审理交通肇事案件具体应用法律若干问题的解释》第2条第1款第3项的规定。其中规定:交通肇事造成公共财产或者他人财产直接损失,负事故全部或者主要责任,无能力赔偿数额在30万元以上的,处3年以下有期徒刑或者拘役。这就意味着,在造成财产损失的场合,赔偿损失直接决定行为人的行为是不是构成犯罪。

使被害人遭受经济损失的，对犯罪分子除依法给予刑事处罚外，并应根据情况判处赔偿经济损失。承担民事赔偿责任的犯罪分子，同时被判处罚金，其财产不足以全部支付的，或者被判处没收财产的，应当先承担对被害人的民事赔偿责任。”显然，立法在强调打击犯罪、维护秩序时，也并没有忽视对公民的民事司法救济。同时，民事诉讼和刑事诉讼分开审理的所谓“民刑并用”审理方式，已经为我国的司法审判实践所采用。如最高人民法院 2005 年 7 月 25 日对四川省高级人民法院的请示所作的《关于银行储蓄卡密码被泄露导致存款被他人骗取引起的储蓄合同纠纷应否作为民事案件受理问题的批复》（法释〔2005〕7 号）中写道：因银行储蓄卡密码被泄露，他人伪造银行储蓄卡骗取存款人银行存款，存款人依其与银行订立的储蓄合同提起民事诉讼的，人民法院应当依法受理。也就是说，在法院审理诈骗刑事案件的事实，并不影响被害人提起相关的民事诉讼。

应当说，上述批复是有道理的。因为，就该案而言，存款人的起诉符合民事诉讼法规定的条件；存款民事关系成立于前，诈骗犯罪形成于后，存款民事关系并不因诈骗犯罪的发生而自然消灭；存款人依其与银行订立的储蓄合同请求银行支付其存款与他人伪造银行储蓄卡骗取存款人银行存款是两个法律事实，即诉讼请求所依据的事实与犯罪事实（诈骗银行存款）不是同一事实。并且，作为民事案件受理既有利于保护合同当事人的民事权益，也不影响对诈骗犯罪的刑事处理。[①] 只是，这一答复能否扩展到所有的“刑、民交叉”案件的适用，有待进一步观察。

---

① 曹守晔：《从先刑后民到民刑并用的嬗变》，载《法制日报》2006 年 3 月 6 日，第 6 版。

第二部分　单位犯罪与企业合规

第一章　组织体刑事责任论及其应用

一、问题意识

我国的单位犯罪领域正呈现“冰火两重天”的局面。一方面，企业走私、偷税漏税、生产销售伪劣产品、行贿受贿、破坏环境等新闻经常见诸报端，触目惊心。同时，我国《刑法》第30条、第31条明确地规定了单位犯罪概念及其处罚，《刑法》分则当中也有160多个处罚单位的罪名，占到《刑法》所有罪名的1/3。但另一方面，实践当中，最终受罚的单位犯罪案件却极为少见，几乎不到同期刑事判决的1‰。[①] 一方

---

① 为了呈现我国刑事司法裁判中以单位犯罪定罪处罚的比例，笔者以“威科先行·法律信息库”中的裁判文书数据库（全国范围）为依据进行调查统计。具体方法和步骤为：先以“单位犯罪”为关键词进行搜索，发现大部分案件属于辩护人认为是单位犯罪，但法院判决却认为是自然人犯罪的情形。在此基础上，笔者再在结果中搜索“被告单位”，此时筛查出的几乎全都是以单位犯罪定罪处罚的裁判文书。2019年共有1,240,637件刑事案件裁判文书，其中以单位犯罪论处的有1136件，占比为0.092%；2018年共有1,505,684件刑事案件裁判文书，其中以单位犯罪论处的有1588件，占比为0.105%；2017年共有1,502,086件刑事案件裁判文书，其中以单位犯罪论处的有1347件，占比为0.090%。另据王匡正博士对四川省、山东省、山西省自1997年至2012年共15年，各自法院系统的单位犯罪判决统计调查，发现四川省所处理的单位犯罪案件数仅占同期所有刑事案件总数的0.05%；山西省的仅占0.03%；山东省的也只占0.07%。上述数据参见王匡正：《单位犯罪的现状与反思》，西南财经大学2013年博士学位论文，第53~57页。

面，单位犯罪一直是学界的热门话题，仅在1997年《刑法》中明文规定单位犯罪和处罚之后，我国有关单位犯罪的专著就有近20本，①另有大量的论文和研究报告②；但另一方面，20世纪末已经偃旗息鼓的单位犯罪否定论，近年来又改头换面，以单位拟制犯罪论③的形式悄然回归，而直到现在单位犯罪肯定论却对单位犯罪的一些基本概念，如作为法律拟制人格的单位如何实施犯罪，单位犯罪到底是单位自身的犯罪还是将单位组成人员的犯罪转嫁给单位自身，仍然没有定论。④ 这种情形，是我国对单位犯罪的认定和处罚无所适从的如实反映，从中能窥见我国司法机关在单位犯罪的处理上进退失据的窘境。

出现这种情况，恐怕和我们所选择的单位犯罪和单位处罚研究模式有关。从方法论的角度来看，单位犯罪研究有两种模式：一种是单位犯罪模式，另一种是单位追责模式。前者以单位犯罪是单位

---

① 仅笔者所收集到的著作就有：何秉松主编：《法人犯罪与刑事责任》（第二版），中国法制出版社2000年版；陈泽宪主编：《新刑法单位犯罪的认定与处罚——法人犯罪新论》，中国检察出版社1997年版；黎宏：《单位刑事责任论》，清华大学出版社2001年版；田宏杰主编：《单位犯罪适用中疑难问题研究》，吉林人民出版社2001年版；沙君俊：《单位犯罪的定罪与量刑》，人民法院出版社2002年版；赵秉志主编：《单位犯罪比较研究》，法律出版社2004年版；田承春：《单位犯罪的构成与诉讼》，中国民主法制出版社2005年版；蒋熙辉：《单位犯罪刑事责任探究与认定》，人民法院出版社2005年版；李文伟：《法人刑事责任比较研究》，中国检察出版社2006年版；陈鹏展：《单位犯罪司法实务问题释疑》，中国法制出版社2007年版；王良顺：《单位犯罪论》，中国人民公安大学出版社2008年版；陈丽天：《单位犯罪刑事责任研究》，中国法制出版社2010年版；丁英华、季境：《公司犯罪论》，中国检察出版社2011年版；石磊：《单位犯罪适用》，中国人民公安大学出版社2012年版；周振杰：《比较法视野中的单位犯罪》，中国人民公安大学出版社2012年版；谢治东：《单位犯罪中个人刑事责任研究》，法律出版社2014年版。

② 截至2020年1月9日，在中国知网（CNKI）上，输入"单位犯罪"查询，出现了8474条结果；输入"法人犯罪"查询，出现1431条结果。

③ 作为最近的否定单位犯罪论，提倡单位拟制责任论的代表之作，有叶良芳：《论单位犯罪的形态结构——兼论单位与单位成员责任分离论》，载《中国法学》2008年第6期；张克文：《拟制犯罪和拟制刑事责任——法人犯罪否定论之回归》，载《法学研究》2009年第3期。

④ 参见徐岱、郭磊：《单位犯罪刑事责任实现的困境及出路》，载《社会科学战线》2010年第11期；黄晓亮：《论我国"单位犯罪"概念的摈弃——以域外比较为切入点》，载《政治与法律》2015年第3期；邹玉祥：《单位犯罪的困境与出路——单位固有责任论之提倡》，载《北京社会科学》2019年第9期。

自身犯罪为前提,强调在事前,从刑事立法的角度,规范地探讨单位犯罪定义、单位犯罪的成立要件及其处罚范围;后者则从单位犯罪由其组成人员的个人实施,单位犯罪表现为其中的个人犯罪的前提出发,强调在事后,从司法追责的角度,探讨单位在什么条件下对其业务活动中出现的违法行为和结果担责。从我国目前的单位犯罪研究以及实务情况来看,立法以及学界主流观点倾向于前者,这一点从我国现行《刑法》第30条中强调单位犯罪是公司等实施的危害社会的行为,但对单位是如何实施犯罪这一关键内容却刻意回避就能看出;相反地,司法实践则倾向于后者,这一点从相关司法解释尽管对何谓单位犯罪闭口不提,但却从正反两方面列举说明个人为进行违法犯罪活动而设立的单位实施犯罪,或者单位设立之后,主要实施犯罪的,不是单位犯罪;盗用单位名义实施犯罪,违法所得由实施犯罪的个人私分的,不是单位犯罪,①以单位名义实施犯罪,违法所得归单位所有的,②或者单位员工实施由单位决策的犯罪活动、违法所得归单位所有的,是单位犯罪③的就能看出。

确实,从犯罪模式的角度来研究单位犯罪,希望预先对单位犯罪进行定义,然后以此为依据将所有的单位业务活动中的违法行为一网打尽的想法,固然理想,但并非易事。且不说将单位业务活动中的违法行为一律作为单位犯罪予以刑法处罚的做法在世界范围内尚未达成共识,即便是在英、美等单位处罚历史悠久的国家,有关何谓单位犯罪、对犯罪单位如何处罚的看法,近年来也一再发生变化,导致单位处罚效果备受质疑,④更不用说本来就没有处罚单位犯罪传统的我国了。这一点,从《刑法》制定时起就跌宕起伏、一波三折的过程就能看出。当初,刑法修改草案当中本是有单位犯罪的定

---

① 1999年6月25日最高人民法院《关于审理单位犯罪案件具体应用法律有关问题的解释》第2条、第3条。

② 2001年1月21日最高人民法院《全国法院审理金融犯罪案件工作座谈会纪要》。

③ 2017年6月2日最高人民检察院《关于办理涉互联网金融犯罪案件有关问题座谈会纪要》第21条。

④ 英美法国家中有关单位犯罪近年来的处理情况,参见张克文:《拟制犯罪和拟制刑事责任——法人犯罪否定论之回归》,载《法学研究》2009年第3期。

义的，但在大会审议时，有代表提出，该定义的规定不够全面，不能包括分则规定的所有单位犯罪，因此被删除了，而改用了现在的写法。[①] 尽管如此，原草案中单位犯罪的核心内容即“经单位集体决定或负责人决定实施的危害社会的行为”是单位犯罪的见解，至今为止一直受学界和实务界主流见解的青睐。[②] 但是，且不说将一个在立法之初被放弃的见解奉为圭臬的做法本身就值得商榷，而且，将单位负责人的决定本身视为单位意思的做法，也已经为一些判决所摒弃。实务中不少判决认为，即便是单位领导决定的行为，也不一定能够认定为单位犯罪，还要考虑该决定是否经过了“单位决策机构按照公司章程规定的决策程序”；[③]更有甚者，认为即便是经过了单位决策程序的决定，还要看该决定的内容是不是在“单位业务范围之内”。[④] 这样说来，判决在单位意思的判断上，并不完全是考虑单位领导个人意志，还考虑到了单位的决策程序、业务范围等单

① 参见全国人大常委会法制工作委员会主任薛驹在第八届全国人民代表大会第五次会议主席团第三次会议上所作《关于〈中华人民共和国刑法（修订草案）〉等三个法律草案审议结果的报告》第 1 条第 2 项。即便如此，该定义也被学者称为“已经虚化得不成其为单位犯罪的概念，几乎只是对单位犯罪应当追究刑事责任的宣言式规定”。参见陈兴良：《刑法适用总论》（上卷）（第二版），法律出版社 2006 年版，第 527 页。

② 参见 2017 年 6 月 2 日最高人民检察院《关于办理涉互联网金融犯罪案件有关问题座谈会纪要》第 21 条，这一点从纪要规定的单位员工具体实施由单位决策的犯罪活动、违法所得归单位所有的是单位犯罪中就能看出。

③ 如在“蔡某俊、肖某、余某琼等非法转让、倒卖土地使用权案”中，法院认为，作为村干部的蔡某俊等人非法转让土地使用权的行为，没有上级批准，也没有得到 2/3 以上村民授权，其犯罪行为均未体现单位意志。蔡某俊等人实施的预先给蔡某全开票 350 万元，给蔡某全按每亩提取好处费，私下在茶楼碰面谈判，签合同，只收取现金，所有现金不入公账，随意要求蔡某全、江某军提取现金供蔡某俊使用并送他人等行为也不符合公权力行使的规则，不能代表单位意志。故蔡某俊所提的单位犯罪的上诉理由及辩护意见不能成立。参见四川省成都市中级人民法院刑事裁定书，（2019）川 01 刑终 383 号。另外，在“苏某华虚开增值税专用发票、骗取出口退税案”中，有类似的表述，即上诉人苏某华等人为自己经营的两家公司虚开增值税专用发票，并未经过单位决策机构研究决定，均由其个人谋划、个人实施，没有体现单位意志，不宜认定为单位犯罪。故上诉人苏某华及其辩护人提出的上诉理由及辩护意见不能成立。参见湖北省荆门市中级人民法院刑事裁定书，（2019）鄂 08 刑终 253 号。

④ 如魏某非法吸收公众存款一审刑事判决书认为，山东扬速电子商务集团有限公司企业信息、法定代表人信息及企业变更情况材料证实，扬速公司的经营范围不包含吸收公众存款业务，其吸收资金的行为未经有关部门依法批准。参见临沂市兰山区人民法院刑事判决书，（2019）鲁 1302 刑初 1651 号。

位自身的要素,而现行的通说以及相关司法解释却没有注意到这一点。

本书认为,在我国《刑法》第30条、第31条只是宣示性地规定了单位犯罪和单位处罚,但何谓单位犯罪又言之不清的情况下,应当将单位追责模式和单位犯罪模式结合起来,借鉴司法解释的相关做法,在追责模式前提之下考虑犯罪模式。具体而言,在单位业务活动中出现了违法结果的场合,首先从单位从业人员个人犯罪的视角启动调查,在这种调查当中,如果能够查明该个人行为背后存在单位支配或者操纵的话,再将其作为单位犯罪而追究单位自身的责任。因为,虽然从理念上讲,单位犯罪是单位业务活动中的违法行为,但单位业务活动中其从业人员的违法行为并不一定都能归咎于单位自身,不排除单位从业人员有个人擅自做主、假公济私之举。而且,我国现行刑法总体上以自然人的犯罪行为为适用对象,处罚单位犯罪属于例外,[①]因此,将单位业务活动中出现的违法活动首先考虑为个人犯罪,也合乎这种立法精神;特别是和单位犯罪相比,刑法有关个人犯罪的判断标准和处罚尺度相对明确,司法实践经验的积累相对丰富,处理起来比较容易。

以下,基于上述宗旨,首先对我国近年来有关单位犯罪的主要见解进行分析评价,据此探讨单位犯罪的本质和特征;其次以组织体刑事责任论为重点,说明单位犯罪的成立条件和认定方式;最后按照实务中采用的单位追责模式的思路,对《刑法》第30条、第31

---

① 本书之所以认为单位犯罪只能是例外,还有一个难以列入正文加以说明的理由,即单位处罚中蕴含着"殃及无辜"的天然缺陷。包括我国在内的各国刑法对犯罪单位几乎都是采用罚金即剥夺单位财产的刑罚方式。这种财产刑,所针对的往往是单位现在即裁判时的财产,其直接后果就是,使企业现在(裁判时)的股东手中所持有的股票价值缩水。但单位犯罪往往发生在裁判之前,当时犯罪的人往往已经通过单位违法行为而大发横财,赚得盆满钵满,当时的公司股东也赚够了钱并且极有可能已经抛售手中所持的犯罪单位的股票。这样,就会出现受罚的没犯罪,而犯罪的没受罚的局面。特别是在现代公司制度之下,公司控制权实际上掌握在专业经理人手上,他们往往是公司犯罪的直接行为人,而一旦公司被确定为犯罪,直接受损的是广大不参与公司运营管理的无辜股东,特别是小股东。这种现代企业管理制度也使单位犯罪和单位处罚必然有违反责任原则之风险。对于一个有违反近代刑法所主张的责任原则的处罚制度,应当尽量谨慎适用。

条规定的适用进行分类探讨。

二、单位犯罪论的立场分歧及其评析

我国现行《刑法》在1997年明确规定了单位犯罪及其处罚之后，有关单位犯罪的主流见解，从否定论一跃而成为肯定论。[①] 有关单位犯罪的研究，也从单位有无犯罪能力之争转而变为对《刑法》第30条、第31条的解释适用之争了。即便如此，无论从哪一个角度对单位犯罪条文进行追责适用上的解释，最终也还是无法回避单位犯罪模式中的基本论题，即作为民法上的拟制人格的单位是如何获得刑法上的犯罪主体资格的能力的。特别是在近年来，以单位犯罪否定论为基础的单位拟制犯罪论出现之后，这个问题似乎已经解决的话题又重新进入人们的视野，有必要重新讨论。以下按照时间的发展顺序，对我国当今单位犯罪基础理论的代表性见解进行述评。

（一）单位决策机构或者单位集体决定论

本见解从自然人犯罪的立场出发，将单位的决策机构类比自然人的大脑和神经中枢，认为单位犯罪就是单位决策机构故意或者过失而造成危害社会结果的行为。[②] 这种观点在我国当今的学界和实务界具有重大影响。如在《刑事审判参考》上刊登的指导案例第305号的法官解说部分明确指出，单位犯罪是在单位意志支配下实施的，单位意志由单位决策机构或者有权决策人员通过一定程序加以体现。换言之，经过一定程序的单位决策人员或者单位负责人的意志，就是单位意志，在这种人的意志支配之下实施的行为，就是单位行为。[③]

将单位中特定人的思想和行为视为单位自身的思想和行为，是

---

① 当然，否定论依然有力，参见杨兴培：《（法人）单位犯罪立法理论与实践运作的逆向评价》，载《华东政法学院学报》2001年第3期；王匡正：《单位犯罪的现状与反思》，西南财经大学2013年博士学位论文，第58页以下。王匡正博士认为，大量的单位犯罪立法和极少的司法适用是对司法资源的巨大浪费，主张废除单位犯罪的刑法条款。

② 参见陈广君：《论法人犯罪的几个问题》，载《中国法学》1986年第6期。

③ 参见黄明儒主编：《刑法总则典型疑难问题适用与指导》，中国法制出版社2011年版，第198页。

承认单位犯罪的国家在对单位适用自然人刑法时的惯常做法,其符合单位业务活动的现实,一定程度上缓解了单位犯罪所面临的来自自然人刑法的责任原则的诘难。但遗憾的是,这种做法存在以下问题:一是解决不了单位高层人员将单位作为工具,实现自己个人犯罪的问题。虽说单位决策机构是单位的中枢,其组成人员是单位意志的重要来源,但其毕竟也是具有独立人格的主体,并非其所有的意思都能归于单位,更不排除其中有些人将单位作为犯罪工具而利用。[①] 二是这种见解无法适用现实中的多数单位,特别是一些建立有现代管理制度的大、中型单位。现实中,许多单位活动都是由其下层人员按照业务惯例实施的,并不一定要通过决策程序即"单位集体决定或者单位负责人决定";同时,大、中型单位中多是实行部门负责制,侦查机关事后很难证明单位领导参与了单位下层人员的某一具体违法犯罪行为的谋划。按照上述见解,结果只会是越是层级简单的小型单位越容易构成单位犯罪,而层级多、决策程序复杂的大、中型单位则几乎没有构成单位犯罪的可能。这显然不符合我国刑法规定单位犯罪的初衷。[②] 三是有违背罪责自负原则之嫌。既然单位的意思来自单位中的决策机构成员或者单位领导人,那么单位犯罪的场合,只要处罚犯罪的决策者即单位领导人即可(这一点,在我国有关单位盗窃的场合,只需处罚相关单位组成人员的司法解释中能够得到证明),为何在处罚单位领导人之外,还要处罚单位呢?岂不有"双重处罚"之嫌吗?四是单位的犯罪能力和犯罪意思来自决策机构的自然人的见解,实际上是在为单位犯罪其实是其中的自然人在犯罪的"单位犯罪否定论"提供佐证。因此,上述见解尽管盛行,但并不值得倡导。

(二)单位组织决定论

本见解正视单位作为组织体与其组成人员的自然人之间的差别,从单位作为一个整体即依照一定理念和规则建立起来的组织体

---

① 类似观点参见万志尧:《单位犯罪宜更审慎认定——从"单位意志"与"责任人"入手》,载《法律适用》2019 年第 4 期。

② 参见李冠煜:《单位犯罪处罚原理新论——以主观推定与客观归责之关联性构建为中心》,载《政治与法律》2015 年第 5 期。

所具有的特征的角度来探讨单位犯罪。其中,代表性见解有如下几种:

1. "人格化社会系统责任论"

这种见解认为,单位是人格化的社会系统整体,单位整体性的特性决定了任何单位成员的犯罪只能是单位整体的犯罪,而不是单位成员个人自身的犯罪;单位主管人员在单位(犯罪)意志支配下,以单位名义,为了单位利益,故意或者过失实施的依法应受惩罚的危害社会行为,是单位犯罪;单位与其成员之间是整体与部分的关系,而非共同犯罪关系。[①] 针对单位犯罪为何在处罚单位之外,还要处罚其中的自然人的问题,这种见解认为,由单位系统整体结构的特殊性和复杂性所决定,单位犯罪是一个犯罪(单位整体犯罪),但有两个犯罪主体(单位和其中的自然人)和两个刑罚主体(两罚制)。单位成员是否犯罪,不是追究单位犯罪的必要条件。相反地,单位构成犯罪才是追究其内部成员(自然人)刑事责任的依据和前提。[②]

"人格化社会系统责任论"堪称我国学界单位自身犯罪论的开先河之论,对我国之后的单位犯罪论的发展具有重要影响。但毋庸讳言,该学说的局限性也是非常明显的。甚至可以说,我国迄今为止的单位犯罪论之所以问题重重,与本学说的倡导有一定关系。

本说开宗明义,说单位是一个"人格化的社会系统整体",有自己的整体意志和行为,不能把单位整体的意志和行为归结给任何个人,也不能把单位犯罪归结为个人犯罪,由此而推导出单位犯罪是"一个犯罪、两个犯罪主体"的结论。但本见解在未对单位为何是独立于其组成人员的实体根据做出有说服力的说明之前,就直接说"单位犯罪是一个犯罪、两个主体",逻辑上跨越太大、太快,让人一头雾水、不明就里。如果说单位犯罪是单位自身的整体犯罪,则其主体便只能是单位自身,其中的自然人只是单位的"手足",绝不可

---

① 参见何秉松:《单位(法人)犯罪的概念及其理论根据——兼评刑事连带责任论》,载《法学研究》1998 年第 2 期。

② 参见何秉松主编:《法人犯罪与刑事责任》(第二版),中国法制出版社 2000 年版,第 485、486 页。

能出现"两个主体"之说。这一点也恰好是其为同时代的学者所诟病之处,认为其违背"人格化社会系统责任论"的本意。[①] 同时,"单位构成犯罪才是追究单位成员刑事责任的前提和依据"的说法,也与该说提倡的"单位成员'在单位意志支配下,为了单位利益、以单位名义,故意或者过失实施的危害行为'是单位犯罪"[②]的说法之间有循环论证之嫌。

本说之所以存在上述问题,根本原因在于,该见解在展开过程中并未将单位犯罪的独自性来自单位本身的系统性和复杂性的核心宗旨贯彻到底。如本见解在论述单位的自然人对单位犯罪承担刑事责任的根据时,说是因为他们"在单位整体犯罪中的主观罪过和客观行为以及由此决定的他们在单位犯罪中所起的作用和应负的责任"。[③] 这岂不是说单位犯罪的主观罪过以及客观行为还是来自单位中的自然人吗?作为"人格化的社会系统整体"的单位所独有的"系统性和复杂性"从何体现呢?不可思议!特别是本说中所谓的组织体模式,也仅只立足于单位是超越"单个自然人的集合的存在"的认识基础之上,但对如何"超越"并没有做进一步论证。若说单位是单个人的简单集合的话,则难以避免这样的结局,即单位内部的个人行动越清楚,单位处罚的范围就会越窄;侦查机关对单位犯罪的调查越成功,单位整体处罚就越不可能。因为出现单位成员业务活动中的违法行为时,总能找到对这种行为背书的自然人,从而将该行为认定为个人犯罪。这种结局,显然与本见解的初衷,即应对大规模单位活动而导致的犯罪的愿望大相径庭。由此看来,本见解虽然给单位犯罪贴上了"社会系统整体犯罪"的标签,却没有摆脱单位犯罪是其组成人员的自然人犯罪的本质。

---

① 因为,按照上述理解,单位犯罪的主体只能是某个单位组织,其成员的行为只是单位犯罪的有机组成部分,没有它们的存在,也就没有单位犯罪可言。因此,不能将单位和单位成员并列为单位犯罪的主体。参见张文、刘凤桢、秦博勇:《法人犯罪若干问题再研究》,载《中国法学》1994 年第 1 期。

② 参见何秉松:《单位(法人)犯罪的概念及其理论根据——兼评刑事连带责任论》,载《法学研究》1998 年第 2 期。

③ 参见何秉松:《单位(法人)犯罪的概念及其理论根据——兼评刑事连带责任论》,载《法学研究》1998 年第 2 期。

2.“单位嵌套责任论”

与上述“人格化社会系统责任论”类似的见解是近年来所提倡的“单位嵌套责任论”。这种见解认为,单位不是自然人的集合体,而是由可替代的自然人所拥有的职位和财物的集合体。单位中的人以其在单位中所拥有的职位或者职务——而非其自身的独立人格——为单位要素,因此,单位成员与单位之间不是部分与整体的关系,而是“嵌”与“套”的关系。即自然人以其自身资源为出资,进入单位内的某个职位,借助单位以维持生计;而单位则借助个人提供的资源得以运转。在单位内,个人履行单位职务行为的意志和能力由其在单位的职务所决定。此即所谓“单位成员的从属性”。但单位成员与单位之间的嵌套关系并不会影响其在法律中独立的主体地位,即“单位成员的独立性”。①

与“人格化社会系统责任论”不同,“单位嵌套责任论”借助美国社会学者科尔曼的法人超越说②,将单位理解为“可替代的自然人所拥有的职位和财物的集合体”,离开其组成人员的自然人,就是一个空壳,但一旦与自然人形成嵌套关系,就具有了生命,并且还能反过来决定和影响其中的自然人的意志和行为。这样,就比较合理地解决了上述“人格化社会系统责任论”中没有说清的“系统性和复杂性”的问题。而且,与“人格化社会系统责任论”不同,本见解明确地肯定,单位犯罪的场合,单位与其组成人员之间是共犯关系。即单位犯罪不是单纯的以单位为主体的单一犯罪,而是由单位与其中的自然人为主体共同构成的嵌套式共同犯罪。③ 但遗憾的是,这种结论从何而来,上述见解只是点到为止,没有进一步展开。

更为重要的是,“单位嵌套责任论”对单位犯罪该如何构成、单位成员的行为如何转化为单位自身犯罪的核心内容,只有原理上的提示,而没有具体可操作的说明。不仅如此,从“单位和单位成员的

---

① 参见陈忠林、席若:《单位犯罪的“嵌套责任论”》,载《现代法学》2017 年第 2 期。

② 科尔曼的法人超越说认为,法人之所以成立一个独立的行动系统,不是源自传统理论所说的法律授权,而是因为法人有一种独立于其成员的目标。参见[美]詹姆斯·科尔曼:《社会理论的基础》,邓方译,社会科学文献出版社 1990 年版,第 492 页。

③ 参见陈忠林、席若:《单位犯罪的“嵌套责任论”》,载《现代法学》2017 年第 2 期。

独立行为责任又是对单位犯罪刑事责任分担的结果"[1]的结论中，能隐约看见"人格化社会系统责任论"主张的单位犯罪中同时存在两个犯罪主体和两个刑罚主体的影子。从此意义上讲，"单位嵌套责任论"和"人格化社会系统责任论"之间有异曲同工、一脉相承的关系。

3. "组织体刑事责任论"

在"人格化社会系统责任论"之后登场的单位固有犯罪论的见解是"组织体刑事责任论"。这种见解认为，现代社会中的单位已不是传统意义上的人或物的集合，而是有其内在运营机制，并通过业务范围、政策规定、防范措施、利润目标以及组织结构等特征，让作为其组成人员的自然人消失个性而仅仅成为单位运转过程中的一个微不足道的组成部分的组织体。在组织体中，单位成员和单位之间呈现一种互动关系：一方面，单位成员可以将单位作为工具，操纵、支配或者影响其业务活动，以实现自己个人目的（包括犯罪目的）；另一方面，身处单位之内的成员在行动和思想时，不得不受单位整体的目标、政策等的支配。因此，单位犯罪，就是单位组织体的制度、宗旨以及组成机构成员综合导致的犯罪。[2]

"组织体刑事责任论"的主要宗旨是，从单位自身的固有要素即组织体的制度政策、精神文化等可视要素中寻找单位犯罪的处罚根据，以摆脱传统学说只能借助单位中的自然人的思想和行为来说明单位犯罪的缺陷。在该种见解之下，单位是有别于其组成人员个人的独立存在，单位的组成人员即个人会发生进出升降等变化，但组织体则会永远存在。新加入这种单位的人，被单位中的氛围所同化乃至社会化，会按照单位先入职成员的行为方式行事，或者事实上被强制如此行为。这里，单位的氛围或者说气质，若容许或者默认犯罪的发生，或者在防止犯罪方面不力的话，便可将其作为引致该单位成员犯罪的条件或者原因，此种场合下的单位成员个人犯罪可以被视为单位自身的犯罪。此时，单位组成人员的任一个人犯罪，实际上都能看作单位组织体的文化氛围的必然结果，故在处罚

---

① 参见陈忠林、席若：《单位犯罪的"嵌套责任论"》，载《现代法学》2017年第2期。

② 参见黎宏：《单位刑事责任论》，清华大学出版社2001年版，第214、215页。

单位之际,没有必要将其中的个人加以特定。这样,单位犯罪也彻底摆脱了其中的自然人犯罪的掣肘,真正成为一个有别于其中的自然人犯罪的名副其实的单位犯罪,单位组成人员的个人犯罪只是单位犯罪的外在体现而已。相较于过往的单位犯罪学说而言,这种见解不仅因为在内容和研究方法上独具一格而引人注目,①而且对我国单位犯罪的司法实践也产生了实际影响。②

"组织体刑事责任论"的问题是,以单位的行为规范、制度设计、文化精神等要素为素材,判断单位自身犯罪的想法,在我国尚处在观念提出阶段,存在需要进一步深化之处:一是理论上还有不明之处。一方面,单位业务活动过程中的某种犯罪结果,是否就是该单位制度的产物,只能依据单位组成人员行为时的事实进行个别具体调查之后,才能清楚。但如何展开这种调查,上述见解没有给出可行的操作标准。另一方面,即便单位当中存在鼓励、促使甚至默

---

① 理论上,不少人基于这种理论而提倡单位固有责任论,参见邹玉祥:《单位犯罪的困境与出路——单位固有责任论之提倡》,载《北京社会科学》2019年第9期。还有学者提议,根据组织体刑事责任论,修改我国刑法中单位犯罪的相关规定,参见周振杰、胡圣鑫:《晚近二十年单位犯罪立法修改的回顾与前瞻》,载《京师法学》2019年第9期。

② 在"雀巢(中国)有限公司西北区婴儿营养部经理郑某、杨某等被诉非法获取公民个人信息罪"一案中,被告人辩称自己的行为属于公司行为,应当属于单位犯罪。但法院根据经过当庭质证的雀巢公司DR(director)的概念、目标任务、与DR有关的信息获取方式等,认为DR任务目标不是为了收集消费者个人信息。特别是雀巢公司在《雀巢指示》以及《关于与保健系统关系的图文指引》等文件中明确规定,"对医务专业人员不得进行金钱、物质引诱"。对于这些规定要求,雀巢公司要求所有营养专员都要接受培训,并签署承诺函。并且,本案被告人郑某、杨某、李某某、杜某某、杨某某、孙某均参加了雀巢公司不允许营养专员向医务人员支付费用获取公民信息的培训和测试。另外,雀巢公司的政策与指示、雀巢章程、《关于与保健系统关系的图文指引》,均证实雀巢公司遵守世界卫生组织《国际母乳代用品销售守则》及我国卫生部门的规定,禁止员工向母亲发放婴儿配方奶粉免费样品,禁止向医务专业人员提供金钱或物质的奖励,以引诱其推销婴儿配方奶粉等。基于上述理由,2016年10月31日,一审法院判决雀巢公司郑某、杨某、孙某等九人的行为均已构成侵犯公民个人信息罪。以上内容,参见兰州市城关区人民法院刑事判决书,(2016)甘102刑初605号。一审法院宣判后,各被告提起上诉。2017年5月31日,兰州市中级人民法院经过不开庭审理后认为,"单位犯罪是为本单位谋取非法利益之目的,在客观上实施了由本单位集体决定或者由负责人决定的行为。雀巢公司手册、员工行为规范等证据证实,雀巢公司禁止员工从事侵犯公民个人信息的违法犯罪行为,各上诉人违反公司管理规定,为提升个人业绩而实施的犯罪为个人行为"。据此,兰州市中级人民法院裁定驳回上诉,维持原判。参见兰州市中级人民法院刑事裁定书,(2017)甘01刑终89号。

许单位组成人员实施违法犯罪行为的文化氛围,但其一旦作为单位制度而存在,就可以说其为单位的“另一个我”即单位决策机构成员的个人乃至集体所认可。此时的单位意思和单位中的个人意志如何区分,也不十分清楚。二是上述观点如何与我国刑法规定相吻合,需要进一步明确。如既然单位犯罪是单位自身的犯罪,那么为何在处罚上,除了处罚单位,还要处罚其中的个人呢?特别是在明确单位是导致其中的自然人犯罪的支配原因时,如何与既处罚单位又处罚单位成员的“双罚制”规定衔接,成为问题。因此,批判意见认为,总体上看,单位固有责任论和现实刑事立法之间还不够完全契合,总体上带有务“虚”和前瞻的性质,不宜于直接解释法律和指导司法实践。①

(三)单位犯罪拟制论

或许是对单位犯罪处罚不温不火现状的不满,近年来,单位犯罪否定论,主张单位犯罪实际上是其组成人员即自然人的犯罪、单位处罚是单位为其组成人员承担转嫁责任的观点又改头换面、卷土重来了。这就是“单位犯罪拟制论”。

该见解认为,法人刑事责任问题不是一个理论问题,而是政策问题。法人是自然人谋利的手段和工具,不具有独立的自我目的;法人行为实际上是法人内部的自然人个人行为,是符合法人内部秩序的自然人行为对法人的归属;法人犯罪,实质上是自然人个人犯罪;法人刑事责任,实质上是对自然人个人刑事责任的拟制和分担,唯有坚持个人责任原则才能避免罚及无辜,有效实现对法人违法犯罪行为的惩治。② 依照这种见解,法人犯罪,形式上是以法人为主体

① 参见杨国章:《我国单位犯罪研究30年的回顾与反思》,载《中南大学学报(社会科学版)》2009年第2期。

② 参见张克文:《拟制犯罪和拟制刑事责任——法人犯罪否定论之回归》,载《法学研究》2009年第3期。类似见解也认为,单位责任归根结底源自单位成员的行为,是立法者将单位成员的行为上升为单位行为的结果。从这个角度来讲,单位责任本质上是一种替代责任。其是指单位成员在对其个人行为承担完全责任的情况下,单位仍然要对单位成员的行为另行承担刑事责任。因为,此时的单位成员的行为具有双面性:一方面是个人行为;另一方面又是单位行为。依照这种观点,即便是作为单位“手足”的最低级雇员的行为和过错,也可以归于单位,是认定单位犯罪的依据。以上内容参见叶良芳:《论单位犯罪的形态结构——兼论单位与单位成员责任分离论》,载《中国法学》2008年第6期。

的犯罪,但实质上是法人内部的个人犯罪,主要是个人的共同犯罪。

从即便是单位犯罪,但也适用以自然人为适用对象的现行刑法的角度来看,说单位犯罪本质上是将自然人犯罪拟制为单位犯罪的拟制犯罪,似无不可。毕竟,刑事责任,是以实施了犯罪这种违法行为为由而对自然人的法律谴责,是为了防止自然人再犯同种罪行而被认可的概念。在自然人的处罚上,必须遵循责任原则。据此,任何人只能对自己行为所引起的危害后果承担刑事责任,这便是行为责任原则的要求;即便是在例外地要求对他人的行为承担连带责任的场合,也要求自己与他人的行为之间存在某种关系(如引起或者促进)。就单位犯罪而言,由于单位自身是法律拟制,不通过其组成人员的自然人就不可能实施侵害法益的行为,因此,单位犯罪的核心就是单位组成人员的自然人实施了侵害或者威胁法益的结果时,是否可以将该结果归属于单位自身。从此意义上讲,说单位犯罪本质上是拟制犯罪,实际上是单位中的自然人犯罪,也有一定道理。另外,这种理解也有一定的实践意义。实务当中,任何裁判都在侵害结果发生之后进行,其中必然伴随有将所发生的结果归属于谁的问题。由于单位活动的侵害后果是由其中具有双重身份的自然人引起的,因此,将单位业务活动过程中的违法结果归咎于该自然人或者有关的上级主管,作为自然人犯罪认定和处罚,操作上也没有太大困难。

但在我国现行《刑法》规定之下,主张单位犯罪本质上是拟制犯罪的见解,不合时宜。首先,我国现行《刑法》第 30 条明确地规定,单位犯罪是“公司、企业、事业单位、机关、团体实施的危害社会的行为”,上述主张有违反罪刑法定原则之嫌。不仅如此,由于我国刑法对于单位犯罪采用“双罚制”,即一旦确定为单位犯罪,单位就必须为其中的单位成员的行为担责。由于拟制责任的本质是依循“仆人犯错、主人担责”的转嫁责任或者说是代位责任,将其应用于单位犯罪,必然会导致单位组成人员的任何违法犯罪行为都会无条件地转嫁给“主人”即单位的结局,这样会无限扩大单位承担刑事责任的范围。其次,难以避免单位中的自然人(“仆人”)利用拟制责任原理故意加害“主人”即单位的现象。如单位中的自然人完全可能有意在业务活动中实施受贿、行贿、生产、销售伪劣产品的行为，并通过让"主人"即单位承担刑事责任的方式来达到加害单位的目的。实务当中，一些行贿犯人千方百计地将个人行贿行为辩称为单位行为，就是其体现。最后，否定单位自身责任，无视单位处罚的独到机能，会造成单位业务活动处罚中的漏洞。现代社会中的单位业务活动，多采用类似于生产线上的流水作业方式，每个单位成员只是承担业务链条上的部分工作，而不用从头到尾承担全部业务。这样，难免出现这样的情形，即单位业务活动过程中发生了刑法规定为犯罪的严重结果，但若是从个人犯罪的角度追究单位责任的话，难免会出现因为个人参与程度较低而没有达到违法的程度，或者因为没有预见或者预见程度较低而无法追究刑事责任的情形，导致对单位业务活动所引起的危害结果"集体不负责"的局面。

对于上述处罚漏洞，法人犯罪拟制论或许会认为，可以共同犯罪追究相关单位成员的刑事责任，但对单位中的众多个人广泛追责，会招致刑事责任的过度扩张。而单位犯罪概念正好弥补这种不合理。按照单位刑事责任论，上述场合下，单位是将众多自然人活动集合在一起的联结点，并通过其"组织体的影响力"，将即便是最底层从业人员的分散行为也聚集起来，向一个方向发力，因此，即便对单位中的个人不能处罚，但也可以对处于单位行为核心地位的单位自身进行处罚，从而间接地实现对未被处罚的单位内部的自然人进行制裁和抑制的效果。[①] 如此说来，单位犯罪和单位处罚，并非上述法人犯罪拟制论所言，"理论根基上存在根本性缺陷""从一开始就注定了失败的命运"。[②]

（四）小结

上述三种单位犯罪研究模式，体现了三种不同研究路径：第一种路径是依据"仆人犯错、主人担责"的转嫁责任原理，将单位成员业务活动中的违法犯罪行为，直接认定为单位犯罪。"单位犯罪拟

---

① 参见［日］川崎友己：《企业的刑事规制方式》，载［日］甲斐克则：《企业活动和刑事规则》，日本评论社 2008 年版，第 221 页。

② 参见张克文：《拟制犯罪和拟制刑事责任——法人犯罪否定论之回归》，载《法学研究》2009 年第 3 期。

制论”是其代表。第二种路径是着眼于单位自身的特征，将单位成员受此影响而在业务活动中的违法犯罪行为认定为单位犯罪。“组织体刑事责任论”是其代表。第三种路径是将单位决策机构或者单位全体成员的决定作为单位意思的来源，将此种意思决定之下的单位组成人员的违法犯罪行为视为单位犯罪。“单位决策机构或者单位集体决定论”是其代表。

上述三种见解分别立足于两种基础：单位犯罪否定论和单位犯罪肯定论。“单位犯罪拟制论”是毫不掩饰的单位犯罪否定论，这个毋庸赘述，其实，即便是承认单位犯罪的“单位决策机构或者单位集体决定论”，本质上与单位犯罪否定论也相差无几。因为，这种观点的潜台词是，单位的意思和行为来自其中的特定自然人，按照这种思路，自然会得出，单位犯罪实际上是单位组成人员犯罪的结论。这也是我国实务当中，单位犯罪和单位个人犯罪常常分不清楚的根本原因。由此看来，单位犯罪论的关键是，到底是否存在由于单位自身的原因而引起的单位违法犯罪行为？换言之，单位自身的独特氛围和气质是否会对其组成人员的自然人的意思和行为产生影响？若答案是肯定的话，则单位犯罪是公司、企业等自身“实施的危害社会的行为”的见解便不证自明，否则，《刑法》第 30 条有关单位犯罪是单位自身犯罪的规定就是掩耳盗铃、自欺欺人。

三、单位刑事责任论的发展与整合

如前所述，单位处罚的前提是单位自身实施了犯罪。但传统观点认为，单位是民法上的拟制人格，其如何能够进行刑法上所要求的自由意志支配之下的犯罪行为？这直接关系单位犯罪是否为“单位自身的犯罪”的本质，是所有的单位犯罪论不能回避的必答题，尽管“组织体刑事责任论”的回答是，单位自身体制当中含有促使或者默许其成员犯罪的特质，故单位必须对其成员业务活动中的违法行为担责。但如前所述，批评意见认为，这种见解尚停留在理念层面，如何将其转化为实务中具有可操作性的指导原则，尚需进一步探讨。以下，针对这一批判意见，进行探讨。

（一）“组织体刑事责任论”的发展

“组织体刑事责任论”的出发点是，不依托单位组成人员的自然人，而是从单位组织体的结构、制度、文化氛围、精神气质等特征中推导出单位自身构成犯罪并承担刑事责任的根据。① 就我国目前主要依托单位组成人员的自然人的意志来认定单位犯罪的现状而言，本见解至少具有以下几方面的现实意义：

第一，能够说明单位的独立实体特征。人们很早就发现，现代社会中的企业等单位是独立于其组成人员的人格化实体，这种实体具有自己的类似于自然人的思想、人格之类的特征，身处其中的自然人，在企业文化、场景或者氛围的感染之下，有意识的人格会被群体所淹没，无意识的人格占据主导地位。换言之，群体中的个体已并非自己，而成为不受自己意志支配的提线木偶。② 现在，人们越来越意识到，单位活动的影响力因为单位的组织构造、规模、永续性等特征而远超其构成人员的自然人的总和。单位犯罪的重大性，很大程度上起因于单位的这些特征。换言之，单位不仅只是自然人的集合体，而且也是兼具“复杂性”（complexity）特征的实体。无视单位的这一重要特征，而是将单位责任还原为单位中的各个自然人的做法，不仅是对单位犯罪本质的严重误判，也是导致“人格化社会系统责任论”等见解经不起推敲的致命缺陷。

第二，具有超越自然人处罚的独到价值。众所周知，现代社会中的单位，特别是企业中建立的岗位制度以及科层制度，使其中的个人表现出一种“社会性服从”，单位中的自然人因为“容易被其他类似资格的人取代”而丧失了其个人人格；加之单位中决策链条的冗长和决策程序的复杂，使单位违法活动很难追溯或者具体化到某一个单位成员。③ 这种情形下，在单位业务活动引起了违法结果时，若着眼于单位中个别成员行为的话，则常常会因为其参与程度或者

---

① 参见黎宏：《单位刑事责任论》，清华大学出版社2001年版，第214、215页。

② 参见［法］古斯塔夫·勒庞：《乌合之众：大众心理研究》，陈昊译，法律出版社2011年版，第14页。

③ 参见李鄂贤：《法人刑事责任的本质转变与法人犯罪立法的未来变革》，载《法学杂志》2019年第5期。

认识程度微弱而陷入束手无策的境地。此时,将每个单位成员微弱程度的违法或者责任集合起来,只要能够得出单位整体具有重大违法或者严重责任的结论,就可以据此认定单位自身的犯罪并对其予以处罚。[①] 这种做法,总比对自然人造成的法益侵害要予以处罚,而对作为自然人复杂集合的单位造成同样甚至更为严重的法益侵害时,刑法却无能为力的情形要强得多。

第三,有助于妥当理解单位与其成员的自然人之间的关系。单位犯罪的场合,单位与其成员的自然人之间处于何种关系,直接涉及单位犯罪中单位负刑事责任的根据问题,对此,我国刑法学中众说纷纭,莫衷一是,有"单位成员非单位犯罪主体论""两个犯罪主体论""双层机制论""连带责任论""单位责任与个人责任一体化论""双重主体论"等观点。[②] 上述观点争议的焦点是,并非具体行为人的单位,为何要对作为具体行为人的单位成员的侵害行为承担刑事责任?如果说单位不是一个真正的人,而是法律上的拟制人格的话,必然会得出单位之所以担责,是因为单位所承担的是代位责任、转嫁责任的结论来。但如前所述,在我国现行《刑法》规定之下,这种说法有违反罪刑法定原则之嫌。但若按照"组织体刑事责任论",这个问题便可迎刃而解。单位之所以对其组成人员的自然人的违反行为担责,是因为单位成员在单位业务活动中的违反行为,与单位自身的制度措施、精神文化具有千丝万缕的关系,单位鼓励、刺激、默许或者疏忽了其成员的犯罪,即单位作为一个实体参与了其组成人员的犯罪,故单位要对其组成人员的违法行为承担行为责任或者监督责任。如此说来,单位犯罪的场合,单位和其组成人

---

① 这种见解,在英美法中被称为"集合责任原则",即"如果多个公司成员分散的意识与行为可以集合于公司一身,则集合后的意识可以视为由公司掌控,行为由公司行使,据此可以追究公司的刑事责任"。参见[英]戴维·米勒、韦农·波格丹诺英文版主编,邓正来中文版主编:《布莱克维尔政治学百科全书》(修订版),邓正来译,中国政法大学出版社2002年版,第283页。

② 参见黎宏:《单位刑事责任论》,清华大学出版社2001年版,第275~279页;陈忠林、席若:《单位犯罪的"嵌套责任论"》,载《现代法学》2017年第2期。

员之间可以存在共犯关系。①

（二）"组织体刑事责任论"与刑法理论之间的整合

问题是，虽说单位是独立于其组成人员的实体，单位犯罪是单位组织体自身的犯罪，但我国刑法并未因此而另外单独制定一部"单位刑法"或者"组织体犯罪法"，而是将其规定在传统上以自然人为适用对象的现行《刑法》之中，而且，我国现行《刑法》对单位犯罪和处罚，只是做了一个宣言式的规定，并未就其进行特别规定，这就意味着，单位犯罪，在立法者眼中，只是现行《刑法》所规定的犯罪中的一种，在单位犯罪的认定和处罚上，就必须依照现行《刑法》的相关规定，参照自然人犯罪的成立要件进行。这一点，从我国主流学说将单位犯罪多放在犯罪主体部分加以叙述就可以看出。其表明，在多数学者看来，单位犯罪和自然人犯罪之间，仅是主体上不同，其他方面没有多大差别。②

就自然人犯罪的成立要件而言，尽管我国现在有"三阶层说"与"四要件说"之争，但无论哪一种学说，都承认任何自然人犯罪都不可缺少两个方面的要件，即客观要件和主观要件，前者说明单位犯罪的违法性即社会危害性，后者说明单位犯罪的有责性即可谴责性。因此，本书也试从这两个方面来探讨单位组织体刑事责任论下的单位犯罪的成立要件。

---

① 参见叶良芳：《论单位犯罪的形态结构——兼论单位与单位成员责任分离论》，载《中国法学》2008 年第 6 期。我国的司法实践也是这么理解的。如 2021 年 1 月 26 日最高人民法院《关于适用〈中华人民共和国刑事诉讼法〉的解释》第 340 条中规定，对应当认定为单位犯罪的案件，人民检察院只作为自然人犯罪起诉的，人民法院应当建议人民检察院对犯罪单位追加起诉。第 344 条规定，审判期间，被告单位被撤销、注销、吊销营业执照或者宣告破产但尚未完成清算的，对单位犯罪直接负责的主管人员和其他直接责任人员应当继续审理。可见，司法实践当中，单位是作为与其组成人员的自然人并列的犯罪主体的，否则，就不会出现追加单位与其组成人员的自然人被共同起诉的情形，也不会出现在被告单位"死亡"之后，继续追究其组成人员的刑事责任的情形。

② 我国通说认为，单位犯罪是相对于自然人犯罪而言的一个范畴，二者之间的差别仅在于主体有别。参见高铭暄、马克昌主编：《刑法学》（第九版），北京大学出版社、高等教育出版社 2019 年版，第 98 页。相似的理解，参见张明楷：《刑法学》（上）（第六版），法律出版社 2021 年版，第 175 页；冯军、肖中华主编：《刑法总论》（第二版），中国人民大学出版社 2011 年版，第 161 页；周光权：《刑法总论》（第四版），中国人民大学出版社 2021 年版，第 95 页。

1. 客观方面，单位组成人员在单位业务活动之中实施了违法犯罪行为。

单位固然具有实体性特征，是刑法上与自然人并列的犯罪主体，但还是有别于自然人，其没有自然人一样的手足、血肉和思想，其活动只能通过作为其组成人员的自然人的行为来体现。换言之，单位组成人员的自然人就是单位的“手足”。这样，在说到单位犯罪的客观要件时，首先可以肯定的是，单位活动只能通过其组成人员的自然人的行为来体现。[①] 只是，在将作为单位“手足”的自然人的违法犯罪行为认定为单位犯罪的时候，必须注意以下几点：

一是作为单位组成人员的自然人，不限于单位的代表人或者决策机构的组成人员，即便是单位最底层的从业人员的侵害法益行为，只要发生在单位业务活动过程中，均可被规范地评价为单位自身的行为。换言之，所有单位组成人员的行为，只要发生在单位业务活动范围之内或者单位业务活动过程中，均应视为单位的实行行为。因为，在“单位”语境下，虽说单位的代表人、决策机构的组成人员与下级从业人员在单位意思的形成方面会存在分工上的不同，并非所有组成人员的自然人的意思都能看作单位的意思，但就作为单位意思的外在表现即违法行为而言，评价则不一样。所有的单位成员——无论是单位最高层级的决策机构成员还是最低层级的一般从业人员——在单位业务活动中实施的与业务活动有关的行为，都可以评价为单位行为。

二是只要有一个人的行为满足了具体犯罪的法益侵害要求，即可说符合了单位犯罪的客观要件。因为，单位业务活动中的自然人在实施违法行为时，与共同犯罪的场合相似，每个单位组成人员之

---

① 这一点已经为学界所公认。只是，有学者将法人犯罪的具体行为表现根据法人各级雇员或职员地位的不同分为以下三类：低级雇员或雇工在雇佣范围之内为法人利益实施不法行为或造成危害结果；在授权范围内享有决策权的部门经理等中层职员的职务行为；董事会成员等作为法人机关的高级职员的职务行为。参见张克文：《拟制犯罪和拟制刑事责任——法人犯罪否定论之回归》，载《法学研究》2009 年第 3 期。但从单位组织体刑事责任论的角度来看，上述分类确实没有必要。不管是最高层的管理人员还是最底层的从业人员，只要是单位组成人员，其在单位业务活动中实施的危害行为，都可以看作单位自身的行为，绝对不会因为身份不同而在行为性质上有别。

间具有相互利用、相互补充,共同指向单位特定活动目标,完成单位任务的关系。此时,每个成员的行为既是其他成员行为的一部分,同时又都在将其他成员的行为作为自己行为的组成部分,呈现“你中有我、我中有你,相互交融”的状态。或许存在由于每个单位成员的分工不同,作用大小也不相同,以致行为效果也不一致的情形。但无论如何,只要单位中的某个人的行为满足了《刑法》分则具体犯罪的客观构成要件要求,就可以说单位整体上满足了单位犯罪的客观要求;每一个参与单位业务活动的成员的行为都与这种单位活动结果有关。

三是任何个人的行为均未达到《刑法》分则具体犯罪的法益侵害程度,但将全体单位组成人员的行为集合起来整体评价,达到了具体犯罪的法益侵害程度的时候,也可以说满足了具体单位犯罪的客观要求。因为,单位犯罪是单位自身的犯罪,包括但不要求单位中的个人行为一定达到具体犯罪的法益侵害程度。如在以非法排放、倾倒、处置危险废物的方式污染环境的场合,就单个单位成员来看,没有一个人的排放、倾倒或者处置危险废物的行为达到 3 吨以上的数量要求,但是,将单位全体成员的排放行为集合起来看,结果累积达到了 3 吨以上的场合,就可以说达到了“严重污染环境”的结果要求,据此便可追究单位自身的污染环境罪的刑事责任。①

2. 责任方面,单位必须具有主观罪过,即具体犯罪所要求的故意、过失乃至特定目的。

由于单位不具有自然人一样的思想,因此在单位犯罪的认定上,如何判断单位自身的主观意思,至关重要。对此,理论上有不同见解。有的认为,应当将单位最高决策机构的单位领导或者为其所授权的人的主观意思作为单位自身的意志;有的认为,单位所有组

---

① 根据我国《刑法》第 338 条、第 346 条的规定,污染环境罪的主体可以是单位。按照 2016 年 12 月 23 日最高人民法院、最高人民检察院《关于办理环境污染刑事案件适用法律若干问题的解释》第 1 条,非法排放、倾倒、处置危险废物 3 吨以上的,才能认定为“严重污染环境”。

成人员,即便是最低级的从业人员的认识和过错也应当归属单位。[①]如前所述,我国实务当中,也是持上述类似观点,将单位集体领导或者负责人代表本单位策划决定作为单位犯罪的特征之一。但这些观点,或因为在决策人员范围的认定上有不同理解而难以操作,或因为会导致单位对其成千上万的组成人员的过错负责而承担绝对责任,而没有被普遍认可。更主要的是,上述见解的本质是单位替代责任论,忽视了单位作为组织体所固有的特征对单位罪过形成的影响,因而难免偏颇。

依照本书主张的组织体刑事责任论,即便单位组成人员的意志表现为单位意志,但必须注意到,单位组成人员的这种意志并非凭空而来,其也是受到单位自身的政策制度、业务范围和目标、精神文化等诸多因素的制约而产生的。换言之,单位组成人员意思,并不完全是其个人自主观念,某种意义上讲,其也是单位自身意思的体现。如此说来,虽说与自然人不同的法律拟制人格的单位自身因为没有和自然人一模一样的意思形成能力、表达能力而难以从其“言行”中窥见其真实意图,但从单位自身的存在形式、单位决策机构成员的决定乃至单位的政策决定、单位整体的文化氛围等客观要素当中,还是可以推定单位是否具备刑法所规定的犯罪主观要素的。[②]而且,根据单位自身特征来推定单位罪过的做法,在国外已经有立法规定。如英国2007年《法人杀人法》规定,构成法人杀人罪的条件是法人对受害人负有注意义务,判断法人是否违反注意义务,取决于法人管理人员的组织或者管理法人的方式。《澳大利亚联邦刑法典》在第2.5部分“法人的刑事责任”部分规定,在法人主观要件的认定上,除了考虑法人的代表机关及高级管理人员的参与之外,还需考虑法人的文化即“法人在整体或部分上所具有的态度、政策、

---

① 参见张克文:《拟制犯罪和拟制刑事责任——法人犯罪否定论之回归》,载《法学研究》2009年第3期。

② 我国学界也有人主张,从有无合规计划以及有无有效地实施合规计划这种客观事实来推定单位是不是应当承担刑事责任。参见李鄂贤:《法人刑事责任的本质转变与法人犯罪立法的未来变革》,载《法学杂志》2019年第5期。

规范、行为及业务方针”。[①] 因此,以推定的方式来辅助判断单位自身的罪过是具有可行性的。以下对此进行详细说明:

一是单位决策人员或者经其授权的人,在其职务范围之内,决定实施某种违法行为的场合,推定单位具有故意。之所以这么理解,主要是因为,单位决策人员或者经其授权的人,是最能领会和理解单位设定目的、宗旨、文化、政策的人,甚至可以说,其是在单位宗旨和文化等形成过程中发挥重要作用的人。也正因如此,包括我国在内的学者多主张,以单位主要领导为代表的一定范围的自然人的意思就是单位自身的意思(“同一视原理”)。[②] 这种见解固然不错,但采用这种见解的前提应当是,单位领导身居其位之后,依照单位自身的业务宗旨、精神文化等,秉承、延续或者发展了单位自身的意思,而不是相反,说单位领导自身的意思直接转化为了单位意思。这样说来,即便是单位领导,如果其所制定或者通过的方针政策、业务规划不在单位业务范围之内,或者违反了单位的相关政策的话,则即便该政策决定出自单位领导,也不能视为单位自身的意志。这一点,在我国相关司法解释当中也有体现。1999 年 6 月 25 日最高人民法院《关于审理单位犯罪案件具体应用法律有关问题的解释》第 2 条中规定,公司、企业、事业单位设立后,以实施犯罪为主要活动的,不以单位犯罪论处。2017 年 6 月 2 日最高人民检察院《关于办理涉互联网金融犯罪案件有关问题座谈会纪要》第 21 条第 3 项中明确指出,单位设立后专门从事违法犯罪活动的,应当以自然人犯罪追究其刑事责任。合法成立的单位,之后脱离其经过主管机关批准的业务经营范围,专门从事违法犯罪的,即便构成犯罪,但也不是单位自身的犯罪,而是其中的个人即主要领导人员的犯罪。从上

---

① 英国法人杀人的相关规定,参见 David Ormerod, Karl Laird, *Smith and Hogan's Criminal Law*, 14th edition, Oxford University Press, 2015, p. 647-662;澳大利亚刑法中的规定,参见《澳大利亚联邦刑法典》,张旭、李海滢、李綦通、蔡一军译,北京大学出版社 2006 年版,第 16 页。关于澳大利亚有关法人犯罪的最近进展,参见宋颐阳:《企业合规计划有效性与举报人保护制度之建构——澳大利亚路径及其对中国的启示》,载《比较法研究》2019 年第 4 期。

② 参见李冠煜:《单位犯罪处罚原理新论——以主观推定与客观归责之关联性构建为中心》,载《政治与法律》2015 年第 5 期。

述推定论的角度来看,这是理所当然的结论。因为,经过合法程序设立的单位,从其业务范围、设立宗旨等来看,不可能以专门或者主要从事犯罪活动为业。之后之所以如此,只能说是该单位领导人员擅自改变了单位的业务活动范围的结果,当然应当作为单位领导个人犯罪处理。

二是单位自身的营业目标、政策方针、科层结构、处罚措施当中,具有鼓励、纵容或者默许其组成人员的违法犯罪的内容时,推定单位具有故意。之所以能够进行这种推定,主要是因为,故意犯是行为人藐视法秩序的最极端、最明显的体现。依照规范责任论,对于符合构成要件的客观事实有认识的话,一般人就有机会知道自己的行为是法律上所不允许的,要直接面临法规范的拷问,并希望行为人据此而产生放弃该种犯罪行为的动机。在行为人辜负了这种期待,作出"不放弃"的错误选择,并付诸实施的时候,对于行为人的该种错误意思决定,刑法规范就要将其作为故意并予以最为严厉的谴责。这是作为刑法基本原则之一的责任原则的当然结论。我国《刑法》第 14 条,即"明知自己的行为会发生危害社会的结果,并且希望或者放任这种结果发生"的心理态度即故意的规定,就是这种观念的体现。单位犯罪的场合,尽管单位本身不能像自然人一样供认其对事实有无认识,但从单位自身对业务目标的设定、对违法行为的奖惩措施、对单位文化的建设行动等客观要素当中,还是能够比较清晰地推断出单位对于其组成人员的违法行为的认识和所持态度。诸如在单位的生产计划当中设定不通过违法手段就难以实现的目标;单位的奖惩措施当中存在鼓励或者默许其员工的违法行为的条款;对于通过违法手段获得业绩的员工不仅不处罚,反而予以奖励;单位员工实施违法行为之后不闻不问或者予以轻微处理敷衍了事,放任其继续此类行为等之类的制度和举措,都是推定单位犯罪故意的重要依据。这一点,在前述"雀巢(中国)有限公司西北区婴儿营养部经理郑某、杨某等被诉非法获取公民个人信息罪"一案中已经有体现。

三是单位选任不恰当的岗位人选,采用有先天缺陷的工艺操作流程,或者应当建立相关制度而没有建立,或者尽管建立了相关制度但却疏于执行的场合,均可以推定为单位具有过失。[①] 与故意犯是行为人有意而为不同,过失犯的场合,属于在当时的情况下,行为人只要稍微注意,就能够对犯罪事实具有认识和预见,有机会意识到自己的行为违法,并在此基础上形成停止违法行为的反对动机,选择实施避免、回避犯罪结果的行为,但由于行为人没有尽到其应尽的注意义务,对可能发生的犯罪事实没有认识和预见,因而未能避免结果发生的场合。从此意义上讲,过失犯是应当预见并且也能够预见犯罪事实,由于不注意却没有预见,以致引起了危害结果的犯罪类型。从此角度来看,过失犯罪中的过失,可以从行为人是不是履行了相关义务、遵守了相关规定的角度来推定。就单位犯罪的场合而言,在单位业务活动中引起了具体犯罪的法益侵害结果时,只要看单位自身是否选择了恰当的人选、是否建立有完善的避免结果发生的制度,单位成员在单位业务活动过程中,是不是遵循了有关的法律、规章、制度,即可判断单位对其组成人员的侵害结果是不是要承担过失责任。[②] 从此意义上讲,最近流行的依据单位合规计划来判断单位刑事责任的讨论,从认定单位过失犯罪的角度来看,

---

① 单位犯罪中有无过失犯,理论上存在争议。早期有力说认为,过失犯不应当有单位犯罪。参见高铭暄:《试论我国刑法改革的几个问题》,载《中国法学》1996 年第 5 期。但从现行《刑法》的规定来看,单位过失犯罪,尽管为数不多,但并非没有。如《刑法》第 363 条第 2 款规定的“为他人提供书号,出版淫秽书刊的,处三年以下有期徒刑、拘役或者管制,并处或者单处罚金;明知他人用于出版淫秽书刊而提供书号的,依照前款的规定处罚”。根据上述规定的后段,可推断其前段仅指“过失提供”的场合。依照《刑法》第 366 条的规定,单位犯《刑法》第 363 条规定之罪的,对单位判处罚金,可见,“为他人提供书号出版淫秽书刊罪”是典型的单位过失犯罪。另外,《刑法》第 229 条第 3 款“出具证明文件重大失实罪”、第 330 条“妨害传染病防治罪”、第 332 条“妨害国境卫生检疫罪”、第 334 条第 2 款“采集、供应血液、制作、供应血液制品事故罪”、第 337 条“妨害动植物防疫、检疫罪”、第 338 条“污染环境罪”、第 339 条“非法处置进口的固体废物罪”和“擅自进口固体废物罪”等,都是单位过失犯罪。

② 参见杜邈:《论单位犯罪过失的特殊性》,载《云南大学学报(法学版)》2007 年第 1 期。实际上,在我国实务当中,是不是选用合适的从业者,已经成为判断单位犯罪的重要依据。如在“宿迁市永盛精细化工有限公司、杨某犯污染环境案”的裁判当中,法院认为,被告单位永盛公司违反国家规定,明知他人没有相关资质,仍委托其处置有害物质,致使公私财产遭受重大损失的行为,构成污染环境罪。参见江苏省宿迁市宿城区人民法院刑事判决书,(2015)宿城生刑初字第 00010 号。

具有实际意义,[①]单位建立有足够有效的防止其内部成员的违法犯罪行为的相关制度措施即合规计划,表明单位自身并不想实施犯罪,并且也在竭尽全力来防止单位成员的犯罪。这些举措可以为认定单位业务活动过程的行为是否为单位犯罪过失提供有价值的素材。

四是可以通过客观外在因素的变化来推定单位是否具备具体犯罪所要求的特定目的。有些单位犯罪是目的犯。如集资诈骗罪,按照《刑法》第192条的规定,包括单位在内的行为人在使用诈骗方法非法集资时,必须“以非法占有为目的”。所谓目的,是指行为人希望通过实施特定行为来实现某种危害结果的心理态度,属于自然人所特有的超过的主观要素。那么,在单位犯罪中,该如何认定其具有“非法占有目的”这一自然人所特有的心理要素呢?本书认为,还是可以通过客观因素来推定。“非法占有目的”,本质上讲,是作为使集资诈骗这种侵害法益行为的危险性增大的指标要素而发挥作用的。从理论上讲,使用诈骗方法非法集资,没有“非法占有目的”的话,最多只能构成《刑法》第176条所规定的扰乱金融秩序的非法吸收公众存款罪;但在行为人“以非法占有为目的”而吸收公众存款的情形中,意味着行为人不仅有非法吸收公众存款的行为,而且还有不返还,导致被害人遭受财产损失的危险。换言之,“非法占有目的”,使非法吸收公众存款行为的危险大增,让本为破坏金融秩序的犯罪一跃而成为除了破坏金融秩序之外,还具有侵犯他人财产危险的侵财犯罪。这样,“非法占有目的”由于其具有为侵害法益危险奠定基础的特性而成为违法要素。[②]既然为侵害法益危险奠定基础本身属于一种客观事实,则主观心理要素的有无完全可以从有无侵财危险的变化中推断出来。这一点,从我国有关集资诈骗罪的司法解释中对“非法占有目的”的认定上均采用根据客观

---

① 具体内容参见李本灿:《企业犯罪预防中合规计划制度的借鉴》,载《中国法学》2015年第5期;李永升、杨攀:《合规计划对单位犯罪理论的冲击与重构》,载《河北法学》2019年第10期。

② 参见[日]山口厚:《刑法总论》(第三版),付立庆译,中国人民大学出版社2018年版,第97页。

事实加以推定的方式上可以得到佐证。因此,正如相关司法解释所言,在单位实施非法吸收公众存款行为之后,将所募集来的资金不用于生产经营活动或者用于生产经营活动与筹集资金规模明显不成比例,致使集资款不能返还的;肆意挥霍集资款,致使集资款不能返还的;携带集资款逃匿的,均可以推定为其具有"非法占有目的"。[①]

四、结语

单位是由人和物复杂结合而成的法律实体,具有自己独特的文化气质和环境氛围,这种文化气质和环境氛围反过来能够对单位的创立者或者运行者即单位中的自然人的意思形成和行为举止产生影响,所谓单位犯罪正是其表现之一。只是,单位是由自然人所组成的组织,其"思想"和"行为"也是由人或者人所制定的制度、政策来体现和实施的,因此,在单位犯罪的认定上,首先必须有单位组成人员在业务活动过程中导致的危害结果,其是认定单位犯罪的事实基础。但仅此还不够。单位成员身份的二重性决定了其行为结果的二重性。只有在作为单位手足的单位成员在业务活动中的行为体现了单位意思的时候,才能让单位承担刑事责任,否则,该组成人员的行为就是其个人行为,单位可以对其行为不承担责任。可见,单位和其组成人员之间并非铁板一块,而是存在分分合合的关系。[②]这样说来,在《刑法》第 30 条、第 31 条所规定的单位犯罪的认定和处罚上,必须区分不同情况,进行类型化处理。具体如下:

1. 单位组成人员在业务活动中引起了侵害法益的危害结果,而这种结果是单位鼓励、教唆、纵容、默许之下所引起后果的话,单位

---

① 2022 年 2 月 23 日最高人民法院《关于审理非法集资刑事案件具体应用法律若干问题的解释》第 7 条规定。

② 这样说来,那种认为"在单位犯罪中,直接责任人的刑事责任和单位刑事责任是相互分离的"观点是正确的,但据此而认为"单位刑事责任是对直接责任人刑事责任的补充"的观点则不妥。单位刑事责任不是对自然人责任的补充,而是自身的行为责任或者参与责任。上述内容,参见谢治东:《单位犯罪中个人刑事责任根据之检讨——走出我国传统单位犯罪理论之迷思》,载赵秉志主编:《刑法论丛》2011 年第 4 卷,法律出版社 2011 年版,第 47 页以下。

和该组成人员之间成立共同犯罪，适用“两罚制”。这种情形是典型的单位犯罪。单位对其组成人员的支配、鼓励、教唆，可以通过单位领导等管理人员进行，也可以通过单位内在的制度、文化等体现。这种形式的单位犯罪通常表现为故意犯。

2. 单位组成人员在业务活动中引起了侵害法益的危害结果，但这种结果不是单位教唆、鼓励甚至默许的结果，而是单位疏于管理的结果的话，则组成人员构成故意犯或者过失犯，单位对于其组成人员的行为承担过失犯（监督过失）的刑事责任。但这种过失犯责任的承担，以刑法有规定为前提。

3. 单位组成人员在业务活动中引起了侵害法益的危害结果，但这种结果既不是单位教唆、鼓励甚至默许之下进行的，也不是单位疏于管理而导致的话，单位自身不承担刑事责任，由其组成人员的个人负责。但在查明单位中的管理人员对该下级成员的危害行为有疏于监督义务之过的场合，该管理人员有可能要承担过失犯的刑事责任。

4. 单位组成人员在业务活动中引起了侵害法益的危害结果，而这种结果是在单位操纵、支配甚至胁迫之下实施的话，该组成人员可以没有期待可能性为由，不承担刑事责任，或者减免刑事责任。[①]但要注意的是，在单位的组成人员因为没有期待可能性而不构成犯罪或者不承担刑事责任时，单位自身并不能免责，有可能被判处罚金。[②]

5. 单位下级组成人员在业务活动中引起了危害结果，事后查

---

① 我国司法实践中也是这样理解的。认为在单位犯罪中，对于受单位领导指派或奉命而参与实施了一定犯罪行为的人员，一般不宜作为直接责任人员追究刑事责任。参见2001年1月21日最高人民法院《全国法院审理金融犯罪案件工作座谈会纪要》第2条。

② 这种观点可能会引起争论。依照我国《刑法》第30条的规定，单位犯罪就是单位自身的犯罪，其中当然会存在单位业务活动中引起了侵害法益结果，但查不清到底是哪一个自然人实施了犯罪，或者单个自然人的违法或者责任轻微，达不到自然人犯罪或者对其追责的程度，只能追究单位自身责任的“纯粹单位犯罪”的情形。但依照我国《刑法》第31条的规定，单位犯罪时，单位与其组成人员的自然人之间似乎要承担连带责任，不存在只处罚一方的情形。因此，在现行刑法的规定之下，对于单位犯罪，是否可以只处罚单位而不处罚其中的自然人，确实难以确定。这种单位犯罪处罚上的漏洞，只有修改法律规定才能弥补。

明，这种结果是在单位高级管理人员的命令、指使、教唆或者纵容之下引起的，但该管理人员的指使、教唆违反了单位自身的相关政策和制度，不能视为单位意思的体现时，该组成人员的危害行为不能视为单位行为，单位对此不担责。具体实施的单位下级组成人员和该高级管理人员要构成共犯。不过，该下级人员有可能因为没有期待可能性而免责。

按照上述理解，我国实务当中，对于单位成员在业务活动中的违法犯罪行为，真正被作为单位犯罪处理的情况可能并不会很多，多数情形被归入了自然人犯罪。这也符合我国目前司法实践的实际情况。笔者在先前的调查当中已经说明，当笔者以"单位犯罪"为关键词在有关裁判文书数据库中搜索时，发现大部分情况属于辩护律师的一厢情愿，他们认为该案属于单位犯罪，但法院的最终判决却认定为了自然人犯罪。这也意味着，我国实务当中，法官们对单位犯罪抱着一种敬而远之的态度，可判可不判的尽量不判。这样说来，本书开头所提及的奇特现象——尽管我国现实当中伴随单位业务活动的违法犯罪行为不少，但最终被作为单位犯罪处理的裁判却极为少见——的形成原因便不言自明了。

第二章　合规计划与企业刑事责任

一、问题意识

随着改革开放政策的不断深入和“一带一路”倡议的全面展开，我国企业越来越多地走出国门，活跃在国际舞台上，其在享受巨大商机、实现全球经营抱负的同时，也面临巨大的风险和挑战，其中之一，就是经营理念上的挑战。一些企业在国内的竞争当中，习惯于“潜规则”，在道德和法律的边缘游走，从灰色地带中谋求利润的最大化。在把人情和关系看得重过对法律尊重的经营环境里，这种经营方法或许不是什么大问题。但在走出国门后，在一个把对法律政策和道德的遵守和尊重放在第一位的经营环境中，这种经营理念便会给那些习惯于在道德和法律的边缘铤而走险的企业招致灭顶之灾。2018 年发生的中兴通讯事件[①]就是一个惨痛的

---

① 2010 年 6 月 10 日，联合国就伊朗核问题通过决议，决定对伊朗展开制裁。随后美国公布对伊朗实施出口禁令，其中包括美国生产的可军民两用的零件。2012 年中兴通讯通过签订合同的方式，将一批混有美国科技公司软硬件的产品出售给伊朗最大电信营运商伊朗电信。此举违反了美国对伊朗的出口禁令，遭到美国商务部调查。2016 年 3 月 7 日，美国商务部公布最后调查结果和意见，以违反美国出口管制法规为由将中兴通讯等中国企业列入“实体清单”，

教训。作为我国通讯行业排名第二的中兴通讯因为被披露从2010年至案发当时,一直在违规经营,所以被美国商务部制裁:除了付出10亿美元罚金外加4亿美元保证金的经济代价之外,还要接受30日内企业改组、美国合规小组入驻进行企业合规建设等屈辱条件。至此,西方发达国家企业中广泛采用的合规计划建设,始为普通国人所熟悉。

中兴通讯事件之后,我国政府相关部门为了指引和规范企业合规管理,发布了一系列有关合规的指导性文件。先是2018年7月5日,国家发改委发布了《企业海外经营合规管理指引(征求意见稿)》,并最终于同年12月26日以《企业境外经营合规管理指引》正式发布,要求企业应当以合规经营价值观为导向,明确合规管理工作内容,健全合规管理框架,制定合规管理制度,完善合规管理机制,加强合规风险识别、评估与处置,开展合规评审与改进,培育合规文化,形成重视合规经营的企业氛围。同年11月2日,国务院国资委也发布了《中央企业合规管理指引(试行)》,要求中央企业全面加强合规管理,加快提升依法合规经营管理水平,着力打造法治央企,保障企业持续健康发展。

受中兴通讯事件的影响,在学界,关于企业合规建设的讨论也非常热烈。现在,这种讨论已经从公司治理领域延伸到了刑法学领域。不少人将企业合规计划与企业犯罪预防结合起来,认为合规计划是最好的预防企业犯罪的方法。[①]还有人认为,我国经济社会进

对中兴通讯采取限制出口措施。2017年3月7日,中兴通讯与美国商务部达成和解,中兴通讯同意支付约8.9亿美元罚金以及3亿美元暂缓执行罚金。2018年4月16日,美国商务部指称中兴通讯呈交美国政府函件中作出虚假陈述,激活了"七年禁售"的贸易禁令,几乎使中兴通讯遭遇"灭顶之灾",中兴通讯主要经营活动已无法进行。2018年5月22日,时任美国总统特朗普在白宫会见媒体时表示,作为放松对该公司长达7年禁令的条件,初步确定对中兴通讯处以13亿美元巨额罚款以及更换公司领导层和董事会的处罚。2018年5月25日,美国商务部就解除对中兴通讯的销售禁令通报美国国会,美国商务部拟有条件解除限制美国公司向中兴通讯出售配件和软件产品的禁令。2018年6月7日,美国商务部正式宣布已与中兴通讯达成新和解协议,将撤销对中兴通讯的封杀禁令。2022年3月23日,美国法院裁定,中兴通讯5年监管期正式结束。

① 石磊:《刑事合规:最优企业犯罪预防方法》,载《检察日报》2019年1月26日,第3版。

入转型时期后合规文化环境缺失，致使合规并未在企业的经营活动中被贯彻落实，为了将合规理念深入我国企业内部，使之成为企业的首要责任，必须通过量刑激励推动合规计划深入企业，[①]即通过刑事责任的加重、减轻或者免除，给予企业合规以压力和动力，从制度合规逐步形成合规文化。[②]

上述趋势的出现，无论对于我国的企业管理的升级换代还是企业治理的研究，乃至企业犯罪的预防和处罚来说，都是一件让人倍感欣慰、乐见其成的事情。20多年前，笔者在日本留学时，导师日本同志社大学教授大谷实先生指定笔者围绕“企业犯罪”撰写博士学位论文，并明确指出，日本企业在进军美国本土时出现了“水土不适”的问题，经常面临刑事指控。中国随着经济的高速发展，将来必将走向世界，也会面临同样的问题，而当时大谷教授所带领的研究团队在企业犯罪的研究上，正处于日本最前沿的地位。于是，笔者按照导师的要求，从中国、美国和日本三国比较的角度出发，借用在美国和日本方兴未艾的组织体刑事责任论的概念，撰写博士学位论文，并从组织体刑事责任论的角度，对我国《刑法》第30条、第31条所规定的单位犯罪及其处罚的相关法条进行解构。该论文的主要观点为：单位是拟制的人格体，没有自然人一样的思想和血肉，其自身并不能实施犯罪，但它可以通过作为其手足的组成人员即自然人来实施犯罪。单位之所以构成犯罪，并不是因为其员工的行为而承担代位或者转嫁责任，而是其自身对员工的违法行为具有罪过。只

---

① 李本灿：《企业犯罪预防中合规计划制度的借鉴》，载《中国法学》2015年第5期；李本灿：《企业犯罪预防中国家规制向国家与企业共治转型之提倡》，载《政治与法律》2016年第2期；万方：《企业合规刑事化的发展及启示》，载《中国刑事法杂志》2019年第2期。最近，终于有学者提出，应当将刑事合规设定为企业刑事责任的积极抗辩理由，使其在定罪和量刑的两个环节上发挥作用。但是，这种观点对于合规计划何以能够成为企业刑事责任的积极抗辩事由没有任何解释或者说明，而仅仅以国外学者的一句不明就里的“即便存在法益侵害，‘人们不是期待着每个人都能避免各种利益侵害，而仅仅是期待着这些负责的人和仅仅在其负责并充分关心的范围之内’”一带而过（孙国祥：《刑事合规的理念、机能和中国的建构》，载《中国刑事法杂志》2019年第2期）。

② 李本灿：《企业犯罪预防中国家规制向国家与企业共治转型之提倡》，载《政治与法律》2016年第2期。

有受单位主观意思鼓励、刺激、容忍或者默许的自然人的行为,才能被看作单位的犯罪行为。在判断单位自身意志时,不能仅以单位组成人员的主观意思为基础,而应当从包括企业的结构、文化、合规(守法)计划等方面的因素来加以判断。①

但遗憾的是,上述观点发表之后,并没有引起学界的太多关注。究其原因,首先恐怕还是这种组织体刑事责任论与当时的通说即那种含糊其词认定单位犯罪是单位自身的犯罪,但对单位到底是如何犯罪,却不加说明的主流观点相差太远,特别是,如果说单位犯罪本质上是单位对其员工的违法行为承担某种责任的话,则单位过失犯罪在所难免,而这一点与我国的主流观点大相径庭。其次是中国企业当时尚未大量走出国门特别是尚未走向西方发达国家,较少碰到过因为合规建设不健全而受罚的例子。现在随着中国企业走向世界特别是西方发达世界,国人终于意识到,企业不仅要赚钱,而且还要干净地赚钱。干净地赚钱,就要求企业的经营行为不仅要合乎本国的法律法规,还要遵守公司总部所在地、经营所在地的法律法规,遵守企业的内部规章和商业行为准则,以及职业操守和道德规范。这就是所谓企业合规的基本理念和宗旨。从这种意义上讲,通过刑罚处罚特别是量刑刺激来推动企业进行合规计划的见解,有其道理并值得提倡。

但在提倡通过企业合规影响企业刑事责任来刺激激励企业进行合规建设时,有一个重要的理论问题亟待澄清,即为什么减免企业的刑罚就能刺激企业进行合规建设?从功利的角度讲,如果说将企业合规计划作为减刑事由,具有能够促进或者鼓励其进行合规建设的好处的话,那么,提高合规计划的地位,将其作为影响企业犯罪的定罪事由,岂不是好处更大,更能有效地鼓励或者促进企业进行

① 黎宏:《单位刑事责任论》,清华大学出版社 2001 年版,第 319 页以下。

合规建设吗?[①] 换言之,企业通过自身的努力就能够换来对其处罚上的从宽吗? 这一问题直接涉及企业刑事责任的核心,即企业到底是因为自己的罪过而承担自我责任,还是因为其员工的违法犯罪行为而承担连带或者转嫁责任。这个问题是长期以来困扰企业犯罪论的关键。从近代以来所主张的行为人只能对自己的行为承担刑事责任,而不能因为他人的违法行为承担连带或者转嫁责任的责任原则的立场来看,如果说企业合规建设能够减免其处罚的话,则意味着企业通过自身的努力能够改变其命运。这其中的潜台词是,企业的命运就把握在自己的手中,其能够改变自己的命运。比如说企业进行合规建设就能减免其处罚。如没有被减免处罚,就是因为企业自身还不够努力(如没有进行合规建设)。如此说来,企业受罚是因为自己不够努力,其所承担的是自己行为的责任,而不是对其员工行为承担代位责任。但是,包括我国在内的各国通说认为,企业作为法律上的拟制人格,不具备本来意义上的意思和行为,不能像自然人一样承担以辨认控制能力为前提的刑事责任。企业犯罪,是其员工在业务活动中有违法行为;企业受罚,是因为企业为其员工的违法行为而承担代位或者转嫁责任。按照这种理解,希望通过量刑激励刺激企业进行合规建设的设想,可能只是一厢情愿。因为,企业不管如何进行合规建设,最终都摆脱不了因为其员工的违法行为而承担代位责任或者转嫁责任的厄运。

这样说来,通过量刑鼓励企业进行合规建设的前提是,企业犯罪是企业自身的犯罪,而不是其员工即自然人的犯罪;企业所承担的刑事责任是企业自身的违法行为导致的刑事责任,而不是其员工违法行为所引起的转嫁或者代位责任。并且,一旦说企业责任是其自身的责任的话,则合规计划不仅对企业的量刑具有影响,对其定

---

① 以量刑激励推动企业的合规建设方案的提倡者认为,合规实际上是企业自身尽到合理注意义务的一种标识,如果行为人已经尽到了合理的注意义务,但仍不能避免危害的发生,则不具有对其进行非难的基础,这种情况属于意外事件。李本灿:《企业犯罪预防中合规计划制度的借鉴》,载《中国法学》2015 年第 5 期。换言之,良好的合规计划表明企业已经尽到了其合理的注意义务,此时仍然不能避免危害结果发生的话,就是意外事件。但意外事件的场合,表明行为人尽管引起了危害结果,但没有责任,此时连犯罪都不构成,何谈量刑激励呢?

罪也同样具有影响。

以下基于上述问题意识，笔者先探讨企业刑事责任论的本质，然后结合我国《刑法》第30条单位犯罪规定，阐述自己有关如何以刑法手段促进企业合规建设的理解。

二、企业犯罪及其刑事责任

现代社会中，作为拟制人格的企业在运用人、财、物实现特定社会生活目标的层面上，其能量和活动范围远超一般自然人，这是有目共睹、毋庸置疑的事实。企业通过其业务活动有效地为社会蓄积、创造财富，给人们的生活提供方便的同时，也常会有为追求利润而不择手段，造成人命伤亡或巨大财产损失的情况发生。对此从经常见诸报端的企业生产、销售伪劣产品，偷税漏税，行贿受贿，金融诈骗乃至进行黑社会性质犯罪等的报道中可见一斑。这种与企业正常业务活动相伴而生的犯罪，犯罪学上称为"企业犯罪"，包括我国在内，已经有不少国家通过立法的方式，以刑罚手段对其进行应对。

但是，以刑罚手段应对企业犯罪，面临着许多理论和实践中的难题。首先便是，企业是法律拟制的人格主体，没有本来意义上的意思能力和行为能力，如何对其施加以意思自由为前提的刑法上的道义谴责？可以说这个问题，是平衡现代社会中处罚企业犯罪的刑事政策要求和维持近代刑法的责任原理要求之间的冲突的关键。

按照近代刑法理论，刑罚是对犯罪行为人自身行为的道义谴责。其有两个基本要求：首先，犯罪主体和受刑主体必须一致。即任何人只能对自己的行为负责，而不得因他人的犯罪行为承担连带或代位责任。其次，受刑主体必须具有受刑能力。即受刑主体只限于能够认识自己行为的性质并据此控制自己行为的人，否则刑罚就是不教而诛，失去其道义谴责的基础本义。但是，依据民法学说，企业是人格化的社会组织，是为实现一定目的而由人们按照自然人的形式所拟制的一种虚拟存在，它不具有和自然人一样的本来意义上的意思和行为能力；企业的意志和行为是通过其组成人员的自然人来实现的。基于企业的这种拟制人格特征，在肯定企业犯罪的国家中，一般都是从企业拟制人格的特征入手，通过对企业组成人员的自然人的意志和行为的探讨，来追究企业的刑事责任的。如在美国，是根据“上级责任原理”和“同一视原理”来追究企业刑事责任的。[①] 这两种原理，尽管表现形式不同，但在通过企业中的自然人（而不是企业自身）的意志和行为来探讨企业自身的刑事责任这一点上，完全一致。

我国的情形也大同小异。尽管没有企业犯罪的明文规定，但由于《刑法》第30条将“企业”作为单位犯罪主体之一进行明文列举，因此有关企业犯罪的内容，可以直接套用单位犯罪的相关规定。

关于单位犯罪，司法实践中的权威性理解是“以单位名义实施犯罪，违法所得归单位所有的，就是单位犯罪”。[②] 这个定义当中，省略了主语，即“单位组成人员的自然人”，因此，所谓单位犯罪，完整地说，就是单位中的自然人，以单位名义实施犯罪，违法所得归单位所有的情形。而且，为了将单位犯罪与其中的个人犯罪相区别，实务中普遍认为单位犯罪必须体现“单位意志”。所谓单位意志，是由单位的法定代表人、主要负责人、主管人员和其他直接人员的个人意志，经过一定法定程序上升而形成的，这种经过法定程序而形成的意志是一种整体意志，不同于单位人员的个人意志。单位成员根据单位决策机关的策划、授意、批准、指挥或者默许而实施的犯罪绝不同于单位成员自己决定或者擅自实施的犯罪。[③] 这是目前实务当中通行的对企业犯罪成立要件的理解。由此看来，虽说我国现行《刑法》没有规定企业犯罪的成立要件，但在司法实践中，我国和美国一样，也是通过特定自然人的行为和意志追究企业刑事责任

---

① 在“上级责任原理”之下，企业所有从业人员的有关业务上的行为，均无条件地转嫁给企业自身，成为追究企业刑事责任的根据；与此相对，在“同一视原理”之下，只有企业代表或机关成员及高级管理人员的意志和行为才能看作企业自身的意志和行为，并成为追究企业自身刑事责任的根据。

② 《最高人民法院关于印发〈全国法院审理金融犯罪案件工作座谈会纪要〉的通知》，载最高人民法院刑事审判第一庭、第二庭编：《刑事审判参考》2001年第2辑（总第13辑），法律出版社2001年版，第58页。

③ 高憬宏、杨万明主编：《基层人民法院法官培训教材（实务卷 · 刑事审判篇）》，人民法院出版社2005年版，第25页。

的。但这种做法,既不符合近代刑法的责任原理,也不符合当今企业犯罪的实际情况。

首先,难以将企业犯罪和其组成人员的个人犯罪区分开来,背离我国现行刑法的规定。虽说相关判例明确表示,企业行为和个人行为的区分,应从企业是否真实、依法成立,是否属于企业整体意志支配之下的行为,是否为企业谋取利益,是否以企业名义实施等方面来加以具体判断,①但既然企业整体意志来自企业中的特定人即法定代表人、主要负责人、主管人员和其他直接人员,则难以对企业犯罪否定论,即"企业犯罪行为实际上是由企业机关成员的犯罪心理支配而实施的"见解进行有力反驳。② 不仅如此,如果说企业领导人的意思就是企业自身的意思的话,那么企业犯罪的范围应当和个人犯罪之间没有什么区别。哪怕是企业领导人的杀人、放火意思,只要经过一定决策程序,也能转嫁给企业自身。而且,依照这种见解,作为预防企业犯罪的最佳对策,便是处罚企业中的自然人,让他们不产生犯罪的念头即可,而没有必要特地处罚企业本身。但这显然和我国现行《刑法》第 31 条所规定的"单位犯罪的,对单位判处罚金"相悖。

其次,会不当地扩大或缩小企业犯罪成立的范围。因为,如果说只要是企业集体决策或者企业负责人的决定经过一定程序之后就是企业自身的意志,在此意志之下的行为就是企业自身的行为的话,则即便企业成员所实施的背离企业的宗旨或业务范围,乃至于违反企业有关规定的行为,也必须转嫁给企业自身,这显然是在不当地扩大企业犯罪的成立范围;相反地,当企业下层员工按照企业的既定规则或政策展开业务活动时引起了严重的危害社会的结果,

---

① 邓钢等执笔:《马汝方等贷款诈骗、违法发放贷款、挪用资金案[第 305 号]——单位与自然人共同实施贷款诈骗行为的罪名适用》,载最高人民法院刑事审判第一庭、第二庭编:《刑事审判参考》2004 年第 4 集(总第 39 集),法律出版社 2005 年版,第 1~10 页。

② 企业犯罪否定论认为,由于企业不具备主观要件,自然也不会有受犯罪主观要件支配而实施的客观上的犯罪行为,即这种犯罪行为实际上是由企业机关成员的犯罪心理支配而实施的。参见赵秉志:《关于法人不应成为犯罪主体的思考》,载《法学研究》1989 年第 5 期。

但只要没有证据表明该结果和企业代表人或机关成员的意思决定有关,企业就可以不承担任何刑事责任,这显然是在不当地缩小企业犯罪的成立范围。

最后,无法适用于规模较大的现代企业。在规模较大的现代企业中,由于采用复杂的政策决定程序,决策责任分散,企业代表人通常并不直接干预具体业务活动,而是授权给各个职能部门,由其具体操作实施,所以,在现实生活中,这种企业的下层员工在业务活动中,即便引起了违法结果,也常常会因为该违法结果和企业上中层人员之间的因果关系难以认定而被作为下层员工的个人犯罪处理。相反地,在一些中小企业中,由于层级较少,决策程序简单,企业代表人的权限比较集中,常会直接参与企业活动的具体策划和实施,因此,其违法行为和企业犯罪结果之间的因果关系比较好确定,企业下层员工的行为容易被认定为企业犯罪。由此而来的结果便是,同样的结果,是否构成企业犯罪,主要取决于企业的规模大小。规模大的不太容易被认定为企业犯罪,规模小的则容易被认定为企业犯罪。这显然不符合我国刑法处罚企业犯罪的初衷。

之所以出现上述问题,主要还是由于迄今为止的研究仍然将企业作为自然人的附属物,而没有考虑身处一定企业中的人也会受到企业结构、规章、政策、文化等要素的影响。换句话说,现行的企业犯罪论没有意识到企业自身构成特征、文化氛围等对企业犯罪的发生和认定所具有的作用。实际上,企业犯罪,并不完全是由于企业内的自然人的某个决定而引起的,很大程度上是由于企业固有的管理体制的不完善或者企业的组织结构中所存在的某种缺陷而导致的。对这种由于管理体制的不完善或组织结构上的缺陷而引起的重大灾害,如果不将其作为企业犯罪而追究企业的刑事责任,或仅仅只追究自然人本人的刑事责任的话,则不仅无法满足一般人的处罚感情,而且对于出事企业本身也不可能产生太大的触动,企业在维持旧有体制的基础上,说不定会在某个时刻,某个“不幸”的企业从业人员的手上,重演旧有的悲剧。因此,按照现行的企业犯罪理论,将企业犯罪仅限于“企业集体决定或企业负责人按照一定程序决定实施的犯罪”,是无法处罚那些真正应该处罚的企业犯罪的。

三、企业合规计划与企业刑事责任

由于上述问题的存在，因此，不是从企业中的个人，而是从企业自身的组织结构、规章、政策、宗旨、文化等企业自身特征来判断企业刑事责任的“组织体刑事责任论”便应运而生，前述将企业合规建设作为对犯罪企业的量刑参考的见解，实际上是这种理论的一种应用。

组织体刑事责任论源于美国的判例实践。美国联邦法院最初是按照上级责任原理追究企业的刑事责任的。但这种原理本质上是追究企业的绝对责任，产生了各种问题，于是美国的一些联邦地方法院，在企业犯罪的裁判中，采用了“两步走”的方式：首先根据企业代理人的行为来判定企业是否构成犯罪；其次在此基础上，将企业所采取的预防和纠正犯罪的具体措施作为裁量企业刑罚的重要情节。如1978年，康涅狄格州的联邦地方法院在枪支生产商奥林公司违反《输出禁止法》，非法向南美输出3200支枪的案件中，本应判处该公司51万美元的罚金，但考虑到该公司已经对相关人员进行了惩罚，并强化了防止再犯措施，而且该公司为实现自我规制，已向社会捐赠了50万美元用于公益事业。因此，最后只对其宣告了45,000美元的罚金。[①] 同年，弗吉尼亚州东部的联邦地方法院，在阿莱德化学公司因向河川排放有害化学物质而被起诉的案件[②]中，本应判处该公司1324万美元的罚金，但考虑到该公司除已采取了一定的再犯防止措施，着手研究清除所排放的化学物质的方法之外，还有为改善该公司所在地区整体的环境条件捐资800万美元，设立了研究基金会等情节，最后，只判处该公司500万美元的罚金。

上述联邦地方法院在对犯罪企业量刑时，作为情节所考虑的事项包括：企业合规计划、企业内部事务的改进状况、对违法人员的处罚、再犯防止措施、赔偿损失及恢复被害、企业的公益活动、对社会

---

① Brent Fisse, *Reconstructing Corporate Criminal Law: Deterrence, Retribution, Fault, and Sanctions*, Southern California L. Rev., Vol. 56, p. 1196(1983).

② Brent Fisse, *Reconstructing Corporate Criminal Law: Deterrence, Retribution, Fault, and Sanctions*, Southern California L. Rev., Vol. 56, p. 1197(1983).

所做的贡献等。[①] 这种将企业自身的特征作为影响企业处罚情节的做法表明，有关企业刑事责任的重心，已从代位责任之下的个人行为和精神状态转移到表明企业自身责任的相关举措特别是合规计划中来了。这些相关举措，不一定能还原为各个企业成员的思想和行为，但它却是作为组织体的企业自身的态度的忠实反映。

与联邦地方法院的这种判例趋势相对应，1991 年年底开始实施的美国《联邦量刑指南》也规定，企业自身的情况是决定企业刑罚的重要依据。在企业的高级管理职员参与犯罪、企业屡犯相同罪行、故意妨害政府的犯罪调查、违反法院的命令时，应加重企业的责任；[②]相反地，企业有有效的合规制度、向政府自首、积极协助政府的调查活动并表示愿对该行为负责时，则应减轻企业的责任。[③] 另外，在决定是否对企业采取保护观察措施时，企业的合规计划是重要的参考依据。[④] 2004 年 11 月 1 日生效的《联邦量刑指南》修正案重申了将合规计划纳入联邦量刑指南的初衷，并在企业合规计划当中加入了新的伦理要求，即合规计划只有“发展企业文化，促进道德行为，且承诺遵守法律时”，才会被认为是有效的。[⑤] 2010 年出台的《联邦量刑指南》修正案进一步强化了首席合规官(CFO)在企业决策中的作用。

受上述判例立场和《联邦量刑指南》的影响，主张将企业合规作为企业犯罪的抗辩理由的见解应运而生。这种见解认为，即便企业从业人员实施了违法行为，但在企业具有明确有效的合规计划，且企业从业人员的违法行为违反了该合规计划时，企业可以不对其

---

① Brent Fisse, *Reconstructing Corporate Criminal Law: Deterrence, Retribution, Fault, and Sanctions*, Southern California L. Rev. ,Vol. 56,p. 1195(1983).

② U. S. S. G. , § 8 C2. 5(d).

③ U. S. S. G. , § 8 C2. 5(g)3.

④ 即该企业在接受判决之日起的前 5 年之内，曾屡犯同种罪行，或拥有 50 名以上的从业人员的企业，在接受判决时，尚未制作有效的合规时，法院可以对其判处保护观察。U. S. S. G. , § 8 D1. 1(a)4.

⑤ U. S. Sentence Guidelines Manual, § 8 B2. 1 (a) (2004).

员工的行为担责。[①] 换句话说,有效且确实在发挥作用的企业合规计划,可以对抗将企业员工的职务行为归咎于企业自身的推定。

当然,能够对抗该种推定的合规计划必须符合一定条件。其必须是"合理地设计、做成并被执行,能有效地预防和发现犯罪行为的"法律文件。[②] 具体而言,必须满足以下条件:①在适当时期存在;②得到企业高层的认可;③设计了针对具体问题的对策;④针对的是该企业及与企业有关的行业情况;⑤明确规定了对从业人员的违法行为的处罚;⑥该计划的内容已渗透到从业人员的日常劳动环境之中;⑦定期对该规则进行检查、修订。[③]

包含有上述内容的企业合规计划之所以能够作为企业自辩的抗辩理由,是因为其基本宗旨和英美法中的刑事责任论一致,即在企业能够防止其从业人员的犯罪行为的场合,在法律上,便应认为,该企业是理性的行为人,具有选择是否从事恶行的能力。作为理性行为人的企业,在选择实施违法行为的场合,当然应当接受刑罚处罚,[④]但当企业通过制订和实施妥当的合规计划,表明其选择了实施合法行为的场合,该企业就不应因他人的违法行为而受到处罚,至少不应当受到严厉的处罚。

只是,企业合规计划的效力是只影响对犯罪企业的量刑,还是也影响对企业的定罪,理论和实践中存在不同看法。美国联邦法院的判例认为,企业合规计划仅只影响检察官的不起诉决定和接受有罪判决场合的量刑,不及于企业的定罪。[⑤]《联邦量刑指南》也规

---

① Brent Fisse, *Reconstructing Corporate Criminal Law: Deterrence, Retribution, Fault, and Sanctions*, Southern California L. Rev. ,Vol. 56,p. 1196(1983).

② Sentencing of Organizations, Commentary 3(k) to §8A1.2.

③ Charles J. Walsh and Alissa Pyrch, *Corporate Compliance Programs as a Defense to Criminal Liability: Can a Corporation Save Its Soul?*, Rutgers L. Rev. ,Vol. 47,p. 685-686(1995).

④ Charles J. Walsh and Alissa Pyrch, *Corporate Compliance Programs as a Defense to Criminal Liability: Can a Corporation Save Its Soul?*, Rutgers L. Rev. ,Vol. 47,p. 677-678(1995).

⑤ Charles J. Walsh and Alissa Pyrch, *Corporate Compliance Programs as a Defense to Criminal Liability: Can a Corporation Save Its Soul?*, Rutgers L. Rev. ,Vol. 47,p. 662-663(1995).

定,在对企业等组织体量刑之际,不仅要考虑作为行为人的自然人的情况,而且还得考虑该企业是否拥有有效的合规计划。这种规定表明,联邦法院的判例主张,即企业处罚,不仅要考虑企业代理人的意思和活动,还得考虑企业所采取的防止违法行为的措施等是否已经被法定化。之所以规定企业合规的效果只及于企业量刑,是因为存在这样的顾虑,即一旦认可合规计划具有免除企业刑事责任的效力,便会改变联邦法院历来所坚持的企业必须对其职员的违法行为承担无过错责任的传统。①

但是,对于这种以合规计划影响量刑的做法,美国国内有学者也提出了翔实的批评意见。如菲利普·韦勒教授认为,合规计划减刑机制旨在促进企业的自我监管,鼓励企业培养守法文化,制止员工的犯罪行为。但数据表明这些目标并没有实现,根据前述指南判处的企业几乎没有有效的合规计划。不仅如此,企业的合规计划越有效,违法行为就越有可能暴露给政府执法人员和潜在的竞争对手,增加企业被追究刑事责任或者民事责任的风险,企业于是便选择放弃合规计划或者只采用"装点门面"的合规计划;而且,合规计划若要有效,就必须通过《联邦量刑指南》所规定的多方测试,但这种测试并不规定合规计划的设计和实施细节,而是将其交给了企业,由此为企业的机会主义决策提供了可能。一些中小企业(而非大企业)被迫承担浪费资源且昂贵的合规计划,成效却令人怀疑。②因此,他认为,应当将合规计划从《联邦量刑指南》中彻底删除,代之以企业文化责任论。③

确实,将企业合规计划仅仅作为影响量刑即减免刑罚的要素的见解,给人一种意犹未尽、浅尝辄止的不彻底感。一方面,从预防企业犯罪的角度来看,替代责任论——只要企业员工在业务过程中实

---

① 李本灿等编译:《合规与刑法:全球视野的考察》,中国政法大学出版社 2018 年版,第 49 页。

② [美]菲利普·韦勒:《有效的合规计划与企业刑事诉讼》,万方译,载《财经法学》2018 年第 3 期。

③ [美]菲利普·韦勒:《有效的合规计划与企业刑事诉讼》,万方译,载《财经法学》2018 年第 3 期。

施了违法行为,依照“仆人犯错,主人担责”的传统,对企业一律予以处罚——的做法,无疑是最好的选择,但其有违反近代刑法所主张的责任原则之嫌;另一方面,如果说企业具有独立于其组成人员的自然人的存在价值和属性,企业合规计划是企业独立的存在价值和属性的表现,有效的合规计划应当在企业刑事责任的有无和大小的认定上加以考虑的话,则其不仅应当在量刑上加以考虑,而且在定罪阶段也应当加以考虑。如此说来,上述所谓企业合规计划不影响定罪只影响量刑的见解,显然是属于想两头兼顾,但两头均不讨好的做法。

在本书看来,企业并不是单纯的自然人的集合,而是具有其内在属性的实体。企业为了实现自己既定的目标,会通过一定方法,在依照相关法律政策制定正式规则的同时,还会用增加报酬、晋升职称、增设岗位等巧妙的激励机制,有时甚至会不惜采用违法的手段来诱使其组成人员的自然人为实现企业自身的目标而努力。[①] 换句话说,企业的复杂性和影响力远在其组成人员的总和之上。而且,正如共同犯罪的场合,由于各个参与者之间在心理上相互支持、在行为上相互配合,使得置身其中的行为人的社会危害性远大于个人犯罪的场合一样,企业犯罪的场合,其所具有的作为自然人的集合体的企业的复杂性,与自然人的主观意思或者灵魂类似,常会诱发甚至激发出企业成员个人一般情况下难以显现的潜能,并因此而成为企业犯罪的原因。[②] 所以,企业受罚,并不是代其员工受过,而

---

① [美]艾伦·赫库斯特多拉编:《企业:20世纪的犯罪者》,[日]板仓宏等译,学阳书房1990年版,第83~85页。

② 在我国,有研究者也注意到了这一现象。如谢勇教授认为:“当企业作为经济犯罪主体时,其犯罪行为除了具有企业犯罪的一般特征,如犯罪决意由企业机关作出、犯罪计划由企业成员或受企业委托的其他人在职务行为中实施、犯罪收益归企业整体所有等之外,还有一个特别突出的特征,那就是在企业机关成员或企业成员之间或明或暗、或自觉或不自觉地形成的某种默契或习惯。正是在这种默契或习惯的支持和维系下,犯罪决意可以在会议室内堂而皇之地作出,犯罪计划可以在职务活动中一丝不苟地得到执行,犯罪收益可以在皆大欢喜之中人人分享。”参见谢勇:《法人犯罪学——现代企业制度下的经济犯罪和超经济犯罪》,湖南出版社1995年版,第219页。这里所说的某种默契或习惯,实际上就是前述美国的学者所称的“企业文化”的表现,它们也是导致企业犯罪的产生而不能还原给企业组成人员的企业自身特征之一。

是因为其诱发、激励甚至容忍其员工的违法犯罪行为而受罚。

只是,该如何判断企业自身的这种复杂性特征成为问题。本书认为,在这个问题上,美国的企业文化论值得借鉴。企业文化论是从企业特征论(corporate character theory)发展而来的,认为各种各样的企业组织中均存在其固有的文化,在其成为促使犯罪发生的原因的场合,便可将其作为企业的主观意思归于企业自身,并将其同企业成员的犯罪行为联系起来考虑。① 这样,企业文化论完全满足了英美法中成立犯罪,行为人的主观、客观要素必须同时存在的同时性原则的要求。从这种意义上来说,企业文化论作为试图构筑企业自身责任之基础的见解,比迄今为止的各种学说更加彻底;而且,企业文化论从企业自身的结构着眼,在意图实质性地把握企业责任这一点上,可以说是替代责任论的蜕变。也正因如此,反对将企业合规文化作为减刑情节的菲利普·韦勒教授也主张,应当以企业文化论来替代企业合规计划论,即法律不应当过问企业是否采用了量刑委员会制订的僵硬的合规计划,而应当考虑企业是不是在促进其员工的守法。②

根据企业文化论,企业是否对员工行为承担责任,首先,得判断企业内部是否存在促进企业成员违法犯罪的文化。在判断企业内部是否存在这种文化时,应考察以下情况:(1)企业的层级结构。据此判断企业的代表机关对其管理层所行使的管理监督,或一般管理层的人员对其下属的从业人员所行使的管理监督是否及时。(2)企业目标。据此判断企业的该经营目标是否只能用非法手段才能实现。(3)企业的教育体制。据此判断企业是否采取了积极措施来培养其从业人员的守法或者合规意识。(4)企业成员的违法行为。其是调查企业内部文化的前提。换言之,只有存在从业人员的违法行为,才有可能产生介入企业文化的调查。但与联邦法院判例将企业从业人员的违法行为作为判定企业刑事责任前提的做

---

① Pamela H. Bucy, *Corporate Ethos: A Standard for Imposing Corporate Criminal Liability*, Minnesota L. Rev., Vol. 75, p. 1121(1991).

② [美]菲利普·韦勒:《有效的合规计划与企业刑事诉讼》,万方译,载《财经法学》2018年第3期。

法不同,企业文化论并不将其作为认定企业刑事责任的决定要素。(5)企业对其成员的违法行为的处理。据此可以判断企业对其成员的违法行为是支持、纵容、默许还是反对或者否定。(6)企业的赔偿政策。据此可以判断企业对其构成人员的违法行为所持的态度。[①] 可见,目前美国联邦判例以及《联邦量刑指南》当中所推崇的企业合规计划,只是属于企业文化的判断要素之一,而不是全部。

其次,需要判断该企业文化是否确实促进了企业成员的犯罪行为。对此要件,企业文化论是在同联邦判例见解相比较的基础上展开论述的。联邦判例认为,企业在其特定成员(如代表人、高层管理人员等)在职务范围内为企业利益而实施了犯罪行为的场合,必须对该成员的行为承担刑事责任。但按照企业文化论,只要企业成员中有人实施了违法行为即可,至于是哪一个成员实施了违法行为,没有必要特定。此外,对“职务范围内”的理解,企业文化论虽然也不否定这一要件,但认为没有必要特别强调,将其放在企业文化是否促使了该企业成员的犯罪行为中考虑即可。“为企业谋利”的要件,在企业文化论看来,其仅意味着在企业成为被害人的场合,企业不负刑事责任而已,也没有必要对其特别强调。[②]

笔者曾在2001年出版的《单位刑事责任论》中主张,应当以企业文化之类的综合考量替代单一的企业合规计划论,现在仍然坚持这种观点。

一方面,其可以全面显示企业的品格或者“人格”,克服企业合规计划论本身的各种不足。如前所述,在企业组织体理论之下,企业是独立于其组成人员的人格化实体,这种实体具有自己的类似于自然人的思想、人格之类的特征,身处其中的自然人,在企业文化、场景或者氛围的感染之下,有意识的人格会被群体所淹没,无意识的人格占据主导地位。换言之,群体中的个体已并非自己,而成为

---

① Pamela H. Bucy, *Corporate Ethos*: *A Standard for Imposing Corporate Criminal Liability*, Minnesota L. Rev. ,Vol. 75,p. 1127-1147(1991).

② Pamela H. Bucy, *Corporate Ethos*: *A Standard for Imposing Corporate Criminal Liability*, Minnesota L. Rev. ,Vol. 75,p. 1149-1150(1991).

不受自己意志支配的提线木偶。[①] 但这种让个体自然人身处其中发生变异的群体的特征，并不是企业合规计划所能全面反映出来的。企业合规计划的基本要素，简单地说，就是正式的行为守则、由管理人员值守的合规办公室以及员工热线。[②] 但是，如前所述，企业合规计划越是有效，企业运作中的问题就越容易被发现，企业就越容易面临被政府控告或者被竞争对手告发的风险，同时，企业的合规计划越是合乎《联邦量刑指南》的要求就越容易被减刑，这就使企业合规计划更多是满足政府要求，而不是针对本企业的实际需要，出现牺牲企业需要换取减免刑罚的问题。从此角度来讲，纯粹的企业合规计划只能反映企业文化或者氛围的部分内容，而不是其全部；相反地，以企业文化这种具有一定弹性的灵活概念来代替企业合规计划，反而更有利于全面反映企业的"人格"或者品格。

另一方面，其和近代刑法中的责任原则一致。如前所述，在美国联邦判例的背景之下，企业对其组成人员的违法行为承担无过错责任，这显然违背了责任原则，而且也使企业没有动力采取措施，防止其自然人的违法行为。为了改变这种现状，才出现了企业若有防止其员工的违法行为以及违法之后的应对措施的合规计划，便可减轻其处罚的合规减刑优待政策。这种优待政策似乎具有一定的刺激效果，但其理论根据并不清楚。若说企业是独立于其组成人员的单独主体，合规计划的存在表示企业自身对其组成人员犯罪的责任较小，所以才要减免其刑罚的话，那么，在企业已经用尽一切可能的手段来阻止其员工违法犯罪，企业对其员工的行为完全没有责任时，岂不应当享受不承担刑事责任的待遇吗？对此问题，我国的企业合规计划减刑论的提倡者也非常纠结。如李本灿博士认为，企业合规实际上是企业自身尽到合理注意义务的一种标识，如果行为人已经尽到了合理的注意义务，但仍不能避免危害的发生，则不能认

---

① ［法］古斯塔夫·勒庞：《乌合之众：大众心理研究》，陈昊译，法律出版社2011年版，第14页。

② ［美］菲利普·韦勒：《有效的合规计划与企业刑事诉讼》，万方译，载《财经法学》2018年第3期。

为有对其责难的基础，这种情况属于意外事件。① "意外事件"意味着，企业成员的违法犯罪行为，对于企业自身而言，纯属意外，企业对其完全没有预见或者不能控制。既然如此，企业为何只能被减免刑罚，而不能直接认定为无罪呢？由此也能看出，合规计划减刑论只能说是一种半途而废的见解。

在企业文化论之下，企业合规计划只是反映企业文化的一个素材，而不是全部；一旦根据企业文化认定企业自身的"人格"，或者企业文化当中不具有产生、促进或者默许企业成员的违法犯罪行为的因素的话，则企业不仅要被减轻或者免除处罚，而且都不能对其组成人员的行为担责，即即便企业员工有罪，企业本身也无罪。

四、结语

在美国联邦判例以及《联邦量刑指南》之下，企业合规计划既是预防企业犯罪的手段，也是在企业不幸被定罪之后，减轻或者免除其刑罚的一个情节，但由于这一方案是任何人只能对自己的违法行为担责的责任原则和联邦法院迄今为止所坚持的企业对其员工行为承担严格责任的传统进行妥协的产物，因而在理论上难以自圆其说，存在不彻底性，在其适用当中，也存在企业制作"装点门面"的企业合规计划以敷衍政府检查的问题。

我国目前正处在企业合规建设的起步阶段，因此，借鉴美国经验，以刑罚手段督促或者刺激企业进行合规建设，具有重要的现实意义。但我们应当注意到，美国的以刑罚手段鼓励企业合规建设的做法是针对美国联邦法院的传统而做的无可奈何的折中，其中具有先天不足，并不值得我们完全照搬。在我国刑法规定的背景之下，还是应当将《刑法》第 30 条、第 31 条的规定与责任原则结合起来，将企业合规建设作为企业文化建设的一部分，并将其作为判断企业刑事责任有无和大小的依据之一，而不是全部。如此，在我国进行借鉴和建设企业合规时才能有效地克服美国企业合规建设中存在的不足，促进和鼓励我国企业才刚起步的合规建设。

---

① 李本灿：《企业犯罪预防中合规计划制度的借鉴》，载《中国法学》2015 年第 5 期。

第三章 企业合规不起诉改革的实体法障碍及其消除

一、引言

为优化营商环境、保护民营企业,[①]最高人民检察院(以下简称最高检)于 2020 年 3 月开始在上海浦东、金山等 6 个基层检察院开启“企业合规不起诉”的改革试点。2021 年 4 月,最高检发布了《关于开展企业合规改革试点工作方案》,启动了第二期“企业合规改革”试点工作,对涉案企业的刑事案件,在依法从宽处理的同时,督促其合规承诺,积极整改。2021 年 6 月 3 日,最高检又联合司法部、财政部等 9 部门联合发布了《关于建立涉案企业合规第三方监督评估机制的指导意见(试行)》,并公布了 4 起企业合规的指导案例。至此,我国的企业合规不起诉工作正式拉开了帷幕。

按照最高检的上述文件,适用企业合规不起诉的案件,既包括公司、企业等实施的经济犯罪、职务犯罪案件,也包括公司、企业实际控制人、经营管理

---

① 本章所述涉及多个国家的法律以及国内多个不同的法律文件,对于“企业”之类的组织,有的称为“企业”,有的称为“法人”,有的称为“单位”,没有统一。本章当中,如果没有特别注明,对上述三者均在同一意义上使用,特此说明。

人员、关键技术人员等实施的与生产经营活动密切相关的犯罪案件;不起诉的内容,包括“合规不批捕”“合规不起诉”“合规从宽量刑建议”“合规从宽处罚建议(行政处罚建议)”。可见,在我国,企业合规对于涉案企业而言,是一项非常有力度的从宽处罚情节。

作为一项风靡于西方国家的预防和惩治企业犯罪的特殊制度,企业合规不起诉,对于在犯罪发生前的未然之中预防企业犯罪、在犯罪发生后就减少企业处罚可能给社会带来的震荡和负面效果而言,具有积极的正面意义。因此,最高检在我国目前对民营企业实行“六保六稳”的政策背景下,适时引进并推动这项制度,可谓正当其时。但我国在推动这项制度时,存在诸多障碍。其中之一,就是刑事立法上的空白以及司法适用上的理解偏差。企业合规不起诉改革的核心是,企业犯罪之后,只要和检察院达成合规承诺,积极整改,就可以享受不起诉等优遇。但是,遍查我国刑法和刑事诉讼法,都没有这项规定。相反地,《刑法》第 31 条明文规定“单位犯罪的,对单位判处罚金,并对其直接负责的主管人员和其他直接责任人员判处刑罚”。在这种情况下,涉罪企业只要和检察机关达成合规协议,就可以不起诉,岂不是违反《刑法》第 3 条所规定的罪刑法定原则以及《刑法》第 4 条所规定的刑法适用平等原则吗?并且在我国的实务当中,一直都有通过特定自然人即单位领导的态度来认定单位犯罪的传统,单位领导决定或者单位集体决定的场合就不用说了,在单位领导对单位人员个人的违法行为事后予以追认的场合,也能认定为单位犯罪。[①] 在此传统下,即便是单位领导违反单位自身的目的、宗旨甚至章程而作出违法犯罪决定的场合,单位也会构成犯罪,对其从业人员的违法行为要承担刑事责任。单位沦为其组成人员即单位领导的附庸和傀儡,丧失了作为独立主体的意义和价值,对于单位领导的犯罪决定完全失去了自我解脱和自我救赎的可能。这种单位犯罪认定方式,不仅不符合现代社会中单位犯罪的实

---

① 参见 2019 年 2 月 20 日最高人民法院、最高人民检察院、公安部、司法部、生态环境部《关于办理环境污染刑事案件有关问题座谈会纪要》(高检会〔2019〕3 号)第 1 条;2017 年 6 月 1 日最高人民检察院《关于办理涉互联网金融犯罪案件有关问题座谈会纪要》第 21 条。

际情况,而且也难以期待单位据此建立表明其不仅不欲犯罪,反而在尽力防止其从业人员(包括领导在内)犯罪的企业合规制度。在既没有法律依据,又缺乏激励机制的条件下,还能奢望企业合规不起诉改革试点行稳致远吗?因此,就目前的改革试点而言,首要任务是从近代刑法所坚持的责任原则出发,正确理解我国《刑法》第30条的规定,将单位犯罪看作单位自身的犯罪,而不纯粹是其组成人员即单位领导决定的犯罪;同时,对《刑法》第31条的单位处罚进行修正,增设有关企业合规从宽处罚的内容,鼓励单位加强内部管理。

接下来,首先以三个代表性国家即澳大利亚、意大利以及美国的相关规定与适用为中心,考察企业刑事责任的追究模式,探讨其与企业合规的关系与立法规定方式。之后,结合我国企业合规不起诉改革过程中所面临的问题,就我国刑法相关规定特别是《刑法》第30条、第31条的应用及其将来的立法修正,进行前瞻性探讨。

二、域外企业承担刑事责任的根据及其应用的比较考察

企业为什么可以在合规之后不被起诉?其不仅涉及企业犯罪的成立要件,更关系企业刑事责任的根据。具体而言,就是企业因何而承担刑事责任,在什么条件下承担刑事责任。对此,域外相关立法与司法的见解并不一致,择其要者,有以下三种:

(一)企业因其自身原因引发的雇员犯罪承担故意或者过失的行为责任

这种模式以1995年《澳大利亚联邦刑法典》的相关规定为代表。该法第2.5部分专门规定了企业的刑事责任。按照该规定,企业和自然人一样,可以构成任何犯罪;企业犯罪的认定,适用自然人犯罪的基本原理。企业犯罪分为故意犯和过失犯。企业故意犯的成立条件是:第一,企业董事会成员以及高级主管在其权限范围内实施的行为,归属于企业自身;他们在实施上述行为时的蓄意、明知或者轻率归于授权或者许可犯罪行为的企业自身。第二,在企业内部,存在指挥、鼓励、容忍或者导致不遵守相关条款的企业文化,或者企业没有创造或者保持一种遵守相关条款所需要的企业文化时,可以认定,企业本身具有与犯罪行为有关的蓄意、明知或者轻率。

其中,企业文化,是指存在于企业整体或者作为相关活动发生地的企业某部门的态度、政策、规则、行为或者实践的程序。但是,如果企业证明其已经实施了适当的努力来制止行为、授权或者许可,则可以否定企业本身的责任。企业过失犯的成立要件是:第一,客观上存在违法行为。该行为既可以通过企业单个雇员的违法行为来认定,也可以通过汇集企业的雇员、法人代表或者高级职员的所有行为而成的整体来认定。第二,主观上存在过失。当对于一个或者多个企业雇员、代表或者高级职员的行为缺乏足够的法人管理、控制或者监督,或者在法人内部缺乏将相关信息传递给相关人的完善体系时,能够认定企业过失。①

从上述规定可见,《澳大利亚联邦刑法典》在企业犯罪的认定上,完全继承了认定自然人犯罪的方式,具有以下几个特点:

首先,强调企业犯罪和自然人犯罪的一致性。《澳大利亚联邦刑法典》第2.5部分即企业的刑事责任部分,开宗明义即规定,本法典以其适用于自然人的方式适用于企业,企业可以实施任何犯罪,包括应当处以监禁的犯罪。② 依此,在澳大利亚,企业犯罪的成立要件和自然人犯罪的成立要件是一样的:有客观要件和主观要件;犯罪分为故意犯和过失犯;遵循罪刑法定原则和责任原则;企业的犯罪范围和自然人犯罪完全一致,只不过在处罚方式上不同而已。企业犯罪的处罚,主要是罚金等财产刑。

其次,企业犯罪,通过其中的自然人的违法行为来实现。尽管澳大利亚联邦刑法典明文规定,企业和自然人一样,可以犯本法典中所规定的任何犯罪,但企业没有"手脚",只能通过其组成人员的自然人来展开活动,而企业组成人员的自然人和企业是两个不同的法律主体,并非企业自然人的任何行为都能被看作企业自身的行为,因此,如何将企业组成人员的行为认定为企业自身的行为,成为

---

① 《澳大利亚联邦刑法典》第2.5部分,法人的刑事责任。本章所引《澳大利亚联邦刑法典》的相关内容,参见张旭、李海滢、李綦通、蔡一军译:《澳大利亚联邦刑法典》,北京大学出版社2006年版,第16~18页。

② 参见张旭、李海滢、李綦通、蔡一军译:《澳大利亚联邦刑法典》,北京大学出版社2006年版,第12节12.1(2)。

困扰企业犯罪论的难题。对此,《澳大利亚联邦刑法典》采取了不同的认定方式:一是就普通雇员而言,在其事实上的雇佣范围内实施的行为,视为企业行为;二是就企业代表或者高级职员行为而言,在其事实上的权限范围内实施的行为,视为企业行为。之所以将二者区别开来,主要是考虑到企业的活动范围,不一定要受到格式条文的束缚,而是横跨多个领域。这种现实,使就企业活动的方向性的意思决定而言,对企业代表人的活动范围不能有太多的限制。如进出口贸易公司实施的走私行为、汽车销售公司实施的虚开增值税专用发票的行为,都不在该企业正当业务范围内,但一旦由企业代表人所决定实施,就应当视为企业自身的行为。当然,也不能说,企业代表人的日常生活行为都视为企业自身的行为。只能就其权限所明示,或者和其权限相关的行为,才能够看作企业行为。只是和权限有关的行为到达什么范围为止,必须结合个案进行具体的实质性判断。[①] 相反地,就企业的普通雇员而言,只有在其雇佣范围内的行为才能看作企业自身的行为。这样传统观念中认为企业没有"手足",无法实施犯罪行为的观念就被打破了。

最后,强调企业犯罪是自身的犯罪,企业为自己的犯罪行为承担责任。在企业犯罪的认定上,采用传统的"同一视原理"和现代的企业文化论原理。其中,关于"同一视原理"即将企业内部一定范围的自然人的行为归属于企业自身,《澳大利亚联邦刑法典》规定,履行企业管理职责的董事会成员以及高级主管在其事实或者授权范围内的行为视为企业行为;他们的主观罪过视为企业罪过。另外,关于企业文化论,《澳大利亚联邦刑法典》在世界范围内,首开先河明文规定,在企业内部存在指挥、鼓励、容允或者导致不遵守相关条款的企业文化,或者企业没有创设和保持一种遵守相关条款所需要的企业文化,或者不能在企业内部提供完善的信息传递系统时,可以认定企业自身存在包括故意、过失在内的罪过形式。[②] 当

---

① 参见何秉松主编:《法人犯罪与刑事责任》,中国法制出版社 2000 年版,第 257~259 页。

② 参见张旭、李海滢、李綦通、蔡一军译:《澳大利亚联邦刑法典》,北京大学出版社 2006 年版,第 12 节 12.3(2)(c)(d)。

然,《澳大利亚联邦刑法典》也规定,如果企业能够证明,其已经实施了适当的努力来制止其雇员的违法行为时,其可以不承担责任,而仅仅由其雇员承担责任。[①]

(二)企业因其“结构性疏忽(制度漏洞)”而承担过失责任

这种模式以《意大利关于企业合规的第231号法令》的相关规定为代表。在意大利,企业处罚在宪法上被否定。这是因为,一方面,作为近代刑法思想发祥地的意大利,固守传统的大陆法系的基本理念,认为人格谴责可能性在企业方面并不存在;另一方面,即便可以企业机关的行为为媒介而肯定企业的刑事责任,但这样会导致以他人行为为理由的处罚,违反《意大利宪法》第27条第1款“刑事责任专属于个人”的规定。[②] 改变这种现状的是2001年6月8日颁布的《意大利关于企业合规的第231号法令》。

按照本法,企业应当为其具有一定职权和地位的雇员,以及受上述人员管理、监督的人为企业利益而实施的职务犯罪行为负责,但企业能够证明,自己并没有助长犯罪,相反地,已经尽了最大努力来防止其雇员犯罪的场合,可以免除其刑事责任。[③] 企业是否尽了最大努力来防止犯罪,主要考虑以下几点:(1)针对企业高管的犯罪,考虑企业管理机构是不是在犯罪发生之前,已经识别了容易发生风险的特定活动领域;制定有管理人员在进行公司决策时可以遵

---

① 参见张旭、李海滢、李綦通、蔡一军译:《澳大利亚联邦刑法典》,北京大学出版社2006年版,第12节12.3(3)。

② 参见耿佳宁:《单位固有刑事责任论的提倡及其教义学形塑》,载《中外法学》2020年第6期。

③ 从意大利的学说来看,《意大利关于企业合规的第231号法令》所规定的法人责任,到底是行政责任还是刑事责任,存在争议。按照意大利刑法,对自然人科处的金钱刑罚,只限于罚金(multa,《意大利刑法》第17条第1款)和科料(ammenda,只针对违警罪适用,《意大利刑法》第17条第2款),而《意大利关于企业合规的第231号法令》中针对法人适用的财产处罚被称为“金钱制裁”(sanzione pecuniaria),二者在用语上被区别开来。但是意大利的学界和实务界均认为,立法机关将法条文本中的企业因为犯罪而承担的责任称为“行政责任”名不副实,其是为了回避责任主义的要求而采取的权宜之计,《意大利关于企业合规的第231号法令》中的企业责任本质上仍是刑事责任,至少是“半刑事责任”。以上见解,参见耿佳宁:《污染环境罪单位刑事责任的客观归责取向及其合理限制:单位固有责任之提倡》,载《政治与法律》2018年第9期。本书采用了耿佳宁博士的说法。

守的指导原则;建立有合适的财务管理、监督和遵守模式的信息披露义务、制裁不合规行为的纪律制度等预防犯罪的组织和管理模式。(2)针对企业下级雇员的犯罪,考虑企业是不是在实施犯罪前已采取适当的措施确保企业开展合法行动,是否建立了可以迅速发现和减少风险的预防犯罪的组织、管理和控制模式等。同时,该法还规定,即便在自然人罪犯尚未查明或者无法对其归责,或者自然人罪行因大赦以外的原因而被消灭的情况下,也应追究企业的刑事责任。①

从上述规定来看,可以说,和澳大利亚一样,意大利在企业犯罪的认定和处理上,也是参照了自然人犯罪的相关规定,有以下特点。

首先,通过企业组成人员的业务行为来认定企业自身的行为。根据《意大利关于企业合规的第231号法令》规定,和自然人的场合一样,企业承担刑事责任的条件之一是必须具备客观违法要素,即具有违法行为。对此,意大利也是采用了通过其中的自然人的行为来认定单位犯罪的客观行为的方式,即就企业的法定代表人、履行管理和领导职能的人,被单位赋予财务和职能自主权的人,行使甚至实际掌握管理和控制权的人而言,他们必须实施了法定的犯罪行为;就受前述规定的人管理或监管的非决策职位的下级雇员而言,其为本单位利益或好处而实施的行为,只要该行为源于企业政策或者公司的结构性疏忽,就认定为企业行为,企业必须为其负责(第5条)。

其次,企业犯罪的主观罪过仅限定为过失,即通过“结构性疏忽”(也称“制度漏洞”)来判断企业是否具备承担刑事责任的主观责任要素,其中,所谓结构性疏忽,是指涉案公司尚未按照《意大利关于企业合规的第231号法令》,建立关涉犯罪行为实施风险的指

---

① 关于《意大利关于企业合规的第231号法令》的中文翻译,参见刘霜:《意大利企业合规制度的全面解读及其启示》,载《法治与社会发展》2022年第1期。按照这部法令,尽管按照犯罪的轻重有所不同,但对企业的制裁可以进行如下区分:(1)金钱制裁(上限为150万欧元);(2)法律上的禁止措施(如停止营业命令、停止行政许可、禁止和政府签订合同、取消免税措施或者财政支持、禁止商业广告等);(3)没收犯罪对价或者收益(企业通过违法行为所获得的收益);(4)公开判决;(5)对企业强制管理。

导方针和管理体制。其内容,针对不同对象而有别。针对企业董事会之类的高管,如果企业能够证明,其在企业雇员的犯罪行为发生之前,已经制定了适合于预防该类犯罪的组织和管理方案;该方案由专门机构来监督和保证其实施;犯罪人以欺诈方式规避企业管理模式而实施犯罪;专门机构没有监督不力的话,企业不用担责。针对企业的一般雇员,规定自然人主体如果由于不遵守管理或监督义务而实施犯罪,则企业应承担责任。但是,如果企业能够证明,其在自然人实施犯罪之前已采取并有效实施了适当的预防犯罪的组织、管理和控制措施,则可以排除其不履行管理或监督义务的责任(第7条)。

这种体现为所谓"结构性疏忽"的责任要素,是《意大利关于企业合规的第231号法令》有关企业犯罪的一个重大突破。作为"近代刑法的摇篮和故乡"的欧洲大陆国家的意大利,社团不能犯罪的观念已经根深蒂固,即便迫于现代社会中企业违法行为日益加剧的现实以及承担规制企业犯罪的国际义务的压力而不得不在法律上承认企业犯罪,但由于受意大利刑法中的"无罪责即无刑罚"原则的制约,学界主流观点仍然认为,其必须在传统的刑法框架内特别是主观责任和自我责任的理念下展开。[①] 基于这种执念,《意大利关于企业合规的第231号法令》一方面,承认作为企业组成人员的自然人的行为,在一定条件下可以归于企业自身;另一方面,又通过"结构性疏忽"将企业行为和其组成人员的自然人的行为区分开来,认为违背企业管理体制要求的行为,是超出了企业自身意志的行为,不是企业的意志的体现,企业不能对其担责。这样就避免了大陆法系国家由来已久的企业责任是为其成员行为承担替代责任或者转嫁责任的非议,间接承认了企业自身的犯罪。企业之所以担责,是因为企业自身在其雇员的犯罪活动中存在"结构性疏忽"即没有设置并落实预防其从业人员某种犯罪的妥当的组织管理模式。[②] 但要注意的是,《意大利关于企业合规的第231号法令》虽然在一定程度上承认了企业自身责任,但也仅限于"结构性疏忽"而

---

① 参见耿佳宁:《污染环境罪单位刑事责任的客观归责取向及其合理限制:单位固有责任之提倡》,载《政治与法律》2018年第9期。

② 参见范红旗:《意大利法人犯罪制度及评析》,载《刑法论丛》2008年第3期。

引起的过失责任,而不承认企业自身的故意责任。在这一点上,和前述澳大利亚联邦刑法典相比,有重大不同。

最后,解除了企业责任与自然人责任之间的联动制,消除了贯彻企业自身责任的重大障碍。从目前各国的通例来看,对企业犯罪均是采用“双罚制”,即既处罚犯罪的企业,又处罚其中的相关自然人。但是意大利则突破了上述通例做法。《意大利关于企业合规的第231号法令》第8条规定,不能处罚自然人的场合,也应追究企业的刑事责任。企业犯罪的认定,并不一定依赖于其中的自然人的确定,只要企业业务活动过程中出现了侵害结果,即便不能确定到底是谁的行为引起了该结果,或者虽然能够确定和结果直接相关的行为人,但由于各种原因,无法确定行为人有罪或者无法对其处罚的场合,也仍然要追究企业的刑事责任。换言之,处罚企业和处罚企业中的自然人无关。应当说,这一规定是有关企业犯罪立法的一个重大创新。因为,依照欧洲大陆的通说,所谓企业犯罪,并不真的是企业自身的犯罪,而是企业为其成员在企业活动中的违法行为承担无过失责任的体现;[①]即便有的学说承认企业自身犯罪,认为是企业自身文化、制度、政策等促成了企业成员的犯罪,但只限于学说上的讨论,并未上升为法律规定。而解除企业责任与自然人责任之间的联动制的做法,不仅是承认企业犯罪是企业自身犯罪见解的必然结局,也突破了历来的企业处罚“双罚制”的藩篱。照此,企业犯罪的认定,不用通过确定行为人,只要企业业务活动中出现了侵害法益结果,即便不能确定该结果是由谁的行为造成的,或者虽然能够确定行为人,但行为人的行为是企业本身的制度缺陷或者不合理的政策而引起,难以对特定的行为人追责的,或者造成结果的行为人因为其他某种原因而不能担责的场合,也能够追究企业的刑事责任。这样,“双罚制”下企业和自然人一体处罚的联动关系就被彻底破解了。

(三)企业因其雇员的犯罪行为承担无过失转嫁责任

这种模式以美国联邦法院的判例为代表。美国联邦法院在追

---

① 参见耿佳宁:《污染环境罪单位刑事责任的客观归责取向及其合理限制:单位固有责任之提倡》,载《政治与法律》2018年第9期。

究企业刑事责任的原理方面，将侵权法中的上级责任原理(respondent superior)扩张适用到企业处罚中来。在上级责任原理下，最底层的从业人员的行为也被广泛地转嫁给企业，并据此追究企业的替代责任(vicarious liability)。[①] 但同时，合规也被作为判断企业刑事责任时需要考虑的重要因素。如1991年《联邦量刑指南》规定，在对接受有罪判决的企业决定罚金额的时候，合规是减轻处罚事由，[②]目的是"为企业建立确保防止、发现以及报告犯罪的内部机制提供动力"。[③]

以下试从判例以及相关规定出发，对美国联邦层面上的企业处罚相关情况进行分析：

首先，基于企业在经济交往中占压倒多数的现实，通过替代责任法理，广泛追究企业的刑事责任。这一点在1909年New York Central & Hudson River Railroad Co. v. United States案的联邦最高法院的判决中有明确体现。在该案中，联邦最高法院认为，在企业实施了以犯意为要件的犯罪时，可以通过将企业从业人员的行为和意图归于企业自身的方法，追究企业的刑事责任。[④] 这一判旨，以后被众多的联邦法院所引用，现已成为处理以犯意为要件的企业犯罪的一般原则。

在上级责任原理下，所有的企业无论诚实与否，都得为其代理人或从业人员的违法行为承担刑事责任。为了改变这种局面，1962年美国法律协会发布的《模范刑法典》主张采用同一视原理(the

---

① New York Central & Hudson River Railroad Co. v. United States, 212 U. S. 481 (1909).

② Sentencing of Organizations, Commentary 3(k) to §8A1.2.

③ Charles J. Walsh, Alissa Pyrch, *Corporate Compliance Programs as a Defense to Criminal Liability: Can a Corporation Save Its Soul?*, Rutgers L. Rev., Vol. 47, p. 676-677 (1995).

④ 事情的经过如下：铁路公司因在纽约和底特律之间的货物运输上，对部分砂糖制造商支付回扣，实施差别价格。该公司及其运输部长被以违反《艾尔金斯法》(Elikins Act)而起诉，要追究他们的刑事责任。被告方以联邦议会无权制定追究法人刑事责任的法律，处罚法人会损害法人中无辜的股东的利益，会造成未经正当程序而剥夺股东财产的结果等为理由，认为处罚法人的《艾尔金斯法》的规定违反宪法。New York Central & Hudson River Railroad Co. v. United States, 212 U. S. 481(1909).

principle of identification),以改变这种做法。但这种主张对联邦法院的判例几乎没有产生影响。就现实而言,美国有关企业处罚的实践,尽管曾受到英国的重大影响,但现在二者之间已经有了相当大的不同:英国固守刑法中的责任原则,在企业处罚上坚持和刑法的基本原则(特别是主观责任原则)之间的协调,为将企业作为正犯追究,采用了将形成企业组织人格特征的高层管理人员(superior officer)的行为和意图(acts and state of mind)视为企业自身的行为和意图的同一视原理,以限定企业处罚范围。相反地,美国联邦法院则更为重视追究企业责任的刑事政策必要性,只要是企业活动中发生的侵害行为,即便是最底层的从业人员实施的,也通过替代责任原理,追究企业自身责任。[①]

其次,通过降低上级责任原理要件门槛的方式,使企业近乎无过失地承担替代责任。按照美国联邦法院采用的上级责任原理,企业处罚还是需要满足一定要件的,即必须是"特定人""在职务范围之内""为了企业的利益",但在实际的适用中,常常通过实质解释,使这些要件的门槛被大幅降低。[②] 就追究企业责任的客观要件而言,不要求确定违法行为人,只要能够证明代理人中的"某人"实施了犯罪即可。甚至有判例认为,数个代理人的不同行为汇集起来,满足一个犯罪的客观要件的场合,就能判定企业有罪。[③] 这是一种非常极端的认定犯罪的方式。按照这种理解,在处罚企业时,必须确定特定自然人行为的要求已经无足轻重。同时,追究企业责任的主观要求也被降低。就以特定的主观意思为成立要件的犯罪而言,联邦法院的判例认为,即便不能证明单个行为人具有特定犯罪的认识或者意图,但将数个从业人员的零碎认识集合在一起,整体上能肯定企业具有特定犯罪的认识的话,能够满足具体犯罪的主观要件(集合认识)。[④]

---

① [日]川崎友巳:《企业的刑事责任》,成文堂2004年版,第187页。

② 参见万方:《企业合规刑事化的发展及启示》,载《中国刑事法杂志》2019年第2期。

③ United States v. American Stevedores, Inc. ,310 F. 2d 47,48(2d Cir. 1962).

④ United States v. T. I. M. E. D. -C. Inc. ,381 F. Supp. 730(W. D. Va. 1774);江溯:《美国〈模范刑法典〉研究》,台北,元照出版有限公司2021年版,第175页。

最后,反思上级责任原理的不足,尝试通过企业合规从宽处理的方式帮助企业解困。美国联邦法院优先考虑规制企业必要性的做法,不仅有强烈的违反责任原则之嫌,还没有反映出企业犯罪的实际情况。在企业活动过程中,存在并非代理人或者从业人员的违法行为,而是由于企业的安全管理系统的不完善或者组织架构上的缺陷之类的制度缺陷导致侵害法益的情形。另外,在上级责任原理下,企业从业人员只要违法,企业就得担责,这种近乎结果责任的追究方式,使企业预防其代理人犯罪的意愿大打折扣,建立防范犯罪的安全管理系统也几无可能。正因如此,有见解指出,美国联邦判例中的企业刑事责任论,过于将以自然人为对象而构建起来的刑法原则加于企业,只关注企业和自然人之间的共同之处,而没有反映出企业的实际情况。[①]

因为上述原因,自20世纪80年代以来,主张当企业实施包含有预防、阻止违法行为的合规计划(compliance program)时,应当将其作为企业无罪或者罪轻的“相当注意”抗辩的呼声高涨。特别是在1991年的《联邦组织体量刑指南》中,明确规定企业自身的情况是决定企业刑罚的重要依据;防止并发现犯罪行为的合规计划的存在,同企业自身的意思相连;在判断合规计划是否有效时,应考虑该企业是否为防止、发现犯罪行为而尽了积极努力;企业真诚地实施合规计划的行为足以表明其代理人的违法行为是违反企业本意的场合,可以减轻企业的责任点数[②]之后,学界有力说认为,在企业犯罪的审判中,除了考虑企业代理人的犯罪行为之外,还得注意代理人的行为是否是企业自身的意志的体现,只有在企业代理人的行为确实反映了企业自身的意志时,企业才能对该行为负责。[③] 有学者乐观地预计,在不久的将来,在美国,或许会对法院无限制地追究企业责任的做法进行一定限制,作为限制手段,就是在作为抗辩理由

---

① 参见[日]川崎友巳:《企业的刑事责任》,成文堂2004年版,第177页。

② 美国联邦量刑指南中有关合规与企业刑事责任之间的关系介绍,参见李本灿等编译:《合规与刑法——全球考察的视野》,中国政法大学出版社2018年版,第166~178页;陈瑞华:《企业合规基本理论》,法律出版社2020年版,第19页。

③ Charles J. Walsh & Alissa Pyrch, *supra* note 16, p. 676-677.

的"相当注意"中考虑企业合规。[①]

(四)小结

以上以澳大利亚、意大利、美国的立法和实践为例,对企业犯罪的法理及其与企业合规之间的关系进行了考察。总的来看,由于上述三国的企业犯罪和企业处罚均是在自然人刑法理念下展开的,因此有关企业犯罪的立法与司法,总体上呈现在处罚企业犯罪的需要和维持责任原则之间踟蹰徘徊的局面。这种现实,使上述三国在企业犯罪的立法和司法上有以下几个共同之处:

一是原则上通过特别确定企业从业人员的方式认定企业自身的行为和意思。按照传统的民法理论,企业是人们为实现一定目的而按照自然人的形式所设计的一种虚拟存在,它不具有自然人一样的本来意义上的意志和行为;企业的思想和行为都是通过其组成人员的自然人来实现的。[②] 企业的这种拟制人格特征,使得在澳大利亚、意大利、美国原则上均从企业拟制人格的特征入手,将特定企业组成人员的意思和行为作为追究企业刑事责任的"媒介"或者"桥梁"。"上级责任原理"和"同一视原理"就是其体现。在"上级责任原理"下,企业所有从业人员的业务行为,均被视为企业自身的行为,并成为追究企业自身刑事责任的根据;在"同一视原理"下,虽说只有企业代表、机关成员及高级管理人员的意志和行为才能看作企业自身的意志和行为,并成为追究企业刑事责任的根据,但在通过确定企业中的自然人(而不是企业自身)的意思和行为来决定企业刑事责任的一点上,"上级责任原理"和"同一视原理"两者之间完全一致。

二是例外地从企业作为实体的现实出发,从其政策、制度、文化特别是合规计划中寻求企业自身的犯罪意思。如前所述,以特定企业从业人员的意思和行为为前提的企业归责论,在无法确定企业活动中的违法行为人的场合,难免失灵;同时,在企业内的制度缺陷即

① 参见李本灿等编译:《合规与刑法——全球考察的视野》,中国政法大学出版社2018年版,第49页。

② 参见朱庆育:《民法总论》,北京大学出版社2016年版,第417页。

管理系统和组织结构的不完善而引起违法行为的场合，也无法适用。因此，近年来，以自然人的特定为中介追究企业自身责任的企业处罚原理已在相当程度上受到挑战，前述意大利、澳大利亚、美国三国的立法以及司法所尝试的将企业的“结构性疏忽”“合规措施不完善”之类的“系统缺陷”或者“组织构造的不完善”纳入企业犯罪的认定和企业处罚当中的做法，实际上是逐渐放弃通过特定自然人而确定企业刑事责任的做法，转而采用企业组织责任论的体现。

三是有关企业犯罪的相关情况，整体上尚处于从“企业处罚”向“企业犯罪”过渡的阶段。“企业处罚”和“企业犯罪”是两个不同的概念。“企业处罚”是一个事实描述，即企业受到某种法律制裁，原因不问，既可以是由于企业自身的违法行为而受罚，也可以是由于其从业人员的违法行为而承担转嫁处罚，还可以是因为国家出于行政取缔的需要而追究的严格责任，其不必以企业具有责任为前提。但是，“企业犯罪”则是一个规范评价概念，其不仅以存在企业自身行为为前提，还要求企业对该行为及其后果具有认识或者认识可能性，即企业犯罪是企业自身意思的体现。从此意义来看，澳大利亚联邦刑法典中处罚的是“企业犯罪”。因为其所处罚的是企业文化以及企业中能够和企业同等看待的人的意思的产物；相反地，美国联邦法院所处理的“企业犯罪”，只能算是“企业处罚”。因为在美国，企业受罚并不是因为企业自身的违法行为，而是因为其从业人员的违法行为，企业所承担的是转嫁或者说是替代责任。居于二者之间的是意大利，按照《意大利关于企业合规的第 231 号法令》的规定，企业之所以受罚，是因为企业存在“结构性疏忽”即制度上的漏洞或者不完善之处，疏忽了对其从业人员的违法行为的监督。从此意义上看，意大利虽然承认了企业犯罪和企业处罚，但也仅只限于监督过失的范围，而不包括故意引起的犯罪在内。因此，意大利最多只是“部分”承认了企业犯罪，给人以浅尝辄止的感觉。

三、我国的单位刑事责任论及其应用中的问题

我国现行《刑法》总则第 30 条规定，公司、企业、事业单位、机关、团体实施的危害社会的行为，法律规定为单位犯罪的，应当负刑

事责任。第 31 条规定，单位犯罪的，对单位判处罚金，并对其直接负责的主管人员和其他直接责任人员判处刑罚。本法分则和其他法律另有规定的，依照规定。同时，在《刑法》分则第 2 章、第 3 章、第 4 章、第 6 章和第 8 章等相关章节条文之中，还规定有 170 多个适用“两罚制”的单位犯罪罪名，约占到全部分则罪名的 1/3。

（一）我国单位犯罪规定的特点及其应用

从法人刑事责任的本质以及处罚范围的角度来看，我国现行单位犯罪规定的最为显著的特点，就是直接承认单位犯罪是单位自身的犯罪，单位所承担的是自我行为责任。这一点，从现行《刑法》第 30 条直接将单位犯罪定义为公司、企业、事业单位、机关、团体“实施”的危害社会的行为上就能看出。这个规定，使我国的单位犯罪和处罚与英美等处罚企业犯罪的老牌国家相比，具有完全不同的风格，也少走了很多弯路。在英美法系国家，其最初是依照“仆人犯错、主人担责”的传统，追究企业的替代责任或者转嫁责任的。[①]

现行《刑法》中单位犯罪的定义方式，尽管其动机是为了将分则条文中的“单位过失犯罪”纳入其中，[②]但将单位犯罪表述为“公司等‘实施’危害社会的行为”，则在不经意之间符合了“单位犯罪就是单位自身的犯罪”的现代法人犯罪观念。就本书而言，这种单位犯罪的规定方式，放弃了通过特定行为人的意思和行为来判断单位犯罪成立的理念，为我们从组织责任论的视角理解单位犯罪和单位处罚提供了最直接有力的依据。但遗憾的是，我国的相关学说和司法实践对此领会不够，仍将单位犯罪限定于单位领导决定或者单位集体决定的行为。

---

① 参见何秉松主编：《法人犯罪与刑事责任》，中国法制出版社 2000 年版，第 90～93 页。

② 根据有关资料，1995 年 8 月 8 日至 1997 年 3 月 14 日，现行《刑法》通过前后历次刑法修订稿和修订草案关于单位犯罪的总则规定的写法，先是“企业、事业单位、机关、团体，为本单位谋取利益，经单位的决策机构或者人员决定，实施犯罪的，是单位犯罪”，后来改为“公司、企业、事业单位、机关、团体为本单位谋取非法利益，经单位集体决定或者由负责人员决定实施的犯罪，是单位犯罪”。但上述规定最终均未被通过。理由是不够全面，不能涵盖分则规定的所有单位犯罪类型特别是单位过失犯罪。参见高铭暄：《中华人民共和国刑法的孕育诞生和发展完善》，北京大学出版社 2015 年版，第 213 页。

这一点,在相关司法解释中有清楚的体现。如2019年2月20日最高人民法院、最高人民检察院、公安部、司法部、生态环境部《关于办理环境污染刑事案件有关问题座谈会纪要》(高检会〔2019〕3号)第1条规定,为了单位利益,实施环境污染行为,并具有下列情形之一的,应当认定为单位犯罪:(1)经单位决策机构按照决策程序决定的;(2)经单位实际控制人、主要负责人或者授权的分管负责人决定、同意的;(3)单位实际控制人、主要负责人或者授权的分管负责人得知单位成员个人实施环境污染犯罪行为,并未加以制止或者及时采取措施,而是予以追认、纵容或者默许的;(4)使用单位营业执照、合同书、公章、印鉴等对外开展活动,并调用单位车辆、船舶、生产设备、原辅材料等实施环境污染犯罪行为的。按照以上规定,单位从业人员(包括最底层的从业人员)的业务行为能否被认定为单位自身的行为,主要看该行为是不是单位决策机构的意志的体现,或者是否为单位实际控制人、主要负责人或者授权的分管负责人决定、同意、追认、纵容或者默许。

相关指导性案例也采用了这种立场。如在"吴某森等虚开增值税专用发票案"中,法院认为,该局在为他人虚开增值税专用发票的过程中,为本单位谋利,由局长吴某森决定或者由股以上干部会议召开研究决定,体现的是西城税务分局整体的意志,故单位构成虚开增值税专用发票罪。① 同样,在"周某华虚报注册资本案"中,针对华泰公司总经理周某华采用欺诈手段虚报注册资本,取得公司登记并通过年审的行为,属于个人犯罪的一审判决,二审法院认为,周某华作为侨资公司聘用的华泰公司高级管理人员,其虚报注册资本的行为,就是华泰公司的行为。② 相反地,在"宋某璋走私普通货物案"中,法院认为,中海贸经济贸易开发公司进出口部经理宋某璋在

---

① 吴某森、郭某春等虚开增值税专用发票案【指导案例第231号】,载陈兴良、张军、胡云腾主编:《人民法院刑事指导案例裁判要旨通纂》(上卷)(第二版),北京大学出版社2018年版,第357页。

② 周某华虚报注册资本案【指导案例第102号】,载陈兴良、张军、胡云腾主编:《人民法院刑事指导案例裁判要旨通纂》(上卷)(第二版),北京大学出版社2018年版,第194页。

为某公司代理转口业务过程中，虽擅自采用低报货物价值的违法手段，但由于无法证明被告单位中海贸经济贸易开发公司的法定代表人及其他主要领导参与预谋、指使或者允许宋某璋使用违法手段为单位谋取利益，认定被告单位具有走私普通货物罪的主观故意和客观行为的证据不足，被告单位中海贸经济贸易开发公司无罪。[①]

（二）存在的问题

无论单位是什么样的社会实体，体现其存在的业务活动终究还是通过其组成人员的自然人来实现的，离开单位中的自然人，单位便无所作为。但是单位与其组成人员是两个不同的主体，这种特点使单位自然人的行为同时具有单位属性和个人属性的二重性，因此，如何判断单位自然人的业务行为属性，成为问题。对此，包括英国、澳大利亚甚至意大利等国在内，都采取了同一视原理的做法，将单位中能够与单位同等对待的自然人的意思支配行为认定为单位自身的行为。我国的司法实践的做法，实际上是上述“同一视原理”的翻版。这种做法，尽管符合单位代表人形成单位自身的意思，其职务行为产生的一切法律后果都应由单位承担的民法原理，[②]但将其应用于以责任原则为前提的单位犯罪的认定和处罚，则会产生很多问题：

一是偏离《刑法》第 30 条的本意，将单位犯罪降格为单位领导的个人犯罪。如前所述，从法律关系上讲，单位与包括单位领导在内的单位组成人员是两个不同的主体，直接将单位领导的决定视为单位自身的决定，显然和《刑法》第 30 条的规定本意背离；即便按照法人实在说，法人和代表人是同一人格，法人代表人的行为就是法人自身的行为，但是，在 2017 年《民法总则》第 61 条第 1 款（现为《民法典》第 61 条第 1 款）规定“依照法律或者法人章程的规定，代表法人从事民事活动的负责人，为法人的法定代表人”之后，是不是

---

① 宋世璋走私普通货物案【指导案例第 267 号】，载陈兴良、张军、胡云腾主编：《人民法院刑事指导案例裁判要旨通纂》（上卷）（第二版），北京大学出版社 2018 年版，第 179 页。

② 参见王利明、杨立新、王轶、程啸：《民法学》（第六版）（上），法律出版社 2021 年版，第 111 页。

还能如此理解,存在疑问。实务界的权威学说认为,不能再受“首长负责制”的思维模式影响,对法定代表人的代表权限不做特别考虑;必须将代表权限的审查置于法人分权治理结构的法律框架下,根据法律和章程规定加以审查;法定代表人的权利要受法律规定和章程授权的限制。换言之,在《民法典》颁布之后,法定代表人的行为并不一定都是单位自身的行为,在法人代表超越法律或者法人章程所规定的范围行使代表权的时候,其法律后果不一定由法人承受。既然如此,则在法人代表人超越法律和章程的授权范围,决定以法人名义实施法律所禁止的犯罪行为的时候,其实质上是单位领导的个人犯罪,甚至有可能成立将单位作为犯罪工具的间接正犯。2014年4月24日全国人大常委会《关于〈中华人民共和国刑法〉第三十条的解释》①也表达了这种意思。按照该解释,单位领导决定实施盗窃、诈骗等刑法不追究单位自身刑事责任的犯罪的场合,就是单位领导自身的个人犯罪。这表明单位领导决定实施的单位犯罪和单位领导的个人犯罪之间并没有实质上的区别,二者可以自由转换。

二是不符合当今社会中单位活动的实际情况。当今规模较大、结构复杂的企业,通常采用部门制或者分店制,单位决策程序复杂、决定过程冗长、决策责任分散。单位领导通常只进行比较宏观的制度设计和产业规划,具体业务活动则授权给各个职能部门,由他们具体操作实施。此时,很难说单位领导决定或者操纵了单位的犯罪行为;即便有这种线索,也常常难以证明,只能作为从业人员个人的犯罪处理。由此而导致在单位事故责任乃至单位犯罪的认定上,距离事发现场越远者(通常是领导),其责任越小;而距离事发现场越近者(当然是具体操作者),其责任越大的不合理结局。同时,在一些小型单位中,由于管理层级少,决策程序简单,单位领导的权限相对集中,他们经常会直接参与单位活动的具体策划和实施。因此,一旦在单位的业务活动中发生侵害法益结果,结果和领导决定之间

---

① 该解释的内容是,公司、企业、事业单位、机关、团体等单位实施《刑法》规定的危害社会的行为,《刑法》分则和其他法律未规定追究单位的刑事责任的,对组织、策划、实施该危害社会行为的人依法追究刑事责任。

的因果关系比较容易查明，整个事故本身比较容易认定为单位犯罪。这种认定单位活动方式的结局是，同样的行为和结果，是否构成单位犯罪，主要取决于企业的规模。规模大的不太容易被认定为单位犯罪，规模小的则容易被认定为单位犯罪。此种认定方式，不仅导致单位犯罪处罚上的不公，而且无法撼动单位中易发事故的体制，从根本上消除使任何身处该岗位的人都难逃犯罪厄运的诱因。

三是无法实现《刑法》第30条规定的初衷。如前所述，现行的单位犯罪规定就是为了避免原有的写法不能将"分则规定的单位过失犯罪"涵盖在内，特地修改而成的。但在将单位犯罪理解为单位领导决定或者单位集体决定犯罪的背景下，立法者的上述愿望尽管是"歪打正着"，但最终可能只会落得"一厢情愿"的结局。因为确实如立法者所言，我国《刑法》分则所规定的单位犯罪包括单位过失犯罪，[①]而且从比较法的角度来看，域外企业犯罪主要是指企业疏于对其员工的业务活动监督管理而造成危害结果的情形。[②]但遗憾的是，在将单位犯罪理解为单位领导决定实施犯罪的背景下，单位过失犯罪极有可能无法存在。这一点，从我国《刑法》第338条污染环境罪的处理中就能窥豹一斑。

污染环境罪，是单位业务活动中多发的犯罪。关于污染环境罪的主观罪过，理论上众说纷纭，通说见解认为是过失，[③]相关审判案例也如此理解。在指导性案例"樊某东、王某华等污染环境案"中，法院认为，被告单位对偷排硫酰氯的行为主观上有明确认识，但对造成死伤以及重大财产损失的后果却没有希望和放任，因此应认定

① 如《刑法》第363条第2款后段特地将"明知他人用于出版淫秽书刊而提供书号"行为单独规定，可见其前段仅指"过失提供"的场合，结合《刑法》第366条规定可知，单位"为他人提供书号出版淫秽书刊罪"是过失犯。《刑法》第229条第3款"出具证明文件重大失实罪"、第334条第2款"采集、供应血液、制作、供应血液制品事故罪"也属于此种情形。但除此之外，鲜有所及。

② 英美等具有处罚单位传统的英美法系的国家，单位犯罪当然包括过失犯在内。就意大利而言，根据前述《意大利关于企业合规的第231号法令》，企业犯罪，仅限于企业在制度上有"结构性疏忽"的过失犯的场合；在日本，其特别法中所规定的企业处罚，也主要限定于企业对其从业人员未尽"足够的注意和监督"即过失犯的场合。

③ 参见马克昌主编，吴振兴、莫洪宪执行主编：《百罪通论》(下卷)，北京大学出版社2015年版，第1073页。

为过失污染环境罪。[①] 但最高司法机关 2019 年的司法解释却认为,本罪的主观罪过只能是故意。[②] 从认定和处罚单位过失污染环境行为的角度来看,这一规定值得商榷。其意味着从今以后,对于未经单位集体讨论决定或者单位领导决定、单位意志色彩比较薄弱的污染事故(如 2005 年"松花江水污染事故"),[③]对出事单位无法以"污染环境罪"追究其刑事责任了。但正如 2005 年"松花江水污染事故"的相关调查报告中所指出的,导致本次重大事故的原因是,吉林石化分公司及双苯厂对安全生产管理重视不够、对存在的安全隐患整改不力,安全生产管理制度存在漏洞,劳动组织管理存在缺陷。[④] 换言之,在本次事故中,尽管领导没有直接决定或者同意员工实施导致事故的违法行为,但单位本身对于其员工的监督管理存在重大过错。如果说污染环境罪是故意犯,则此种事故只能排除在本罪的处罚范围外。不得不说,这是在刑法明文规定处罚单位犯罪背景下的一个重大缺憾。相反地,按照污染环境罪是过失犯的传统理解,则上述事故的场合,污染环境的结局尽管没有经过单位集体讨论决定或者由单位领导决定,但只要能够确认单位领导在本次事故中存在监督管理上的过失,或者单位自身存在生产制度上的缺陷,就能够认定单位本身构成污染环境罪。

之所以出现上述问题,主要是因为我国司法实践中采用重视单位领导意思的"同一视原理"的单位犯罪认定方式,忽视了现代社会中单位的实体性和复杂性会影响其中的自然人(包括法定代表

---

① 参见陈兴良、张军、胡云腾主编:《人民法院刑事指导案例裁判要旨通纂》(下卷)(第二版),北京大学出版社 2018 年版,第 1485 页。

② 2019 年 2 月 20 日,最高人民法院、最高人民检察院、公安部、司法部、生态环境部《关于办理环境污染刑事案件有关问题座谈会纪要》(高检会〔2019〕3 号)第 2 条规定了本罪处罚未遂形态。另外,该纪要第 3 条专门就本罪的认定进行了详细规定。

③ 如在 2005 年震惊中外的"松花江水污染事故"中,引起水污染的爆炸事故的直接原因是:相关岗位外操作人员违反操作规程,使预热器及管线的法兰松动、密封失效,空气吸入系统,由于摩擦、静电等原因,导致硝基苯精馏塔发生爆炸,并引发其他装置、设施连续爆炸。参见《国务院对中石油吉林石化分公司双苯厂"11·13"爆炸事故及松花江水污染事件作出处理》,载 http://www.gov.cn/jrzg/2006-11/24/content_452610.htm。

④ 参见《国务院对中石油吉林石化分公司双苯厂"11·13"爆炸事故及松花江水污染事件作出处理》,载 http://www.gov.cn/jrzg/2006-11/24/content_452610.htm。

人)的意志和行为的一面,更没有注意到刑法处罚以行为人承担自我责任为前提的责任原理,因而存在致命的缺陷。

四、从组织责任论的视角看我国的单位犯罪

从现代社会中的刑法处罚以自我责任为前提的角度来讲,单位责任,应当以单位自身犯罪为前提。只是如何将单位业务活动中出现的侵害法益结果认定为单位自身意思的体现,则是一个世界性的难题,有多种见解:企业反应责任论(reactive corporate fault)认为企业没有预防、报告违法行为或者对其中的违法行为没有作出适当反应时,视为企业有犯罪意思;企业合规论(corporate compliance program)主张在企业制定有预防、阻止其雇员违法行为的守法规则时,表明企业没有犯罪意思;结构性企业责任论(constructive corporate culpability)主张根据企业的组织构造、活动方针、意思决定过程等推导出企业自身责任;企业过错论(proactive corporate fault)主张以替代责任的法理为前提的同时,如果证明企业在活动方针或者活动内容上,为了防止犯罪发生而尽了足够合理努力的话,就判断企业没有过错;[①]而《澳大利亚联邦刑法典》选择了在企业中存在促进企业成员的犯罪文化时,就能认可企业的犯罪意图的企业文化论(corporate ethos theory)。上述见解,尽管称呼不同,侧重点各异,但在主张应当通过企业自身的组织特征来判断企业活动中的违法行为和结果的归属的这一点上,大同小异、相差无几。本书也主张这种单位刑事责任论。

(一)组织责任论与我国单位犯罪规定的解释

现代的组织理论表明,现代社会中的单位不是单纯的人和物的集合,而是一个能够充分激发其组成人员个人潜力、实现物尽其用的实体(entity),其复杂性和影响力远在其组成人员的总和之上。如单位为了实现自己的既定目标,会用各种巧妙的激励或者约束机制来影响其中的人,单位员工在执行任务时,不受道德约束,他的职业道德就是好士兵的职业道德,即接受命令,完成任务。此时,犯罪

---

① 参见黎宏:《单位刑事责任论》,清华大学出版社 2001 年版,第 53~66 页。

行为多半缘于他们被期待完成的任务,而不是由于个人的变态行为。[①] 换言之,单位组织的目的、制度、文化,分配给个人的任务、薪酬待遇影响或者决定其组成人员的意志和行为。正因如此,近年来,从单位的守法规则、管理系统的不完善、组织构造缺陷等方面来研究单位犯罪的见解引人注目。在此见解下,单位作为一个创造财富的同时也是引起风险的实体,被赋予了一定的守法、管理或回避风险变为现实的义务,当其违反这种义务时,就可认定为单位犯罪,即单位负刑事责任的根据在于,单位不仅创造了风险,也违反了守法义务或回避危险的义务。[②]

与这种组织理论相应,主张不通过企业中的特定个人的意思和行为,而是从企业自身的组织结构、规章、政策、宗旨、文化等企业自身特征来判断企业刑事责任的,是"组织责任论"。其认为,企业犯罪,从本质上讲,是企业的组织制度、目标宗旨以及组成人员的业务素质等综合影响而成的结果,据此,单位代表人的行为就不用说了,上级管理者以及底层从业人员的行为,只要是对单位组织活动的分担,就能评价为企业自身的行为,主张从整体上把握企业的组织活动。[③]

按照以上组织责任论,对《刑法》第30条的规定可作如下解释:(1)单位犯罪是单位自身实施的犯罪,包括故意犯和过失犯。单位从业人员实施的业务违反行为,是单位领导所决定或者事后追认的场合就不用说了,在属于单位内部的鼓励、刺激或者纵容其成员犯罪的制度或者文化所诱发的时候,也可视为单位故意犯;在属于单

---

① 参见[美]马歇尔·克林纳德、彼得·耶格尔:《法人犯罪——美国大公司内幕》,何秉松、苏绍亨等译,中国广播电视出版社1992年版,第79页。

② 参见时延安:《单位刑事案件的附条件不起诉与企业治理理论探讨》,载《中国刑事法杂志》2020年第3期;李本灿:《企业犯罪预防中合规计划制度的借鉴》,载《中国法学》2015年第5期;周振杰:《企业刑事责任二元模式研究》,载《环球法律评论》2015年第6期。

③ 参见黎宏:《单位刑事责任论》,清华大学出版社2001年版,第325页。何秉松教授提倡的"人格化系统责任论"即"法人是一个人格化的社会系统,法人的刑事责任就是这个人格化社会系统的刑事责任"的观点大体上也属于这种见解。参见何秉松主编:《法人犯罪与刑事责任》,中国法制出版社2000年版,第473页。

位领导在其职务权限内做出的过失决策所导致的场合,以及单位本身因为疏于内部监督管理而引起的场合,是单位过失犯。(2)单位最底层的从业人员的业务违法行为,只要是单位自身意思的体现,也能视为单位自身的行为,据此而追究单位的行为责任。(3)分担单位业务活动的个人因为情节显著轻微不构成犯罪,或者因为适用信赖原则而不可罚,或者由于单位内部岗位职责分散或者岗位更替,无法推定到底是谁引起了法益侵害结果的场合,可以将复数的业务人员的行为汇集在一起一体把握,据此追究单位自身的行为责任。(4)单位内的数个部门或者数个分支机构相互配合,共同引起了侵害法益结果的场合,即便无法推定结果是哪一个工厂引起的,只要能够证明侵害结果是上述部门或者分支机构的业务活动所伴随或者引起的,也能追究单位自身责任。这样,不仅单位中的个人所引起的侵害法益结果可以归属于单位自身,即便是单位自身的制度缺陷或者管理系统的不完善而导致的结果,也能一并归于单位自身。

在组织责任论下,只要单位业务活动中出现了法益侵害结果,就总能找到单位体制或者管理上的瑕疵,因此,人们难免会有这样的担心,即在这种观点下,会不会像美国联邦法院一样,过度追究单位的监督过失责任?① 从现实情况来看,这种担心是正常的,其也正是设立有单位犯罪的国家在刑法中,通常会专门设置对单位犯罪处罚进行合理限制的主要原因。从前述的澳大利亚和意大利的相关规定来看,企业并不是在任何时候都必须对其成员的违法行为担责。在企业中制定有防止其成员实施违法行为的制度或者措施即合规制度时,对企业活动中出现的违法行为和结果,仅处罚其中的自然人即可,企业可以不担责。在美国,虽说联邦法院对企业合规的意义持消极态度,但是《联邦量刑指南》却正面认可了企业合规制度对于企业量刑的积极意义,联邦司法部门特别是检察官也持这种态度。

对比国外的相关情况,可以清楚地发现我国目前正在推广的企业合规不起诉改革试点中所存在的问题。如现行《刑法》第 30 条尽

① 参见[日]川崎友巳:《企业的刑事责任》,成文堂 2004 年版,第 178 页。

管规定单位犯罪就是单位自身的犯罪，但立法中对如何认定单位自身犯罪，未做任何提示；实务当中，单位犯罪的认定完全依赖于单位领导决定或者单位集体决定。由此便不可避免地导致两个方面的问题：一方面，使我国刑法中的“单位犯罪就是单位自身犯罪”的理念难以贯彻到底，陷入徒有“单位犯罪”之名，而实际上在行“单位处罚”之实的尴尬境地；另一方面，在严格讲究罪刑法定原则以及责任原则的现行刑法下，企业合规不起诉难免陷入没有实体法上的根据而妾身未明的窘境。

企业合规，就是企业基于立法指引与司法推动而自主构建的防控风险、避免不利后果的守法机制。[①] 其基本内容是：制定和适用包括全体企业员工在内的所有人的守法指南；设立保证上述守法指南得以贯彻落实的专职人员和机构；一旦发现违法行为人，就要对其进行严肃处理。[②] 就企业犯罪和企业处罚而言，合规制度的一个最为现实的作用，就是在企业活动不幸涉足犯罪时，可以在事后帮助企业从其从业人员的犯罪当中解脱出来。因为从责任原则的角度来看，任何人只能就自己的行为而承担主观责任，不能因为他人的行为而承担转嫁的结果责任。企业制定有合规措施，就表明企业作为风险创设的主体，其并不希望通过决定或者纵容其从业人员的违法行为来实现自己的目的。相反地，其已经尽到了最大的努力来防止其业务活动过程中的各种危险。因此，在企业的业务活动中，即便出现了违法行为，只要对照企业事先所建立的合规措施，证明企业没有决定或者容忍其组成人员实施违法行为的政策、措施等，而且已经充分履行了防止业务活动中可能出现的违法行为的义务时，就可以说，企业对其从业人员的业务违法行为，不仅没有故意责任，而且也没有监督管理过失责任。换言之，借助企业合规制度，能够将企业自身和其从业人员的违法行为区分开来。甚至可以说，在企业从业人员实施违反企业合规计划的行为时，即便有企业谋利的目

---

① 参见张远煌等编著：《企业合规全球考察》，北京大学出版社 2021 年版，“序言”。

② 参见陈瑞华：《企业合规基本理论》，法律出版社 2020 年版，第 8~10 页。

的，也不能将其活动效果一概归于企业自身。[①] 如此说来，企业合规计划，既有在事先抑制企业活动的风险、预防企业犯罪的效果，又有在事后将企业从其从业人员的违法行为中解脱出来的作用，从而在企业活动中出现违法行为时，能分清责任，达到“放过企业，惩罚个人”的效果。[②] 这种效果，在现行的成立企业犯罪，只考虑企业领导决定或者企业集体决定的见解下，是难以想象的。

（二）组织责任论与我国单位犯罪规定的修正

鉴于此，笔者认为，有必要在组织责任论的基础上对我国《刑法》第 30 条的规定深入解读，并在此基础上对《刑法》第 31 条的相关规定进行最小幅度的修正。具体来说，就是将《刑法》第 31 条修改为：单位犯本罪的，对单位判处罚金，并对其直接负责的主管人员和其他直接责任人员判处刑罚。但是，单位建立有防止犯罪发生的合规制度并切实执行的，单位可以不负刑事责任。

这种修正的意义，在于以下三点：

一是维持我国刑法中所确立的单位自身犯罪的理念，为企业合规不起诉制度提供实体法上的根据。如前所述，按照我国《刑法》第 30 条的规定，单位犯罪是单位自身的犯罪，而不是其从业人员的

① 《澳大利亚联邦刑法典》第 12.3(3)条规定，如果法人证明他已经实施了适当的努力来阻止行为、授权或者许可，则不能说将法人高级主管的故意转嫁给法人自身。在美国联邦法院的裁判中，将法人从业人员的行为认定为法人行为的要件是，法人代理人在职务范围内，其行为是为了法人利益。换言之，超越职务范围的行为，不一定被认定为法人行为。在我国实务中，也有判决认为，即便是单位领导决定的行为，也不一定能够认定为单位犯罪，还要考虑该决定是否经过了“单位决策机构按照公司章程规定的决策程序”，参见四川省成都市中级人民法院刑事裁定书，(2019)川 01 刑终 383 号；湖北省荆门市中级人民法院刑事裁定书，(2019)鄂 08 刑终 253 号。更有甚者，认为即便是经过了单位决策程序的决定，还要看该决定的内容是不是在“单位业务范围之内”。参见临沂市兰山区人民法院刑事判决书，(2019)鲁 1302 刑初 1651 号。

② 当然，企业合规的效果是否一概如此，还要取决于单位的规模等多方面的情况。就少数运营者起主要作用的小微单位而言，在代表人个人的能力范围内，确保遵守法令的管理监督占绝大多数，为了遵守法令，几乎没有必要和可能要求其“完善体系，并妥当运用”。相反地，对于在各地有许多分店和工厂，拥有庞大数量的员工的大中单位而言，在代表人个人能力范围内进行管理监督非常罕见，几乎在所有的场合下，均有必要进行“作为系统的法令体制的完善和其适当运用”。就我国目前的单位合规不起诉试点而言，笔者认为，针对小单位主要考虑“企业家合规”，而针对大中型企业，考虑“企业合规”。

犯罪。单位之所以受罚，是因为单位自身通过其从业人员实施了侵害法益的行为，而不是单位为其从业人员承担替代责任或者转嫁责任。单位犯罪，通过单位员工的业务违法行为体现出来，而单位员工的业务违法行为，和单位自身的决策、制度、措施乃至文化之间具有因果关系。因此，并非单位员工在业务活动中的任何违法行为，都可以归责于单位。在单位以合规制度表明其在活动中愿意遵纪守法，并以妥当措施防止其员工的业务违法行为时，就表明单位对其员工的违法行为没有罪过，不用担责，即单位自身不构成犯罪。

二是为企业合规不起诉制度的实施扫清处罚制度上的障碍。就我国现状而言，影响企业合规不起诉制度的实体法障碍之一，就是《刑法》第31条所规定的，单位犯罪时，既处罚企业又处罚相关自然人的“双罚制”。双罚制是目前世界范围内通行的一种企业犯罪处罚方式，但现在看来，其也是一种缺陷比较明显的单位犯罪处罚方式。一方面，其忽视了单位组织自身在单位犯罪现象中的独立性，使单位即便制定有合理妥当的预防犯罪制度，也无法从其员工违法行为的旋涡中脱身；另一方面，将企业和其员工无条件地捆绑在一起，造成企业合规不起诉制度难以贯彻落实。在双罚制下，企业和其员工之间处于“一损俱损、一荣俱荣”的连带关系。这种关系的直接结果是，对单位员工的业务违法行为，只有两种选择：或者作为单位犯罪，被“双罚”；或者作为个人犯罪，被“单罚”。绝无可能构成单位犯罪，但只处罚其员工“个人”，单位不担责的选项。①这种单位在其员工违法时，只能一并承担连带责任，而没有其他任何退路的严峻现实，不仅使单位失去了合规建设的动力，也使企业

---

① 我国刑法学的通说认为，存在单罚制的单位犯罪。主要理由有两个：一是《刑法》第31条后段即“本法分则和其他法律另有规定的，依照规定”的表述意味着单位犯罪的处罚，不仅只有“双罚制”；二是《刑法》第396条规定的私分国有资产罪、私分罚没财物罪明确将“国家机关、国有公司、企业、事业单位、人民团体”和“司法机关、行政执法机关”分别作为二罪的犯罪主体。以上见解，参见马克昌主编：《刑法》（第二版），高等教育出版社2010年版，第87页；高铭暄、马克昌主编：《刑法学》（第九版），北京大学出版社、高等教育出版社2019年版，第99页。但笔者认为，这种见解有将犯罪学意义上的单位犯罪与规范意义上的单位犯罪混淆之嫌。从行为与责任统一的角度来看，既然上述犯罪中被追究刑事责任的只是单位中的“主管人员和其他直接责任人员”，则应当将本罪看作自然人犯罪，而不是单位犯罪。

合规的存在价值大打折扣。但是,在增设“单位建立有防止犯罪发生的合规制度并切实执行时,单位可以不负刑事责任”的规定之后,就可以消除上述缺陷。但要注意的是,如此修正之后,不是说企业只要有合规制度就一概不承担责任,而是说“可以”不负刑事责任。这样就可以防止企业为了逃避刑事责任而进行“装点门面”式的合规建设。

三是为单位过失犯的存在提供解释余地。由于我国《刑法》分则中所处罚的单位犯罪几乎都是故意犯,因此,给人的一个直观印象是,我国刑法中的单位犯罪都是故意犯罪。实践当中,也鲜有处罚单位过失犯的案例。但实际上,单位对其员工疏于监督管理而违法犯罪的例子不在少数,甚至比单位故意犯罪还多。而且从政策的角度来讲,当初之所以处罚单位犯罪,主要也是为了让单位加强对其员工的监督管理,从而保证企业活动合法有序进行。[①] 特别是从诉讼的角度来讲,证明单位的犯罪过失远比证明单位犯罪故意容易,因此,处罚单位过失犯,不仅具有现实针对性,也较为方便。但由于我国刑法明文规定,处罚过失犯,以刑法有明文规定为限,因此,无论在理论还是实务当中,单位过失犯非常罕见。但是从组织责任论的立场来看,《刑法》第338条污染环境罪之类的事故类犯罪,不仅有处罚过失犯的必要,在解释论上也不存在障碍。首先,从组织责任论的角度来看,单位代表人的意志和行为一定条件下可以归属于单位自身,因此,在单位代表人的排污决定造成环境污染事故的场合,应当认定为单位过失污染环境犯罪;其次,单位普通员工在业务活动中引起的环境污染事故,若查明,其和单位自身或者单位代表人的监督管理过失有关的话,也可以归于单位自身,认定为单位(过失)污染环境罪;最后,单位自身的制度缺陷导致其员工在

① 世界上,最早追究企业刑事责任的是英国。当时的英国法院认为,企业负刑事责任的根据在于,法律把履行某种特定义务如保养桥梁、道路,疏浚巷道的责任只归于企业而不是归于其中的个别成员或者代理人,是因为在履行义务过程中造成的损害,只能由企业负责,而不应由法人成员或者代理人承担。参见何秉松主编:《法人犯罪与刑事责任》,中国法制出版社2000年版,第38页;黎宏:《单位刑事责任论》,清华大学出版社2001年版,第18页。

业务活动中引起环境污染事故的场合，至少可以认定单位（过失）污染环境罪。当然，在单位建立有防止其员工违法排污等的合规制度并切实执行的场合，可以说企业尽到了相关注意义务，对其员工在业务活动中引起的污染事故，连过失责任都不用承担。

五、结语

最高检大力推行的企业合规不起诉改革试点，为检视我国《刑法》第 30 条、第 31 条规定的单位犯罪及其处罚提供了一个绝佳的机会。虽然我国现行《刑法》在有关单位犯罪的规定上，采用了单位自身犯罪的观念，但由于司法解释将单位犯罪理解为单位领导决定或者单位集体决定的犯罪，使单位犯罪俨然成了一个"放大版"的单位特定人员的个人犯罪或者共同犯罪；同时，在单位犯罪的适用中，由于没有考虑单位自身的"组织"特性，使具有远超其组成人员的影响力和复杂性的单位，笼罩在其组成人员个人的违法行为的阴影下，完全丧失自我救赎的能力。这种结局，不仅违背了现代刑法中的责任原则，而且也不符合现代社会处罚单位犯罪、追究单位刑事责任的初衷，更无法为我国当前正如火如荼地推行的企业合规不起诉试点改革提供法律依据。因此，依据我国《刑法》第 30 条中蕴含的单位自身犯罪论的理念，参照域外有关单位犯罪处罚的立法，在保留我国刑法有关单位犯罪和单位处罚原貌的基础上，进行最小限度的修改，增加"单位建立合规制度并认真执行时可以不负刑事责任"的内容，让单位真正成为不被其组成人员的意思和行为所绑架的独立实体，势在必行。

如此修改之后，不仅单位领导依照法律和章程，在其职务范围内所作出的决定可以看作单位本身的意思，即便是单位底层员工的业务违法行为，只要是按照单位本身的目的、政策、措施等而实施的，即便无法查明其和单位领导决定之间的因果关系，也可以视为单位本身的行为，并据此而认定单位自身的犯罪。相反地，在单位建立有防止企业员工业务违法行为的制度、措施即合规制度并切实执行时，即便出现了单位员工的业务违法行为，单位也可以依据该合规制度而进行自我辩护，从而将自己从其员工违法行为中解脱出来，真正实现《刑法》第30条中蕴含的单位犯罪是单位自身犯罪，单位处罚是基于单位自身的罪过而受罚，不是为其员工的犯罪承担替代或者转嫁责任的自我责任理念。

当然，这种修改，还是难以有效应对现实中的单位业务过失犯罪。按照我国《刑法》第30条的规定，单位犯罪只能是“法律规定为单位犯罪”的场合，而在我国《刑法》分则当中，法律所规定的单位犯罪基本上是故意犯。这样在走私、逃税的场合，除了单位领导决定或者单位制度纵容的故意场合之外，单位普通从业人员为了单位利益而实施的上述行为的场合，单位犯罪规定便对其无能为力。因为走私罪、逃税罪是故意犯，过失的场合不能构成。特别是在企业员工由于职责分工等原因而使其对企业的设计流程、生产工艺、所用材料等制度缺陷导致的企业业务活动或者所制造的产品中潜藏有致人死伤的危险未能充分预见的场合，更是无法追究单位过失致人死亡罪的刑事责任。这样西方国家刑法中广泛处罚，我国学界也大力呼吁的单位过失犯罪，在我国现行《刑法》的规定下，还是无法实现。不过，这已经不是《刑法》第30条、第31条的问题，而是是否要承认不在本章讨论范围内的严格责任的问题了。

第四章　企业合规不起诉

企业合规，是近年来刑法理论界的热点话题，更是检察机关所关注的一个重要领域。为贯彻落实党的十九届四中全会通过的《中共中央关于坚持和完善中国特色社会主义制度　推进国家治理体系和治理能力现代化若干重大问题的决定》中“健全支持民营经济发展的法治环境”的指示，最高人民检察院要求对于涉嫌犯罪的民营企业和民营企业家，“可捕可不捕的不捕，可诉可不诉的不诉”。基于上述指示和要求，各地方检察机关积极探索对企业经营过程中引发的单位犯罪尝试合规不起诉，并初见成效，[①]在此背景下，最高检检察理论研究所

① 从公开的报道来看，2020年9月浙江省宁波市检察机关率先在国内建立涉罪企业合规考察制度，对涉罪企业设立一定的考察期，要求涉罪企业出具合规建设与接受考察承诺书，并在考察期内根据合规计划，完善企业治理结构，健全管理规章制度，规范生产经营模式，进而在考察期结束后综合其合规建设情况、犯罪情节等决定是否给予起诉。《浙江宁波：涉罪企业合规考察制度护航民企健康发展》，载《法治日报》2020年9月23日。2020年9月27日，同属于浙江省的岱山县人民检察院发布了《涉企案件刑事合规办理规程（试行）》。其中规定，对于认罪认罚的涉罪企业，承诺进行合规整改，在标准化的整改要求完成，并经验收合格后，根据听证会情况，可以在律师见证下由人民检察院与涉罪企业签署认罪认罚具结书，作出不捕、不诉等处理决定。2020年8月28日，深圳市宝安区司法局印发的《关于企业刑事合规独立监控人选任及管理规定（试行）》规定，在合规不起诉制度中，涉罪企业的合规整改是核心内容，而在合规整改过程中，“合规监督员”“独立监控人”等角色必不可少。

负责人在2021年3月14日的一个讨论会上透露，企业合规不起诉制度改革试点将扩大范围，拟扩至10个省份约上百家检察院。①2021年6月3日，最高人民检察院、司法部等9家单位联合发布了《关于建立涉案企业合规第三方监督评估机制的指导意见（试行）》，就如何具体开展涉案企业合规不起诉工作进行了具体规定。同日，最高人民检察院还举办"依法督促涉案企业合规管理　将严管厚爱落到实处"新闻发布会，发布企业合规改革试点典型案例。②这表明，在我国，理论界方兴未艾的企业合规正在从企业内部的治理措施逐渐转化为影响司法实践的外部要素了。

但是，在将企业合规作为影响企业犯罪惩治要素的尝试过程中，我们必须清醒地意识到，我国检察机关目前正在进行的尝试与作为舶来品的西方企业合规不起诉制度在本旨上存在一定差别。在西方国家，妥当有效的企业合规是判断企业业务活动中出现的违法犯罪到底是企业自身的行为还是企业组成人员的个人行为的重要标准，司法机关在对涉罪企业以企业合规机制进行过滤，在得出企业业务活动中的触法行为不是企业自身的行为，而是其组成人员的自然人的行为的结论之后，往往会"放过企业，只惩责企业中相关

参见2020年8月22日，深圳市宝安区人民检察院与宝安区司法局代表共同签署的《关于企业刑事合规协作暂行办法》。2020年4月，深圳市龙华区人民检察院在印发的《关于对涉民营经济刑事案件实行法益修复考察期的意见（试行）》中规定，对移送审查起诉的涉民营经济案件，犯罪嫌疑人有修复受损法益意愿的，由犯罪嫌疑人提出合规整改方案，对被侵害的法益进行修复，并由检察机关在法定审查起诉期间内设置法益修复考察期，在期满之后视情况作出相对不起诉或者提出从轻处罚的建议。2020年10月，上海市长宁区检察机关对一批涉嫌虚开发票的企业及经营者采用"相对不起诉+检察建议"的方式，在对涉罪企业不起诉的同时，建议税务机关帮助涉罪企业开展刑事合规管理。参见《上海长宁检察如何护航企业"轻装"再出发？合规检察建议+相对不起诉》，载《文汇报》2020年10月19日。

① 沙学良：《企业合规不起诉改革试点拟扩至10个省份，约上百家检察院》，载新京报社官网2021年3月14日，https://baijiahao.baidu.com/s?id=1694211669976994285&wfr=spider&for=pc。

② 《最高检发布企业合规改革试点典型案例》，载https://www.spp.gov.cn/spp/xwfbh/wsfbh/202106/t20210603_520232.shtml。

责任人员即企业家”，但一般不会既放过企业又放过企业家。[①] 相反地，在我国，从检察机关目前所展开的企业合规不起诉改革的试点工作来看，其最终目的似乎是，“放过企业家，顺带放过企业”，即在涉罪企业犯罪之后，具有特定的从宽情节，并承诺之后建立妥当的合规计划时，检察机关便以某种方式对企业和企业家均不起诉。[②] 这一点，在最高检 2020 年开始的“企业合规不起诉”的改革试点工作中尤为明显，但这种情况最近似乎有所变化。这一点在 2021 年 6 月 3 日最高检所发布的“企业合规改革试点典型案例”中有所体现。上述典型案例中，已经不明确地提“企业合规不起诉”，而是提“企业合规改革”了；改革的基本内容，除了“企业合规，既不起诉企业也不起诉企业家”之外，还有“企业合规，对企业以及企业家都起

① 在美国，一份典型的暂缓起诉协议当中，通常包括撤换乃至改组董事会或者公司管理团队，对于企业违法违规行为的发生负有直接责任的员工或者公司高管，做出严厉处罚的内容。参见陈瑞华：《企业合规基本理论》，法律出版社 2020 年版，第 250～251 页。另外，在“美国泰松公司（TYSON CORPORATION）行贿案”中，1997 年 12 月，拥有 66,000 名员工、分布在全美 27 个州以及数个国家的跨国公司——泰松公司因为向美国农业部部长违法提供了价值 10,200 美元的捐赠品，另有若干观看足球的门票、旅行费用的报销以及包含食物在内的馈赠，而被以数个重罪起诉，被告公司进行有罪答辩。作为和解协议的一部分，就是支付了数百万美元的罚金、4 年之内被采取监控措施、设立伦理事务办公室以重新制定企业行动规范。除此之外，就是对公司的相关自然人分别以伪证罪、贿赂罪而处以有期徒刑。上述内容，参见［日］甲斐克则、田口守一编：《刑事合规的国际动向》，信山社 2015 年版，第 519～520 页。

② 这一点，从最高检 2021 年 6 月 3 日发布的企业合规改革试点典型案例之一的“张家港市 L 公司、张某甲等人污染环境案”中就能看出。L 公司系从事不锈钢产品研发和生产的省级高科技民营企业，张某甲、张某乙、陆某某分别系该公司的总经理、副总经理、行政主管。L 公司在未取得生态环境部门环境评价的情况下建设酸洗池，并私设暗管，将含有重金属的酸洗废水排放至生活污水管，造成严重环境污染。之后，张某甲、张某乙、陆某某主动向当地公安局投案，如实供述犯罪事实，自愿认罪认罚。当地公安局以 L 公司及张某甲等人涉嫌污染环境罪移送检察院起诉。检察机关经审查认为，L 公司及张某甲等人虽涉嫌污染环境罪，但排放污水量较小，尚未造成实质性危害后果，可以进行合规考察监督并参考考察情况依法决定是否适用不起诉。同时经调查，L 公司系省级高科技民营企业，年均纳税 400 余万元、企业员工 90 余名、拥有专利 20 余件，部分产品突破国外垄断。如果公司及其主要经营管理人员被判刑，对国内相关技术领域将造成较大影响。鉴于此，2020 年 10 月，检察机关要求 L 公司进行企业刑事合规，视情决定是否起诉。L 公司在通过相关部门的合规考察之后，检察机关当场公开宣告，对 L 公司以及相关责任人员不起诉决定，并依法向生态环境部门提出对该公司给予行政处罚的检察意见。

诉,但从宽处罚”。但是,从所发布的四个案例来看,其重心还是放在了“企业合规不起诉”,即企业在涉案之后,如果配合检察机关进行合规建设的话,就可以享受“既不起诉企业,也不起诉企业家”的优遇。

但是,“企业合规之后,既不起诉企业也不起诉企业家”的做法,还有待商榷。众所周知,我国的单位犯罪规定在现行的以处罚自然人为基本宗旨的刑法中,在单位犯罪的成立和处罚上,也是完全参照自然人的处罚原则,即罪刑法定原则、责任原则、法律适用平等原则。在自然人犯罪的场合,即便其事后具有再好的悔罪态度和改过自新计划,通常也难以获得检察机关的不起诉待遇,为何在企业犯罪的场合,企业却可以因为其事后的改过自新计划即合规计划而享受不起诉的优遇呢?特别是从理论上讲,即便说企业出事后准备建设有效的企业合规计划,但这种计划的效果也只能及于企业自身,而不能及于其中的自然人,但我国的企业合规不起诉实践却将其也及于企业中的管理者,作为不起诉企业家的理由。其中的道理何在呢?这些都是需要探讨的问题。

以下试从上述问题意识出发,对企业刑事合规制度的理念、法律效果以及妥当有效的刑事合规制度的判断基准,结合我国当前的企业合规不起诉的司法实践,进行展开,并就我国检察机关如何建立企业合规不起诉的制度,略述己见。

一、企业合规不起诉是企业自身责任论的必然结果

企业合规制度是最近几年才从国外传入的概念,迄今为止,我们所熟知的概念是企业犯罪(我国刑法上的正式名称是“单位犯罪”)。实际上,企业犯罪和企业合规是一体两面,二者都是有关企业犯罪和企业处罚的概念,只不过企业合规关注的是事前防范,而企业犯罪关注的是事后制裁。从此意义上讲,企业合规是企业犯罪理念的延伸或者深化,是从事后制裁企业犯罪向事前预防企业犯罪的理念转化。二者的连接点是,企业行为的界定,即在企业业务活动中,出现从业人员的违法犯罪活动时,若企业有充分的证据(如建立有妥当有效的企业合规制度)证明,该违法犯罪行为不是企业自

身的行为,而是企业从业人员的个人行为时,虽然该犯罪行为出现在企业的业务活动过程中,但企业不对该行为承担刑事责任。这一理念,在我国相关行政法规当中已经有体现。如2019年修订的《反不正当竞争法》第7条第3款规定:经营者的工作人员进行贿赂的,应当认定为经营者的行为;但是,经营者有证据证明该工作人员的行为与为经营者谋取交易机会或者竞争优势无关的除外。按照这种理解,企业等经营者的工作人员的贿赂行为不是在任何时候都无条件地归属于企业。在企业能够证明该行为与为经营者谋取交易机会或者竞争优势无关时,该贿赂行为不得归属于企业。

之所以这样理解,与企业承担刑事责任的根据有关。关于企业承担刑事责任的根据,现在大致有两种见解:第一种是所谓的代位责任论,其基于英美法中"仆人过错、主人担责"的传统观念,从严格责任论的立场出发,认为在企业与其从业人员的关系中,企业是主人,而其从业人员就是仆人,仆人在业务活动中出现违法行为时,作为主人的企业必须无条件地为其承担责任,从而将企业中从业人员即自然人的违法行为归咎于企业自身。[①] 这种见解虽然符合一般人的观念,在民法上也能找到其存在根据,但存在以下问题:一是难以对一定规模的企业适用。因为在现代社会,一定规模的企业(如500人以上的企业)中往往具有从业人员众多、管理职责分散、决策过程漫长的特征。当这种企业中的每一个从业人员即自然人都按照其业务要求合法地履行职责,但在最终的业务活动中出现犯罪后果时,就会出现因为无法特定到底是哪个从业人员实施了犯罪行为时,因为无法特定企业对哪一个从业人员的犯罪行为担责,最终导致对企业无法追责。二是有违近代以来刑法所坚持的责任原则。按照近代刑法所坚持的责任原则,每个人只能对自己的行为担责,而不能因为他人的行为承担连带或者转嫁责任;每个人只能就自己所认识或者应当认识的行为承担主观责任,而不能对自己无法认识的后果承担绝对的结果责任。在企业犯罪的场合,具有独立人格的企业与其自然人员工是两个不同的主体,企业员工在企业业务活动

---

① 黎宏:《单位刑事责任论》,清华大学出版社2001年版,第150页。

过程中的犯罪行为完全有可能是基于自己的意思而实施的，但主张"仆人违法，主人受过"的代位责任论就是将员工责任一律转嫁给企业，让企业承担转嫁责任或者结果责任，这显然有违近代刑法的每个人只能对自己的行为承担自我责任，而不能对他人的行为承担转嫁责任的自我责任原则。

由于上述问题的存在，便有了第二种企业自身责任论的出场。这种见解可以细分为不同的立场，但主流观点认为，企业之所以受罚，不是代人受过，而是为自己的行为承担自我责任；企业犯罪是企业自身的犯罪，而不是其员工的个人犯罪。这一点，已经为我国《刑法》第30条所承认。我国《刑法》第30条明文规定，单位犯罪就是"公司、企业、事业单位、机关、团体实施的危害社会的行为"，而不是其中员工所实施的行为。这种规定是有道理的。因为现代社会中的企业已不是传统意义上的人或物的集合，而是有其内在运营机制的组织，这种组织足以让作为其组成要素的自然人消失个性而仅仅成为企业运转过程中的一个微不足道的组成部分。企业为了实现自己既定的目标，会通过一定方法，在依照相关法律政策制定正式规则的同时，还会用增加报酬、晋升职称、增设岗位等巧妙的潜规则即激励机制，诱使其组成人员的自然人为实现企业自身的目标而努力。此时，企业员工和企业之间呈现一种互动关系：一方面，企业员工特别是企业领导可以将企业作为工具，操纵、支配或者影响其业务活动，以实现自己个人目的（包括犯罪目的）；另一方面，身处企业中的员工在行动和思想上，不得不受企业整体的目标、政策等的支配而消失自己的个性，成为企业这台复杂及其运行过程中的一个"螺丝钉"。因此，企业犯罪，从本质上讲，是企业的组织制度、目标宗旨以及企业代表机构成员的业务素质等综合影响而成的结果。① 相较过往的企业犯罪学说，这种见解不仅因为在内容和研究方法上独树一帜，而且还能较好克服传统的企业刑事责任论中代位责任论的不足，因而引人注目。

如果说企业犯罪是企业自身的犯罪，企业的主观意图，可以通

---

① 黎宏：《组织体刑事责任论及其应用》，载《法学研究》2020年第2期。

过其业务范围、政策规定、防范措施、利润目标等特征体现出来的话，那么改革企业的经营管理模式、政策规定、防范措施、利润目标，消除导致身处企业的员工即自然人实施违法犯罪行为的诱惑等外在因素，使企业的经营管理、企业工作人员的执业行为符合法律法规和其他规范性文件、以及行业公认并普遍遵守的职业道德和行为准则，就是一个比较明智的选择了，而这种消除导致企业成员违法犯罪的外在环境因素的做法，实际上就是建立当今流行的企业合规制度。从此意义上讲，就预防企业犯罪而言，建立和强化企业合规，是企业自身刑事责任论的必然归结。

二、有效合规的刑法效果及其判断

企业合规，从根本上讲，是企业内部治理的一种形式，从与刑法的关系上看，其功能有两个：一是在企业经营活动中出现违法犯罪时，将守法企业和违法员工的行为切割，从而达到保全企业，惩罚个人，将企业特别是大型企业因为犯罪受罚而产生的社会震荡效果降到最低的效果。二是通过合规企业出现违法犯罪时可以从宽处理的特殊规定，使公权力的影响提前介入企业内部的经济管理，促使企业事先主动建立妥当有效的合规制度，自觉遵纪守法，从而达到在未然之中预防企业犯罪的效果。但要注意的是，对企业来说，建立合规制度，并不是一件"好事"，其除了建立合规部门增加经营成本，让企业自己给自己戴上一个遵纪守法的"紧箍咒"，自缚手脚之外，还会让竞争对手在因为企业按照合规要求披露并纠正违法行为的过程中而发现其弱点，随时对其发起攻击。因此，政府要想让企业自觉自愿地建立合规制度，就必须让企业能从合规制度中尝到甜头。那么对于企业来说，合规对企业而言到底有什么实际好处呢？对此，理论和实务中有不同看法。

一种见解认为，企业合规不仅影响量刑，还能影响定罪。即企业有合规制度的话，在企业的经营活动中出现违法犯罪行为时，不仅在量刑上可以从宽，而且在特定情形下，还不认定为犯罪。这种见解，是将企业自身责任论贯彻到底的必然结论。因为既然企业合规是企业独立于其组成人员的人格和属性的体现，则在企业经营活动中出现犯罪行为时，该犯罪行为是否为企业自身意思的体现，企业是否要对此承担刑事责任，其认定必然要考虑企业自身的合规计划。这种见解在我国的司法实践中，在一定程度上已经被认可。如在“雀巢(中国)有限公司非法获取公民个人信息案”中，尽管被告人辩称自己的行为属于公司行为，属于单位犯罪。但法院认为，单位犯罪是“本单位集体决定或者由负责人决定的行为”，而从单位的相关规定等来看，“收集消费者个人信息”的侵犯公民个人信息的违法犯罪行为并不是“本单位集体决定或者由负责人决定的行为”，因而不能将这种行为归责于单位自身。①

另一种见解认为，企业合规的影响仅及于犯罪企业的量刑。如有人认为，我国经济社会进入转型时期后，合规文化环境缺失，致使合规并未在企业的经营活动中被贯彻落实，为了将合规理念深入我国企业内部，使其成为企业的首要责任，必须通过量刑激励推动合规计划深入企业，②即通过刑事责任的加重、减轻或者免除，给予企业合规以压力和动力，从制度合规逐步形成合规文化。③ 目前，全国

---

① 参见兰州市中级人民法院刑事裁定书，(2017)甘01刑终89号。但法院根据经过当庭质证的雀巢公司DR(director)的概念、目标任务、与DR有关的信息获取方式等，认为DR任务目标不是收集消费者个人信息。特别是雀巢公司在相关文件中明确规定，“对医务专业人员不得进行金钱、物质引诱”。基于上述理由，一审法院判决雀巢公司郑某、杨某、孙某等九人的行为均已构成侵犯公民个人信息罪。这一判决为二审法院所维持，认为“单位犯罪是为本单位谋取非法利益之目的，在客观上实施了由本单位集体决定或者由负责人决定的行为。雀巢公司手册、员工行为规范等证据证实，雀巢公司禁止员工从事侵犯公民个人信息的违法犯罪行为，各上诉人违反公司管理规定，为提升个人业绩而实施的犯罪为个人行为”。

② 李本灿：《企业犯罪预防中合规计划制度的借鉴》，载《中国法学》2015年第5期；李本灿：《企业犯罪预防中国家规制向国家与企业共治转型之提倡》，载《政治与法律》2016年第2期；万方：《企业合规刑事化的发展及其启示》，载《中国刑事法杂志》2019年第2期。最近，终于有学者提出，应当将刑事合规设定为企业刑事责任的积极抗辩理由，使其在定罪和量刑的两个环节上发挥作用。孙国祥：《刑事合规的理念、机能和中国的建构》，载《中国刑事法杂志》2019年第2期。但是，这种观点对于合规计划何以能够成为企业刑事责任的积极抗辩事由，则仅仅以国外学者的一句不明就里的“即便存在法益侵害，‘人们不是期待着每个人都能避免各种利益侵害，而仅仅是期待着这些负责的人和仅仅在其负责并充分关心的范围之内’”(孙国祥：《刑事合规的理念、机能和中国的建构》，载《中国刑事法杂志》2019年第2期)一带而过，没有任何解释或者说明。

③ 李本灿：《企业犯罪预防中国家规制向国家与企业共治转型之提倡》，载《政治与法律》2016年第2期。

各地检察机关所推行的视犯罪企业的合规建设情况、犯罪情节等决定是否起诉的尝试当中,包含这种意思在内。

从理论上看,如果说企业与其组成人员的自然人是两个不同的主体,企业意思不完全来自其特定组成人员,企业的合规制度也是企业自身意思的体现。妥当有效的合规制度表明,企业自身在企业的业务活动当中,并没有教唆、纵容、默许其组成人员的自然人犯罪的意思的话,则企业活动中出现的违法犯罪行为,完全可以看作企业中的自然人的犯罪,由具体承担该项具体业务的自然人负责,而不能追究企业自身的刑事责任。如此说来,在企业犯罪的认定上,只要不采用近乎无过错责任原则的代位责任论,就可以说,企业合规制度不仅影响涉罪企业的量刑,而且也必然会影响其定罪,这是毋庸置疑的。否则就有违我国刑法中所坚持的行为人只能对自己行为承担刑事责任的自我责任原则。①

只是企业合规的效果是仅及于企业量刑,还是也影响企业定罪,并不纯粹是一个理论问题,更多的还是一个实践问题。如果说企业只要具有完善的合规制度,就可以对其业务活动中出现的违法犯罪行为不承担责任的话,人们则难免会担心,合规会成为犯罪企业为自己开脱罪责的"挡箭牌"。而且这里还有一个悖论,既然企业具有良好的预防犯罪的合规制度,为什么在企业业务活动中还会出现犯罪行为呢?这岂不表明企业合规制度形同虚设吗?

应当说,这种担心不无道理。在推行企业合规制度的先驱的美国,联邦法院之所以将企业合规制度的效果仅及于企业量刑,而不及于企业定罪,理由之一,就是这种担心。② 对此,笔者认为,在企业合规建设中,从我国目前的实务来看,"做"比"说"重要。企业合规,不仅仅是建章立制,更重要的是要实际落实执行。制度,只有通过有效的执行和有力的监督才能取得实效。完整的制度建设,包括制定制度、制度执行和监督落实,而且后者比前者更为关键。否则,规章再多、制度再健全也是废纸一张,而这一点,恰恰是我国的企业

① 同样的见解,参见欧阳本祺:《我国建立企业犯罪附条件不起诉制度的探讨》,载《中国刑事法杂志》2020年第3期。

② 黎宏:《单位刑事责任论》,清华大学出版社2001年版,第64页。

经营活动最为缺失的。

根据“快播案”的判决书,[①]2012 年 8 月,深圳市公安局对快播公司进行检查,给予行政警告处罚并责令整改。随后,深圳网监将违法关键词和违法视频网站链接发给快播公司,要求其采取措施过滤屏蔽。快播公司于是成立了信息安全组,也进行了相关工作,但在深圳网监验收合格后,信息安全组原有 4 名成员或离职或调到其他部门,“110”平台工作基本搁置,检查屏蔽工作未再有效进行。2013 年,深圳市南山区广播电视局执法人员对快播公司开展调查,找到了可播放的淫秽视频,并对快播公司进行了行政处罚。但快播公司随后仅提交了一份整改报告,其“110”平台工作依然搁置,检查屏蔽工作依然没有有效落实。正因为上述事实,法院认为,“快播公司明知快播网络服务系统被用于传播淫秽视频,但出于扩大经营、非法牟利目的,拒不履行监管和阻止义务,放任其网络平台大量传播淫秽视频,具有明显的社会危害性和刑事违法性,应当依法追究刑事责任”。在这段描述中,虽然没有提及合规问题,但实际上是说,快播公司的内部治理或者内部管控是无效的,是阳奉阴违,表面一套、背后一套的做法,因此,判定快播公司有罪。可见,企业合规能否成为企业自救即自我救赎的妥当手段,关键不在于企业是不是建立有合规制度,更重要的是,企业在其业务活动中是不是以实际行动表明其愿意在业务活动中守法,并且约束其员工的行为。

三、企业合规不起诉的难题及其改进

如果说企业合规是表明企业自身不愿意犯罪的意思体现,对建立妥当有效的合规计划的企业,在员工犯罪之后,以合规为根据对该企业出罪或者从宽处罚是企业自身刑事责任论的必然归结的话,则对有妥当有效的合规计划的犯罪企业不起诉,更是理所当然。这一点,从近年来在世界范围内全面推广企业合规不起诉的实践中就能看出。如 2012 年跨国金融公司摩根士坦利的一名高级管理人员被发现违反美国《反海外腐败法》(FCPA)。美国司法部审查之后

① 北京市海淀区人民法院刑事判决书,(2015)海刑初字第 512 号。

认为，摩根士坦利不应承担公司责任，理由是该公司已经建立了有效的防止员工犯罪行为的合规制度，故没有处罚摩根士坦利，而只是追究了该名高管的个人责任。2016年，美国证交所(SEC)对美国哈里斯通讯公司调查之后，认为其中国子公司的总裁张某平有规避公司制度从事不当行为之嫌并对其提起了指控，但未对哈里斯通讯公司本身进行执法。[①]

要注意的是，无论是从理论还是实践来看，美国在合规计划的推广过程中，有两个特点：第一，企业事先制定妥当有效的合规制度，而后才能享受由此而带来的制度福利，而非在企业犯罪之后，承诺制订合规计划，并因此而享受这种承诺所带来的福利。根据有关研究，在美国等实行企业犯罪暂缓起诉的国家，检察机关对犯罪企业暂缓起诉的条件是：一是涉案企业建立合规计划；二是在暂缓起诉协议中，企业承诺完善合规计划；三是在考验期内，检察机关会持续对重建合规计划内容进行持续监控。而且相对于从来没有建立合规计划的企业而言，已经初步建立有合规计划的企业与检察机关达成暂缓起诉协议的可能性要大得多；相反地，对于一个从未有过合规计划的企业而言，检察机关无法相信达成暂缓起诉协议。[②] 第二，在推广企业合规制度的过程中，能够享受有效合规计划所提供优遇的是企业自身，而不是企业中的自然人。换言之，企业合规不起诉制度中不起诉的对象是企业，并非其中的自然人。这一点，在上述美国的司法实践中有清楚的体现。如美国《联邦检察官手册》(U. S. Attorney Manual)规定，检察官在决定是否对涉案企业提起公诉时，重要考虑之一就是，对公司员工的起诉是否充分。这意味着企业合规的场合，或起诉员工，或起诉企业。在对企业员工起诉不充分时，对涉案企业可以起诉。不能二者同时不诉。正如美国学者菲利普·韦勒教授所言，合规计划减刑机制旨在促进企业的自我

---

① 尹云霞、李晓霞：《中国企业合规的动力及实现路径》，载《中国法律评论》2020年第3期。

② 陈瑞华：《企业合规基本理论》，法律出版社2020年版，第250~251页。

监管,鼓励企业培养守法文化,制止员工的犯罪行为,[①]而不是为涉嫌犯罪企业的自然人提供开脱罪责的根据和理由。企业合规本质上是抑制企业自身犯罪的“药方”,而不是为企业家开脱的手段,其宗旨,通俗地说,就是“放过企业,惩办责任人”。[②] 从此意义上来讲,我国检察机关目前试行的企业合规不起诉制度与国外类似做法之间存在较大不同。

这种不同,在很大程度上来自合规不起诉所针对的对象以及中外企业的管理模式上的差别。在我国,企业合规不起诉主要针对的是民营企业,而在很多民营企业中,所有权与经营权高度集中,具有浓厚的个人或者家族色彩。一旦作为企业核心的企业家或者说掌门人倒下,整个企业也会不保或者受到巨大的影响,而这种结局,显然不符合当前党中央所提出的“六稳”“六保”的经济工作方针,也不利于社会的安定团结,因此,在我国,检察机关推广合规不起诉制度的目的,与其说是保护企业,倒不如说是保护企业的经营者或者责任人。而在国外,企业的所有权与经营权分离,企业管理主要由职业经理人进行,这些职业经理人运用其所掌握的企业经营管理知识以及实践经验,游走于各个企业之间,为企业提供经营管理服务并承担企业资产保值增值责任,但对企业并不具有所有权,而仅仅只是具有经营权。企业的人事变动,虽说会对企业的发展造成影响,但一般不会危及企业的生存。因此,在国外,企业业务活动过程中出现了违法犯罪行为,必须有人对此负责的时候,在妥当有效的企业合规制度的前提下,接受刑罚处罚的是可以随时替换的职业经理人即企业家,而不是企业自身。这种做法,不仅能将企业因为受到刑罚处罚而引起的社会震荡降至最低,而且也与近代刑法所秉持的罪刑法定原则以及责任原则不会产生冲突。

在企业合规制度下,不可能推导出若企业合规,就可以对涉案

---

① [美]菲利普·韦勒:《有效的合规计划与企业刑事诉讼》,万方译,载《财经法学》2018 年第 3 期。

② 陈心哲、薛瀚:《企业刑事合规的内化路径探析——以律师业务展望为视角》,载《西安石油大学学报(社会科学版)》2020 年第 3 期。

企业及其员工均不起诉的结论来。企业合规,本质上是企业自身具有独立意思的体现,是在企业经营活动中出现犯罪行为时,让企业全身而退,免受处罚的理由,而不是让其中的自然人免责的理由。相反地,在企业有妥当有效的合规计划时,正好就可以据此将企业经营活动中犯罪行为推定为企业员工的“贡献”,从而对作为企业员工的自然人进行客观归责。从此意义上讲,我国检察机关目前所推行的“既放过企业又放过企业员工”的企业合规不起诉制度,恰好在这一点存在难以说清之处。其不仅有直接违反我国《刑法》第3条、第4条规定的罪刑法定原则、刑法适用平等原则之嫌,而且也与国家有关机关在央企和到海外投资的企业当中所推行的企业合规制度[①]的本意背道而驰,使我国的企业合规制度在一开始就被扭曲适用。在国际通行的企业合规制度下,虽说企业建立有效的合规制度时,其在涉嫌犯罪时所面临的刑事风险在一定程度上会有所降低,但这种降低并不是消失,而只是将企业自身的风险转移到了其中的员工身上而已。企业员工特别是管理层的员工如果不想承担这种风险,就必须在企业业务活动中恪尽职守、谨慎从事,否则就会面临企业犯罪而引发的刑事制裁。如果说,企业合规不起诉,就是既不处罚企业也不处罚企业的管理人员的话,则企业仿佛“披”上了刀枪不入的“金刚罩”,其中的企业家所面临的刑事风险也大为降低,其在企业活动的责任心和谨慎态度也自然会打折扣。这样的话,企业合规,不仅不能起到防范企业犯罪的效果,反而会为企业犯

---

①　在“中兴通讯事件”之后,2018年12月26日,国家发改委发布了《企业境外经营合规管理指引》,要求境外经营企业应当以合规经营价值观为导向,明确合规管理工作内容,健全合规管理框架,制定合规管理制度,完善合规管理机制,加强合规风险识别、评估与处置,开展合规评审与改进,培育合规文化,形成重视合规经营的企业氛围。同年11月2日,国务院国资委也发布了《中央企业合规管理指引(试行)》,要求中央企业全面加强合规管理,加快提升依法合规经营管理水平,着力打造法治央企,保障企业持续健康发展。

罪提供“保护伞”。①

之所以出现这样的问题，在很大程度上与我国有关单位犯罪的通说理解有关。在我国，尽管《刑法》第30条规定，“公司”等单位实施危害社会的行为，法律规定为单位犯罪的，是单位犯罪，单位犯罪是单位自身的犯罪，而不是其中的员工的犯罪，但无血无肉、无手无脚的抽象人格体即“单位”如何实施危害社会的行为，对此却没有任何提示。通说认为，单位决策机构或者单位负责人以单位名义实施犯罪，违法所得归单位所有的，是单位犯罪。② 这意味着单位犯罪是单位中特定的自然人（决策人员或者负责人员）所实施的犯罪，因此在认定单位犯罪时，只要将单位中特定人的思想和行为视为单位自身的思想和行为即可。但这种传统的单位犯罪认定方法，与将企业合规作为判断是否为单位自身犯罪要素之一的企业自身责任论之间，存在天壤之别。如前所述，作为抽象人格的企业自身不能实施犯罪，所谓企业犯罪不过是企业中的自然人的犯罪。企业中的自然人之所以实施犯罪，在现代的大型企业中，很大程度上和企业内部的环境有关，即企业自身的文化氛围、规章制度等鼓励、刺

---

① 检察机关在试行企业合规不起诉的试点工作中，似乎也意识到了这个问题。在2021年6月3日所发布的企业合规改革试点典型案例中，有既起诉合规企业又起诉企业中的管理人员，也有企业合规计划的，从宽处罚的案例，这就是“上海市A公司、B公司、关某某虚开增值税专用发票案”。被告单位上海A医疗科技股份有限公司（以下简称A公司）、上海B科技有限公司（以下简称B公司），被告人关某某系两家公司实际控制人。2016年至2018年，关某某在经营A公司、B公司业务期间，让他人为两家公司虚开增值税专用发票共219份，价税合计2887余万元，其中税款419余万元已申报抵扣。2019年10月，关某某到案后如实供述上述犯罪事实并补缴涉案税款。2020年6月，公安机关以A公司、B公司、关某某涉嫌虚开增值税专用发票罪移送检察机关审查起诉。当地检察院受理案件后，走访涉案企业及了解有关方面情况，督促企业作出合规承诺并开展合规建设。鉴于涉案企业系国内某技术领域的领军企业、市高新技术企业，科技实力雄厚，对地方经济发展和增进就业有很大贡献。公司管理人员及员工学历普遍较高，对合规管理的接受度高、执行力强，企业合规具有可行性，企业作出合规承诺并开展合规建设，具有立功情节等，检察机关以A公司、B公司、关某某涉嫌虚开增值税专用发票罪对其提起公诉并适用认罪认罚从宽制度，该量刑建议被当地人民法院全部采纳，以虚开增值税专用发票罪分别判处被告单位A公司15万元，B公司6万元，被告人关某某有期徒刑3年，缓刑5年。

② 参见2001年1月21日最高人民法院《全国法院审理金融犯罪案件工作座谈会纪要》。

激、纵容、默许其中的自然人实施犯罪,而企业合规,就是通过建立一套规范的制度或者机制来消除这种鼓励、纵容、默许企业中的自然人犯罪的氛围或者说土壤。企业合规的思想,就是来自这种观念。其和企业犯罪就是企业中的自然人犯罪这种就事论事的观念相比,完全是两个不同的理念。因此,可以说,只要在企业犯罪的预防和认定上,引进企业合规理念,就必须放弃依据特定单位中的自然人的思想和行为来决定是不是构成单位犯罪的观念,在企业犯罪预防失败的场合,必须从企业是不是通过设立政策、方针、业务目标、防范以及处罚措施等方式来间接鼓励、纵容、刺激或者默许其单位成员实施违法行为的角度来考虑企业合规不起诉的问题。从此意义上讲,企业合规的场合,"既不起诉企业也不起诉自然人"的见解是值得商榷的。

尽管如此,笔者对最高检所试行的"企业合规改革"的基本理念还是支持的,只是认为其中有关提法以及做法需要加以改进。具体来说,一是放弃"企业合规不起诉"的提法,改为"企业合规从宽处理"的提法。"企业合规不起诉"的提法,最早见诸最高检理论所举办的一些会议当中。如有媒体报道,2020 年 3 月,最高人民检察院检察理论研究所选取宝安区检察院作为"企业犯罪相对不起诉适用机制改革"的全国六家试点单位之一,对改革企业犯罪不起诉机制进行先试先行,①其并不是一个司法机关的正式叫法。事实上,从最高检最近公布的相关文件来看,其正式名称是"企业合规改革试点",从所公布的相关典型案例来看,具体内容既包括"企业合规不起诉",又包括"企业合规量刑从宽",还包括"企业合规不起诉企业家"等方面的内容,"企业合规不起诉"只是"企业合规改革试点"的内容之一,而不是全部。二是"企业合规改革试点"的内容多元化,既尝试"企业合规不起诉",也尝试"企业家合规不起诉"。特别是在我国当前强调"六稳""六保"的特殊背景下,要实现通过保护企业家进而保护企业的目的,与其以"企业合规不起诉"的方式,倒不

---

① 张剑锋、王德明:《宝安检察院试点"企业犯罪相对不起诉适用机制改革",为"双区建设提供保安样本"》,载 https://www.dutenews.com/p/1218651.html,2021 年 6 月 4 日访问。

如以“企业家合规不起诉”的方式更具现实合理性。

“企业家合规不起诉”的意思是,将实务当中所认定的企业犯罪还原为企业家个人犯罪,然后对其适用“认罪认罚”从宽处理制度,促使企业家建立企业合规制度、加强内部管理方式保证以后不再犯罪,同时考虑到过往的犯罪是在企业经营活动过程中所发生的,行为人的主观目的是企业的发展,犯罪所得没有中饱私囊等情形,最终对企业家个人适用相对不诉,对企业本身进行行政处罚,从而达到既保护企业家又保全企业的效果。

之所以这么考虑,主要出于以下理由:

一是回归企业合规制度的本意。如前所述,企业合规是企业自身不想犯罪意思的客观体现,而不是企业中的企业家等自然人不想犯罪意思的客观体现。企业合规的效果,只能说是有助于企业在业务活动中出现违法犯罪行为时进行无罪或者罪轻的辩护理由,而不可能帮助企业中的自然人(包括企业家)进行无罪或者罪轻的辩护。如此说来,在企业犯罪后,企业承诺将来建立防止再犯的合规制度的事实,或许能对企业家的已然犯罪之处理网开一面,但绝对不能将企业已经引起的侵害事实完全一笔勾销。毕竟企业合规是企业自身的意思体现,而不是企业员工即自然人的意思体现。

二是从我国企业特别是民营企业的犯罪现状出发。尽管我国刑法中规定的单位犯罪罪名多达160多个,占《刑法》分则所规定的全部罪名的1/3,但实际上,迄今为止,我国法院所判处的单位犯罪,不到同期刑事判决的1‰。[①] 虽说企业犯罪发案低,但不可能低到如此程度。其中不能排除这种情形,即大量的单位犯罪被处理为个人犯罪。因为在我国现行的通过特定自然人的行为来认定企业

---

① 笔者对“威科先行·法律信息库”中的裁判文书数据库进行随机抽样统计发现,2019年的1,240,637件刑事案件裁判文书中,以单位犯罪论处的有1136件,占比为0.092%;2018年的1,505,684件刑事案件裁判文书中,以单位犯罪论处的有1588件,占比为0.105%;2017年的1,502,086件刑事案件裁判文书中,以单位犯罪论处的有1347件,占比为0.09%。另有学者对四川省、山东省、山西省自1997年至2012年共15年的判决进行统计,发现四川省所处理的单位犯罪案件数仅占同期全部刑事案件总数的0.05%;山西省的仅占0.03%;山东省的仅占0.07%。参见王匡正:《单位犯罪的现状与反思》,西南财经大学2013年博士学位论文,第53~57页。

犯罪的主流见解下,企业犯罪和其组成人员的个人犯罪,没有本质差别,实务当中也无法分清。实际上,实务中大量的所谓企业犯罪,如果仔细追查的话,总能找到为单位犯罪行为"背书"的自然人,从而最终将其认定为个人犯罪。[①] 这一点从"无锡 F 警用器材公司虚开增值税专用发票案"[②]中就能清楚地看出。这个案子表面上看似单位犯罪,实际上就是两个公司的四位主要领导合谋实施的犯罪。虽然其犯罪的出发点是为了公司的利益即为单位逃税,并且利益去向最终也是归属于公司。但是众所周知,个人犯盗窃罪的场合,即便行为人主观上是为了第三人的利益,而且所盗物品最终也给了第三人,但该行为绝对不会因为行为人的盗窃意图和赃物去向而否定

---

① 对这种观点,可能会有不同的意见。首先,要说明的是,这种结论的提出,是建立在我国实务当中所处理的单位犯罪多半为人数较少、决策层次简单、决定链条较短的中小型企业的犯罪的现状下所提出的。对于决定结构复杂的大型企业而言,这种断言不一定适用。因为在大型企业中,每一个部门只负责一个决定中的部分内容,从其所决定的内容上,很难找到违法的情形,即无法通过特定企业员工的个人违法行为来判断企业整体违法,因而要将企业整体行为作为犯罪考虑。真正意义上的单位犯罪,正是这种意义上的单位犯罪。相反地,单位领导班子成员集体决策的犯罪,尽管涉及人数可能不少,但也是可以作为个人犯罪处理的。如单位领导班子集体讨论决定行贿的场合,将其作为参与讨论的领导班子成员的共同行贿罪,在理论上也没有任何障碍。在本文的立场看来,真正要作为单位行贿罪处罚的是以下类型:单位长期以来形成了在推销产品过程中或者争取商业机会的过程中,以财物作为交换手段,或者单位领导发现企业员工有这种做法,睁一只眼闭一只眼,表示默许,或者予以表彰鼓励的惯性的场合。这才是真正要以刑罚手段处罚的单位犯罪。

② 参见最高人民检察院 2020 年 11 月 24 日发布的第二十二批指导性案例。本案的事实是:无锡 F 警用器材公司董事长乌某某、F 警用器材公司总监陈某某为了 F 警用器材公司少缴税款,商议在没有货物实际交易的情况下,从其他公司虚开增值税专用发票抵扣税款,并指使 F 警用器材公司采购员倪某通过公司供应商、无锡 B 科技有限公司法定代表人杜某某等人介绍,采用伪造合同、虚构交易、支付开票费等手段,从王某某(另案处理)实际控制的商贸公司、电子科技公司虚开增值税专用发票 24 份,税额计人民币 377,344.79 元,后 F 警用器材公司在税务机关抵扣了税款。乌某某、陈某某、倪某、杜某某分别至公安机关投案,均如实供述犯罪事实。案发后,F 警用器材公司补缴全部税款并缴纳滞纳金。当地公安机关以 F 警用器材公司及乌某某等人涉嫌虚开增值税专用发票罪移送检察机关审查起诉。检察机关经审查,综合案件情况拟作出不起诉处理,举行了公开听证。该公司及乌某某等人均自愿认罪认罚,在律师的见证下签署了《认罪认罚具结书》。最后,当地检察院依据《刑事诉讼法》第 177 条第 2 款的规定,对该公司及乌某某等四人作出不起诉决定,公安机关对倪某、杜某某没收违法所得,税务机关对该公司处以行政罚款。

其为行为人本人的盗窃犯罪。与此类似，在我国刑法有关单位犯罪的认定上并没有另行规定与自然人不同的认定标准的情况下，何以能够在单位犯罪的认定上改弦更张，采用一套与自然人犯罪不同的判断标准呢？因此，就上述“无锡F警用器材公司虚开增值税专用发票案”而言，将其认定为F警用器材公司董事长乌某某等人的个人虚开增值税专用发票罪，也是没有问题的。不这样理解的话，反而可能会出现这样的问题，即原本是个人犯罪，但一旦沾上单位犯罪的名义，相关责任人员就可以被特殊对待，享受不起诉的优遇。这在合法性上是有问题的。如果说基于特殊的政策考虑，一定要保护民营企业家，那么完全可以从其他方面寻找理由，没有必要将其和企业合规制度硬扯在一起，让其为我国的企业家不起诉实践“背书”。况且在司法实践中，需要不起诉的企业大多是民营企业或者中小企业，本来就规模偏小，实力偏弱，在与大中型企业同台竞争时往往处于劣势，其主要依靠灵活机动、面对市场的变化反应迅速而生存下来。这种灵活机动的体现之一，就是决策机制相对简单，高效快捷。对于他们而言，企业合规不仅是一种自我约束、自缚手脚的行为，而且也是不现实的要求。对这种企业中的相关责任人员，进行个人行为举止上的法律约束，比对企业自身进行“高大上”的合规约束反而更加有效。

三是能够避开法律规定上的障碍。目前，对合规企业不起诉，主要有两种：第一，相对不起诉，即检察院在审查起诉过程中，对于犯罪情节轻微同时认罪认罚的涉罪企业，在以检察建议的方式，责令其建立合规管理体系之后，作出相对不起诉的决定。这种方式主要为上海以及江苏省的相关试点单位所采用。第二，附条件不起诉，即检察院在对涉罪企业审查起诉过程中，设立一定的考验期，对其暂时不予起诉，并对企业建立刑事合规的情况进行监督考察，在期满后根据企业建立合规管理体系的进展情况，对其作出起诉或者不起诉的决定。这种方式主要为浙江省的试点单位所采用。

上述两种企业不起诉都有问题，但相对而言，附条件不起诉的问题更明显，因为其于法无据。依照我国《刑事诉讼法》第282条的规定，附条件不起诉制度的适用对象，只能是未成年人，而不能适用于其他人,更不可能对涉嫌犯罪的企业适用。相对不起诉的问题是,依照《刑事诉讼法》第 177 条第 2 款的规定,只能对犯罪行为情节轻微,不需要判处刑罚或者免除刑罚的犯罪嫌疑人才能适用,而现实当中,需要通过合规不起诉来解决问题的企业犯罪往往都不是“情节轻微”的类型。

从本书的立场来讲,若承认我国企业特别是中小型企业在业务活动中的犯罪,实际上都能认定为其中的自然人即企业相关责任人的个人犯罪的话,则在《刑事诉讼法》第 177 条第 2 款相对不起诉中要求的“情节轻微”的认定上,相对容易一些。首先,就已经发生的犯罪而言,企业相关责任人的犯罪动机不是为了自己个人的利益,更多还是为了企业的利益,即便在企业利益与个人利益一致的场合,客观上也还是具有为当地增加就业、税收等效果;其次,企业相关责任人通过“认罪认罚”、制定改进经营活动的相关措施、上缴犯罪所得、弥补犯罪损失等方式,表明了自己不再犯罪的决心;最后,考虑“六稳”“六保”的政策、该企业过往的实际业绩以及目前所面临的困境、起诉企业相关责任人可能造成的负面效果、公司本身要受到行政处罚等方面因素,进行起诉的利弊权衡。

实际上,在实务当中也有如此操作的情形。如 2020 年以来,江苏省张家港检察院处理了多起企业涉嫌虚开增值税专用发票案件,在这些案件中,检察院通过召开案件公开听证会,对案件开展合规风险审查,督促企业加强建设合规体系,并且结合企业犯罪情节、事后补缴税款、修复法益的情形,最终决定是否作出不起诉决定。这种做法,是在不严重违反刑事诉讼法规定的前提下所做的有益尝试,值得进一步推广。另外,2021 年 6 月 3 日最高检公布的四个有关“企业合规改革试点典型案例”中,“新泰市 J 公司等建筑企业串通投标系列案件”就属于这种类型。2013 年以来,山东省新泰市 6 家建筑企业受黑社会性质组织的影响,在建筑工程投标中被迫串通投标,被公安机关移送审查起诉。检察机关查清 6 家企业被胁迫陪标,且没有获得任何非法利益的案件事实。同时了解到 6 家企业常年承接全市重点工程项目,在繁荣地方经济、城乡建设、劳动力就业等方面作出了突出贡献。如作出起诉决定,6 家企业 3 年内将无法参加任何招投标工程，并被列入银行贷款“黑名单”，将对企业发展、劳动力就业和全市经济社会稳定造成一定的影响。于是，邀请人民监督员等各界代表召开公开听证会，参会人员一致同意对J公司等6家企业及其负责人作不起诉处理。检察机关当场公开宣告不起诉决定，并依法向住建部门提出对6家企业给予行政处罚的检察意见，同时向6家涉案企业发出检察建议，要求企业围绕所涉罪名及相关领域开展合规建设，并对合规建设情况进行跟踪监督，最后举办检察建议落实情况公开回复会，对合规建设情况进行验收，从源头上避免再发生类似违法犯罪问题，取得了良好的社会效果。企业合规，实际上就是企业负责人进行合规建设。在本案当中，没有说明对企业负责人进行变更，实际上就是涉案的企业负责人在案发后，配合检察机关进行企业合规建设，并最终获得了“企业及其负责人作不起诉处理”的优遇。这实际上就是本书所提倡的“企业家合规不起诉”的体现。

四、结语

从西方国家引进的企业合规的理念是，在企业活动涉嫌犯罪的时候，通过企业合规，放过企业，但不放过企业家，而我国检察机关目前借助企业合规所欲的目标是，既放过企业又放过企业家。这种目标，与企业合规的理念冲突，也有违反罪刑法定原则之嫌。更为重要的是，对国内企业实施这种特别的企业合规优遇，不仅会和我国政府鼓励到海外投资的企业以及央企按照国际标准进行合规建设的政策冲突，而且也不利于我国企业以平和的心态到海外参与国际市场的竞争。从企业的长远发展来看，即便是对中小企业，也不应当滥用企业合规不起诉的理念，以司法制度的方式赋予其特权，从而让其从一开始就无法正常地进行企业内部治理。

当然，如果一定要变通的话，也只能在不改变企业合规基本宗旨的前提下进行。其实，我国当前实务中处理的所谓企业（单位）犯罪，绝大多数都可以认定为企业中的个人即企业主管人员的犯罪。在这种现实下，我们完全可以在企业家个人犯罪的前提下，借助现有的认罪认罚制度，考虑企业犯罪中相关个人的主观恶性较小、事后弥补损失、修复法益，并根据企业的实际情况，采取包括企业合规制度在内的整改措施，以表达不重蹈覆辙的决心而显现出来预防必要性较小等特征，对犯罪的企业家个人进行酌定不起诉，从而达到防止造成"抓了一个企业家，整垮一个企业，砸了一批人的饭碗"的局面。这样理解，不仅不会和企业合规的本意相左，而且还会消除企业合规不起诉制度于法无据的缺陷，与进出海外企业、央企当中所推行的企业合规的理解一致。

第三部分　刑法适用的新课题

第一章　刑法因果关系论考察

一、问题意识

刑法因果关系的内容及其判断，是刑法学中的一个重要问题，也是一个难题。[①] 通过近年来的发展，我国学界对此大致上形成了“归因+归责”的两阶层论的判断路径。[②] 归因判断，是形式地确认“该行为”和“该结果”之间是不是具有客观事实关系，通过条件说判断；归责判断，是实质地考虑是不是可以将“该结果”看作“该行为”的贡献，主要通过相当因果关系说判断。学界通常称前者为“事实因果关系”判断，称后者为“法律因果关系”判断。之所以采用这种方式，主要是因为论者认为，将归因这一经验问题和归责这一规范问题分开判断，在科学上是可取的。刑法因果关系是自然科学上的因果关系中的一种，其判断自然要以后者为指导。就自然科学中因果关系的判断而言，通常采用“非 Q 则非 P”的假定排除公式，或者“有 P 则有 Q”的合法

---

① 我国刑法因果关系学说发展历史的介绍，参见赵秉志主编：《刑法学总论研究述评（1978—2008）》，北京师范大学出版社 2009 年版，第 289~309 页；孙运梁：《因果关系与客观归责论》，社会科学文献出版社 2021 年版，第 7~48 页。

② 参见郑泽星：《刑事归因与归责：以修正的条件说为重心的考察》，载《法学评论》2020 年第 3 期。

则公式。刑法的场合也不例外。只是,刑法因果关系是以发生具体结果为成立要件的结果犯的客观成立要件,属于具体犯罪的犯罪构成的客观内容,因此,其有无和表现形式,就不纯粹是自然科学上的事实判断,还有必须从刑法目的、一般人的认识等出发才能认定的规范、价值判断的特征。[①] 上述"归因+归责"两阶层论的判断路径,正好能满足这一要求。

但是,这种两阶层论的判断路径,在具体司法实践当中,似乎没有被认可。如在被告人借深夜入室盗窃之机,以威胁、捆绑手段将被害人强奸后,逃离现场。被害人到阳台呼救时因双手被捆绑,坠楼身亡的"王某双强奸案"中,就被害人的死亡结果与被告人的强奸行为之间是不是存在因果关系,产生了分歧。有观点按照上述两阶层论的分析方法,认为在本案中,被害人之死虽然和被告人的行为之间具有事实关系,但这种关系具有偶然性,而非被告人的强奸行为所直接导致,两者之间不存在直接的、必然的因果关系。但法院最终认为,被害人之死与被告人的暴力行为之间存在客观事实上的因果关系。被告人实施的捆绑被害人双手的强奸行为,直接导致被害人在阳台呼救时因难以控制身体平衡而坠楼身亡。被害人到阳台呼救时,虽然被告人的强奸行为已完成,但被害人双手仍被捆绑,这意味着被告人的暴力行为尚在延续。被害人到阳台呼救行为应是其反抗被告人侵害行为的表现,其最终导致了被害人在呼救反抗时坠楼身亡的重结果。[②] 本案属于刑法因果关系的认定中比较难以判断的、行为与结果之间介入了被害人自身的行为的情形。由于被告人的强奸行为已经结束,并且其已经离开现场。被捆绑双手的被害人自己到阳台上呼救时坠楼身亡,此时,是否还能将该结果归属于被告人?如何归属?成为关键。法院的判断是,"被害人双手仍被捆绑,这意味着被告人的暴力尚在延续","被害人到阳台呼救行为应是其反抗被告人侵害行为的表现",其导致了被害人在呼救反抗时坠楼身亡的重结果。换言之,法院就本案中因果关系的认定

---

① 参见张绍谦:《刑法因果关系研究》,中国检察出版社 2004 年版,第 116~136 页。

② 参见于同志:《结果加重犯的认定与处罚——北京高院判决王某双强奸案》,载《人民司法》2007 年第 6 期;"王某双强奸案"判决书,(2006)京高刑终字第 451 号。

思路是,先将捆绑被害人的行为视为被告人的强奸暴力行为的延续,被害人反抗这种暴力的行为导致其坠楼身亡,因此,被告人的暴力行为和被害人的死亡结果之间具有因果关系。由此可见,我国实务当中,关于刑法因果关系的判断,并没有采用“归因+归责”的判断方式,而是直接采用了危害结果是不是行为危险的过渡,或者说是行为危险的现实体现的做法。

相反地,如果按照“归因+归责”的判断方式,本案的判断方式应当是这样的:首先,就归因而言,因为存在“没有王某双的强奸行为,就不会有被害人的坠楼身亡”,因此,二者之间存在客观事实关系;其次,就归责来论,情况比较复杂。因为,归责的判断方式非常复杂,并无定式。如果说按照常用的介入行为是否为行为人本人或者一般人所能预见的相当因果关系说的话,就是被害人在被告人离开犯罪现场后,会到阳台上呼救的事实能够为被告人或者一般人行为当时所预见的话,则该事实就要列入判断基础;反之则不能将其列入判断基础。但是,被害人是因为被告人的捆绑行为而跌落阳台致死的,这是不能否认的事实,如果仅仅因为这种事实不能为行为人以及一般人所认识,就要将其从判断基础之中排除,则作为犯罪构成客观要素的因果关系就成为随着行为人或者一般人主观认识的有无而变化的主观内容了,与因果关系客观性的特征不符。因此,上述案例没有采取这种判断方式,而是采取了直接从行为当中推断结果是否为强奸行为危险现实化的做法。但在采用这种判断方式的时候,因为因果关系判断的起点从一开始就划定为了“强奸行为”这种带有规范性质的行为,这样的话,作为刑法因果关系判断的第一个层次,即纯粹形式的归因判断,还有存在的必要吗?

确实,两阶层论在刑法因果关系的判断中存在过于形式化之嫌,这一点在著名的教学案例“飞机失事案”中表现尤为明显。在甲希望 X 意外身亡而劝其乘坐飞机出差,X 听从了甲的建议,结果飞机失事,X 果然身亡的例子中,按照上述两阶层论,没有甲的建议,就不会有 X 死亡的结果,而且甲在提出该建议时有希望 X 死亡的意思,因此,甲构成故意杀人罪既遂。但这种结论过于荒谬,因此,便有了第二层次即归责的判断。即在乘坐飞机出行属于一种非常安全的交通手段的当今,劝人乘坐飞机的行为不具有剥夺他人生命的危险,[①]因此,不能将X的死亡结果归属于甲的劝说行为,二者之间没有归属关系。从结论上看,上述见解也是可以接受的,但判断过程却很不自然。在人们的一般观念上,作为刑法因果关系判断对象的行为,应当不是一般的行为,而是具有引起他人生命被剥夺的现实危险的实行行为。但如果说归因阶段中的"行为"就是"实行行为"的话,则这一阶段就不纯粹是物理的形式判断,而是需要规范进行的实质判断了,与上述两阶层判断中的第一阶层归因判断的初衷相去甚远。

实际上,"归因+归责"的两阶层论中,第一阶层的判断和第二阶层的判断之间在很大程度上是重叠的。只要将条件说理解为"危害行为和构成要件结果"之间的关系,则条件说不可能仅仅是一种纯粹的客观事实判断,其中必然包含有本应在第二阶层即法律判断阶段的价值规范内容。换言之,刑法因果关系判断的两阶层论,没有必要,也无可能。以下,基于上述问题意识,本书尝试将目前学界所讨论的因果关系学说进行梳理,指出其不足,然后在此基础上,就我国应当采取的刑法因果关系学说,略述己见。

二、事实因果关系论

刑法因果关系的意义在于,判断现实发生的结果是不是可以认定为行为贡献而归属于行为人,从而将偶然责任排除在行为人担责范围之外,它和以探究结果原因为己任的自然科学中的因果关系论属于两个不同的概念。但在19世纪后半叶,自然科学的思考方法风靡一时,也波及了刑法学,使带有规范判断性质的归责问题被转化为客观的因果关系问题,并且,在因果性判断上,采用了自然科学上一般所采用的条件分析方式,[②]其中主要有假定消除条件说、合法则条件说以及作为对上述二者进行改良的规范条件关系说。

---

① 参见付立庆:《刑法总论》,法律出版社2020年版,第141页。

② 以上内容参见[日]山中敬一:《刑法总论Ⅰ》(第三版),成文堂2015年版,第258页;陈兴良:《陈兴良刑法学教科书之规范刑法学》,中国政法大学出版社2003年版,第72页。

（一）假定消除条件说及其问题

假定消除条件说，是以假定消除公式即“非P则非Q”（“若无前行为，就无后结果”）公式所确定的行为和结果之间的关系。[①] 因此，在即便没有前行为，也会发生后结果的场合，条件关系被否定。这种判断方法之下，对于结果而言，所有的条件，包括最远端的和最不重要的条件，都是平等地引起结果发生的原因，都具有同等价值，故其又被称为“平等条件说”或者“等价说”。[②]

在刑法因果关系的判断上，假定消除条件说之所以能够获得多数人的支持，主要是因为其符合纯粹形式的品格。依照这种公式，在判断某一行为是否为结果原因的时候，不带有任何价值评价因素。正如日本学者川端博指出的，要想将自然科学意义上的因果关系概念原封不动地套用到社会科学之刑法学领域中，就必须采用条件说不可。在自然科学领域，事实就是事实，没有价值高低的问题，将全部要素找出来，只考虑有无原因和结果之关系，因果关系判断被认为是一种纯事实判断。[③]

假定条件公式，在适用的过程中具有一定前提条件，而这也正是其备受质疑的原因：

一是假定消除条件说中的“结果”，正如不是被害人的抽象的“死”（抽象结果），而是“某年某月某日，以某种形态出现的死亡”一样，是“现实发生的具体结果”（具体结果）。[④] 因此，在刽子手即将按下行刑电钮时，被害人之父抢先一步按下电钮，死刑犯毙命的场合，即便说被害人之父“抢先一步”，让死刑犯提前2秒钟死亡，但也

① 但是，日本学者佐伯仁志对这种理解提出了异议。他认为，“没有前者则没有后者”的条件公式所表达的行为和结果之间的关系，超越了该种事实关系。条件关系公式是判断事实因果关系的不完全手段而已，如果说行为和结果之间的事实关系已经能够判断的话，则没有必要拘泥于条件关系公式。他还说，从条件关系公式的实际情况来看，其就是合法则条件关系说，即因果关系判断，就是合乎因果法则的具体个别关联存在与否的判断。［日］佐伯仁志：《刑法总论的思之道·乐之道》，有斐阁2013年版，第50、51页。

② 参见［德］冈特·施特拉腾韦特、洛塔尔·库伦：《刑法总论Ⅰ——犯罪论》，杨萌译，法律出版社2006年版，第94页。

③ ［日］川端博：《刑法总论》，余振华译，台北，元照出版有限公司2008年版，第9页。

④ 参见张明楷：《刑法学》（上）（第六版），法律出版社2021年版，第234页。

是造成死刑犯生命提前结束的具体死亡结果，符合“非 P 则非 Q”的假定关系公式，具有条件关系。

但问题是，如果假定消除条件说中的“结果”具体到如此细微程度的话，则研究刑法因果关系还有什么意义呢？因为，正如所谓“世上没有两片完全相同的树叶”一样，物理世界中也不可能存在两个在时空上完全相同的结果。对结果要求具体到如此细微程度，则任何有介入因素的情形都符合条件公式，所发生的具体结果都要归于介入因素。那么，“非 P 则非 Q”的讨论还有什么意义呢？并且，将“结果”限定到如此程度的话，还会推导出近乎荒谬的结论。如甲交通肇事后逃逸，致最多还能活上 30 分钟的被害人 A 被后续车辆轧死的场合，按照上述公式，可以说，若没有“甲的逃逸的行为，就不会有 A 提前 30 分钟死亡的结果”，因此甲的逃逸行为和 A 的提前死亡结果之间具有因果关系。按照我国《刑法》第 133 条之规定，甲的行为属于“因逃逸致人死亡的”情形，应当处以 7 年以上有期徒刑。但是，对于一个身负重伤、无力改变行将就死结局的人而言，行为人仅仅因为使其死期提前了 30 分钟，对其处罚的起刑点就要从“3 年以下有期徒刑或者拘役”一下子提升到“7 年以上有期徒刑”。这不仅有违罪刑均衡，也没有保护法益的意义。因为，刑罚法规意图以规范加以回避的是有法律意义的特定法益侵害结果，若不是“没有该种行为，就不会发生‘有法律意义的特定结果’”的话，就欠缺进行较重的违法评价的前提。① 作为构成要件解释，如果“现实发生的结果”和“可能发生的结果”价值相同，或者没有明显差别的话，就要否定条件关系，即只有发生“法律上有意义的变更”的场合，才能肯定条件关系。而提前 30 分钟死亡，是不是属于“有法律意义的特定结果”，值得商榷。否则，在甲意图杀 A 而持枪向其头部侧面瞄准时，与其无关的乙抢先一步开枪，但子弹射偏。听到枪声的 A 大吃一惊，应声转头时，正好与甲发射的子弹迎面相遇，子弹穿过 A 的眉心，致其身亡的场合，也能以“没有乙的开枪行为，A

---

① ［日］山口厚、井田良、佐伯仁志：《理论刑法学的最前线》，岩波书店 2007 年版，第 47 页。

就不会以如此形式死亡”为由，肯定条件关系。

二是在作为前提的条件问题上，强调“禁止添加假定事实”。即判断条件关系的时候，原则上，不要将“现实并不存在的条件”（假定条件）列入考虑的范围。因为，条件关系是行为和结果之间的具体的事实连接，适用本公式的，只限定于现实存在的具体结果和导致该结果发生的个别具体的实行行为。①

但是，禁止添加假定事实的原则，和假定消除条件说的理念之间存在冲突。因为，条件关系判断自身本来就是“如果没有某行为”，即以某种假定事实的存在为前提的。换言之，“非 P 则非 Q”中的“非 P”本身就是表达一种事实上并不存在，但被添加进来用以取代既有事实的假定情况。② 如果完全禁止添加假定事实的话，则假定消除关系判断就无从进行。由于这一情况的存在，假定消除条件说做了适当让步，认为并非完全不允许添加假定事实，只是对所添加的假定事实的范围要适当限定，至少不应当考虑尚未现实化的违法行为。如在假设“如果没有甲对 X 的开枪行为”时，不能无端地又假设“X 会在同一时间被陨石击中”。而且，有些场合，绝对禁止添加假定事实的话，无法得出妥当结论。众所周知的不作为犯的场合就不用说了，即便在某些作为犯的场合，例如，在甲拿竹竿将漂向落水者 X 的救生圈拨开，致使 X 溺水身亡的场合，如果绝对禁止添加假定事实的话，就不得添加考虑“X 会抓住漂来的救生圈”的假定事实，如此便会得出甲的行为和 X 的死亡结果之间没有条件关系的结论。这显然是不妥当的。由此说来，禁止添加假定事实的前提，不能绝对化。

三是在择一竞合的场合，对假定条件公式必须修正。所谓择一竞合，就是数个独立的足以造成危害结果的行为竞合，导致结果发生的场合。如 X 和 Y 在没有意思联络的情况下，分别向 A 饮用的咖啡中投放致死剂量的毒药，A 饮用后身亡的场合，就是如此。此时，在无法查明到底是哪一方投放的毒药造成了 A 死亡结果的情

① ［日］大谷实：《刑法讲义总论》（新版第五版），成文堂 2019 年版，第 208 页。

② 参见黄荣坚：《基础刑法学》（上），台北，元照出版有限公司 2012 年版，第 271 页。

况下，按照条件关系公式，只能得出二人均不对 A 的死亡结果担责的结论。[①] 但是，这一结论和重叠竞合即数个单独不足以造成危害结果的行为竞合导致结果发生的场合相比，显失均衡。因为，后者的场合，虽然每人的投毒量小，却要肯定因果关系，前者的场合，每人的投毒量大，反而要否定因果关系。[②]

由于这种原因的存在，假定消除条件说对“假定条件公式”进行了修正，在“没有前行为的话，就不会发生后结果”的基础上，补充以下内容：“但是，就若干条件而言，去除其一，结果仍然发生，但全部去除的话，结果不发生的场合，就其全部的任一条件而言，认可条件关系。”如此修正之后，论者认为，在上述择一竞合的场合，X、Y 都能肯定条件关系，和重叠竞合之间的不平衡也能消除。[③]

但问题是，为什么能够进行如此修正，其理论根据何在，并不清楚。“就若干条件而言，去除其一，结果仍然发生，但全部去除的话，结果不发生的场合”的叙述只是说明何为“择一竞合”；而在择一竞合的场合，“就其全部的任一条件而言，也都能认可条件关系”的部分只是展示了结论，两者都没有说明为何能够得出这种结论。修正论或许会说，X 的行为和 Y 的行为是竞合实施的，因此，不能对 X 和 Y 分别评价，只能对两者一并去除。但 X 和 Y 的行为只是择一竞合的同时犯而已，并非整体的共同正犯，无法将二者行为作为一个整体一并去除，这是显而易见的事实。毕竟，择一竞合的场合，无法查明 X 或者 Y 的行为对所发生的具体结果具有事实上的影响力，因此，无论如何都难以将结果整体上归责于 X、Y。

---

① 因为，即便没有 X 的行为，Y 的投毒行为也会造成 A 的死亡结果；反之亦然，即便没有 Y 的行为，X 的投毒行为也会让 A 死亡。因此，形式地套用条件关系公式的话，就是 X、Y 双方的行为都和 A 的死亡结果之间没有条件关系，在能够查清 X、Y 杀人故意的前提下，二人仅只构成故意杀人未遂罪。

② 因为在重叠竞合的场合，如在 X、Y 没有意思联络，分别向 A 饮用的咖啡中投放了致死剂量的一半的毒药，A 饮用后身亡的场合，能够认可条件关系。因为，X 不投放毒药的话，因为 Y 投放的毒药不足量，（一般来说）不会单独造成 A 死亡的结果，因此，X 能认可条件关系；同样的道理也适用于 Y，即就 Y 而言，也能认可条件关系。

③ ［日］川端博：《刑法讲义总论》（第二版），成文堂 2016 年版，第 142 页。另外，与重叠因果关系相似的，还有所谓累积的因果关系类型，也属于这种情形。

(二)规范条件关系说及其评析

为了解决上述择一竞合的难题,日本学者在假定消除条件说的基础上提出了所谓规范条件关系说。町野朔认为,条件关系不是自然科学意义上的事实关系,而是假定消除公式所显示的假定的、逻辑(论理)上的结合关系。在即便不实施该行为,也会发生该结果的场合(事后看,没有结果回避可能性的场合),不能说行为"支配了"结果,结果归责要被否定。[①] 山口厚教授支持这一观点。他说,要得出构成要件结果是违反结果回避义务行为所引起的结论,就必须能够说,行为人若尽到了结果回避义务,就能够避免构成要件结果,即具有结果回避可能性。[②] 这种结果回避可能性,应当作为事实因果关系之外的犯罪成立要件。在没有结果回避可能性的场合,不仅要否定实行行为对于所发生的结果的贡献,也要一并否定因果关系自身。[③] 按照这种考虑,在甲、乙分别向 A 的杯子中投放达到致死剂量的毒药,导致 A 死亡的所谓择一竞合的场合,在刽子手即将按下行刑电钮时,被害人之父抢先一步按下电钮,死刑犯毙命的假定因果经过的场合,都能肯定因果关系的存在,相反地,在即便不违反义务,结果也会发生的过失犯的场合,则要否定因果关系的存在。

规范条件关系说的核心概念是结果回避可能性。因为,在这种见解看来,行为和结果之间存在条件关系的事实,意味着行为人不实施行为,就能防止结果,因此,条件关系,就是为确定该行为对该结果是不是具有支配力而提出的要求。故在确定行为对结果不具

---

① 町野朔教授举例说,正如在 X 向 A 的饭菜中投放了毒物,但该饭菜是 A 误采的剧毒蘑菇做成的,以及在沙漠中旅行的 A 的水袋被 X 灌入沙子,但该水袋已经被沙漠中的荆棘刺满小洞的场合,恐怕没有人会承认,不能左右结果的 X 要承担既遂犯的责任。如此说来,即便将毒蘑菇替换为不知情的 Y 投放的毒物,将刺破水袋的荆棘替换为不知情的 Y 的针的话,也还是不应当认可 X 的行为与结果之间的因果关系的。[日]町野朔:《犯罪论的展开Ⅰ》,有斐阁 1989 年版,第 157 页。日文原文为"论理结合说",也被称为"规范条件关系说"。参见[日]佐伯仁志:《刑法总论的思之道·乐之道》,有斐阁 2013 年版,第 51 页。

② 参见[日]山口厚:《刑法总论》(第三版),付立庆译,中国人民大学出版社 2018 年版,第 55 页。

③ [日]山口厚:《刑法总论》(第二版),有斐阁 2007 年版,第 55 页。

有支配力，即即便不实施前行为，也会有后结果的场合，就意味着没有结果回避可能性。规范条件关系说的论者认为，结果回避可能性的概念在不作为犯以及过失犯的场合均已被认可，因此，没有理由在故意犯的场合加以否认。[①] 这种主张的学者分析，学界之所以在故意犯中对结果回避可能性的要求举棋不定，主要是因为，在主观上的恶意已经变为现实，行为能够引起结果，并且已经在结果中变为现实的场合，若再以欠缺结果回避可能性为由，不处罚该结果，这让人在感情上难以接受。对此，规范条件关系说认为，条件关系的存在意义在于，确定行为对结果具有支配力量，对于没有结果回避可能性的行为进行处罚，就是对行为人不能左右的事态进行处罚，更是不妥。[②]

规范条件关系说，在一定限度上能够限缩条件说的成立范围。如在医生 X 出于杀人意思而对患者 A 注射了毒药，但事后查明，患者 A 由于不可预见的特异体质正濒临死亡，即便医生 X 对其注射正常药品，也无力回天的场合，按照假定消除公式，没有 X 的注射毒药行为，就不会有患者 A 提前片刻死亡的结果，因此，X 的行为构成故意杀人罪既遂。换言之，此时，即便说没有结果回避可能性，也能认定医生 X 的行为构成故意杀人罪既遂。但是，在行为人即便实施合法行为也难以挽回被害人生命的情况下，仅仅以行为人具有杀意这种"恶劣意思"为由而认定其构成故意杀人罪既遂，不仅具有严重的主观归罪之嫌，而且这种将行为人不能支配的异常事实(被害人的特异体质)所引起的结果归咎于行为人，让其承担既遂犯的刑事责任的做法，是在追究行为人的偶然责任，违背刑法中的责任原则。在此意义上讲，故意的作为犯中，考虑结果回避可能性是必要的。

只是，在欠缺结果回避可能性的场合，是不存在条件关系，还是没有结果回避义务，抑或其他，没有一致结论。有见解从"法不强求

---

① 参见[日]山口厚：《刑法总论》(第三版)，付立庆译，中国人民大学出版社 2018 年版，第 56 页。

② 参见[日]山口厚：《刑法总论》(第三版)，付立庆译，中国人民大学出版社 2018 年版，第 55 页。

不可能之事”的原理出发，将结果回避可能性作为回避结果义务的前提。[①] 但是，对行为人科处回避结果义务是在事前即行为之前，而即便实施法所期待的行为，也难以回避结果的查明则是在事后即行为之后，因此，从时间上看，结果回避可能性不会是回避结果义务的前提。也有见解认为，在没有结果回避可能性的场合，即便处罚该行为，也不可能具有抑制法益侵害的效果，因此，处罚不能被正当化。[②] 但是，中止该行为，是否能避免侵害法益的结果，必须在行为时了解。但正如前述，有无结果回避可能性是在事后即行为之后所查明的，因此，抑制法益侵害的观点，也不能直接为结果回避可能性的必要性提供基础。

同时，对于以结果回避可能性来限定条件关系范围的做法，也有很多批评意见。如西田典之认为，所谓条件关系，首先是行为和结果之间的事实结合关系。其次在此阶段上依据结果回避可能性来规范地限定条件关系的做法本身，存在基本性的疑问。[③] 佐伯仁志也认为，以结果回避可能性为基本的规范条件关系说超越了单纯的事实因果关系的问题，让条件关系公式有了归责限定机能，因此，即便说要考虑结果回避可能性，但也只能在法律因果关系的判断上考虑。[④] 山中敬一也认为，本见解想对条件公式赋予意义，但结局上歪曲了因果关系概念，故无论在结论上还是在逻辑上都破绽百出。[⑤]

上述批判意见，从刑法因果关系判断两阶层论的立场来讲，有一定道理。但规范条件关系说的本意是，通过在条件关系的判断中引入结果回避可能性的规范判断，对历来作为事实关系的条件说进行脱胎换骨，即将事实判断和规范判断合为一体。从这种立场来看，可以说上述批判和规范条件关系说不在一个层面上，并不一定妥当。

---

① 参见［日］大谷实：《刑法讲义总论》（新版第五版），成文堂2019年版，第186页；［日］川端博：《刑法讲义总论》（第二版），成文堂2016年版，第192页。

② ［日］山口厚：《问题探究刑法总论》，有斐阁1998年版，第9页。

③ ［日］西田典之：《日本刑法总论》，刘明祥、王昭武译，中国人民大学出版社2007年版，第72页。

④ 参见［日］山口厚、井田良、佐伯仁志：《理论刑法学的最前线》，岩波书店2007年版，第5~6页。

⑤ 参见［日］山中敬一：《刑法总论Ⅰ》（第三版），成文堂2015年版，第263页。

从渊源上讲，由来于自然科学中的因果关系判断方法的假定消除的条件关系，本来仅限于形式上的、事实上的引起和被引起关系，在判断某一行为是否为结果原因的时候，不得带有任何价值评价色彩，因此，在条件关系的判断中，加入"假如行为人实施了符合结果避免义务的行为，仍然会发生同样的结果"这种带有浓厚的规范判断色彩的结果回避可能性的要求，显然和假定消除公式之下的条件说的宗旨背道而驰；同时，"结果回避可能性"中的结果判断，也和通说认为条件说中的"结果"是指"具体结果"的理解迥异。如前所述，假定条件公式中的"结果"，不是被害人的抽象的"死"，而是"某年某月某日，以某种形态出现的死亡"的"现实具体结果"。但是，正如前述，医生意图杀害特异体质患者而对其注射毒药，致使其死亡，但实际上医生即便不实施该行为，患者也会死亡的案例中，如果说此处的"死亡"是指现实具体的死亡结果的话，则和患者因为特异体质发作导致的死亡结果相比，无论如何都不会一致，前者属于"若无前行为（注射毒物），就无后结果（中毒提前死亡）"中的"结果"，此时，绝对不能以没有结果回避可能性为由，否定医生的投毒行为和结果之间的条件关系。因此，从刑法因果关系判断两阶层论的角度来看，上述质疑是有其道理的。

从本书的立场来看，如果说刑法因果关系不是单纯的事实关系，而是内含规范价值判断的引起和被引起关系的话，则将结果回避可能性引入条件关系的判断之中，也未尝不可。只要说在结果犯的违法评价中必须考虑结果无价值，只要将作为所谓违法评价对象的"结果"理解为依据违反法所期待的举止而引起的法益状态的恶化，[①]则上述批判意见的质疑是可以避免的。正如交通肇事后，即便行为人不逃逸，而是将伤者送医但也不能救活伤者的场合，就不能说伤者之死是行为人交通肇事后逃逸的结果一样，在行为人即便依照法的期待而行为，也不可能使法益状态好转，即没有结果回避可能性的场合，就不能将现实发生的结果归属于前行为，二者之间没有条件关系。从此立场上讲，规范条件关系说有其道理。对没有结

① ［日］小林宪太郎：《所谓结果回避可能性》，载《刑法杂志》第12卷第3号。

果回避可能性的行为进行处罚，纯粹是处罚不遵守规范的行为本身，[1]除非刑法有明文规定，否则不能予以处罚。

（三）合法则条件说述评

同样是为了解决假定消除条件说在择一竞合场合的难题，近年来，包括我国在内，有学者放弃了假定消除关系，作为其替代，主张行为和结果可以按照自然科学的经验法则联系在一起的话，就认定具有条件关系的合法则条件说。[2]

合法则条件说最初由德国学者恩吉施所提出，他针对前述的假定消除条件说的不足，主张不对触犯法律的行为采取假定消除，而是依据某个符合法则的关系，对所涉及的行为是否的确在具体结果中发生作用进行审查。[3] 按照另一德国学者耶塞克的说法，就是一个行为能否成为合格条件，仅仅取决于，根据我们的经验知识和经验法则，行为是否确实导致了结果的发生。[4] 德国学者罗克辛评价说，这个公式表明，因果关系从来不会通过什么公式，而是永远只能通过准确的自然科学方法（主要是实验）来证明。[5]

合法则条件说，简单地说，就是顺次检讨连接行为和结果的事实经过，在依照自然法则、经验法则或者说是盖然性法则将其中的各个环节联系起来的场合，就肯定条件关系。和假定消除法中追问"'无前者则无后者'吗？"相反，其以探讨"'有前者就有后者'吗？"为基本内容。以公式来表示的话，就是在 P 行为引起 Q 结果的时

---

① 张明楷教授认为，结果回避可能性是实行行为的前提。参见张明楷：《刑法学》（上）（第六版），法律出版社 2021 年版，第 234 页。

② 参见陈文涛：《条件公式的检讨与反思——合法则的条件说之提倡》，载方小敏主编：《中德法学论坛》第 16 辑·下卷，法律出版社 2019 年版；孙运梁：《因果关系与客观归责论》，社会科学文献出版社 2021 年版，第 27 页；张明楷：《刑法学》（上）（第六版），法律出版社 2021 年版，第 235 页。反对合法则条件说的见解，参见邹兵建：《合法则性条件说的厘清与质疑》，载《环球法律评论》2017 年第 3 期。

③ 参见［德］约翰内斯·韦塞尔斯：《德国刑法总论》，李昌珂译，法律出版社 2008 年版，第 97 页。

④ 参见［德］汉斯·海因里希·耶塞克、托马斯·魏根特：《德国刑法教科书》（上），徐久生译，中国法制出版社 2017 年版，第 384 页。

⑤ 参见［德］克劳斯·罗克辛：《德国刑法学总论》（第 1 卷），王世洲译，法律出版社 2005 年版，第 235 页。

候,假定条件公式将条件关系理解为“非 P 则非 Q”,相反地,合法则条件公式就是“若 P 则 Q”。

举例而言,如在医生甲为了救助被毒蛇咬伤的患者 A 而准备向其注射血清,但行为人 X 试图阻止医生的行为,将唯一的注射器损坏,导致医生的注射无法进行,A 因此而死亡的场合,在判断行为人 X 的损坏注射器的行为和患者 A 的死亡结果之间有无条件关系的时候,按照假定条件公式,就是检讨“‘没有 X 的损坏注射器行为,A 会死亡’吗?”这一问题。本案中,在医生甲不注射血清的前提下,X 即便不损坏注射器,A 也会因为蛇毒发作而死亡。因此,条件关系被否定。但这与事实差别太大。因此,假定条件公式论者不得不对该公式进行修正,认为即便是作为犯的场合,也可以通过附加假定事实即并未变为现实的“医生甲注射血清”而肯定条件关系。只是,这种场合下,为什么可以附加假定事实呢,其理论根据并不清楚。[①] 相反地,按照合法则的条件公式,行为人 X 不损坏注射器的话,医生甲就能给患者 A 注射血清;医生甲能注射血清的话,患者 A 就不会死亡。因此,X 损坏注射器的行为和患者 A 的死亡结果之间,存在能够以自然法则加以说明的条件关系。

同样,刑法理论上,因为涉嫌违反“罪疑时有利于被告人”原则而饱受质疑的疫学证明方法,在合法则条件之下,也能被正名。[②] 因为,合法则条件理论中的“法则”,不限于已经被证明的自然科学上的法则,很多经验知识也包括在内。这种建立在经验知识基础之上的经验法则,只要不和科学法则相矛盾,就能包含在“法则”之中。因此,即便不能说明自然科学的发生机制或者病理机序,但使用统计学的方式,作为大量观察的结果,能够证明疫学因果关系的存在时,就能认定合法则条件关系。[③]

---

① 山口厚教授认为,这种观点完全是有别于假定消除公式而另外就事实关系作出判断的,因此,其已经不再是对上述关系的修正。既然如此,倒不如以其他公式取而代之。参见[日]山口厚:《刑法总论》(第三版),付立庆译,中国人民大学出版社 2018 年版,第 54 页。

② [日]西田典之著,桥爪隆补订:《刑法总论》(第三版),弘文堂 2019 年版,第 100 页。

③ 参见[日]山中敬一:《刑法总论Ⅰ》(第三版),成文堂 2015 年版,第 272、273 页;张明楷:《刑法学》(上)(第六版),法律出版社 2021 年版,第 240 页。

支持合法则条件说的论者认为,和假定消除公式相比,合法则条件说更为优越。首先,其不会导致刑事评价范围过广。因为,和在假定条件关系之下,行为和结果之间是必要关系的情形不同,在合法则条件关系之下,行为和结果之间属于充分关系,其直接从构成要件行为出发,考察行为和结果之间的实际作用力,而不必无限地溯及引起结果的所有条件。[①] 其次,合法则条件说能够取代假定消除条件说。因为,“非 P 则非 Q”只是判断行为与结果之间是否存在事实关系的辅助公式,本身并不能说明行为就是结果的原因,相反地,在合法则条件公式之下,只要能够确定行为与结果之间存在事实关系、行为成为后续结果的原因、正是基于前行为的作用而引发了后续结果,就能说明行为与结果之间存在事实关系。最后,按照合法则关系公式,无论是假定因果经过的事例还是择一竞合的事例,通常都能肯定条件关系。正因如此,有力学说认为,如果说引起结果是成立结果犯的最重要因素的话,其就不是从反面说明“因为没有前行为,所以没有后结果”,而应当是从正面说“正因为有前行为,所以才有后结果”,对这一公式表达了好意。[②]

但是,针对合法则条件公式,也有以下疑问:

首先,真的能够克服假定消除条件说所具有的认定范围过广的弊端吗?存在疑问。这种观点认为,确实,合法则条件说适合确认事实和事实之间的自然科学的联系,但不适合明确刑事责任的基础并对其发挥限定作用。[③] 因为,按照合法则条件说,只要能确定具体事实之间的推移关系(A→B→C),并且从先行事实当中引起后行事实(A 引起 B,B 引起 C)属于现实存在的事实,则按照自然科学的法则,所有的行为和结果之间,都能肯定因果关系。这样说来,假定条件关系说的条件关系认定范围过广的弊端,在合法则条件说之

---

① 参见陈文涛:《条件公式的检讨与反思——合法则的条件说之提倡》,载方小敏主编:《中德法学论坛》第 16 辑·下卷,法律出版社 2019 年版。

② 参见孙运梁:《因果关系与客观归责论》,社会科学文献出版社 2021 年版,第 28 页。

③ 参见[日]山口厚、井田良、佐伯仁志:《理论刑法学的最前线》,岩波书店 2007 年版,第 3 页。

下,也照样存在。

其次,和假定消除条件说之间在思考方式上没有实质性的差别。假定消除公式和合法则公式的适用,都以事先已经确切知道行为和结果之间的联系为前提。如就轻伤他人之后,他人在送医过程中遭遇车祸而死亡的场合("救护车事件")而言,正是因为人们已经知道,如果没有遇到车祸就不会发生他人死亡结果,所以才有了假定消除公式的应用。合法则条件公式也是如此。就上述案例而言,轻伤他人导致死亡,不合乎(经验)法则;轻伤他人之后送医过程中遭遇车祸,也不合乎(经验)法则;车祸引起死亡,才合乎(经验)法则,因此,结论是,轻伤他人不是引起他人死亡的条件,车祸才是引起他人死亡的条件。由此可见,假定消除条件说和合法则条件说,二者的适用前提是一致的,合法则条件说并不能克服假定消除条件说的不足。①

最后,合法则条件说自身存在难以克服的缺陷。批判意见认为,在自然科学因果关系的认定上,能否以主流意见或者学术代表人物的意见认定是否合乎法则,没有令人满意的答案;在社会科学领域因果关系的认定上,难以找到具有普遍性的法则;在具体因果关系层面,其所采用的力学、物理学的判断标准,在逻辑上自相矛盾,在不作为的场合还会得出错误结论。②

确实,就条件关系的判断而言,假定消除条件说和合法则条件说在结论上差别不大,而且在思考方式上也没有实质性的差别。但在说理的直接性、明快性上,合法则条件说要略胜一筹。不仅如此,如果说假定消除条件说和合法则条件说的存在意义仅仅在于,判断(实行)行为和(构成要件)结果之间的事实结合关系,而不是其他,在其判断上只能客观形式地进行的话,则合法则条件说的不足也会显现出来。刑法上的条件关系,说到底是事实关系(有或者无),不应当介入一般人经验法则之类的规范判断。但合法则条件说,在前行为和后结果之间有无引起与被引起的条件关系的判断上,在自然

---

① 参见周光权:《刑法总论》(第四版),中国人民大学出版社2021年版,第121页。

② 参见邹兵建:《合法则性条件说的厘清与质疑》,载《环球法律评论》2017年第3期。

法则或者说盖然性法则的名目之下，将前后事实经过的通常性乃至是否合乎科学法则作为判断标准，这显然已经超出了条件说的范围，而将后文要提及的作为归责判断基准的相当性的思想融入了其中。从此意义上讲，合法则条件说，和前述规范条件关系说一样，已经不完全是传统意义上的行为和结果之间的事实关系判断公式，而变身为具有价值规范判断属性的归责关系公式。

三、法律因果关系论

明确地提出应当结合规范要素，对传统的假定消除条件说在刑法因果关系上认定过宽的弊端进行限定或者说修正的，是相当因果关系说，以及在此基础上更进一步的客观归责论。

（一）相当因果关系说及其问题

相当因果关系说并非独立的因果关系论，而是在条件说之上所成立的见解；其作用并不是否定条件关系，而是对条件关系说牵连过广的现实进行限定。[①]

相当因果关系说认为，就刑法因果关系的判断而言，仅仅具有条件关系还不够，只有在该条件关系，符合一般人的日常生活经验的场合，才能被认可。如何判断是否“符合日常生活经验”，通说将其理解为，发生结果的因果流向，从行为时来看，属于能够预测的情形，相反地，在条件关系属于偶然的、罕见的、异常的情形时，因果关系就要被否定。[②] 按照这种想法，前述“救护车事件”就属于日常生活经验上罕见的偶发情况，偏离了我们日常生活经验的因果流向，因此，行为人和被害人的死亡结果之间，尽管有条件关系，但不具有相当关系，行为人不对死亡结果担责，而仅仅承担故意伤害罪的刑事责任。

对于相当因果关系的认定而言，最为重要的是，将什么范围的事实作为相当性的判断基础。对此，有主观说、客观说、折中说三种

---

① 参见黄荣坚：《基础刑法学》（上），台北，元照出版有限公司2012年版，第280页。但在我国，通说见解对其不作严格区分，一般都将其作为“因果关系论”对待。与德国在合法则条件说的基础上考虑相当因果关系说的情形不同，日本是在消除假定说的基础上考虑本学说的。

② ［日］井田良：《讲义刑法学·总论》（第二版），有斐阁2018年版，第132、133页。

见解，其中，(1)客观说主张行为时发生的全部事实，以及能够预见的行为后的事实；(2)主观说主张行为人行为时所能认识到的，以及能够预见的行为后的事实；(3)折中说主张行为时一般人所能认识的事实以及行为人所特别认识(不是“能够认识”)的事实。[①] 上述三种见解的共同点是：(1)以“条件公式”的存在为前提；[②](2)以只有在从行为中引起一定结果属于“相当”的场合为标准；(3)属于体系定位中的“前规范”性评价，即刑法上的“相当因果关系论”属于构成要件的内容，是先行于违法论、责任论的构成要件符合性的事实判断。[③]

相当因果关系说一度是日本的通说，对我国的影响也很大，但近年来，其却受到了以下几方面的批判：

一是相当性的标准不明确。相当因果关系说中的“相当性”，就是以行为人行为时所认识或者预见的事实为基础，以一般人为标准，判断结果发生的“客观可能性”乃至“一般可能性”，即从生活经验的角度来看，从行为到结果之间的过程流向并不异常。但何为“异常”，标准极不明确。有从“高度定型性”“高度盖然性”的立场出发，有认为是“50%以上的可能性”的见解；有认为“仅就非常罕见的，行为人支配范围以外的例外现象”才要否定相当因果关系的见解。另外，还有认为所谓“并不相当”，就是“排除极为偶然的宗旨”的见解，莫衷一是。[④] 同时，在将“经验上是否异常”作为相当性判断的基准的时候，其和合法则条件说中的“法则”即“自然法则、经验法则或者说是盖然性法则”之间，如何区分，也是问题。[⑤] 特别是，关于“相当性”和以下三点，即(1)是不是要将相当事实作为判断基础而判断(判断基础)；(2)以什么时候的谁的经验知识为判断

---

① ［日］高桥则夫、伊东研祐、井田良、杉田宗久：《刑法总论》，日本评论社2005年版，第137~139页。

② 作为众多相当因果关系说的前提“条件关系”的因果关系自身也有问题。在日本，将“没有A就没有B”的所谓“假定条件”作为判断相当因果关系的前提，但“因果关系”本来就是原因和结果之间的关系，应当将其理解为“有A就有B”这种引起结果的积极的事实关系。德国也是这么理解的。

③ ［日］铃木茂嗣：《刑法总论》(第二版)，成文堂2011年版，第166页以下。

④ 参见［日］山中敬一：《刑法总论Ⅰ》(第三版)，成文堂2015年版，第279页。

⑤ 参见［日］西田典之著，桥爪隆补订：《刑法总论》(第三版)，弘文堂2019年版，第106页；邹兵建：《合法则性条件说的厘清与质疑》，载《环球法律评论》2017年第3期。

基准(相当性的基准);(3)什么程度的盖然性(相当性的程度),紧密相关。其中,主观说和折中说因为在第(1)点的判断中掺入了主观因素,使本来属于"客观"要素的因果关系,变得为行为人的"主观"所左右的一点上受到批判;客观说在有关犯罪的实行行为性的行为客观危险性的判断和因果关系判断如何相关,或者是不是应当被区别开来的一点上不清不楚而遭到质疑。

二是对从行为到结果之间的因果经过并不寻常的案件无能为力。如在日本"大阪南港事件"之类的案件中,介入第三人的故意暴行是非常偶然的罕见事态。但是,在此,以实行行为为死因的伤害已经形成,介入事实只是促进了伤害的致命作用,使死亡时间稍稍提前而已,因此,日本法院没有按照相当因果关系说的思路,而是依照危险现实化的见解,认定实行行为和死亡结果之间具有因果关系。[①] 同样的问题,在前述我国的"王某双强奸案"中也存在,只不过介入因素变为了被害人自己的行为而已。

三是难以判断介入事情对结果的贡献程度。相当因果关系说之下,即便说介入事情是可以预见的因素,要列入判断的基础,但即便是这种场合,相当因果关系说也是仅仅看"行为→介入事情→结果"这种因果流程是否正常,而不考虑介入因素对结果的贡献程度。但事实上,刑法因果关系更主要的还是一种归责判断,在存在介入

---

① "大阪南港事件"中,被告人对被害人施加暴行导致其脑内出血,之后将丧失意志的被害人放在大阪南港的一个仓库,之后被人用角材殴打头部,使被害人的死期稍微提前。尽管介入了第二行为人的暴行这种异常事态,但法院仍然肯定了因果关系。上述内容,参见日本最决 1990 年(平成二年)11 月 20 日,《刑集》第 44 卷第 8 号,第 837 页。按照当时学界流行的相当因果关系说,上述判例结论是不可思议的。因为,本案中第二暴行的介入,是在第一暴行的当时行为人所难以想象的罕见事态,但是,本案判决将这种介入因素列入了考虑当中;同时,按照传统学说,尽管第二暴行只是使被害人死亡时间稍稍提前,但也还应当属于杀人,但本案中却没有将这一结果归属于作为介入因素的第二暴行,而是归于了已经形成死因的第一暴行。换言之,就该案的裁判来看,法官的考虑是,尽管有因果经过的异常性、偶然性,但在实行行为成为死因的场合,还是能够肯定因果关系。也正因如此,本案的调查官说,本案的场合,相当性说对介入事实的异常性,该如何处理,并不清楚;以因果经过的异常性为基准的相当性说,和将行为对结果的贡献度为中心,将此二者结合起来,具体探讨的实务思考方法迥异,由此而引发了所谓"相当因果关系说"的危机。参见[日]西田典之著,桥爪隆补订:《刑法总论》(第三版),弘文堂 2019 年版,第 113 页。

事情的场合,必须判断所产生的结果到底是实行行为的产物还是介入因素的产物,从而决定谁要对结果担责。① 相当因果关系说不考虑介入事情对结果的贡献程度的特点,决定了其难以胜任划定合适的归责范围的职责。

本书认为,相当因果关系说,本是考察行为引起结果是否符合一般人的日常生活经验,在得出肯定结论的场合,才能认可因果关系的见解。但遗憾的是,其在应用过程中,考察重心发生了偏离,逐渐转移到考察行为引起结果的过程中,其他因素(包括行为人的因素、被害人的因素、第三人的因素以及自然因素)的介入是否异常上,不符合相当因果关系说的本意,因而尽管其对结果是否归属于行为的判断有一定参考价值,但对于行为和结果之间存在介入因素之类的特殊情况,难以提供有实质意义的帮助,这是其致命不足。另外,本说将行为与结果之间的因果关系的判断求之于"一般人的日常生活经验",虽然和将刑法作为人们的日常生活指南的行为规范的理解具有一致之处,但是,"一般人的日常生活经验"作为因果关系的判断标准过于模糊,实践中难以操作,这也是其重大缺陷。正因如此,便有了下述的客观归属论的兴起。

(二)客观归属论述评

对上述相当因果关系说的缺憾进行弥补的,就是起源并流行于德国,并对我国当今的因果关系论有重大影响的客观归属论。客观归属论是考虑所发生的结果是不是行为人的行为的贡献的理论的总称,其以某结果和某行为之间,具有什么样的关系的时候,能够评价为该结果是该行为的贡献或者作品,从而将该行为评价为"结果犯"的既遂形态为主要内容。因为其并不重点考察行为和结果之间是不是具有引起和被引起关系,而是重点考察现实发生的结果是不是行为人的贡献而由行为人担责,故被称为"归属"。为了将和对行为人自身的行为归属即"主观(责任)归属"区别开来,人们习惯地将这种对客观行为的"结果归属"称为"客观归属"。②

---

① 参见[日]井田良:《讲义刑法学·总论》(第二版),有斐阁2018年版,第141页。

② 参见[日]铃木茂嗣:《刑法总论》(第二版),成文堂2011年版,第166页。

在德国,客观归属论之所以成为有力说,在其背景当中,存在对条件说"在自然科学的乃至因果的考虑当中,不能认可发生结果的诸条件之间所存在的价值上的差别"的不满。换言之,其认为因果性思考在条件说中走到了尽头。连同前述的相当因果关系说在内,都是在考虑如何在法的重要性上限定结果的归属范围。但这种考虑已经不是传统事实因果关系论,而是具有规范性质的因果考虑。如此说来,客观归属论,从其沿革来看,也是在构成要件论中,对条件关系(因果关系)无限溯及的特点进行规范限定的理论。①

客观归属论的特点是,在所谓体系性、政策性指导理念之下,根据各个事例类型,体系化地建构具体下位基准,从目的合理主义的观点出发,提出与规范的、事实的观点相应的归属基准。日本学者山中敬一认为,现代的客观归属论有三大支柱:一是条件关系意义上的因果关系,称为条件的因果关联。其考虑实体的因果关系,是归属论的存在论基础。二是以因果关系的存在为前提,从行为危险性的概念发展而来的危险创制,在此,将从行为时到行为结果发生时为止的危险作为问题,也考虑对其规范评价。三是危险实现。其在将事后查明的全部事情考虑之后,追问所创造出来的危险,是不是在规范保护目的所包含的结果当中变为了现实。这种危险实现当中,包含历来在相当因果关系说中所处理的、经验上看,行为所创制出来的结果在经验上是否典型,是不是能规范地包含在法条射程范围之内的"狭义危险实现"等内容。②

一般认为,从相当因果关系说特别是其中的客观说的立场向客观归属论转向,没有太大的理论障碍。危险创出和危险实现的判断,和客观的相当因果关系说中作为问题的"实行行为相当性"以及"因果经过相当性"的理论框架之间多有重合;特别是从裁判时的

---

① 参见[日]山中敬一:《刑法总论Ⅰ》(第三版),成文堂2015年版,第261页。

② 参见[日]山中敬一:《刑法总论Ⅰ》(第三版),成文堂2015年版,第291、292页。我国学者也有类似见解,认为客观归责理论将因果关系与归责问题相区别,因果关系以条件说为前提,在与结果有关系的行为中,只有在行为制造了不被允许的危险,且该危险在符合构成要件的结果中变为了现实时,才能将该结果归属于该行为。参见张明楷:《刑法学》(上)(第六版),法律出版社2021年版,第228页。

视角出发,斟酌行为后的事实,考虑行为和结果之间的因果关系,不得不以行为时的相当性判断为中心时,二者更具亲近性,[①]因此,有学者认为,相当因果关系说是"一种不称职的归责理论"。[②]

但也正因如此,客观归属论的理念虽然被日本和我国不少学者所推崇,可是否要全盘引进,却有不同意见。井田良认为,客观归属论所主张的危险创出和危险实现的判断,几乎就是实行行为和相当因果关系的对应物,是不是有必要将客观归属论作为与历来的因果关系论不同的框架另外加以讨论,值得怀疑。[③] 同样,西田典之也认为,客观归责理论的核心是,创制出被允许的危险和该危险在结果当中变为现实,这可以说是与日本的实行行为性的判断和相当因果关系论对应的见解。除此之外,客观归责论中的危险减少论、日常行为论、注意规范的保护目的论、自我答责性、禁止溯及论等归责限定理论,均可以融合在日本现有的学说当中,因此没有必要全面引进客观归责理论。[④] 同样,在我国,也有学者认为,客观归责理论虽然是德国刑法理论的通说,但并非没有疑问。[⑤]

从本书的角度来看,客观归属和因果关系尽管叫法不同,但其作用和目的却是一样的,都是为了解决现实发生的结果是否可以说是行为的贡献或者归属于行为的问题。受制于德、日三阶层论的传统理解,作为犯罪构成要件客观要素内容的因果关系判断,必须客观、形式地进行,不得掺入任何实质的、规范的价值判断的内容。价值规范要素的判断是实质判断,只能放在犯罪认定的第二阶段、第三阶段即违法性、有责性的阶段进行。[⑥] 但实际情况是,即便在三阶

---

① [日]前田雅英:《刑法总论讲义》(第七版),东京大学出版会2019年版,第138页。

② 参见孙运梁:《因果关系与客观归责论》,社会科学文献出版社2021年版,第95页。

③ 参见[日]井田良:《讲义刑法学・总论》(第二版),有斐阁2018年版,第143页。

④ 参见[日]西田典之著,桥爪隆补订:《刑法总论》(第三版),弘文堂2019年版,第119、120页。

⑤ 参见张明楷:《刑法学》(上)(第六版),法律出版社2021年版,第239页。

⑥ 按照德日三阶层论的见解,构成要件,从罪刑法定原则的立场来看,是刑法所禁止的行为的类型化,发挥着明确告诉国民禁止什么、允许什么的机能,内容必须简明易懂,因此,其不是实质的、综合的判断,而是抛开了个别、具体现象的形式判断。其意味着侵害法益或者具有侵害法益危险的行为,原则上被禁止。以上内容参见[日]山中敬一:《刑法总论Ⅰ》(第三版),成文堂2015年版,第132页。

层犯罪论体系之下，本应和实质判断的违法性、责任判断分开，客观、形式地进行的构成要件符合性判断，在现实应用中，无论如何也难以撇开“是不是值得处罚”的规范评价。① 就作为具体犯罪构成要件客观内容的因果关系的判断而言，同样不可避免地会面临理念和现实分离的问题。刑法因果关系的判断，就是其典型体现。既然现在的刑法通说仍然承认因果关系概念的存在，而且仍然将其放置在犯罪构成的客观要件部分，则不得不说，有无刑法因果关系的结论，在形式上看似客观的事实判断，但其中不免会加入价值或者规范判断的内容，这是必须承认的现实。从此意义上讲，以客观归属论替代传统的因果关系论，并在其中加入规范、价值判断，是为了弥补传统因果关系论之不足不得已而为之的做法，有其现实必要性。只是，正如日本学者佐伯仁志所言，客观归属论作为问题而提出的，已经超出了法律因果关系论所对应的部分，涉及过失犯论、共犯和正犯论，以及各论构成要件解释论等众多领域，几乎涵盖了客观的构成要件论的全部内容。将这么多的问题和法律因果关系的问题一道，都概括在客观归属论这一超级领域，有多大意义，值得怀疑。②

四、本书的立场

由因推果、以果溯因，乃人类智慧的本性。只见结果、不问原因，会让人在具体问题的处理上陷入盲目。在以发生实害结果为犯罪成立条件以及从重处罚根据的刑法世界中，尤其如此。只是，在刑法学中探讨因果，和人们日常生活中谈论此类话题时，意义不太一样。在刑法学中探讨因果，更多的是为了归责，即在已知行为和结果的前提下，能否让行为人基于该行为对该结果担责；而人们日常生活中的因果探讨，更多的是探讨犯罪原因。但犯罪原因的查明，在刑法世界由作为经验科学的犯罪学完成，而刑法因果关系的探讨，是以法庭上所查明的事实为依据，以确认现实发生的危害结

---

① 参见［日］前田雅英：《刑法总论讲义》（第七版），东京大学出版会 2019 年版，第 31、32 页。

② 参见［日］佐伯仁志：《刑法总论的思之道 · 乐之道》，有斐阁 2013 年版，第 73 页。

果就是行为人实施的危害行为中所包含的危险转化为已任。

因果关系，作为具体犯罪构成客观要件的内容，应当具有普遍性，不应当为刑法上的目的性所完全修正。换言之，刑法上的因果关系概念，不应当和自然科学或者社会科学所使用的因果关系概念之间有重大偏离。因为，正如刑法学上的“人”“死亡”概念，如果完全不同于生物学、医学上的理解，就会招致重大混乱一样，普遍性的概念，应当适用于所有具有普遍性特征的情形。刑法因果关系概念，虽说因伴随有刑法规定的目的性和规范性的特征而与自然科学乃至社会科学上的概念有别，但二者之间的差别不至于达到完全无关的程度。换言之，将不具有自然科学、社会科学意义上的因果关系结果认定为刑法上的结果，同样是没有说服力的。这样说来，刑法因果关系论，还是应当以自然科学乃至社会科学上的因果关系论为前提，从法律或者规范角度进行限定。脱离因果关系的普遍属性，完全从刑法的规范性角度来论因果关系，只会导致刑法因果关系判断中的人为恣意。这一点，从前述各种因果关系学说虽然越来越强调因果认定中的规范因素，但却都是在强调“归因”基础上的“归责”，即在行为与结果的事实关联基础上，考虑刑法的目的性或者价值规范性的一点上，就能窥豹一斑。只是查明刑法因果关系时，是不是一定将“归因”与“归责”分开来论，这是值得探讨的问题。

本书认为，在德日的三阶层犯罪构成体系之下，采用“归因”与“归责”分开来论的方式，是有其必要性的。但是，如果像我国一样，将刑法因果关系定义为“危害行为（实行行为）[①]和危害结果之间引起与被引起的关系”的话，就不一定有这种必要。

如前所述，在德、日，受制于其犯罪认定上所采用的“构成要件

① 从规范的角度来看，刑法通过设立禁止伤害行为的规范而意图回避的结果当中，并不包含偶然事故所导致的死亡结果在内。“救护车案”中，被害人的死亡，是和行为人甲最初的伤害行为的危险无关的偶然伴随结果，其和甲在自己家里招待朋友时，因为到了深夜，于是甲叫出租车送朋友回家，途中遭遇交通事故身亡的场合一样，纯粹属于日常生活中也会遇到的偶然事实。如果说刑法中的禁止伤害规范连该种结果都包括在内的话，则在家招待朋友或者乘坐出租车之类的日常活动也不得不予以禁止。这显然是难以想象的。因此，刑法因果关系，并不只是危害行为和危害结果之间的关系，更是危害结果是不是能够归属于危害行为的关系。

符合性、违法性、有责性”的三阶层判断论，故其通说认为，构成要件是客观的、形式的、记述的、无价值的犯罪构成类型，其决定了“构成要件符合性”的判断，也必须是一种不带任何价值评判色彩的中立的形式判断。因果关系属于构成要件的客观内容，因此，行为和结果之间的因果关系符合性的判断也必须形式地、中立地进行。正是因为这种犯罪论体系论的影响，在德、日，早期的刑法因果关系的判断，大多采用了“非P则非Q”或者“若P则Q”这种不带任何价值评判色彩的条件公式。

但是，构成要件符合性的判断，不可能不考虑行为违法性的有无、程度而“价值中立地进行”。在划定构成要件所及范围时，不得不从保护法益的立场出发，从刑法法条的保护目的出发，对法条规定用语进行扩大解释或者缩小解释。其意味着，在构成要件符合性的判断上，也必须进行行为违法性的考虑。因此，形式的、价值中立的构成要件理论，除了作为刑法解释方法的文理解释以外，是不可能存在的。[①] 而且，构成要件符合性的判断中不能考虑价值判断，本身就是一个“伪命题”。否则，人们就无法解释，为什么要把“杀人”写成一种犯罪构成要件，而不把“吃饭”“散步”写成一种构成要件？因此，所谓构成要件符合性只是在描述一个利益侵害事实，并不涉及行为评价问题，只有违法性的检验，才涉及对行为评价问题的说法并不符合事实。[②] 如此说来，在犯罪的认定上，只要说具有客观的构成要件符合性，其一定是既包含了事实又包含了规范、既包括了形式上的符合又包括了实质在内的符合，而不可能仅仅是事实上、形式上符合。既然如此，作为构成要件客观要素之一的因果关系判断，也不可能仅仅是形式的、无价值的判断，其中必然要加入规范的、价值的内容。在有关刑法因果关系的学说当中，大量加入规范或者价值的考虑，就是这种原因。“规范条件关系说”中的“结果回避可能性”，“合法则条件说”中的“法则”，“相当因果关系说”中的“相当性”“客观归属说”中的“合目的性”等，就是其体现。只是，在刑法因果关系的判断上既考虑事实又考虑规范，是不是一定要采用

---

① 参见［日］井田良：《讲义刑法学·总论》（第二版），有斐阁2018年版，第98页。

② 参见黄荣坚：《基础刑法学》（上），台北，元照出版有限公司2012年版，第182页。

“归因+归责”的两阶层论，恐怕未必。

和前述德、日的“归因+归责”两阶层论的判断方式不同，我国在因果关系的判断方式上，采用的是直接将因果关系定义为“危害行为和危害结果”之间的引起和被引起的关系的方式。从刑法因果关系的判断中既考虑事实又考虑规范、既看形式又兼顾实质的角度来看，应当说，这是一种高明之举。一方面，因为将刑法因果关系定义为“危害行为和危害结果之间的关系”，故在形式上其并没有改变因果关系属于具体犯罪构成要件的客观内容的一面，符合犯罪构成划定犯罪成立范围，满足罪刑法定原则的要求；另一方面，由于强调是“危害行为和危害结果之间的关系”，而所谓“危害行为”，按照我国刑法学的通说，是指在人的意志或者意识支配下实施的危害社会的身体动静，是“立法者即统治阶级以自己的价值标准对人类行为进行价值评判的结果”，[①]这样就消除了前述依据“条件说”等公式所推导出来的因果关系认定中与生俱来的事实的、形式的缺陷。按照这种理解，长期以来一直困扰德、日刑法学者的、在“条件说”之下，会将因果关系的范围认定得过宽，将杀人凶手的母亲产生（杀人凶手）的行为、肇事汽车的生产商的制造（肇事车辆）的行为也会囊括进来的难题，就能迎刃而解。母亲生孩子的行为、工厂生产汽车的行为，尽管有风险，但是从人们的日常生活经验来看所允许的行为，都不能说是“危害行为”。[②]

---

① 参见高铭暄、马克昌主编：《刑法学》（第九版），北京大学出版社、高等教育出版社 2019 年版，第 60、61、73 页。现实发生的行为，能否将之作为刑法处罚对象的“危害行为”，必须对照刑法预防犯罪的目的进行判断。对没有侵害法益危险性的行为，没有刑法预防的必要。因此，成为刑法处罚对象的危害行为，必须限定于具有侵害法益危险的行为。这种行为就是“危害行为”。在刑法因果关系的判断上，必须以其为起点。

② 当然，“危害行为”也会因为过于实质化而遭人非议。从理论上讲，因果关系只能是实行行为和结果之间的关系，而实行行为是着手实行犯罪之后的行为，与危害行为不完全一致。因此，使用危害行为来说明刑法因果关系中作为原因的“实行行为”，是否合适，存在争议。但是，在妻子出于杀夫的目的而将毒酒放在书架上，准备等丈夫下班交给其饮用，但不料其他客人竟然自己将其饮用以致身亡的场合，妻子的行为构成杀人预备罪就不用说了，另外还要构成过失致人死亡罪，二者之间存在竞合关系。这种场合下，过失致人死亡罪属于必须考虑因果关系的结果犯，也存在实行行为和危害结果之间的关系，将“毒酒置于书架上”的行为，尽管是故意杀人罪的预备行为，但其却是过失致人死亡罪的实行行为，因此，为了周延起见，将上述场合下的行为，称为“危害行为”，并无不可。

但是,何为“引起和被引起的关系”,则有进一步探讨的必要。从字面上看,这种说法只是对因果关系发展经过的一种客观描述,并没有涉及“‘引起’和‘被引起’关系何以会发生”“两者之间是如何‘引起’和‘被引起’”的因果关系的本质问题。不弄清楚这个问题,便无法真正理解刑法因果关系的含义,也无法为查明刑法因果关系提供借鉴。从我国的主流观点辩证唯物主义的因果观的角度来看,所谓因果关系,实质上是原因转化为结果的过程,是原因内部诸因素通过相互作用产生一系列变化的过程,而这些“变化”最终形成的状态,就是所谓“结果”。因此,所谓原因和结果之间的“引起”和“被引起”关系,实际上是“原因”和“结果”之间的“转化”关系。一切结果都有其原因,宇宙间没有无因之果;一切结果都蕴含在原因之中,原因中有结果的根据(“果潜于因”);原因和结果具有共同的本质(“因果同质”)。[①] 换言之,从原因过渡到结果,实质上是原因自身转化为了结果,结果则是一种变化了的原因;结果潜在地蕴含于原因之中,原因则以变化了的形态表现在结果的内容里,二者具有质和量的一致性。这种“果潜于因”和“因果同质”的因果同一性原理,对于我们判断刑法因果关系具有指导意义。

一般认为,实践中,刑法因果关系的争议,主要存在于以下两类案件:一类是“行为时存在特殊事情类型”的案件,如在被害人是重度心脏病患者,而行为人当时并不知道而且也难以知道的时候,由于行为人的轻微伤害引起他人心脏病突发,当场死亡的场合,就是如此。另一类是“行为后由于特殊情况的介入而导致结果发生的案件类型”。这种案件类型,根据中途介入情况的不同,还可以细分为:介入了行为人行为的场合;介入了被害人行为的场合;介入了第三人行为的场合。其中,“结果是实行行为所引起的,还是后来的介入行为所导致的”,成为讨论的中心。

上述两类案件之所以成为问题,就是因为其中存在“因果不同一”的情形。如在“行为时存在特殊事情”的场合,尽管发生了死亡结果,但该结果是否可以说是行为人的轻伤行为中所潜在原因的过

---

① 参见维之:《因果关系研究》,长征出版社 2002 年版,第 268~281 页。

渡或者转化,存在争议。其在我国司法实践的个案中有所体现。如在著名的“患癌女子求死案”中,被害人吴某因患癌症病痛难忍,自杀未果,便多次与其丈夫王某联系朋友徐某某,请求对方驾车撞死自己,帮自己解脱癌症的痛苦。后徐某某果然驾车将吴某撞倒,吴某经过一段时间的治疗后死亡。法医鉴定,“被害人吴某系癌症术后转移致多脏器功能衰竭死亡,车辆撞击所致损伤对其死亡进程稍有影响,其被车辆撞击所致的损伤程度为轻伤二级”。基于此,法院对被告人徐某某、王某以故意杀人罪,判处二人缓刑。[①] 本案当中,存在被害人吴某之死的结果是不是被告人徐某某驾车撞击行为所引起、二者之间是不是有刑法上的因果关系问题。依照前述“果潜于因”和“因果同质”的因果同一性原理,只有在死亡结果属于行为人的危害行为中所潜在的原因的转化时,才能说二者之间具有刑法上的因果关系。本案中,尽管被告人徐某某有驾车撞击被害人吴某的危害行为,但法医鉴定表明,该撞击行为所造成的损伤程度仅为“轻伤二级”,对被害人“死亡进程稍有影响”而已,[②]被害人的死亡结果“系癌症术后转移致多脏器功能衰竭”所致,不是这种“轻伤二级”程度的伤害行为的原因过渡或者说是现实体现,故法院认定,两被告人的危害行为和被害人的死亡结果之间不具有刑法上的因果关系,二人的行为构成故意杀人未遂,处以缓刑。

在“行为后由于特殊情况的介入而导致结果发生的案件”中,也存在同样的问题。这种场合,学说上通常认为,在判断行为和结果之间是不是具有因果关系时,必须考虑(1)实行行为和结果的关系(行为危险性的大小);(2)实行行为和介入事情之间的关系(介入事情的异常性的大小);(3)介入事情和结果之间的关系(介入事

---

① 参见江苏省句容市人民法院刑事判决书,(2018)苏 1183 刑初 13 号。

② 当然,本案中还涉及结果回避可能性,即被告人不实施故意撞击被害人,被害人就不会发生死亡结果的问题。根据因果同一性原理,如果事后来看,即便没有前面的原因,结果也会发生的话,就能推断说,结果并不是原因的过渡或者转化,二者之间不存在引起和被引起的关系。本案中,由于被害人在事发当时病情已经非常严重,即便没有被告人的驾车撞击行为,被害人也难逃行将就死的结果,因此,从结果回避可能性的角度来看,也可以说,行为人的撞击行为和被害人的死亡结果之间不具有刑法意义上的因果关系。

情对结果贡献度的大小）这样三个要素，以决定危险的现实化。[1]在行为和结果之间即便有引起结果的介入因素，但该介入因素属于实行行为的伴随状态或者为实行行为所诱发时，仍然可以说，结果是行为中所潜在的危险的现实化。这一点在我国司法实践中也有体现。如在“杨某某、杜某某放火案”中，被告人的辩护人提出，本案起火是被害人高某开手电而引起，被告人的行为应认定为犯罪预备。但法院基于以下理由，认定被告人的犯罪行为与高某某家火灾的发生之间有刑法上的因果关系。即（1）被告人趁高某某家人在屋内熟睡之际，向屋外门窗泼洒汽油并敲碎玻璃向屋内泼洒汽油的行为，必然引起屋内的人使用照明设置，进而引发火灾，也就是说，被害人使用手电照明的行为系被告人先前切断电源行为所致。（2）着火的结果仍是被告人泼洒汽油的行为造成的，被害人的举动只是使着火结果比被告人预想的提前发生，但丝毫不改变被告人泼洒汽油的行为对着火结果的原因力。（3）即使没有被害人的照明行为，被告人已经着手实施的放火行为依然会继续，直到危害结果发生。[2] 本案属于行为后有被害人因素介入的类型。在本案因果关系的判定中，法官考虑的因素是：被害人深夜切断被害人家电源，向被害人父母所在室内开窗泼洒汽油，必然导致被害人使用照明设置的行为。换言之，这种危害行为中潜藏着被害人在危险环境下实施危险行为的必然性；被害人的举动只是使火灾结果提前发生，不影

① 参见黎宏：《刑法学总论》（第二版），法律出版社2016年版，第67页。

② 参见《杨某某、杜某某放火案［第1117号］——刑法上因果关系的认定》，载陈兴良、张军、胡云腾主编：《人民法院刑事指导案例裁判要旨通纂》（上卷）（第二版），北京大学出版社2018年版，第5页。本案事实为：被告人杨某某因高某某与其断绝不正当男女关系，产生了报复高某某的想法，找到被告人杜某某要求其去高某某家放火实施报复。杜某某驾驶一辆面包车拉着杨某某，经预谋踩点后于2012年2月6日晚携带汽油、稻草、爆竹、盆子、打火机等放火工具到高某某家院墙外蹲守。当晚1时许，二被告人见高某某家东屋居住的人已熄灯入睡后，杨某某在院墙外放风，杜某某携带汽油、稻草、爆竹、盆子、打火机等放火工具进入院内，先断了高某某家的电源开关，将汽油泼洒在东、西屋窗台及外屋门上后，用木棍击碎有人居住的东屋玻璃窗，向屋内泼洒汽油。东屋内居住的高某某的父母高某、卢某某被惊醒后，使用警用手电照明后开启电击功能击打出电火花，引发大火将高某、卢某某烧伤，房屋烧坏。卢某某因大面积烧伤，导致休克、毒血症以及多脏器功能衰竭，经抢救无效死亡；高某损伤程度为重伤；高某某家被烧坏房屋的物品价值为4672元。

响着火的结果仍是被告人泼洒汽油的行为所引发的性质。换言之，着火结果仍然是泼洒汽油行为中潜在危险的现实转化，因而肯定了被告人的行为和结果之间的因果性。

如此说来，在将刑法因果关系定义为"危害行为（实行行为）和危害结果之间引起和被引起的关系"时，可以说，危害结果实际上就是危害行为中所潜在的原因的存在状态的转化而已，即由潜在的危险状态转化为了现实的实害状态，而且，这种转化必须是同质转化，即原因和结果只是同一内容的不同表现形态。不具有这种质量一致性的转化，不能说是具有因果关系。也正因如此，所以，才有了那句名言：结果之所以是必然的，因为它正是原因的表现，或者说就是那个成为原因的必然。①

按照上述理解，在刑法因果关系的判断上，没有必要采用"归因+归责"的两阶层判断，在将"危害行为"作为刑法因果关系起点的前提下，只要依据因果关系同一性原理，客观事实地判断危害结果是否现实化了的原因，或者说是前面的危害行为当中所具有的危险的现实化即可。只是该如何依据因果关系同一性原理判断刑法上所要研究的因果关系的具体类型，则是在我国学界方兴未艾的"行为危险现实化说"的研究内容，在此不做赘述。②

---

① 参见［德］黑格尔：《逻辑学》（下卷），杨一之译，商务印书馆1976年版，第217页。

② 其具体内容参见黎宏：《因果关系错误问题及其应对——以行为危险现实化说的再阐释为中心》，载《法学研究》2022年第1期。其文已有论述，在此不做展开。

第二章　因果关系错误及其应对

一、问题意识

所谓因果关系错误，是指虽然在行为人认识的对象上发生了结果，但引起结果的因果进程与行为人事先所预想的不一致的场合。其和因果关系是否是故意的认识对象、因果关系错误论是否有存在必要等问题密切相关，近年来成为学界的热门话题。[①] 依照刑法学通说，因果关系属于犯罪构成的客观内容，对引起结果的因果关系发生误认，实际上就是对具体犯罪构成的客观事实发生了认识错

---

① 也有学者将"因果关系错误"称为"因果流程偏离"。从本书的角度来讲，二者所要解决的虽是同一个问题，但代表的是两种不同解决问题的路径，这一点需要注意；另外，我国现有的犯罪论体系中并没有"因果关系偏离"的存在空间，因此，本书仍然沿用传统的"因果关系错误"概念，并试图在现有的理论框架之中寻求其解决路径。有关"因果关系错误"的见解，主要参见张明楷：《刑法学》（上）（第六版），法律出版社 2021 年版，第 362 页；付立庆：《刑法总论》，法律出版社 2020 年版，第 206 页以下；黎宏：《刑法学总论》，法律出版社 2016 年版，第 210 页。有关"因果关系偏离"的代表性论文，主要有：周啸天：《结果的提前实现——既有学说批判与结果归属认识论提倡》，载《清华法学》2020 年第 4 期；阎二鹏：《因果流程偏离与故意既遂归责的实现——兼议主客观相统一原则的再表述》，载《政法论坛》2020 年第 4 期；柏浪涛：《狭义的因果错误与故意归责的实现》，载《法学》2016 年第 3 期；欧阳本祺：《论因果流程偏离的主观归责》，载《法学评论》2015 年第 6 期；陈璇：《论主客观归责间的界限与因果流程的偏离》，载《法学家》2014 年第 6 期。

误，按照事实错误排除故意的原理，上述情形中，行为人对整个犯罪要排除故意，①或者至少就结果排除故意。② 但是，正如在意图让人淹死而推人下桥，结果被害人脑袋撞上桥墩死亡的“桥墩案”场合，若仅仅因为行为人预料的因果经过和现实稍有不同，就否定行为人对于被害人的死亡结果具有故意而成立未遂犯，甚至以事实错误排除故意为由将全案做无罪或者过失致人死亡罪处理，这不仅不符合一般人的正义感，也与《刑法》第 14 条规定的故意大相径庭。但以此为由而说因果关系错误不影响犯罪故意的话，则在行为人意图淹死他人而推人下桥，他人在坠落过程中被岸边猎人发射的流弹击中身亡的“流弹案”场合，对行为人就必须追究故意杀人罪既遂的刑事责任。这一结论不仅同样有违一般人的法感情，也不符合任何人只能对自己行为结果担责，而不能对他人行为引起的结果承担替代或者转嫁责任的责任原则。

因果关系错误，顾名思义，以因果关系即行为和结果之间有无引起与被引起关系，或者说结果能否归属于行为的认定为前提。就上述所谓因果关系错误案例的处理而言，尽管众说纷纭，但都不否认，现实当中确实存在引起结果的因果经过偏离行为人事先预想的现象。只是对这种偏离现象该如何处理，见解不一。因果关系错误否定说主张将其作为因果关系或者结果归属的问题对待，在客观违法层面上解决，而不用延伸到主观责任层面，作为影响行为人故意的事实错误即因果关系错误问题处理。③ 相反地，因果关系错误肯定说则看重事实和行为人主观认识之间的差异，主张以事实错误排除故意的方式，在主观责任层面上解决。④ 但无论如何，上述两种见解都承认解决因果关系错误问题，首先离不开对因果关系自身的考虑。如此说来，因果关系错误虽然是偌大刑法学体系中一个极不起

---

① 参见［日］大塚仁：《刑法概说总论》，有斐阁 2008 年版，第 185 页；黎宏：《刑法学总论》，法律出版社 2016 年版，第 185 页。

② 参见［日］井田良：《讲义刑法学总论》，有斐阁 2018 年版，第 198 页；付立庆：《刑法总论》，法律出版社 2020 年版，第 207 页。

③ 参见张明楷：《刑法学》（上）（第六版），法律出版社 2021 年版，第 362 页。

④ 参见付立庆：《刑法总论》，法律出版社 2020 年版，第 196 页。

眼的小问题,但却关系因果关系的性质、有无因果关系的判断、因果关系偏离和因果关系错误,甚至客观违法和主观责任二分的犯罪论体系的选择等问题,处于牵一发而动全身的位置,具有"试金石""风向标"的意义。

同时,在我国,因果关系错误也是一个迟早会引起人们关注的实务问题。实践中,行为人所追求的结果已经发生,但发生结果的过程和行为人的预想不一致的案件时有出现,行为人对所发生的结果是不是要承担既遂犯的刑事责任,在判决理由上如何加以说明,理论和司法实践之间存在较大分歧。这一点,在"王某臣故意杀人案"中有所体现。本案中,被告人王某臣酒后持木棒击打其妻张某红头部,致其倒地,被告人误以为其已经死亡。为掩盖罪迹,他将汽油浇在其妻身上点燃,伪造失火现场后逃走。经法医鉴定,被害人系在意识丧失的同时,有汽油燃爆的情况下被烧死。一审的长春市中级人民法院认为,被告人持木棒击打被害人,致被害人意识丧失,在纵火伪造现场时致使被害人被烧死,犯罪危害后果特别严重,判决被告人犯故意杀人罪,判处死刑,剥夺政治权利终身。二审的吉林省高级人民法院经审理后认为,被告人酒后与其妻子发生口角,进而行凶杀害其妻,后果特别严重,本应严惩。鉴于本案系家庭矛盾引发,对被告人判处死刑,可不立即执行。① 在本案的审理当中,尽管法院将审查的重点放在了被告人作案时主观故意的查明和认定上,但在判决说理中,一个不容忽视的问题是,对被告人的因果关系错误该如何处理?本案中,尽管发生了被告人所放任的致死结果,但这种结果的发生过程和被告人的事先预想有较大出入。他误以为是自己的棒击行为导致了被害人死亡,而实际上被害人却是被其放火烧死的。对这种偏离正常因果流程的问题该如何处理,并不比查明行为人作案时的主观意思简单。按照既有的学术见解,类似本案的场合,被告人实施的前后两个行为应当分开理解,前者属于故意杀人未遂,后者属于过失致人死亡。② 如此理解的话,对被告人

---

① 参见吉林省高级人民法院刑事判决书,(2006)吉刑终字第171号。

② 参见刘明祥:《论刑法中的因果关系错误》,载《法学评论》1994年第4期。

还能以故意杀人罪既遂处以死刑吗？这是审判实践中不得不面对的问题。

因此，因果关系错误论，与其说是探讨行为人有关构成要件结果的因果关系认识错误，倒不如说是探讨刑法因果关系自身。因果关系错误概念的存在价值在于，阻却或者排除行为人对现实发生的既遂结果乃至整个犯罪的故意责任。由于刑法理论的通说认为，构成要件要素当中，因果关系是故意的认识对象，但不要求行为人对现实因果经过的细枝末节都有认识，只要对其大概或者基本部分有认识就足够了。因此，在考虑因果关系错误问题时，首先要确认，现实发生的因果经过和行为人的预想之间，何种程度的不一致能够称得上是“因果关系错误”。如果说引起结果发生的因果流程和行为人的预想之间存在若干差别，但其仍然在实行行为所可能具有的变形范围之内（如被害人不是掉水里淹死，而是在下落过程中头部撞上桥墩而死，或者掉在坚硬的河滩上摔死）的话，则该种程度的差别可以忽略不计，不是影响结果故意的“因果关系错误”；相反地，如果说现实发生的结果，和行为人的预想之间存在重大偏差，超出了该行为所可能具有的变形范围（如被害人在桥上坠落过程中，被岸边猎人发射的流弹命中）的话，则该种程度的偏差，不仅阻却行为人对现实发生的结果的认识，更会截断行为和结果之间的因果（流程）关系本身。如此说来，因果关系错误问题的关键，还在于因果关系自身，准确地说，在行为人预想的结果引起路径和现实之间存在一定差别时，是否仍然可以说，行为和结果之间仍具有刑法上的因果关系。

以下，基于以上思路，本章首先就我国学界当前流行的因果关系学说对因果关系错误的理解进行梳理，其次结合若干教学与实践案例，对因果关系论的有力学说“行为危险现实化说”重新展开论述，并在此基础之上，就因果关系错误问题的解决思路进行探讨。

二、因果关系学说与因果关系错误

因果关系错误的前提是，行为和结果之间客观上必须存在现象上的引起和被引起的关系，否则，“错误”即行为人的主观认识和客观实际之间的差异就无从谈起。行为和结果之间是不是存在引起和被引起的关系,各种学说的理解和判断标准差别极大,因此,在探讨因果关系错误之前,首先不得不查明相关因果关系学说对其的态度。就我国的现状来看,创设因果关系错误概念的条件说几乎无人主张,目前有影响力的是相当因果关系说与客观归责论。

(一)相当因果关系说和因果关系错误

相当因果关系说是为了克服以往的条件说广泛认可因果关系的弊端,严格限定行为人承担刑事责任的范围而提出来的,其最大特点是在有无因果关系的判断上,引入了一般人的生活经验标准,认为为了确认刑法上的因果关系,仅有行为和结果之间的条件关系还不够,还必须在此前提下,加入一般人生活经验的考虑。只有在行为时,能够根据社会生活上的一般经验,预测结果的发生以及发生结果的因果流程时,才能肯定因果关系的存在。相反地,若是生活经验上非常偶然、罕见的异常原因引起了结果,①就应否定因果关系的存在。②

相当因果关系说之中,依据判断基础和判断标准的不同,原本有主观说、客观说、折中说之分,但从现状来看,较有影响力的是客观说和折中说。二者的差别,表面上是对因果关系的判断基础理解不同。客观说认为,判断有无相当因果关系,应以行为时所存在的全部事情(也有人认为,应当限定于一般人行为时能够预见到的行为后的全部事情)作为判断资料;③而折中说则主张,将行为当时一般人能够预见的事情和行为人所特别了解的事情作为判断资料。④但实际上,二者之间在理念上存在巨大的不同。客观说背后的理念

---

① 主观说认为,相当性的判断,应当以行为人在行为当时所实际认识以及所能够认识的事实为基础,在X出于杀人意思向A开枪,A受伤后,在送医过程中被撞身亡的场合,对于被害人送医过程中被撞身亡的事实,若行为人能够认识,则被害人之死和行为人的开枪行为之间具有相当性即因果关系,否则,就没有因果关系。由此可见,本说之下,作为因果关系核心的相当性的有无,取决于行为人主观上的认识及其可能性。

② [日]浅田和茂:《刑法总论》(补正版),成文堂2007年版,第135页;付立庆:《刑法总论》,法律出版社2020年版,第144页。

③ 参见[日]中山研一:《刑法总论》,成文堂1982年版,第80页。

④ 参见[日]大谷实:《刑法讲义总论》,成文堂2019年版,第205页。

是,因果关系是在事后确定具体行为人承担刑事责任范围的手段,属于犯罪构成要件客观方面的问题,应当客观判断。因此,以“一般人”不能认识为由,将行为时所存在的事实排除在判断基础之外,确定行为人承担刑事责任,其本身就是非常奇怪的做法。相反地,折中说强调刑法是呼吁“一般人”保护法益的手段,因此,只能在“一般人”所能认识的事实的基础上,考虑其承担责任的范围,对于“一般人”不能认识的事实进行呼吁,毫无意义。但客观说认为,这种针对“一般人”的呼吁是责任谴责的问题,责任谴责是主观方面的问题,应当在客观方面的判断终结之后进行,认为折中说在提倡事前判断,将行为人所认识、预见的事情也作为判断基础的一点上,具有与责任即主观归责接近的性质,①容易将违法和责任混为一谈。

之所以会有上述对立,恐怕还是缘于二者对“因果关系”的机能理解不同。无论是客观说还是折中说都有承认,因果关系的机能是对“结果划定合适的归责范围”。但是,对于如何实现这一机能,二者理解不同。折中说批判客观说,将“行为时存在的全部事情”为判断基础,会得出和条件说几乎同样的结果,不可能发挥因果关系作为客观归责工具的机能;相反地,客观说则反驳道,“以一般人所可能认识的事实以及行为人所特别认识的事情”为基础,会将主观归责的问题带到作为客观构成要件的因果关系的判断中来,也不妥当。②

客观说和折中说的差别,体现在如 X 出于杀人故意将被害人 A 的胳膊用刀划成轻伤,不料 A 是血友病患者,血流不止,以致身亡的“血友病案”之类的案件中。这类案件中,被害人表面上看似非常健康,但实际上却有重大隐性疾患。在伤害被害人造成死亡结果的场合,到底是以“表面上”即“一般人的看法”(折中说)为基础,还是以“实际上”即“客观事实”为基础(客观说)认定行为引起结果的相当性,成为问题。就“血友病案”而言,按照折中说,A 身患血友病的事实,在一般人不能预见且行为人 X 也未能预见的时候,就要将

---

① [日]内藤谦:《刑法讲义总论(上)》,有斐阁 1991 年版,第 245 页。

② [日]内藤谦:《刑法讲义总论(下)Ⅰ》,有斐阁 2001 年版,第 952 页。

其从相当性判断的基础中加以排除。不考虑A是血友病患者的事实,根据一般生活经验,可以说,X的划伤行为不具有“导致血友病患者死亡结果的危险”,“该行为当中产生该种结果非常异常”,发生死亡结果的事实偏离了一般人的生活经验,纯属偶然,属于因果关系错误,阻却结果故意,X仅成立故意杀人罪未遂。[①] 相反地,按照客观说,A身患血友病是行为时客观存在的事实,不管一般人或者行为人本人有无认识,都要放在相当性判断的基础之中。以此为前提的话,根据一般生活经验,就会说,X此时的划伤行为具有“导致血友病患者死亡结果的危险”,“该行为当中产生该种死亡结果并不异常”,A死亡的事实没有偏离一般人的生活经验,具有相当性,不存在因果关系错误,行为人对已经发生的死亡结果具有故意,因此,X成立故意杀人罪既遂。[②]

麻烦也由此而来。一旦按照折中说的见解,否定行为人的杀人故意,那就不是是否成立故意杀人罪既遂,而是是否成立故意犯罪的问题了。故意是行为人在行为时的认识,即便是杀人未遂,行为人也必须具有故意。按照上述因果关系错误阻却故意的见解,行为人着手杀人时具有故意,仅仅因为现实发生的因果流程超出了经验法则,就要排除其故意,连行为人对结果发生之前的着手行为(所引起的危险)的故意也一并排除,不成立犯罪,这明显不符合未遂犯的刑法规定。更为重要的是,如果说因果关系是故意的认识要素,“因果关系错误”决定结果故意的有无;是否存在“因果关系错误”,取决于行为到结果的发展过程是否符合一般人的经验法则,取决于现实的因果经过是否在相当因果关系范围之内的话,则行为人对于现实发生的结果是否具有故意,只要看行为和结果之间是不是具有相当因果关系足矣,作为责任要素的因果关系错误岂不是没有存在的必要(“因果关系错误不要说”)了吗?人们难免会发出这种疑问。

确实,在相当因果关系说之下,因果关系错误没有存在的必要。因为,只要采用相当因果关系说,在行为引起结果的流程即因果关

---

① 参见[日]大谷实:《刑法讲义总论》,成文堂2019年版,第204页。

② 参见[日]日高义博:《刑法总论》,成文堂2015年版,第166页。

系的判断当中，基于社会生活的经验法则，考虑一般人的认识，则作为犯罪构成客观要件的因果关系判断不可避免地会随着一般人或者行为人本人认识的不同而发生变化，抹上主观色彩；特别是，如果说因果关系的判断，就是将所发生的结果归属于与其有条件关系的行为，是不是符合一般人的常识即经验判断的话，则其和犯罪故意就是在事前即行为时对“自己的行为会发生危害社会的结果”的预测之间，有什么差别呢？因此，“因果关系错误不要说”有其道理。

但就现实来看，因果关系错误不要说和因果关系错误必要说之间并没有太大的差别。必要说的学者虽然主张，因果关系是故意的认识对象，但其也认为，行为人只要对因果关系的基本部分，即行为本身的危险性以及行为具有导致结果发生的高度可能性有认识即可，不要求对因果关系的具体进程都有认识。[①] 相反地，不要说的学者也主张，行为人必须认识到自己的行为通常会导致危害结果的发生，只是不要求认识到具体的因果进程。[②] 如此说来，二者的差别仅仅在于对“因果关系的基本部分”“因果关系的具体进程”的理解不同而已。而这恰恰是因果关系错误之前的因果关系论所要探讨的问题，也是导致在出现因果关系错误或者说因果流程偏离时，对这种情形如何处理，争论不休的关键所在。

（二）客观归责论和因果关系错误

关于因果关系论的最新动向，不得不提及目前在我国学界方兴未艾的客观归责论。虽然有学者指出，客观归责论并不是对因果关系的简单替代，其超越了因果关系的范畴，涉及对行为、结果以及两者之间因果关系的全面实质性考察，[③]但从我国现实来看，客观归责论的研究，主要还是集中于如何使用该学说对因果关系论进行变革上，[④]因此，讨论因果关系错误，必须提及客观归责论对它的态度。

从因果关系论的视角来看，客观归责论的真正意图是，在对犯

---

① 参见付立庆：《刑法总论》，法律出版社 2020 年版，第 196 页。

② 参见张明楷：《刑法学》（上）（第六版），法律出版社 2021 年版，第 339 页。

③ 参见孙运良：《因果关系与客观归责论》，社会科学文献出版社 2021 年版，序言部分。

④ 王世洲：《现代刑法学》（总论），北京大学出版社 2011 年版，第 116~126 页。

罪构成要件的主观要素进行检验之前,在犯罪构成的客观层面把并不重要的因果关联排除出去。这样做的结果是,重视客观构成要件要素在认定犯罪中的意义,弱化或者降低主观构成要件在犯罪认定中的地位。[①] 因此,在客观归责论之下,因果关系错误的存在必然会被轻视。因为其没有为处理不重要的、没有预见到的因果过程偏离提供"钥匙"。[②] 如就 X 意图杀害 A 而挥刀,结果失败,只是造成 A 轻伤,但 A 在医院疗伤期间,不幸遭遇火灾身亡的"医院失火案"而言,按照德国学者的理解,在行为人的认识和现实之间的不一致成为影响行为人主观故意的责任要素即错误之前,其首先被作为一种客观事实即因果关系偏离,在这种偏离引起结果的时候,该结果不能归责于行为人。因为,在一种处于预见性之外的因果过程中,结果归责客观上是不可能的,而错误理论并不为不可预见的因果过程负责。上述场合,医院起火是突如其来的、不可预测的,其使上述场合的客观行为构成中,缺少杀人行为,从一开始就只剩下一种未遂。[③] 而在"桥墩案"中,尽管有因果关系偏离,但有决定意义的仅仅是这种偏离"重要"还是"不重要",其涉及评价问题,而因果关系错误对此也没有做任何提示。[④] 因此,在客观归责论看来,因果过程的认识不是故意的条件,对其不认识不是应当根据事实认识错误条款来处理的行为构成错误。对于行为人来说,他必须认识到,当其对法益创设了一种不被允许的危险,并且追求或者容允这种结果出现时,就存在理智性和意愿性的故意要素。故意在适当的因果过程中,由于特定的因果偏离会被阻却,但这已经不是与行为人有关的心理,而是对故意的归责。即不仅存在对客观行为构成的归责,而且也存在对主观行为构成的归责即故意归责。只是在主观故意归

---

① 参见孙运良:《因果关系与客观归责论》,社会科学文献出版社 2021 年版,"导论"第 4 页。

② 参见[德]克劳斯·罗克辛:《德国刑法学总论》(第一卷),王世洲译,法律出版社 2005 年版,第 336 页。

③ 参见[德]克劳斯·罗克辛:《德国刑法学总论》(第一卷),王世洲译,法律出版社 2005 年版,第 336 页。

④ 参见[德]克劳斯·罗克辛:《德国刑法学总论》(第一卷),王世洲译,法律出版社 2005 年版,第 336 页。

责时,人们必须借助规范标准。[①]

由此看来,在客观归责论之下,应当没有因果关系错误概念存在的余地(至少主流观点如此认为),表达因果关系错误现象的概念是因果关系偏离。虽说我国学者时常将此二者视为同一,但实际上二者之间存在重大差别。因果关系错误是影响犯罪构成中责任层面的要素,而因果流程偏离是影响犯罪构成中违法层面的要素。这也不难理解。客观归责论,本就是由两个部分组成,一个是经验事实层面上的因果关联,另一个是规范层面上的刑法归责。二者之间存在位阶顺序,行为与结果之间的条件关系在先,而运用各种判断规则和排除法则进行价值、规范的刑法评价在后。[②] 因果关系偏离作为经验事实的描述,是其中第一个层面的判断。在存在因果关系偏离的情况下,对发生的结果能否进行主观归责,客观归责论没有依据"事实认识错误排除故意"的原理,形式化地认定行为人对所发生的结果没有故意,而是以结果归责在客观上不可能为由,否定结果对行为的归属,将其认定为未遂犯,从而避免了因果关系错误到底是仅排除结果故意,还是也排除行为故意的纠结。

(三)分析

从起源上看,因果关系错误论是为了克服条件说客观追责范围过广的弊端而提出的概念,是为了将在客观违法层面难以解决的因果流程偏离现象转移至责任层面解决的尝试。如在前述"医院失火案"中,因为存在"没有 X 的行为,就不会有 A 住院被火烧死的结果"的条件关系,因此,按照条件说,X 成立故意杀人罪既遂,但这个结论过于荒唐。因此,条件说论者便以出现了作为事实错误的"因果关系错误"为由,认为上述场合,既遂故意被否定,只是成立故意杀人未遂。[③] 据此,因果关系和责任被严格区分,在肯定条件等于结果的基础上,讨论行为人对结果有无故意,只有在故意的场合才能

① 参见[德]克劳斯·罗克辛:《德国刑法学总论》(第一卷),王世洲译,法律出版社 2005 年版,第 336 页。

② 参见孙运良:《因果关系与客观归责论》,社会科学文献出版社 2021 年版,"导论"第 2 页。

③ 参见[日]浅田和茂:《刑法总论》(补正版),成文堂 2007 年版,第 134 页。

作为既遂犯处理。其具体操作方法是,看因果流程的错误(偏离)是否处在生活经验上能够预见的范围之内,在结果的发生处于能够预见的范围之内的话,则该因果关系错误属于不重要或者非本质的偏离,不阻却故意;相反地,在发生了一般生活经验上不能预见结果的场合,就是因果关系错误,阻却结果故意。[①] 就上述“医院失火案”而言,A 在医院治疗期间遭遇火灾身亡,就属于严重偏离一般生活经验的因果关系错误,X 对 A 的死亡结果不能承担故意犯的罪责,最多只能就之前的砍杀行为承担故意杀人未遂的刑事责任。这样,条件说虽说有将因果关系认定过广之弊,但通过因果关系错误概念对行为人的主观认识进行操作,一定程度上可以抵消这种不足。

但上述尝试难言成功。条件说认为,因果关系错误的判断必须以在经验上能够预见的因果关系为限,在超过该限度而发生结果的场合(发生了一般人不能预见的因果经过的场合),对结果不能追究故意责任。[②] 但由此而带来的问题是,条件说在反对相当因果关系说时,认为其一方面在因果关系的判断上采用了内容模糊的相当性标准,另一方面又认为,限定结果犯的处罚范围的因果关系错误论的判断,应当以实际因果流程是否超出一般人的生活经验常识即相当性为限,这岂不是将相当因果关系的理念即相当性标准“从违法的前门无情拒绝,却又在责任的后门悄悄放进来吗”?[③] 不仅如此,因果关系错误论的尝试还会加重责任判断的负担,导致违法判断与责任判断的失衡。故意或者过失是涉及行为人内心的主观因素,深藏于行为人的内心,其认定只能依靠行为人的口供或者其他客观证据推定,不可避免地具有随意性。从保护法益和保障自由协调平衡的立场出发,包括我国在内的现代各国犯罪论体系几乎都采取了“先客观后主观”的判断顺序,以保持刑法适用的安定性。因

---

① 参见柏浪涛:《论狭义的因果关系认识错误》,载钱叶六主编:《因果关系的理论与实践》,法律出版社 2020 年版,第 345 页。

② 参见[日]刚野光雄:《刑法中因果关系的理论》,成文堂 1977 年版,第 213 页以下。

③ 参见[日]町野朔:《因果关系论》,载中山研一、西原春夫、藤木英雄、宫泽浩一编:《现代刑法讲座》第一卷,成文堂 1977 年版,第 341 页;[日]内藤谦:《刑法讲义总论》(上),有斐阁 1991 年版,第 275 页。

此,将本应在违法阶段通过因果关系论解决的既遂犯的处罚范围问题,通过转化为因果关系错误问题,尝试在责任阶段解决的做法,在方向上是否妥当,也值得怀疑。

总之,像条件说一样,意图通过因果关系错误概念,在责任层面上解决因果关系偏离的做法,只是将问题延后,而没有真正解决,因而不具有实际意义。这或许就是相当因果关系说和客观归责论认为因果关系错误概念没有必要存在的原因所在。

三、"行为危险现实化说"与因果关系错误

如果说因果关系错误概念没有存在的必要,对于因果关系错误现象所引起的问题,依据因果关系论就足以解决的话,那么,在什么样的因果关系学说之下、如何解决这一问题,成为当务之急。就我国学界的现状而言,关于因果关系的发展方向,主要有两种见解可资借鉴,一是源自德国的客观归责论,①二是源自行为危险现实化说。② 这两种学说虽然名称不同,但在基本理念上异曲同工、殊途同归。以下结合客观归责论的相关理念,以"行为危险现实化说"为中心进行探讨。

(一)"行为危险现实化说"的基础和现状

"行为危险现实化说"主张以"行为危险是否在结果当中变为了现实"来判断有无因果关系,认为在能够认定实际发生的结果是实行行为危险的现实体现时,肯定行为和结果之间存在因果关系。③该学说在克服相当因果关系说判断基础的局限性(仅限于一般人已经认识或者能够认识的事实以及行为人所特别认识的事实)和判断基准的模糊性(以一般人的生活经验法则为准)方面有独特之处。④

---

① 参见李希慧主编:《刑法总论》,武汉大学出版社 2008 年版,第 177 页;冯军、肖中华主编:《刑法总论》,中国人民大学出版社 2016 年版,第 189 页;周光权:《刑法总论》(第四版),中国人民大学出版社 2021 年版,第 128 页以下。

② 参见黎宏:《刑法学总论》(第二版),法律出版社 2016 年版,第 98 页;《刑法学》编写组:《刑法学》(上册·总论),高等教育出版社 2019 年版,第 132 页。

③ [日]山口厚:《刑法总论》,付立庆译,中国人民大学出版社 2018 年版,第 56 页以下。

④ 参见[日]西田典之著,桥爪隆补订:《刑法总论》,弘文堂 2019 年版,第 113 页。

在展开“行为危险现实化说”之前,首先必须考虑刑法因果关系的本质,即刑法适用中为什么要考虑因果关系,否则,因果关系的探讨会流于表面。关于刑法因果关系的本质,理论上主要有两种见解:一种是一般预防说,即通过禁止、处罚一般人可能利用的因果经过,达到预防侵害法益结果发生的效果,因此,在犯罪的认定和处罚上,必须考虑经验上具有一般通常性的因果经过。[①] 另一种是精准报应说,其认为刑罚的目的是预防,但刑罚的本质是报应,从报应的角度来看,什么范围的法益侵害结果能够作为行为贡献而归责?解决这一问题的就是因果关系论。其能将经验法则上罕见的结果排除在刑罚处罚范围之外。[②]

本书大致同意上述精准报应说的见解。按照近代以来刑法中所坚持并为我国刑法学说所认可的责任原则,任何人只能对自己行为所引起的危害结果承担刑事责任,而不能对他人行为所造成的结果承担转嫁或者替代责任。在结果犯的场合,之所以考虑因果关系,理由也在于此。在要求行为人对已经发生的某危害结果承担刑事责任时,首先必须确认其行为与该结果之间存在引起和被引起的关系。虽说刑法的一般预防效果是通过规制人的行动,抑制侵害法益行为来实现的,但如果说刑法考虑因果关系的意义仅仅在于,禁止和防止人们利用经验上可以预见的因果经过来引起侵害法益结果的话,则不考虑因果关系的效果更佳。刑法是通过命令或者禁止人的行为实现对人进行心理控制的手段,就保护法益而言,只要命令或者禁止人们实施一定行为即可,在行为之外,对行为引致结果的因果过程也作出要求,不仅不利于保护法益,反而会降低刑法的保护效果。从此意义上讲,刑法上考虑因果关系,更多的还是强调精准报应。

详言之,因果关系是限定行为人对特定结果承担刑事责任的客观条件,其存在价值与刑事责任的确定相关。[③] 刑法固然具有通过

---

① [日]井田良:《讲义刑法学总论》,有斐阁2018年版,第135页。

② 参见[日]西田典之著,桥爪隆补订:《刑法总论》,弘文堂2019年版,第107、108页。

③ 张绍谦:《刑法因果关系研究》(第二版),中国检察出版社2004年版,第107、108页。

命令或者禁止人的行为，避免最终结果发生的机能，但一旦刑法的这种机能作用失败，现实中发生了侵害法益结果，需要对行为人进行处罚、实施报应的时候，也必须以其所造成的侵害为限，以避免不必要的无效报应。如就前述“医院失火案”而言，从一般预防的角度来看，对行为人论以故意杀人既遂是最有效的一般预防措施。但是，这种处罚不仅超越了报应的限度，不符合责任原则，而且将医院起火这种极为罕见、本不在杀人行为之中的偶然事实也纳入杀人行为之中，能够达到让其他人不要模仿或者利用该种因果经过，避免实施类似行为的一般预防效果吗？令人生疑。从此意义上讲，在确定行为人的责任范围和大小的时候，首先要追溯刑法因果关系的本质，从合理限定行为人刑事责任的立场出发，坚持行为对结果的事实贡献，以现实结果是否能被评价为实行行为的危险现实化为基准。在确认现实发生的结果就是刑法规范通过禁止该行为意图加以回避的结果时，即可说，实行行为的危险被现实发生结果所证实，可以发生结果为由对该行为予以较重的法律评价。从此角度来看，我国近年来所提倡的“行为危险现实化说”有其道理。

依照“行为危险现实化说”，不管是行为时既已存在的事情还是行为后的介入事实，也不论其是否为一般人或者行为人本人所认识，只要客观存在，就能纳入因果关系的判断基础，因此，在因果关系的判断上考虑行为后的介入事实，成为常态。同时，在判断行为危险现实化时，由于将行为所具有的危险在结果当中是否变为现实、多大程度上变为现实作为判断基准，使介入事实对结果的贡献程度、行为危险在现实化为结果的过程当中是不是为介入事实所阻断，成为一个可以量化的问题。① 这样，因果关系判断当中最为棘手的介入因素，就成为不以行为人本人以及一般人的认识为转移的客观存在，其作用大小可以通过和行为人的行为危险相比较而得以具体化。和此前学界通行的、以一般人的生活经验为基础的相当因果关系说相比，可以说，“行为危险现实化说”使刑法因果关系的判断发生了脱胎换骨的蜕变。

---

① 参见［日］大塚裕史等：《基本刑法Ⅰ（总论）》，日本评论社2019年版，第73页。

只是,我国学者在借鉴这一见解的过程中,受“行为危险现实化说”本身在其母国日本尚未定型,仍处于发展过程当中的局限,在其理解上没有完全消除在日本饱受诟病的相当因果关系说的痕迹,使“行为危险现实化说”在我国受到了一些误解和质疑。如有学者认为,“行为危险现实化说”是相当因果关系说的修正,[①]另有学者认为,“行为危险现实化说”并非全然放弃因果进程的通常性要求,而只是在直接实现型中基于实行行为所具有的高度危险,直接放弃通常性的要求,在间接实现型中仍然需要遵循因果进程的通常性要求。[②] 同样,司法实践当中,虽然也有案例认同在“实行行为危险性较大、介入因素异常性较小、介入因素对结果的贡献程度较低”时,就能认定危险现实化,认定具有因果关系,[③]但也有人认为,“行为危险现实化说”对我国司法实践中大量存在的实行行为危险性较大但介入因素异常性同样较大的事实类型不能适用;同时,该说对我国司法实践中不考虑介入因素异常性而只重视不同要素间的因果力的比较,区分直接死因、间接死因或者辅助死因的裁判思维没有做出妥当说明。[④]

(二)“行为危险现实化说”的再展开

本书认为,上述批判虽有并未深刻理解“行为危险现实化说”的精髓而有失偏颇之嫌,但其的确也触及了我国当前有关“行为危险现实化说”理解上的软肋,即在“行为危险现实化说”的外衣之下,包裹着相当因果关系说思维的内核。实际上,相较于以经验常识为核心基准的相当因果关系说,“行为危险现实化说”所改变的,并不仅仅是几个要素之间的排序问题,而是提出了一种新的因果关

---

① 参见李冠煜:《我国刑法因果关系论宜采取修正的相当因果关系说》,载《政治与法律》2017 年第 2 期。

② 参见马春晓:《危险现实化与结果归属》,载《国家检察官学院学报》2020 年第 6 期。

③ 参见臧建伟:《陈美娟非法投放危险物质案[第 276 号]——介入因素与刑法因果关系的认定》,载最高人民法院刑事审判第一庭、第二庭编:《刑事审判参考》总第 36 集,法律出版社 2004 年版,第 1 页;聂昭伟:《故意伤害致人死亡案件的因果关系判断》,载《人民司法(案例)》2017 年第 11 期。

④ 参见蒋太珂:《危险现实化评价的类型构造》,载《中外法学》2020 年第 2 期。

系判断理念,就是因果关系的有无,不是依据某种经验公式来推断,而是以事后查明的全部客观事实为基础,客观地判断和认定。这一点,和我国传统学说一直强调的“因果关系的客观性”,在某种意义上有相通之处。因此,在我国现行因果关系论背景之下,提倡“行为危险现实化说”,有其现实基础和可行性,不会存在“水土不服”的问题。只是,在其理解上,还有待进一步完善和具体化。

本书认为,结果是否是“行为危险的现实化”,必须立足于因果关系的客观性,以行为时所存在的事实为基础,以科学鉴定为依据,从科学法则的角度来看,能够将现实发生的结果归属于某实行行为时,就可以说,二者之间存在“危险现实化”的因果关系;反过来说,行为和结果之间具有因果关系,就意味着该实行行为中所具有的危险,现实化为了具体结果。这样,刑法因果关系不仅回归到了和行为人以及一般人的主观认识无关的客观现实,而且实行行为对结果贡献的有无和大小,也成了一个可以依据相关事实进行判断的问题。

迄今为止的刑法因果关系学说(从条件说到相当因果关系说)的一个共同点是,将客观存在的引起和被引起的事实现象,放在一定公式当中进行推演,形式地确定二者之间的相关性即因果关系。这种因果关系的判断方法在理论上极具诱惑力和逻辑性,但其问题是,使因果关系变为了一种随着行为人和一般人的主观意志而转移的存在,失却了其本来的客观属性。如就著名的教学案例“行刑人案”而言,死刑犯 A 站在绞刑架上,行刑人 X 正要按下电钮的时候,被害人的父亲 Y 冲上前先行按下电钮,死刑犯 A 被绞死的场合,按照条件关系公式,因为“没有 Y 按下电钮的行为,X 也会按下电钮,引起 A 的死亡结果”,不符合条件关系公式,因此,必然会得出 Y 的行为和 A 之死亡结果之间没有因果关系的结论。这一结论虽然符合形式逻辑,却罔顾客观事实。相当因果关系说也存在同样的问题。如就前述“血友病案”之类的行为时行为人存在特殊事情的案件而言,按照折中的相当因果关系说,因果关系的有无,取决于被害人为血友病患者的事实是否为行为人所知或者一般人能够认识,在该种事实不仅不为行为人所知,一般人也难以认识的场合,会得出被害人之死与行为人的伤害行为之间没有因果关系的结论。客观的相当因果关系说虽然将行为时所存在的全部事实作为了判断基础,和折中说相比更加接近客观,但其在判断标准上采用了一般人的经验标准,在出现根据一般人的经验所难以判断的情况时,同样会陷入无所适从的结局。如在将硫黄粉末混入食物当中,或者以注射器向他人静脉注射空气的方法杀人的场合,一般人对于上述行为是不是具有危险就无法判断。[①] 正因如此,近年来国外流行,正被我国学者所接受的客观归责理论以及"行为危险现实化说"均采用了一种"简单粗暴"的判断标准,即在行为创设法所不允许的危险,该危险在结果当中变为了现实,且这种现实在构成要件规制范围之内时,就可以直接将该结果归属于行为人。相反地,即便行为创设了法所不允许的危险,而且现实当中也发生了某种实害结果,但若该种结果不能说是行为危险的现实化时,就否认结果对行为的归责,行为和结果之间没有因果关系。这一点,在德国"卡车司机案"以及日本"大阪南港案"中有清晰的体现。

"卡车司机案"中,虽说卡车司机存在违规超车的行为,也导致了骑行的被害人死亡的结果,但事后查明,行为当时,即便卡车司机不违规超车,也难以避免醉酒的骑行者被压死的结果,因此,法院认为,被害人的死亡结果不能归属于卡车司机的违规超车行为。换言之,醉酒骑行者的死亡结果不是卡车司机违规超车行为危险的现实

---

① 实际上,在具有投放一定剂量药剂的事实的时候,该事实是不是和死亡结果相关,一般人由于没有专业知识,可能无法判断。另外,尽管存在科学上的因果法则,但尚未普及为一般人的常识的时候,以一般的通常人为基准的话,有可能无法认定该行为的危险。因此,关于因果关系的判断基准上,以一般人为标准的话,几乎是不可能的。日本判例中,将硫黄粉末混入食物当中,意图杀死被害人的行为,被以绝对没有发生结果的可能性为由,而认定为了杀人的不能犯。就以注射器向人静脉注射空气意图杀人的例子而言,判例认为,即便空气的量在致死剂量以下,但依据被害人的身体条件等情况,在医学上不能说绝对没有引起死亡结果的危险,因此认定为未遂犯。可见,判例就法则知识问题,不是按照一般人的常识,而是采用了科学知识基准。上述案例的介绍,参见[日]大谷实:《刑法讲义总论》,成文堂 2019 年版,第 346 页;[日]西田典之:《日本刑法总论》,刘明祥、王昭武译,中国人民大学出版社 2007 年版,第 254 页。

化,否定存在刑法上的因果关系。[①] 相反地,在“大阪南港案”中,尽管未到案的第二犯人的暴行将已经身负重伤的被害人的死亡结果稍稍提前,具有“人为地非法缩短他人生命”的杀人性质,但是,法官根据法医鉴定结论,认为第一“犯人的暴行形成了作为被害人死因的伤害”,因此,直接认定了第一行为人的故意伤害行为和被害人死亡结果之间的因果关系。[②] 在这种以行为时存在的全部事实为基础进行科学鉴定,分析结果原因的方法之下,因果关系的有无就成为一种纯粹的事实判断,判断依据是“行为中所蕴含的法所不允许的危险是不是在结果之中变为了现实”,判断标准是科学的鉴定意见,而非一般人的经验常识。这样,就现实当中所发生的案件而言,其因果关系的有无和大小判断,不再依附于行为人或者一般人的主观认识,而成为相对独立的客观存在。

上述学说中的刑法因果关系理念和判断方法,和我国学界历来所坚持的刑法因果关系的客观性,以及司法实践所践行的“行为对结果的事实贡献程度”的判断方法,可谓不谋而合。我国刑法学通说一贯强调因果关系的客观性。如有观点认为,刑法理论上所说的因果关系,是指危害行为与危害结果之间客观的联系,并不涉及行为人的主观内容,基于此而认为西方学者极力主张的相当因果关系说是不可取的,只有确定危害行为包含危害结果发生的现实可能性而不是抽象可能性,危害行为才能转化为现实,危害行为与现实化的危害结果才有因果关系。[③] 类似观点还举例说,装上子弹用枪杀人,包含着死亡结果发生的现实可能性,由此而引起死亡结果,开枪行为和死亡结果之间即有因果关系;甲、乙两人打架,甲将乙打成轻伤,乙在医院治疗时感染炭疽病菌而死的场合,甲的行为虽然是乙死亡结果发生的条件,但其不包含乙死亡结果发生的现实可能性,

---

① 参见[德]克劳斯·罗克辛:《德国刑法学总论》(第一卷),王世洲译,法律出版社2005年版,第257页。

② 日本最决平成2年(1990年)11月20日,《刑集》第44卷第8号,第837页。

③ 高铭暄、马克昌主编:《刑法学》(第九版),北京大学出版社、高等教育出版社2019年版,第75页;马克昌主编:《刑法学》,高等教育出版社2010年版,第68~72页。

所以二者之间没有因果关系。①

这种强调客观关系因果性的观念，在司法实践中，被贯彻到了极致。如在“张校抢劫死刑复核案”中，针对被告人为抢劫财物，持刀对被害人的前胸、腹部、背部等处连刺十余刀，被害人在送医院救治过程中，因腹部静脉未缝合，导致外伤大出血死亡的事实，法院认为，尽管医院在抢救过程中存在失误之处，但这种失误并非明显失误，作为被害人死因的被害人左髂总静脉的破裂不是医院的抢救行为造成的，而是被告人的捅刺行为直接导致的，医院的抢救行为并未切断被告人的抢劫行为与被害人死亡结果之间的因果关系。② 本案中，法官的基本思路是，本案中的被告人的行为具有足以造成死亡结果的危险，至少是被害人死亡的主要原因，医院治疗中的失误，并没有使抢劫行为的效果缓和或者超越替代抢劫行为而引起结果发生。在被告人行为引起被害人死亡结果发生的可能性较大，而医院抢救行为对结果发生的影响力并非主要因素的情况下，医院的抢救行为并不能中断被告人的抢劫行为与被害人死亡结果之间的因果关系。同样的理解，在“刘某被控过失致人死亡宣告无罪案”中也能窥豹一斑。本案中，被告人刘某和被害人张某某(殁年69岁)因为交通纠纷而发生争执，过程中“被告人刘某动手推了张某某的肩部并踢了其腿部”，张某某感觉胸闷，4小时后在就医过程中死亡。法医鉴定，张某某因患冠状动脉粥样硬化性心脏病，致急性心力衰竭死亡。法院据此认定，虽然现有证据证实被告人刘某推了被害人张某某肩部以及踢了被害人腿部，但在打击的力度及部位方面，被告人的行为尚未达到可能造成被害人张某某死亡的强度。被害人张某某的死亡更多是由于意外因素所致，被告人刘某的殴打行为只是一个诱因，故被告人刘某不应承担过失致人死亡的刑事责任。③ 可见，我国司法机关尽管没有使用“行为危险现实化”的概

---

① 参见马克昌主编：《刑法学》，高等教育出版社2010年版，第71页。

② 参见赵善芹：《张校抢劫案[第685号]——医院抢救中的失误能否中断抢劫行为与被害人死亡之间的因果关系》，载最高人民法院刑事审判第一、二、三、四、五庭主办：《刑事审判参考》总第79集，法律出版社2011年版，第40页。

③ 参见北京市宣武区人民法院刑事判决书，(2005)宣刑初字第244号。

念，但在相关的审判实践中，却一直在践行这种思路，甚至有过之而无不及，直接将危害行为对结果的贡献程度作为了判断因果关系有无及大小的依据。

相反地，"行为危险现实化说"在其母国日本属于新近提倡并仍在发展中的学说，对其该如何应用，尚有不同看法，特别是在行为后有介入因素以及行为时存在特殊因素的场合，这种介入因素以及特殊因素如何影响行为危险现实化的判断，依然没有定论。很多时候，不得不借助于"介入因素的异常性"这种相当因果关系说的判断方法，即在行为危险现实化判断之际，没有彻底消除经验判断的影响。① 这便是"行为危险现实化说"在引进我国之后受到质疑的原因。

从本书的立场来看，既然"行为危险现实化说"在刑法因果关系的判断上，专注于因果关系的客观性，则没有必要将在判断上容易导致主观化的规范性因素即"相当性"作为判断依据。以"相当性"为基础的相当因果关系说，将行为和结果之间是否存在一般化、类型化的可能关系作为问题，适合于判断实行行为自身的危险，但不适合个别具体地观察现实因果流程即个案中的因果关系。在个案中，人们所关注的是，与结果发生有关的行为的因果作用乃至因果贡献的程度和形态。在科学鉴定证明，行为与结果之间存在必然的、内在的、合乎规律的引起与被引起的联系，现实结果确实是由实行行为所引起的时候，毫无疑问，可以肯定二者之间的因果关系，结果归属于行为；相反地，在科学鉴定证明，现实结果的的确确是由介入因素所引起的时候，就否定实行行为和结果之间的因果关系，而将结果归属于介入因素。但在能够证明介入因素是由实行行为所诱发的时候，仍可以将结果归属于实行行为。

这样说来，在现实结果是否是"行为危险现实化"的判断上，可以分为三种情况分别进行：

---

① 日本的一些学者在有无因果关系的认定上，尽管采用了"行为危险现实化说"，但在其判断上，仍然采用了相当因果关系说的分析方式，将"行为后介入事情的异常性""因果经过的预测可能性"等作为其核心内容。参见[日]井田良：《讲义刑法学总论》，有斐阁 2018 年版，第 143 页。

一是根据科学鉴定,现实发生的实害结果属于行为危险的现实体现时,直接将该结果归属于行为。这种情形属于"行为危险的直接现实化",其在我国的司法实践中体现得格外明显。有研究表明,在我国的司法实践中,遇到伤害案件中介入医疗事故时,法官对因果关系的认定,很大程度上依靠医疗鉴定机构作出的医疗事故鉴定书等鉴定材料。① 如在"李某故意伤害案"中,被害人许某被行为人李某以小刀伤及脸部、颈部、背部,送医9小时之后抢救无效死亡。法医鉴定结论是,许某因颈部内颌下动脉被锐器创伤致失血性休克死亡。但被告人及其辩护人认为,医院在对被害人许某救治过程中的过错客观上贻误了抢救时机,与被害人死亡结果之间有一定因果关系,要求重新鉴定。几经反复之后,最终双方认可的鉴定意见为:"被害人损伤为条件致命伤(若及时手术不会发生致命结果),医院在治疗过程中存在的过错在于:没有及时手术或转院手术,延误了抢救时机,造成了被害人死亡,其过错在死亡结果中占主要参与度。"据此,法院认为,作为介入因素的医院过错在被害人死亡结果的发生当中占主要参与度,判处被告人对死亡负责,会有违罪刑相适应的刑法基本原则,故判定李某某的行为与被害人之死不具备刑法上的因果关系,被告人在重伤(损伤引起的休克)的范围内承担刑事责任,构成故意伤害(致人重伤)罪。② 同样的判法,在"被告人王俊超、肖召飞、柴孩殴打致人重伤后被害人在医治过程中死亡构成故意伤害刑事附带民事案"中也有体现。本案中,被告人殴打被害人致重伤,被害人在医院治疗18日后死亡,由于在伤害行为与死亡后果之间介入了饥饿因素,因此,被告人是否要对被害人之死承担刑事责任,存在争议。一审法院认为,被告人王俊超等共同故意伤害他人身体,造成被害人秦新奎重伤,后导致死亡的严重后果,其行为均构成故意伤害(致死)罪。但二审法院考虑到,有关被害人死因的各个鉴定书之间存在无法排除的矛盾。其中,首次鉴定认为,死者损伤系重伤,死亡符合饿死;后又补充鉴定认为,死者符合

---

① 参见汪东升:《因果关系判断的司法实况——以78个司法判例为样本的分析》,载《刑事法判解》2014年第1期。

② 参见陕西省西安市三原县人民法院刑事判决书,(2013)三刑初字第00067号。

钝性物体打击头部,致颅内硬膜下血肿及脑出血,全身器官功能衰竭而死亡,两份鉴定意见说法不一,故认定被害人是故意伤害导致死亡的证据不足,被告人不应对被害人的死亡负责,其行为构成故意伤害罪。①

二是根据科学鉴定,现实结果不是实行行为所直接引起,而是由介入因素所导致,但该介入因素为实行行为所诱发的场合,可以说,现实结果是实行行为危险的现实化。这种情形属于"行为危险的间接现实化",也有人称为"初始危险蕴含了实际危险流"。② 如在"赵金明等故意伤害案"中,行为人对被害人持刀追砍,被害人慌不择路,泅水逃避,溺水而亡。对此,法院认为,被害人被逼跳水的行为是被告人等拿刀追赶所致,被害人跳水后死亡与被告人的行为有法律上的因果关系,即使被告人对被害人的死亡结果是出于过失,但鉴于事先被告人等已有伤害故意和行为,根据主客观相一致原则,亦应认定构成故意伤害(致死)罪。③ 我国最高审判机关的法官对此判决结论深表认可,认为面对 7 名持刀暴徒近距离的追砍,被害人选择泅水逃生既是被逼无奈的行为又是在当时特定条件下正常的行为。虽说通常情况下,会水的成年人溺亡的可能性并不大,但由于下列情况的存在,使本案中溺亡的可能性转化为现实性的概率大大增加:一是被害人在狂奔和跳堤摔倒的情况下仓促下水,没有做下水前必要的准备活动;二是案发时系夜晚,被害人下水的河段不安全因素较多;三是逃生的恐惧心理将大大影响被害人正常的思维判断和体能发挥。上述事实原因、中介因素与危害结果之间环环相扣、紧密衔接,应该认定赵金明等人持刀追砍行为与被害

---

① 参见李秀兰:《王俊超等故意伤害案》,载最高人民法院中国应用法学研究所编:《人民法院案例选》2009 年第 2 辑,人民法院出版社 2009 年版,第 31 页。

② 参见柏浪涛:《论狭义的因果关系认识错误》,载钱叶六主编:《因果关系的理论与实践》,法律出版社 2020 年版,第 352 页。

③ 参见李晓庆:《赵金明等故意伤害案[第 434 号]——持刀追砍致使他人泅水逃避导致溺水死亡如何定罪》,载最高人民法院刑事审判第一、二、三、四、五庭主办:《刑事审判参考》总第 55 集,法律出版社 2007 年版,第 21 页。

人溺水身亡的结果之间存在刑法中的因果关系。[①] 这一评论,可以理解为,被害人在深夜仓促选择跳河是面临7名持刀被告人近距离追砍时迫不得已的选择,被告人的追砍行为迫使或者说诱发了被害人选择跳河的危险行为,并由此而造成了现实的溺亡结果。正因如此,法院认定,被告人的追砍行为和被害人的死亡结果之间具有刑法上的因果关系。同样,在“杨某某、杜某某放火案”中,法院认为,虽然本案的起火原因不排除是被害人自己使用“警用手电”电击功能引燃汽油,但其是在杜某某携带汽油、打火机等放火工具和助燃材料进入院内,切断电源,打碎窗户,在屋外屋内多处泼洒汽油,被害人被惊醒后无法开灯,不得已而为之的行为。[②] 换言之,被害人使用“警用手电”电击功能引燃汽油的介入行为系被告人先前侵入被害人住宅、切断电源、泼洒汽油行为所诱发,二被告人的上述行为的危险通过介入因素变为了现实,因此,被告人的行为构成放火罪既遂。

相反地,在难以确认介入因素系实行行为所诱发的时候,就不能将现实发生的结果归于实行行为。如在“巫仰生等故意伤害案”中,法院认为,故意伤害致人重伤之后,由被害人家属主动要求拔除气管插管、停止输液等多个独立于伤害行为的积极因素介入致出现死亡结果的,由于伤害行为与被害人之死之间的因果关系已因被害人家属行为的介入所阻断,因此,伤害行为仅与被害人的重伤具有刑法意义上的因果关系,而与被害人之死之间不具有刑法意义上的因果关系。[③] 本案中,巫仰生等7人将被害人许某源殴打致重伤并住院治疗后,病情稳定,未立即死亡。但被害人家属先后实施了将

---

① 参见李晓庆:《赵金明等故意伤害案[第434号]——持刀追砍致使他人泅水逃避导致溺水死亡如何定罪》,载最高人民法院刑事审判第一、二、三、四、五庭主办:《刑事审判参考》总第55集,法律出版社2007年版,第21页。

② 参见谢炳忠、宋雪敏:《杨某某、杜某某放火案[第1117号]——刑法上因果关系的认定》,载最高人民法院刑事审判第一、二、三、四、五庭主办:《刑事审判参考》总第105集,法律出版社2016年版,第8页。

③ 参见马建生、江瑾:《巫仰生等故意伤害案——故意伤害致人重伤后有积极因素介入出现死亡结果,能否判定因果关系已中断》,载最高人民法院中国应用法学研究所编:《人民法院案例选》2013年第1辑,人民法院出版社2013年版,第52页。

被害人从重症监护室转移至普通病房、拔除气管插管、停止输液、放弃护理等独立于伤害行为之外的一系列放弃积极治疗的行为。正是因为介入了被害人家属放弃治疗的积极因素，才最终导致许某源的死亡。因此，法院认定，巫仰生等人的行为仅与被害人的重伤之间具有因果关系，而与被害人的死亡结果之间不具有因果关系。

三是根据科学鉴定，现实结果是由行为和被害人的特异体质竞合而引起的场合，现实结果是否为危险现实化的体现，必须进行实质性判断。此时，现实结果不一定都能看作行为危险的现实化。在极为轻微的侵害行为引起严重后果的场合，因为不存在所谓行为危险，难以说现实结果是行为危险的现实化。相反地，即便基于各种考虑，将现实结果看作行为危险的现实化，但也不能要求行为人对此结果承担全部责任。

如前所述，行为时存在特殊事情的场合，因果关系该如何判断，这是刑法学中最让人头疼的问题。日本学者西田典之根据其"经验相当性说"，认为无论是行为时的危险还是行为后的危险，都必须将经验上罕见的、通常不太会有的因素考虑在内。行为时少有的危险在结果中实现的场合，以及行为时的危险以罕见的因果经过而在结果中实现的场合，都不具有相当性，应否定其因果关系。这种判断，应当以裁判时所查明的全部事实为基础，从科学一般人的角度来进行。因此，他认为，历来的因果关系判断基础论没有必要存在。[①] 但遗憾的是，西田教授的论述到此戛然而止，"经验相当性说"此时该如何操作，没有下文。另一位日本学者井田良也从其主张的"行为危险现实化说"的立场出发，认为在行为人不知道，一般人也不可能知道被害人具有特异体质或者疾病的时候，施加轻度暴行而致使被害人死亡的案件而言，要否定法律上的因果关系。[②] 但井田良在得出这种结论时，和西田教授的思考方法相反，他认为，之所以不能说具有因果关系，是因为行为时的行为人不知、一般人也难以认识的罕见事实不能被列入因果关系的判断基础。[③]

① 参见[日]西田典之著，桥爪隆补订：《刑法总论》，弘文堂2019年版，第111页。
② 参见[日]井田良：《讲义刑法学总论》，有斐阁2018年版，第147页。
③ 参见[日]井田良：《讲义刑法学总论》，有斐阁2018年版，第144页。

从刑法因果关系的存在意义在于精准报应的立场出发,我认为西田教授的“以裁判时所查明的全部事实为基础,从科学一般人的角度进行”行为危险验证的思路,与本书所提倡的根据科学鉴定查明行为危险的想法如出一辙。行为时存在的特殊事情,不是行为后的介入因素,而是在行为时或者说先于行为就已经存在的客观因素,不能将其作为危险现实化过程中的介入因素,而应将其作为影响因果关系的有无及其程度的客观事实看待,列入行为危险判断的基础事实。此时的行为危险现实化的判断,不仅要判断行为人的行为对发生结果贡献的有无,还要判断其大小,然后从处罚必要性的角度出发,对该种程度的贡献进行刑法评价。过于轻微的行为危险,即便和被害人的特异体质竞合而导致了结果,也不能将其评价为行为危险的现实化。如用小刀在被害人胳膊上划了 1 厘米长的伤口,因为被害人患有血友病,出血不止而死亡的场合,该行为无论如何难以评价为故意伤害(致死)罪。但是,划了 20 多厘米长的伤口的场合,即便说被害人由于“身患血友病而使死期提前”,但也不能否定划伤行为和死亡结果之间的因果关系。在进行此种判断时,所依据的事实,不取决于其在行为时多大程度上能够被认识,也不是单纯地统计概率或者存在特殊事实的可能性,而是行为时确实存在的全部事实。在此事实的基础上,依据科学的鉴定结论,查明行为在引起特异体质者的损伤结果过程中的贡献程度或者参与程度,从而决定既存的现实结果是否称得上是既遂犯处罚前提的“行为危险的现实化”。

这一点,在我国的相关司法案例当中有充分体现。如在“韩宜过失致人死亡案”①中,法院在以被告人的行为与被害人的死亡结果之间没有因果关系为由,宣告被告人韩宜无罪时,所依据的就是

① 参见吴如玉等:《韩宜过失致人死亡案[第 440 号]——无充分证据证实伤害行为与伤害后果有因果关系的,不能认定成立故意伤害罪》,载最高人民法院刑事审判第一、二、三、四、五庭主办:《刑事审判参考》总第 56 集,法律出版社 2007 年版,第 6 页。被害人余峰酒后行为失常,无故殴打其妻,并与路人拉扯、追赶并寻找刀具,用理发剪将看热闹的路人韩宜的手指刺伤。韩宜拿起路边的一个方木凳,向正在逃跑的被害人的肩、背部砸了两三下,被害人倒地,经医院抢救无效死亡。

三份法医鉴定:第一份鉴定书认为,死者的病理变化主要为心脏肥大、灶性肺出血及陈旧性肺结核,尸检未见颅骨骨折、硬膜外和硬膜下血肿及其他明显损伤,病理学检查亦未见脏器损伤病理学改变,可以排除暴力作用直接导致死亡的可能;第二份补充鉴定书认为,死者符合在左心脏肥大的基础上,因身体多处遭受钝性损伤,特别是头部皮肤挫裂创,加上饮酒及纠纷中剧烈奔跑等多种因素作用下致急性心功能衰竭而死亡,其损伤在其死亡过程中的参与度为20%~30%;第三份鉴定书认为,死者损伤集中在头面部,身体其他部位未见损伤痕,根据《人体轻微伤的鉴定》第3.2条、第3.6条之规定,被害人头面部所受之伤为轻微伤。根据上述法医鉴定,法院认为,公诉机关指控韩宜犯过失致人死亡罪证据不足,韩宜的持木凳砸余峰的背部和肩部行为与余峰的死亡之间无刑法上的因果关系,故判决宣告被告人韩宜无罪。同样的因果判断,在经过最高人民法院复核的"洪志宁故意伤害案"中也有体现。本案中,被告人洪志宁与被害人(男,48岁)发生冲突,挥拳连击被害人的胸部和头部,导致被害人倒地死亡。经鉴定,被害人系在原有冠心病的基础上因吵架时情绪激动、胸部被打、剧烈运动及饮酒等多种因素影响,诱发冠心病发作,冠状动脉痉挛致心脏骤停而猝死。据此,一审法院认定,被告人构成故意伤害罪,判处其有期徒刑10年6个月。二审法院考虑到本案中被害人的特殊情况,以洪志宁犯故意伤害罪,在法定刑以下判处有期徒刑5年。最高人民法院经复核后,最终裁定核准了二审判决。理由是,被告人洪志宁殴打他人并致人死亡的行为,已构成故意伤害罪。被害人的死亡,系一果多因,其死亡的直接原因是冠心病发作,冠状动脉痉挛致心脏骤停而猝死,被告人的伤害行为只是导致被害人心脏病发作的诱因之一。根据刑法的一般原理,被告人只对自己的行为负责,当其行为与其他人的行为或一定自然现象竞合时,由他人或自然现象造成的结果就不能归责于被告人。[①]由此看来,在针对因果关系认定中最为复杂的情形,即对特殊体质

---

① 参见张思敏:《洪志宁故意伤害案[第389号]——故意伤害行为导致被害人心脏病发作猝死的如何量刑》,载最高人民法院刑事审判第一、二、三、四、五庭主办:《刑事审判参考》总第49集,法律出版社2006年版,第26页。

的人进行伤害引起严重结果时，我国司法机关也没有简单地一概肯定或者否定，而是在尊重科学鉴定的基础上，进行了结果责任的分摊。

针对上述因果判断方式，难免会有对特殊体质者保护不力的质疑。即在行为人有意利用被害人的特殊体质而对其加害的场合，若说结果并非行为本身危险的现实化的话，则会对特殊体质的被害人不利。对此，本书的见解是，行为人有意利用被害人的特殊事实而实施足以引起后果的危险行为的话，则可以说，所发生的后果是行为危险的现实化，二者之间存在刑法上的因果关系。但即便如此，也不能简单地据此而要求行为人对现实结果承担全部责任。从行为危险现实化的立场出发，被害人的特异体质只是考虑有无因果关系的因素之一，而不是全部。这一点，在“刘天赐故意杀人案”①中有所体现。被告人刘天赐在明知被害人刘桐患有癫痫病，且癫痫病发作后会死亡的情况下，因琐事对刘桐进行打骂，致刘桐癫痫病发作，之后，刘天赐没有对被害人进行救助，导致被害人死亡。对此，法院认为，被告人刘天赐明知被害人刘桐患有癫痫病，且癫痫病发作会致人死亡，仍因琐事掌掴被害人，放任危害结果发生，致被害人癫痫病发作；在被害人刘桐癫痫病发作后，明知不采取恰当的救助措施可能导致被害人死亡结果发生，仍未采取正确救助措施，任该危害结果发生，最终导致被害人死亡，应当构成故意杀人罪。本案属于典型的所谓利用被害人特异体质进行加害的类型，但法院在认定行为人的掌掴行为与被害人的死亡结果之间的因果关系时，除了考虑行为人利用被害人的特异体质，引起其病情发作的作为行为之外，还考虑了行为人在被害人病情发作之后的不救助即不作为行为。换言之，在法院看来，被害人死亡的现实结果，是行为人的诱发被害人特殊病情的掌掴作为和病情发作之后的不救助即不作为二者的危险现实化，并非仅仅是前面的“掌掴”行为的危险现实化。由此看来，即便是有意针对特异体质者的加害行为，我国司法机关在其因果性的认定上，也是在慎重地斟酌了行为人引起行为的危险

---

① 参见高慧卿、蔺思源：《刘天赐故意杀人案——轻微暴力致特殊体质者死亡的行为定性》，载最高人民法院中国应用法学研究所编：《人民法院案例选》2016年第3辑，人民法院出版社2016年版，第117页。

以及之后的未及时消除危险的行为对于现实发生的结果的贡献之后,进行实质的评价的,并非只要针对特殊体质者加害并出现了死亡结果,就一律将该结果认定为加害行为危险的现实化。

总之,我国实务当中关于刑法因果关系的判断,尽管没有使用“行为危险现实化”一语,但却在以实际行动践行这一理念,甚至将其发挥到了无以复加的地步。和其他刑法因果关系的认定方式相比,这种判断方式有两方面的长处:一是能够避免相当因果关系说的缺陷。“行为危险现实化说”和相当因果关系说尽管在初衷上完全一致,都是为了将偶然结果排除在刑法处罚范围之外,但因为相当因果关系说在具体判断标准上使用了容易与责任标准混为一谈的日常生活经验的“通常性”(相当性)标准,致使客观因果关系的认定变得模糊不清,而以科学认识为基础的司法鉴定意见作为危险判定标准的“行为危险现实化说”则不存在这个问题。二是与客观归责论相比,更容易为我国实务所接受。如前所述,客观归责论的中心内容是,行为在构成要件的效力范围之内,制造并实现了法所不允许的风险时,就能将结果归咎于该行为。客观归责论也是以“排除偶然事件”作为主导的想法,只是客观归责论在因果性的判断上仍然采用了界限模糊的是否可预见的标准,且客观归责论是可能导致整个犯罪论体系发生巨大变动的宏大见解。但“行为危险现实化说”则在维持现有的因果关系论的前提之下,以实行行为的内在危险变为现实作为行为人承担责任的依据。二者尽管在行为人只能就自己所支配的事实承担刑事责任的基本宗旨上如出一辙,但“行为危险现实化说”更符合我国刑法理论的现实。

四、结语

因果关系错误的本质是,在导致结果发生的因果流向和行为人事先的预想不一致的场合,行为人是不是要对该结果承担(加重)责任。这一问题,看似是在违法层面上解决还是责任层面上解决,何者更为合理的问题,但实际上涉及因果关系的存在意义和如何认定的根本性问题。

本章从我国因果关系客观性的基本观念以及判例实践出发,对新起的“行为危险现实化说”进行再阐释,认为行为和结果之间是不是具有因果性,关键在于现实发生的结果是否是实行行为中所内含危险的现实体现;在判断结果是否是行为危险的现实体现时,必须将专业人士依据科学知识和手段所作出的鉴定意见作为重要参照,从合理限定处罚范围的立场出发,具体分析行为对结果发生的贡献程度或者参与程度。这样,刑法因果关系的判断,不仅涉及原因力的有无,还涉及大小程度。这种意义上的判断,显然不是决定是否排除结果故意的因果关系错误所能解决的。如此说来,在上述“行为危险现实化说”之下,因果关系错误概念,没有存在的必要。

据此,就本章开头所提及的“王某臣故意杀人案”可以进行以下分析。本案属于实际发生的杀人过程与行为人的事先预想不一致的情形,属于因果关系错误的一种。按照本书所提倡的“行为危险现实化说”,在判断现实发生的结果是否是先前的杀人行为危险的现实化时,就必须看后面介入的放火行为是不是为前面的杀人行为所诱发。只有在后面的介入行为属于前面的杀人行为所诱发的场合,才能将后面的死亡结果归属于前面的杀人行为。现实中,尽管在以杀人手段让被害人陷入濒死状态之后,行为人为毁灭证据而放火的现象并不少见,但后面介入的放火行为是否一律就是前面的杀人行为所“诱发”出来的关联行为,还须做进一步的分析。就本案而言,导致被害人死亡的直接行为是行为人在棒击被害人头部之后实施的介入行为即放火行为,该行为,从行为人方面来说,是毁灭证据行为,对被害人之死来说,是出于过失。但由于这一行为的动机很大程度上是前面的棒击行为所赋予的,可以说是为棒击行为所诱发的,因此,棒击头部行为所具有的致死危险,通过直接引起死亡结果的放火行为的介入,间接地变为了现实,因此,被告人王某臣的行为毫无疑问地构成故意杀人罪既遂。[①]

---

① 同时,从强烈推进避免侵害法益结果发生的法律要求的法律立场来看,由于被告人王某臣在实施棒击被害人脑部行为的时候,就可以推断出其具有强烈的杀人故意,之后以汽油泼洒现场并进行放火的行为,也可以看作在这种杀人意思支配之下指向同一侵害法益结果的“一连串的、一体的实行行为”,因此,将王某臣的前后两个行为一体作为一个故意杀人罪看待,也是没有问题的。

第三章　事后防卫

一、问题的提出

2018年1月,王某某在其母亲赵某芝打工期间与同在餐厅打工的王某相识。王某多次联系王某某要求进一步交往,均被拒绝。后王某对王某某及其家人不断骚扰、威胁。公安机关多次出警,对王某训诫无效。王某某的家人为防范王某前来骚扰,借来两条狗护院,在院中安装了监控设备,在卧室放置了铁锹、菜刀、木棍等予以防范。

2018年7月11日23时许,王某携带两把水果刀、甩棍翻墙进入王某某家院中,引起护院的狗叫。王某某的父亲王某元在住房内见王某持凶器进入院中,即让王某某报警,并拿铁锹冲出住房,与王某打斗。王某用水果刀(刀身长11cm、宽2.4cm)划伤王某元手臂。随后,赵某芝持菜刀跑出住房加入打斗,王某用甩棍(金属材质、全长51.4cm)击打赵某芝头部、手部,赵某芝手中菜刀被打掉。此时王某某也从住房内拿出菜刀跑到院中,王某见到后冲向王某某,王某某转身往回跑,王某在后追赶。王某元、赵某芝为保护王某某追打王某,三人扭打在一起。王某某上前拉拽,被王某划伤腹部。王某用右臂勒住王某某脖子,王某元、赵某芝急忙冲上去,赵某芝上前拉拽王某,王某元用铁锹从后面猛击王某。王某勒着王某某脖子躲闪并将王某某拉倒在地，王某某挣脱起身后回屋拿出菜刀，向王某砍去。其间，王某某回屋用手机报警。王某元、赵某芝继续持木棍、菜刀与王某对打，王某倒地后两次欲起身。王某元、赵某芝担心其起身实施侵害，就先后用菜刀、木棍连续击打王某，导致其颅脑损伤合并失血性休克死亡。王某元夫妇及王某某也有不同程度的受伤。2018 年 8 月 18 日，王某元夫妇被以涉嫌故意杀人罪批准逮捕。2019 年 3 月 3 日，当地检察院称，王某元夫妇属正当防卫，决定不予起诉。① 这便是轰动一时的“涞源反杀案”的事实经过。

本案当中，王某元夫妇之所以以涉嫌故意杀人罪被批准逮捕并羁押半年，原因在于，本案中的不法侵害人王某倒地之后，其继续用菜刀、木棍击打王某，直至其死亡。这种在不法侵害人的侵害行为结束之后，仍然继续对其反击的行为，刑法学上称为“事后防卫”，因为其不符合我国《刑法》第 20 条第 1 款所规定的正当防卫针对的只能是“正在进行的不法侵害”的条件，因此，一般认为，其不能被认定为正当防卫，构成犯罪的，应当以故意犯罪论处。②

但检察机关经过审理后认为，本案中王某元夫妇的行为属正当防卫。因为，一方面，在王某倒地之后，王某元夫妇又继续用菜刀、木棍击打王某，与之前的防卫行为有紧密连续性，属于一体化的防卫行为。另一方面，王某元家在村边，周边住宅无人居住，案发时已是深夜，院内无灯光，王某突然持凶器翻墙入宅实施暴力侵害，王某元、赵某芝受到惊吓，精神高度紧张，心理极度恐惧。在上述情境下，要求他们在无法判断王某倒地后是否会继续实施侵害行为的情况下，即刻停止防卫行为不具有合理性和现实性。因此，检察机关认为，王某元夫妇的行为符合《刑法》第 20 条第 3 款的规定，属于正

---

① 上述内容参见李涛等：《对“涞源反杀案”当事女生父母不起诉》，载《北京青年报》2019 年 3 月 4 日，第 8 版。

② 高铭暄、马克昌主编：《刑法学》（第九版），北京大学出版社、高等教育出版社 2019 年版，第 130 页。

当防卫,不负刑事责任。①

从检察机关所查明的事实来看,得出上述结论并无不可。但就得出上述结论的说理而言,则存在值得商榷之处,即如果说王某元夫妇在不法侵害人王某倒地之后的继续击打行为,与之前的防卫行为是“有紧密连续性,属于一体化的防卫行为”而成立正当防卫的话,则其直接适用《刑法》第 20 条第 1 款的规定就足够,而不用再讨论行为人在防卫时“精神高度紧张,心理极度恐惧”,因为“精神高度紧张,心理极度恐惧”意味着行为人的精神状态出现问题,辨认、控制自己行为的能力降低或者丧失,可以排除其责任。而《刑法》第 20 条第 1 款规定的正当防卫中,并没有如此要求;相反地,如果说王某元夫妇在王某倒地之后继续击打被害人的行为,是“受到惊吓,精神高度紧张,心理极度恐惧”原因所致的话,则可以说行为人当时辨认控制自己行为的能力严重下降或者丧失,难以期待其不如此行为,此时说行为人在行为时被排除责任就够了,而不用证明其在被害人倒地之后的继续击打行为与之前的防卫行为“有紧密连续性,属于一体化的防卫行为”。因此,“涞源反杀案”的说理当中,存在前后互相矛盾之嫌。

由此而引申出来的问题是,如何对不法侵害结束之后的事后防卫行为定性?到底是因为其和最初的防卫行为具有连续性而成立《刑法》第 20 条第 1 款规定的正当防卫,还是虽然超过了必要限度,但因为行为当时行为人“精神高度紧张,心理极度恐惧”而符合《刑法》第 20 条第 3 款所规定的特殊防卫?上述“涞源反杀案”之所以在说理上如此纠结,主要就是因为在这个问题上没有厘清。同时,检方在认定“涞源反杀案”构成正当防卫时,使用了“有紧密连续性,属于一体化的防卫行为”的分析方法。这个分析方法来自日本,是日本判例在考虑事后防卫即量的防卫过当的行为性质时所使用

① 参见李涛等:《对“涞源反杀案”当事女生父母不起诉》,载《北京青年报》2019 年 3 月 4 日,第 8 版。

的一个判断原则。[①] 就该文而言,检方在论证“涞源反杀案”时能够使用此概念进行周密分析,确实让人赞叹。但必须指出的是,日本判例中,在如何适用这一原则问题上本身就存在争议,并且,在日本,这一原则并非用来证明事后防卫行为是正当防卫,而是用来判断事后防卫行为是否属于防卫过当。了解这种不同,或许能够为我们在“涞源反杀案”之类的案件的定性问题上提供一些启示。

以下,本章先考察日本的相关判例和学说,然后结合我国的相关情况,对事后防卫处理的相关问题进行探讨。

二、日本事后防卫处理述评

(一)概说

与我国的理解不同,日本刑法学认为,防卫过当之中,有质的过当与量的过当之分。所谓质的过当,是指超过必要性和相当性程度的情况,例如,对用木屐打过来的人,用匕首将其杀害;当74岁的老父亲用棒子打来的时候,儿子反击,以为正在手边的东西是棍棒但没想到是斧头而抓到手上,朝老人的头部乱砍,结果致对方死亡的场合,就属于此。所谓量的过当,是指先实施正当防卫,使对方停止了侵害,但行为人穷追不舍、继续追击的场合,例如,一出手就将被告人击倒在地,之后,因为害怕又用刀将对方砍了数下,致其死亡的情况,就属于此。[②] 量的过当的场合,本不具有防卫性质,应当构成犯罪,但日本刑法学的通说认为,在能够将其和最初的正当防卫行为一并考虑为一系列的对抗行为的限度之内,将防卫过当扩张解释,可以将该系列行为整体考虑为防卫过当。[③] 依照《日本刑法》第

---

① 具体参见[日]大谷实:《刑法讲义总论》(新版第二版),黎宏译,中国人民大学出版社2008年版,第267页;[日]山口厚:《刑法总论》(第二版),付立庆译,中国人民大学出版社2011年版,第134、135页;[日]松原芳博:《刑法总论重要问题》,王昭武译,中国政法大学出版社2014年版,第136、137页;[日]佐伯仁志:《刑法总论的思之道·乐之道》,于佳佳译,中国政法大学出版社2017年版,第144页以下。

② [日]大谷实:《刑法讲义总论》(新版第二版),黎宏译,中国人民大学出版社2008年版,第267页。

③ [日]山口厚:《刑法总论》(第二版),付立庆译,中国人民大学出版社2011年版,第134、135页。

36 条第 2 款的规定，防卫过当是一个“可以”减免处罚的情节，同时，是否减免处罚，是由法官“根据情节”来加以判断，因此很多学者将其视为一个“责任减轻事由”。既然是责任减轻事由，则可以在一定条件下，将行为时行为人由于愤怒、亢奋、恐惧等而导致的事后防卫行为一并评价在事先的防卫行为之内。

但是，要从日本刑法的相关规定当中得出这种结论，并不容易。按照《日本刑法》第 36 条第 1 款的规定，正当防卫只能针对“紧急不法的侵害”才能进行。所谓紧急，是指从客观状况来看，侵害法益的危险迫在眉睫，行为人没有时间或者空间上的余裕去寻求国家机关的救济。因此，对于过去的、已经结束的侵害，即便是在不法侵害终了不久的时候，也不具有紧迫性，不是“紧急”，再向对方施加反击的行为，不能认定为正当防卫。因此，量的过当的场合不是正当防卫。[①] 这是依据《日本刑法》第 36 条第 1 款所得出的当然结论。

（二）判例

日本判例在过去也严格遵循学说的理解，认为在侵害行为所引起的危险已经消失[②]或者侵害在数天前已经开始，但在反击行为时已经消失的场合，[③]对加害行为进行的反击行为，均不是正当防卫。这意味着，侵害终了之前的反击行为成立正当防卫，但侵害终了之后的反击行为则会被作为纯粹的犯罪处理。

但是，日本判例后来却改变了这种态度，认为事后防卫并不一定完全构成犯罪，在一定条件下成立可以享受减免处罚优遇的防卫过当。说明这种转变的，有三个著名判例。现分述如下：

1.“水户案”

该案的案情是：被害人 A 对被告人 X 在酒席上的拉偏架感到不满，跑到 X 家兴师问罪，由于 X 躲藏在里屋，就失望地离开了。A 前脚刚出门，X 就出来了，为了让其母亲放心，大声说：“没什么大不了的事！”刚到屋外的 A 听闻此话，就赶紧返身进到 X 家里，怒吼道：“你滚出来！”并双手持修剪屋顶用的大剪刀在 X 的脑袋附近，

---

① ［日］西原春夫：《刑法总论》（改订版 · 上卷），成文堂 1995 年版，第 235 页。

② 日本大审院 1932 年 6 月 16 日，《刑集》第 11 卷，第 866 页。

③ 大阪高等法院 1960 年 3 月 30 日，《判例时报》第 106 卷，第 47 页。

开开合合,发出“恰恰”的声响,同时嘴里叫嚷:“宰了你!”X边躲边退到房间的角落里,心想这么下去可能要被杀了,就顺手抄起手边的斧头打击A的左侧颈部,A踉踉跄跄,手中的剪刀掉到了地上(第一暴行)。X继续追打A,并向已经倒地的A的颈部砍了三四下(第二暴行),导致A因为颈部被割开而引起脑损伤,当场死亡。

对于上述事实,一审法院认为最初的反击行为(第一暴行)是正当防卫,适用《日本刑法》第36条第1款;A倒地之后的追击行为(第二暴行)符合《有关防止以及处分盗犯等的法律》(以下简称《盗犯防止法》)第1条第2款规定的防卫行为,宣告X无罪。[①] 对此,检方以法律适用以及事实认定错误,提出了抗诉。二审驳回了事实认定部分的抗诉,但认为“将同一机会下的同一人的所作所为加以拆分,分别适用两个宗旨完全不同的法律,这是不符合立法目的的做法,无论如何都不能允许”,在此基础上,认为“针对A的紧急不法的侵害,为了防卫自己的生命身体,展现了自己的反击态度。但是,在对方已经倒地,侵害的态势已经崩溃时,X却表现异常,可以说是恐怖、惊愕、亢奋或者是狼狈过头,继续进行了三四回的追击行为。X的这一连串行为,作为一个整体,从当时的情况来看,难以说是《日本刑法》第36条第1款的‘不得已而实施的行为’,只能说是该条第2款中的所谓‘超过必要限度的行为’”。因此,撤销一审判决结果。根据被告人所使用的凶器、行凶形态等情节,对其没有免除处罚,而是减轻处罚,判处被告人2年有期徒刑。[②] 对此,日本最高法院认为,本案被告人X的一连串行为,作为一个整体,从当时的状况来看,不能说是《日本刑法》第36条第1款中的所谓“不得已而实施的行为”,而是同条第2款中所谓“超过防卫限度的行为”,因此,认定有罪的原判妥当。[③]

本案是日本第一起以防卫过当处理事后防卫行为的判例。其中,确立了三个原则:一是不宜将同一机会实施的一个连续行为加以拆分,分别适用《日本刑法》第36条第1款所规定的正当防卫和

① 水户地方法院1957年7月1日,《高刑集》第11卷第1号,第57页。

② 东京高等法院1958年2月24日,《高刑集》第11卷第1号,第43页。

③ 日本最高法院1959年2月5日第一小法庭判决,《刑集》第13卷第1号,第1页。

《盗犯防止法》第1条第2款。理由是这两个法律中所规定的防卫行为，分属两种不同宗旨的法条，不能同时适用。二是事后加害行为——即便是在恐怖、惊愕、亢奋或者是狼狈支配下——不可能成立正当防卫，至多可以和前面的防卫行为一道，整体上评价为防卫过当，根据情节，可以享受减免处罚的优遇。三是考察前面的防卫行为和事后加害行为是否能够整体上评价为一个行为，主要看其二者之间是不是具有时间、空间上的连续性。

2. "静冈案"

该案的案情是：被告人X（时年64周岁）案发当天在某购物中心外的走廊上抽烟，正准备回到室内时，听到与同伴B、C在一起的被害人A（时年76周岁）在叫他。X以前就被A找茬儿殴打过，预感到这次恐怕在劫难逃。但还是应声和A一起走到了屋外的吸烟室。在该现场，A对X发动突然袭击，X瞬时反击，双方撕扯在一起。为了阻止正在边上的A的同伴B、C参入进来，形成一对三的关系，X恐吓对方说"老子是黑社会！"并打了A面部一拳。A拿起铝制烟灰缸（直径19厘米、高60厘米）向X扔过来。X躲过，顺势以右手还击因为投扔的反作用而身体倾斜的A面部，A倒地，后脑部着地，仰面朝天，似乎丧失意识，不能动弹（第一暴行）。X愤怒至极，虽然已经充分地意识到了A的状况，但仍一边叫嚷说："不要以为我好惹！想打赢我吗？"一边实施踢A的腹部，踩踏其身体，用膝盖顶其腹部等行为（第二暴行），A被送医之后，因为蛛网膜下出血而死亡，死因是第一暴行。第二暴行只是造成了肋骨骨折、脾脏挫伤、肠间膜挫伤等结果。

对以上事实，一审认为，本案当中，就A倒地之前的殴打行为而言，正如前述，是在正当防卫成立状况下进行的，但A倒地之后所实施的脚踢等暴行，则是针对没有抵抗的A而执拗实施的，造成了脾脏挫裂等高度伤害，从被告人的反击行为的整体来看，应当说是偏离了防卫所必要的程度，欠缺作为防卫手段的相当性。因此，被告人的行为，整体上成立一个防卫过当，成立故意伤害致死罪。[①]

---

① 静冈地方法院沼津支部2007年8月7日，《刑集》第62卷第6号，第1866页。

但二审却对此进行了改判,认为,(本案)第一暴行和第二暴行尽管在时间、场所上连续,但在第二暴行之际,侵害行为在外观上已经明显终了,被告人也意识到了这一点,但其却纯粹基于攻击的意思而实施了第二暴行。第一暴行和第二暴行,虽然在时间、空间上连续,但在A侵害的连续性以及X有无防卫意思上,性质明显不同,应当说其间具有断裂。虽说一般认为,侵害现在时以及侵害终了后的一连串行为,应当作为一个整体进行考察,但在本案中,欠缺将第一暴行和第二暴行作为一体进行整体考察的基础,应当将其二者分别考察。死亡结果,是在正当防卫的限度之内的第一暴行所导致的。就第一暴行而言,成立正当防卫,相反地,第二暴行,并没有成立正当防卫乃至防卫过当的余地。另外,死亡结果是由第一暴行所引起的,第二暴行和被害人之死的结果之间并没有因果关系,因此,被告人只应在第二暴行引起的伤害范围之内承担刑事责任。①

对此,被告人提起了上诉,认为第一暴行与第二暴行不应分开评价,而应作为一体进行判断。既然前者成立正当防卫,则应就行为整体成立正当防卫,从而无罪。

但最高法院认可了二审的判决结果。最高法院认为,在本案事实当中,在第一暴行中倒地的A,没有可能再对X实施进一步的侵害。X在认识到这一点之后,纯粹出于加害的故意而实施了第二暴行,第二暴行明显是不符合正当防卫的要件的。两个暴行尽管在时间上、场所上有连续,但在A的侵害的连续性以及X的防卫意思的有无上,二者性质明显不同。X在上述言语的基础上,对处于不能抵抗状态下的A进行相当激烈的暴行攻击,仅此,应当说第一暴行和第二暴行之间处于断裂状态。将如此这般的两个暴行进行整体上考察,认定为一个防卫过当行为是不妥当的,就成立正当防卫的第一暴行而言,不能问罪,但就第二暴行而言,连过当防卫都不成立,就此而引起A的负伤,行为人应当承担伤害罪的刑事责任。②

本案当中,日本最高法院延续了前述水户案中的整体判断原则

---

① 东京高等法院2007年12月25日,《刑集》第62卷第6号,第1879页。

② 日本最高法院2008年6月25日,《刑集》第62卷第6号,第1859页。

的宗旨,并对连续进行的数个防卫如何整体判断,做了更为详细的分析。即在对时间、场所上具有连续性的防卫行为是否应当整体性评价时,除了进行客观上的考察之外,还必须考察行为人的主观意思内容。本案中,被告人的前、后两个反击行为尽管在时间上、场所上相关,但被告人在进行第二次反击时,并非出于防卫的意思,和前一防卫行为之间有意思上的中断。这一点便成为被告人的行为未被整体上认定为防卫过当的关键。不过,有意思的是,对于本案被告人,一审以故意伤害致死罪判处其有期徒刑 3 年 6 个月,而二审以故意伤害罪,判处被告人有期徒刑 2 年 6 个月。

3."大阪案"

该案的案情是:被告人 X 和同被羁押处于一室的 V 因为琐事发生争吵,继而发生扭打。V 将在室内放置的长桌向 X 掀去,X 用左腿和两手将抵近自己腰部的桌子撑住,并将其向 V 反推回去(第一暴行)。V 被该桌子压倒,处于上半身靠在墙上,下半身被桌子压住的状态。X 骑到 V 腰上,数次拳击其面部(第二暴行)。V 左手遭受约要 3 周治疗的伤害,但该伤是 X 的第一暴行,致使桌子接触 V 的左手时所引起的。X 被以伤害罪起诉。

一审认为,V 在对被告人实施了掀桌子的动作之后,进一步对被告人加害的可能性极小。尽管如此,被告人完全出于攻击的意思,仍骑到 V 的身上,对其施加暴行,没有防卫的意思。尽管被害人供称,担心自己被杀,但当时并不具有这种危险。X 的行为不成立正当防卫。①

二审判决认可了这一结论。认为,本案被告人尽管具有因为 V 的掀桌子行为而生气反击的一面,但 V 对被告人的紧急不法侵害并未终了,被告人的暴行是作为对该侵害的反击而实施的,难以说被告人事先就对 V 抱有恶念,乘受攻击之机对被害人积极加害,因此,被告人的反击是出于防卫的意思。但是,V 的暴行,仅是一次掀桌子而已,不是很执拗的行为,之后,其便被被告人的第一次反击行为按倒,陷入难以反抗的境地;在被告人实施第二次反击行为时,虽

① 大阪地方法院 2008 年 6 月 16 日,《刑集》第 63 卷第 2 号,第 8 页。

然V的侵害不是很紧急,但被告人仍从有利于攻击的体位出发,基于继续实施某种程度的加害意思,单方面地实施了第二次暴行反击,此时,该行为明显地偏离了作为防卫手段的相当性的范围。另外,本案中的第一暴行和第二暴行,是针对V的紧急不法侵害,在时间、场所上接连实施的一连串的一体行为,因此,在其是正当防卫还是防卫过当的判断上,必须作为整体进行判断,而不应分别判断。本案中的各个暴行,作为一个整体,不得不说,超越了为防卫不得已而实施的行为的程度,应当将其评价为一个防卫过当行为,成立伤害罪。①

对此,被告人提出了上诉,认为本案的伤害是由没有违法性的第一个暴行造成的,亦即由不具有违法性的行为造成的。针对不具有违法性的行为所造成的结果,不能追究被告人的刑事责任,这是毋庸置疑的。不能将不具有违法性的第一暴行和之后的第二暴行一体评价,复活第一暴行的违法性。因此,即便第二暴行是超出了作为防卫手段相当性范围的防卫过当,也不可能成立伤害罪,仅只成立暴行罪。

但最高法院驳回了该上诉意见,认可了上述二审判决的结论。认为该被告人对被害人所施加的暴行,是针对紧急不法的侵害所施加的一连串的一体性行为,可以认定为基于同一防卫意思而实施的,因此,基于整体考察,将其整体上认定为过当防卫,判定伤害罪是妥当的。辩方提出的情况作为对被告人有利的情节考虑即可。②

本案中,法院沿袭了“静冈案”判决的宗旨,即时间、场所上具有连续性的数个暴行,若基于同一防卫意思而实施的话,可以在整体上评价为一个防卫行为。在进行一体性评价时,后面的行为也必须出于防卫的意思,具有防卫行为的性质,否则,就不能进行一体性评价。就本案而言,法院认为,尽管被告人的第一暴行是在被害人向自己加害时实施的,具有正当防卫的性质,但在被害人已经被第一暴行所制服,不可能再次发起攻击时,被告人仍然对其进行防卫性殴打,实施了第二暴行,该行为明显地超出了作为防卫手段的相

---

① 大阪高等法院2008年10月14日,《刑集》第63卷第2号,第15页。

② 日本最高法院2009年2月24日,《刑集》第63卷第2号,第1页。

当性的范围。这种偏离相当性的行为,使被告人的整体行为性质发生了变化,从正当防卫演变为了防卫过当。

(三)评论

从上述判例的梳理当中,不难发现,日本有关事后防卫的处理上,基本立场是整体分析。即对具有连续状态,可以分解为数个行为的反击行为,主张采用对其整体进行判断的原则。所谓整体判断,就是针对具有时间、空间上的连续状态的行为,不是将其中某一个场面或者某一时刻的行为样态单独拿出来评价,而是结合事态发展的全过程,作为一个整体进行分析评价。

整体分析是日本在正当防卫案件认定当中的一个常见做法。如在被告人X和A因为口角而相互斗殴,X在殴打的过程中,被A推倒在铁丝网上,仰面朝天,睾丸被踢伤。X气愤至极,抽出随身携带的小刀刺向A,致A失血死亡的案件中,被告人提出,X的行为是正当防卫,但日本最高法院认为,互殴行为,是打斗双方反复进行进攻、防御,混为一团的连续打斗行为,在打斗过程中的某个瞬间,打斗者中的某一方始终是在防御,呈现正当防卫的外观,但从打斗的整个过程来看,还是具有不见容于《日本刑法》第36条正当防卫观念的场合。从整体上来看,必须说,X的行为就是属于前述场合,没有适用《日本刑法》第36条的余地。[①] 这种分析方法,应用在事后防卫类型的案件当中,就是从行为的时空、行为样态、行为人意思的连续性或者同一性的角度,将侵害持续过程中的反击行为与侵害结束之后的追击行为视为一个整体,进行一体判断。

在事后防卫的定性上,进行整体评价时,主要考虑以下要素:一是前行为和后行为之间是不是具有时间、场所上的连续性。如果前行为和后行为之间在时间、空间上相距太远,便不能作为一个连续行为进行整体判断。二是行为人是不是具有防卫意思上的一致性,即后行为必须是基于防卫意思即防止对方再次对自己攻击——而不是基于报复、加害对方——的意思而进行的。三是已经被制服的对方是不是具有马上会恢复原来的样态,再次对行为人进行攻击的

① 日本最高法院1958年7月7日大法庭判决,《刑集》第2卷第8号,第793页。

可能性。如果对方尽管当时已经倒地,停止了侵害,但从当时的情况来看,具有再次起来对行为人进行加害的可能性时,仍然可以对其进行反击。其中,防卫意思的连续性是最为关键的要件,因为,就具有数个防卫行为的场合,时空的连续性和反击的必要性只是判断行为人在事后防卫时是基于报复、泄愤的攻击意思还是防卫意思的辅助材料而已。行为人的事后防卫行为即便和前面的防卫行为之间具有时空上的连续性,只要能确认其不是基于连续的防卫意思而实施的,就不能对其进行整体性评价。①

对事后防卫进行整体评价,作为防卫过当处理的做法,在日本刑法关于事后防卫不成立正当防卫的主流观点之下,似乎是对行为人的一种有利做法。一方面,可以通过将时空上具有连续性的防卫行为一体评价,将理论上被作为犯罪处理的防卫不适时的事后防卫与其前面的正当防卫一体评价为防卫过当,从而整体上缓和事后防卫的违法性色彩;另一方面,为事后防卫享受《日本刑法》第 36 条第 2 款规定的减免处罚的优遇提供便利。毕竟事后防卫,很大程度上是由被害人的紧急不法侵害行为所引致的,行为人在责任上具有可以宽恕或者理解的一面,即便其因为防卫不适时而成立犯罪,但在处罚上也必须与一般犯罪区分开来。

但这种想法有一厢情愿之嫌。事实上,整体分析法并不一定能够为事后防卫的行为人提供优遇。这一点在"静冈案"中有明显体现。该案当中,原审法院采用整体分析法,将包括事后防卫在内的被告人的连续行为整体认定为防卫过当,以故意伤害致死罪判处被告人有期徒刑 3 年 6 个月;相反地,二审法院依照分别分析法,将被告人的第一暴行认定为正当防卫,而只是将第二暴行认定为暴行罪,认定为故意伤害罪,判处被告人有期徒刑 2 年 6 个月。之所以出现这种结局,主要是因为,依照《日本刑法》第 36 条第 2 款,防卫过当和享受减免处罚优遇是两回事,即便行为人被认定为防卫过当,也并不一定会被减免处罚;是否减免处罚,还必须"根据情节"。

---

① 曾文科:《论复数防卫行为中的评价视角问题——以日本判例为素材的分析》,载易延友主编:《中国案例法评论》2015 年第 1 辑,法律出版社 2015 年版。

特别是在被告人的第一暴行造成的后果比第二暴行即事后防卫造成的后果严重得多的场合(如"静冈案"),采用整体分析法,就会抹杀第一暴行的正当防卫性,将该行为所引起的后果以防卫过当这种具有违法性的行为进行过大评价,抬高具有连续性的数个防卫行为的违法性程度,使得行为整体评价的失实。这样导致的直接后果是,本来只是引起较轻后果的第二暴行即事后防卫的违法评价,也因此被拉高,从而受到比单独评价之下更为严厉的处罚。

整体评价,在事后防卫造成比前行为更为严重的后果的场合,或许对被告人有利,但此时也会遇到一个棘手的问题,即为何能够将事后防卫的后果追溯既往归咎于前面的正当防卫行为呢?毕竟前面的行为是在行为人面临紧急不法侵害时所实施的正当防卫行为,而后行为是不法侵害人已经被制服之后,行为人所实施的防卫不适时的行为,二者之间在性质上迥然不同。特别是,如果说整体分析意味着具有时空上的连续、主观意思上的一致性的数个行为,可以一体评价为一个行为,那么,在事后防卫的场合,为什么不从前往后评价,即将前面的正当防卫行为的合法性覆盖于后面的事后防卫,将其一体化地理解为正当防卫,而是进行逆向评价,将后面的事后防卫的违法性对前面的正当防卫行为进行反向覆盖,将其整体上评价为防卫过当呢?这岂不是违反罪疑时有利被告人的原则,对被告人进行不利评价吗?

日本判例之所以采用整体分析法,将事后防卫理解为防卫过当,很大程度上与日本对于正当防卫制度的小心谨慎态度有关。日本学说认为,在救济个人权利的法律制度完备的法治国家,原则上禁止自力救济。正当防卫是在紧急不法的侵害之外,处于不能求助公的机关的保护的时候的紧急状态的场合,例外认可个人行使实力的紧急行为。因此,在能够求助于公的机关救济的场合,就没有理由认可正当防卫。这一点,与作为日本刑法榜样的德国大不相同。在德国,特别是在19世纪,从自由主义的个人主义立场出发,不考虑攻击程度、攻击性质或者被攻击的法益和根据防卫行为所保护的利益之间的平衡,而是以"合法不向不合法让步"的考虑为基础,在比较广泛的范围上,认可正当防卫。但是,广泛地认可正当防卫的话，会导致以暴制暴、以恶制恶的暴戾风气盛行，影响国民对国家治理的信心。因此，日本对于正当防卫，整体上还是从社会整体的角度出发，进行了比较大的限制。这种限制理念，体现在对事后防卫的处理上，就是尽量将先前的防卫行为和事后防卫行为联系在一起，整体上评价为违法的防卫过当，即便该过当结果是由先前的防卫行为所造成的，也会以事后防卫的行为违法为由，使得先前的防卫行为的合法性消失，与后续的事后防卫一道被评价为违法行为。换言之，国家对正当防卫的成立范围进行严格限制。

正是因为对正当防卫的严格限制态度，使得日本判例在有关事后防卫的处理上，选择余地非常有限。在日本，关于正当防卫，除了《日本刑法》第36条第1款有规定之外，日本的《盗犯防止法》第1条第1款中规定：(1)“在防止盗犯以及意图夺回被盗赃物的时候”，(2)“在意图防止携带凶器，或者翻越损坏门窗墙壁或者撬开门锁，进入有人居住或者有人看守的宅院、建筑物或者舰船的人的时候”，(3)“意图使无故进入他人住宅或者有人看守的宅院、建筑物、舰船的人退去，或者意图使受到该种要求却不自该场所退去的人离开的时候”的场合，“为了排除对自己或者他人的生命、身体、贞操进行的现实侵害而杀伤犯人的，是《日本刑法》第36条第1款所规定的防卫行为”。一般认为，这一规定降低了《日本刑法》第36条第1款中的相当性即“不得已而为之”的要求，将在《日本刑法》第36条之下被认为是防卫过当的行为的一部分纳入了正当防卫之中。[①] 另外，《盗犯防止法》第1条第2款规定，即便是没有现实危险的场合，“在由于恐怖、惊愕、兴奋、狼狈而当场杀死或者杀伤犯人的时候”，不受处罚。与上述第1款不同，这一款的着眼点在于，在与盗犯对峙的时候，人们往往因恐惧等原因，产生了心理上的动摇，缺乏期待其准确反击的可能性，进而排除责任，不受处罚。尽管此一规定针对的是假想防卫，但既然是排除责任，则针对防卫过当的

---

① 参见[日]山口厚：《刑法总论》(第二版)，付立庆译，中国人民大学出版社2011年版，第136页。

场合也应当能够适用。[①] 但是，上述放宽规定，仅限于针对盗窃、抢劫之类的盗犯，以及侵入住宅的犯罪的防卫行为，除此之外的行为，仍然适用《日本刑法》中的相关规定。换言之，除了上述特定情形之外，对于造成不法侵害人死伤结果的防卫行为，几乎没有被认定为正当防卫的余地。

如此说来，将事后防卫和事前正当防卫进行总体评价，作为防卫过当的处理方式，是《日本刑法》背景之下的一种无可奈何的选择。

三、我国有关事后防卫的学说与司法实践

（一）学说

我国主流学说认为，事后防卫即在不法侵害确实已经结束的情况下，对侵害人采取损害其某种权益的场合，由于不法侵害已经结束，侵害行为或者其导致的危险状态已经不能通过防卫行为予以制止或者排除，正当防卫的时机条件已经不存在，因此其不是正当防卫，而是一种故意犯罪行为。[②] 事后防卫的场合，由于对方存在严重过错，对事后防卫人一般是需要从宽处罚的。事实上，这种事后防卫是行为人激于义愤而实施的行为，甚至是一种激情行为，处罚时对其应当从轻。[③]

但是，近年来，上述事后防卫不是正当防卫，而是故意犯罪，只能酌情从宽处理的观点已经受到挑战。如杨兴培、李翔教授认为，对于家暴之类的重复侵害行为的正当防卫，不能简单地同“防卫不适时”画等号。重复侵害，是指该种侵害行为反复不断出现，既然如此，那么，当前一个侵害行为看起来似乎已经结束，而实际上从整个行为来看，它并没有结束，对于被害人来说，其所面临的危险并未结束。

---

① ［日］西田典之：《日本刑法总论》，刘明祥、王昭武译，中国人民大学出版社2007年版，第138页。

② 参见高铭暄、马克昌主编：《刑法学》（第九版），北京大学出版社、高等教育出版社2019年版，第130页。

③ 陈兴良主编：《刑法总论精释》（上），人民法院出版社2016年版，第259～260页。

对这种存在某种条件就会重复侵害的连续非法侵害行为，可以作为一个整体，被害人可以针对整体行为选择在任何时段上实施反击。[①]

陈洪杰博士针对受害人杀死已在自身身上发泄完性欲，正在穿裤子的强奸犯，属于事后防卫，构成故意杀人罪的观点，认为像现行法律一样，将受害人反抗的对象单纯地限定于“正在进行的不法侵害”，未免失之过窄。事实上，受害人需要反抗的不仅是正在进行的不法侵害，更是施害人所建立的、可以对其生杀予夺的秩序空间。只要这样的空间仍然存在，受害人实施正当防卫的时机就不会消失。就上述杀死强奸犯的案例而言，行为人一手缔造的严重威胁被害人人身安全的秩序仍然存在，行为人在稍事休息之后可以再次强奸，甚至杀人灭口，[②]此时，被害人的事后防卫行为应当是正当防卫。

刘远教授和孙丽博士认为，事后防卫中的“事”，不仅指不法侵害本身，而且包括不法侵害人给防卫人精神和行为所造成持续性影响的当场存在；所谓事后，应当理解为这种持续性影响的场合平复之后。他们认为，这样理解事后，就可以排除防卫人由于不法侵害和正当防卫之间触目惊心的对抗而自然陷入惊恐状态，并在此精神状态支配之下继续实施所谓“事后防卫”的犯罪性。[③]

上述向主流学说挑战的观点，尽管说理的角度不同，但都是表达一个意思，即一定条件下的事后防卫成立正当防卫。在论证这种结论时，上述观点基本上采用了两种不同思路：一种思路是从客观侵害仍然存在的角度来展开。认为对有重复侵害可能的行为，应当作为整体进行判断，在其中的任何一个阶段上均可进行反击的观点，以及认为正当防卫中的不法侵害正在发生，是指施害人所建立的、可以对其生杀予夺的秩序空间仍然存在，身处其中的行为人随时可以进行反击的观点，就是这种情形。另一种思路是从期待可能性的角度来展开。认为不法侵害人给防卫人精神上造成陷入惊恐

---

① 杨兴培、李翔：《对于重复侵害的行为能否适用正当防卫问题研究》，载《中国刑事法杂志》2001 年第 5 期。

② 陈洪杰：《特定情境下事后防卫行为的可惩罚性问题探讨》，载《广西政法管理干部学院学报》2007 年第 3 期。

③ 刘远、孙丽：《司法逻辑中的事后防卫》，载《国家检察官学院学报》2013 年第 6 期。

的持续性影响的场合，即便有所谓事后防卫，也要排除其犯罪性，即不承担刑事责任的见解，就是如此。

笔者认为，对于行为人的连续反击或者说事后防卫行为，只要不法侵害已经结束，就一律认定为防卫不适时，构成故意犯罪的见解是有问题的：一是到底该如何认定不法侵害已经结束？有些不法侵害看似已经结束，但不法侵害人仍然有可能恢复原状，再次展开攻击，此时能否说不法侵害确实已经结束，具有疑问。二是防卫人在遭受不法侵害人的攻击特别是突然袭击时，往往会陷入恐惧、惊愕状态，继而产生愤怒等情绪。这是人之本能。现实生活中的很多所谓事后防卫，都是在这种情形之下的反击行为。如果这种情形也要求行为人承担故意杀人罪或者故意伤害罪的刑事责任，明显有强人所难之嫌。也正因如此，《德国刑法》第 33 条规定，行为人出于慌乱、恐惧或者惊吓而逾越正当防卫界限的，不罚。我国刑法当中尽管没有如此明确的规定，但《刑法》第 20 条第 3 款的特殊防卫，实际上也是这种观念的体现。一般认为，之所以进行如此规定，是因为上述犯罪都是严重威胁人身安全的，被侵害人面临正在进行的暴力侵害，很难辨认侵害人的目的和侵害程度，也很难掌握实行防卫行为的强度，规定太严，会束缚被侵害人的手脚，妨碍其与犯罪作斗争的勇气。①

只是，上述观点尽管在观念上值得提倡，但在应用上还存在一定不足。一方面，我国《刑法》增设了第 20 条第 3 款规定之后，通过对事后防卫中的“事”进行实质解释的方式为事后防卫行为脱罪的做法的意义已经没有那么大了；另一方面，将正当防卫的前提条件的“不法侵害”扩大为不法侵害引致的“对被害人可以生杀予夺的秩序空间”不仅内容模糊，且有超越法条用语可能具有的范围之嫌，同样，认为在家庭暴力之类的有重复侵害可能性的场合，身处其中的行为人随时可以反击的见解，无形当中也会侵蚀削弱《刑法》第 20 条第 1 款规定的正当防卫成立条件，并与我国刑法司法解释的规

---

① 郎胜主编：《中华人民共和国刑法释义》（第六版），法律出版社 2015 年版，第 23 页。

定[①]不符。

（二）司法实践

在实务中，对于加害人的不法侵害结束之后不久，由防卫人所实施的事后防卫行为，处理不一。通常是以纯粹犯罪处理，但偶尔也能见到作为防卫过当处理的情形。以下，选取若干代表性案例加以说明。

1.“范某秀故意伤害案”[②]

被告人范某秀与被害人范某雨系同胞兄弟。范某雨患精神病近10年，因不能辨认和控制自己的行为，经常无故殴打他人。2003年9月5日8时许，范某雨先追打其侄女范某辉，又手持木棒、砖头在公路上追撵其兄范某秀。范某秀在跑了几圈之后，因无力跑动，便停了下来，转身抓住范某雨的头发将其按倒在地，并夺下木棒朝持砖欲起身的范某雨头部打了两棒，致范某雨当即倒在地上。后范某秀把木棒、砖头捡回家。约1小时后，范某秀见范某雨未回家，即到打架现场用板车将范某雨拉到范某雨的住处。范某雨于11时许死亡。

法院认为，被告人范某秀为了使自己的人身权利免受正在进行的不法侵害，而持械伤害他人身体，造成他人死亡的后果，属明显超过必要限度造成他人损害，其行为已构成故意伤害罪。公诉机关指控的罪名成立。被告人作案后投案自首，依法应从轻处罚。被告人范某秀辩解称其用木棒致死被害人不是故意的，是不得已而为之的自卫行为的理由，与庭审查明的事实相符，依法应当减轻处罚。鉴于被告人的悔罪表现，可对被告人适用缓刑。判决结果为：被告人范某秀犯故意伤害罪，判处有期徒刑3年，缓刑3年。

最高人民法院的法官在解说此案时，认为本案中，在被告人已将被害人按倒在地后，被害人对被告人的人身危险性已大大减弱，被告人使用木棒两次击打被害人的要害部位，并导致被害人死亡，

---

① 2015年3月2日最高人民法院、最高人民检察院、公安部、司法部《关于依法办理家庭暴力犯罪案件的意见》指出，只有“对正在进行的家庭暴力采取制止行为”，才能认定为正当防卫。

② 参见《刑事审判参考》第353号。

则明显超过必要的限度,属于防卫过当。被告人使用木棒连续击打被害人的要害部位,对造成被害人人身损害的后果,应当是明知的。考虑到被告人与被害人系同胞兄弟、见被害人未回家后又到现场去寻找,认定被告人故意杀人的理由不充足,故以故意伤害罪对被告人定罪处罚较为适宜。①

本案属于典型的事后防卫,也是少有的以防卫过当处理的案件。尽管本案中存在前、后两个反击行为,但本案的一审判决中并没有提及这一点,而是笼统地以被告人的行为"明显超过必要限度造成他人损害"一笔带过。可见本案在处理时并没有将其中涉及的行为进行个别分析,而是将其作为一个整体进行判断。最高人民法院法官在解说当中,虽然提到了"被告人已将被害人按倒在地后,被害人对被告人的人身危险性已大大减弱,被告人使用木棒两次击打被害人的要害部位,并导致被害人死亡"的一点,但也只是认为,这种情形明显超过必要限度,属于防卫过当。但所谓过当,到底是针对前后两个行为所引起的事实,还是仅仅针对后一行为即被害人倒地之后,被告人用木棍敲击其头部行为所引起的结果,没有明说。若是针对后者,按照现行学说,便无法以防卫过当进行处理,而只能认定为故意杀人罪,然后酌情从宽处理。但本案中却认定被告人防卫过当,减轻处罚,判处缓刑,其理由何在,无法判断。

2. "李某故意伤害案"②

2002年9月17日凌晨,上诉人李某与其同事王某毅、张某(另案处理)、孙某儒等人在北京市海淀区双泉堡环球迪厅娱乐时,遇到本单位女服务员王某菲等人及其朋友王某伟(另案处理)等人,王某伟对李某等人与王某菲等人跳舞感到不满,遂故意撞了李某一下,李某对王某伟说:"刚才你撞到我了。"王某伟说:"喝多了,对不起。"两人未发生进一步争执。李某供称其感觉对方怀有敌意,为防身,遂返回其住处取尖刀一把再次来到环球迪厅。其间王某伟打电话叫来张某龙(男,时年20岁)、董某军等三人(另案处理)帮其报

① 参见《刑事审判参考》第353号,裁判理由部分。

② 参见《刑事审判参考》第433号。

复对方,三人赶到环球迪厅时李某已离去,张某龙等人即离开迪厅。李某取刀返回迪厅后,王某伟即打电话叫张某龙等人返回迪厅,向张某龙指认了李某,并指使张某龙等人在北沙滩桥附近的过街天桥下伺机报复李某。当日凌晨1时许,李某等人返回单位,当途经过街天桥时,张某龙、董某军等人即持棍对李某等人进行殴打。孙某儒先被打倒,李某、王某毅、张某进行反击,其间,李某持尖刀刺中张某龙胸部、腿部数刀。张某龙因被刺伤胸部,伤及肺脏、心脏致失血性休克死亡。

法院认为,被告人李某故意伤害他人身体,致人死亡,其行为已构成故意伤害罪,犯罪后果特别严重,依法应予惩处。鉴于被害人对本案的发生负有重大过错,故依法对被告人李某予以从轻处罚。对于被告人李某的辩护人提出的辩护意见,即李某的行为是正当防卫,只是由于没有积极救治被害人导致李某承担间接故意伤害的法律后果,法院认为,正当防卫成立的要件之一即防卫行为的直接目的是制止不法侵害,不法侵害被制止后不能继续实施防卫行为,而被告人李某持刀连续刺扎被害人张某龙要害部位胸部数刀,在被害人倒地后还对其进行殴打,故李某具有明显伤害他人的故意,其行为符合故意伤害罪的犯罪构成,辩护人的此项辩护意见不能成立,不予采纳。根据被告人李某犯罪的事实、犯罪的性质、情节和对于社会的危害程度,判决李某犯故意伤害罪,判处有期徒刑15年,剥夺政治权利3年。

从本案的辩护意见来看,本案被告人存在被害人倒地之后的事后防卫情节,但这一情节在法院查明的事实当中没有提及,而是笼统地说:“李某持尖刀刺中张某龙胸部、腿部数刀”;并称在被害人倒地后还对其进行殴打,故李某具有明显伤害他人的故意,其行为符合故意伤害罪的犯罪构成。可见,本判决和前一判决一样,将数个反击行为不加区分,一体考虑,将事后防卫也作为故意伤害罪的一个组成部分对待。这种做法与我国学界的通说,即事后防卫不是防卫,而是故意犯罪的理解完全一致。

3."王某龙故意伤害案"[①]

2014年6月13日18时许,被告人王某龙在某市通州区马驹桥某公寓门前路边其水果摊处,无故被李某(男,27岁)、丛某(男,35岁)、王某某(男,23岁)以及靳某拳打脚踢后,在上述四人欲离开时,持水果刀将李某、丛某、王某某扎伤,致李某、丛某二级重伤,王某某轻微伤。后被告人明知他人报警仍在现场等候民警处理。

法院认为,被告人王某龙在其人身权利受到侵害后未能正确处理,持械故意伤害他人身体,致二人重伤,一人轻微伤,其行为已构成故意伤害罪,依法应予惩处。被告人自动投案,如实供述主要犯罪事实,系自首,依法可以减轻处罚。被告人积极赔偿被害人的经济损失,取得了被害人的谅解,且被害人对于本案的发生存在过错,依法可以酌情从轻处罚。对于辩护人所提出的"被告人的行为属于正当防卫"的辩护意见,经查,被告人王某龙的行为并不是针对正在进行的不法侵害,其行为不符合正当防卫的条件,故该意见本院不予采纳。综上,法院根据被告人王某龙犯罪的事实、性质、情节以及对于社会的危害程度等,认定被告人犯故意伤害罪,判处有期徒刑1年4个月。

本案中,尽管案件事实部分明确地说明,被告人在四名被害人"欲离开时",持刀反击,将他们扎伤,但在判决部分,法院认为被告人的行为"不是针对正在进行的不法侵害",不符合正当防卫的条件,构成故意伤害罪,最终考虑到"被害人对于本案的发生存在过错"、被告人有自首情节等原因,故对被告人给予了较轻的处罚。这种认定事后防卫不具防卫性质,属于故意犯罪的做法,和上述"李某故意伤害案"的做法如出一辙。

4."于某明正当防卫案"[②]

2018年8月27日21时30分许,犯罪嫌疑人于某明骑自行车在路上正常行驶,刘某醉酒驾驶小轿车(经检测,血液酒精含量87mg/100ml),向右强行闯入非机动车道,与于某明险些碰擦。刘

---

① 北京市通州区人民法院刑事判决书,(2014)通刑初字第969号。

② 参见2018年12月18日《最高人民检察院第十二批指导性案例》之于某明正当防卫案(检例第47号)。

某的一名同车人员下车与于某明争执，经同行人员劝解返回时，刘某突然下车，上前推搡、踢打于某明。虽经劝解，刘某仍持续追打，并从轿车内取出一把砍刀（系管制刀具），连续用刀面击打于某明颈部、腰部、腿部。刘某在击打过程中将砍刀甩脱，于某明抢到砍刀，刘某上前争夺，在争夺中于某明捅刺刘某的腹部、臀部，砍击其右胸、左肩、左肘。刘某受伤后跑向轿车，于某明继续追砍 2 刀均未砍中，其中 1 刀砍中轿车。刘某跑离轿车，于某明返回轿车，将车内刘某的手机取出放入自己口袋。民警到达现场后，于某明将手机和砍刀交给出警民警（于某明称，拿走刘某的手机是为了防止对方打电话召集人员报复）。刘某逃离后，倒在附近绿化带内，后经送医抢救无效，因腹部大静脉等破裂致失血性休克于当日死亡。于某明经人身检查，见左颈部条形挫伤 1 处、左胸季肋部条形挫伤 1 处。2018 年 8 月 27 日当晚公安机关以"于某明故意伤害案"立案侦查，8 月 31 日公安机关查明了本案的全部事实。9 月 1 日，江苏省昆山市公安局根据侦查查明的事实，依据《刑法》第 20 条第 3 款的规定，认定于某明的行为属于正当防卫，不负刑事责任，决定依法撤销"于某明故意伤害案"。其间，公安机关依据相关规定，听取了检察机关的意见，昆山市人民检察院同意公安机关的撤销案件决定。

本案事实具有两个阶段：第一阶段，于某明遭受被害人刘某的无故持刀殴打和攻击，于某明抢到砍刀，进行还击，伤及刘某；第二阶段，在刘某受伤后跑向轿车时，于某明继续追砍 2 刀。对于本案中第二阶段的行为是否符合正当防卫的要求，司法机关进行了讨论。在论证过程中有意见提出，于某明抢到砍刀后，刘某的侵害行为已经结束，不属于正在进行。但司法机关论证后认为，判断侵害行为是否已经结束，应看侵害人是否已经实质性脱离现场以及是否还有继续攻击或再次发动攻击的可能。于某明抢到砍刀后，刘某立刻上前争夺，侵害行为没有停止，刘某受伤后又立刻跑向之前藏匿砍刀的汽车，于某明此时做不间断的追击也符合防卫的需要。于某明追砍两刀均未砍中，刘某从汽车旁边跑开后，于某明也未再追击。因此，在于某明抢得砍刀顺势反击时，刘某既未放弃攻击行为也未实质性脱离现场，不能认为侵害行为已经停止。换言之，于某明对刘某的继续追砍行为,仍然属于对不法侵害行为的反击,具有防卫性质。

本案中尽管也存在在被害人逃离现场过程中进行反击的事后防卫行为,但司法机关并没有遵循传统观点所说的事后防卫属于防卫不适时,应当构成故意犯罪的观点,而是采取了分别分析的方法,将全案行为一分为二,并就其中具有争议的事后追杀行为,直接考虑适用我国《刑法》第 20 条第 3 款规定的特殊防卫。这种做法,在我国有关事后防卫的案例当中,实属罕见。其也预示着,从今以后,事后防卫案件的处理,不一定局限于《刑法》第 20 条第 1 款和第 2 款,有可能直接适用《刑法》第 20 条第 3 款。由此来看,本案的处理,具有风向标的意义。但本案的处理中,也存在一个让人不解之处,即为什么直接适用《刑法》第 20 条第 3 款的规定,而不是像前面的判例一样,考虑适用《刑法》第 20 条第 2 款的规定。毕竟,从前面选取的几个代表性案例来看,我国实务部门在处理有关事后防卫案件时,基本上都是注重事后防卫的不适时性,采用整体思考,将前后两个行为一并作为故意犯罪处理的,只是在量刑上酌情考虑而已。对于“于某明正当防卫案”,如果沿袭我国实务经验,将目光放在行为人在“被害人倒地之后,继续追杀”上,或许会得出另一种结论来。

(三)评论

在我国,关于事后防卫,尽管学界的主流观点认为,其不符合正当防卫的时间条件,因而不能构成正当防卫,只能作为犯罪处理,但实务当中,并未完全遵循这种观点,而是采用了三种不同的处理方式:一是普通犯罪;二是防卫过当;三是特殊防卫。

将事后防卫作为普通犯罪处理是实务当中最为主要的处理方式,也是与学说的主流观点一致的意见。这种处理方式中,事后防卫和普通故意犯罪没有两样,因此,在犯罪事实的叙述中,行为人的故意伤害行为中所具有的防卫性的一面,根本就微不足道、不值一提。这一点从上述“李某故意伤害案”和“王某龙故意伤害案”中有关案件事实的描述中均能看出。但必须指出的是,这种事后防卫的处理中,暗含一个严重的缺陷,就是没有考虑到行为人事后防卫时的主观情况。详言之,尽管行为人在不法侵害已经结束之后对被害人进行反击,客观上造成了危害结果,但其主观责任上具有可以宽恕、谅解的一面。而上述认为事后防卫不符合正当防卫的时间条件,构成故意犯罪的观点,将关注的重点放在“不法侵害已经结束”中的“已经结束”上,却没有意识到防卫之前存在“不法侵害”的客观事实,也没有意识到这种客观事实是导致行为人事后防卫的原因。实际上,从理论上讲,正当防卫之所以被允许,除了其客观具有保护合法利益或者优越利益的一面之外,行为人主观上出于防卫自己或者他人的合法利益的意图也是一个重要的考量因素。这种防卫意图除了让人们对该种情绪下的反击行为同情、理解、减少谴责之外,还可以将最初出于加害他人目的而故意诱发侵害行为(挑拨防卫)、以防卫为借口而实现其他目的(借口防卫)从合法的正当防卫中区分出来。特别是事后防卫,很多情况下,是在行为人遭受被害人的攻击之后,处于恐惧、惊愕的惊魂未定状态,这种状态下所产生的愤怒、报复等人类的本能情绪会降低人的认识、控制能力。在此状态之下实施的事后防卫行为,属于人的正常的生理反应,作为人类社会理性产物的法律,应当对其报以宽宥和同情,[①]而将事后防卫论以普通犯罪的见解则忽视了这一点,因而难以作出正确处理。

将事后防卫作为防卫过当处理,尽管比较罕见,但我国实务中确实存在。上述“范某秀故意伤害案”就是其典型。这种处理方式有其道理。因为事后防卫虽说是在侵害行为结束之后所进行的反击行为,不符合正当防卫的时间条件,但行为人在反击行为的当时,通常会因为恐惧、愤怒、惊愕等原因而产生心理上的动摇。这种情况下,事后防卫与使用超过必要限度的反击手段所进行的防卫过当并没有本质上的区别,因此,可以将其作为防卫过当处理。[②] 但这种处理方式当中存在两方面的问题:一方面,无法与罪刑法定原则协调。因为,依照我国《刑法》第 20 条第 1 款和第 2 款的规定,防卫过当仅仅是指针对正在进行的不法侵害,使用“明显超过必要限度”的手段而造成重大损害的场合,其前提是针对“正在进行的不法侵害”,事后防卫显然不符合这一要求;而且我国《刑法》第 20 条第 3

① 参见刘远、孙丽:《司法逻辑中的事后防卫》,载《国家检察官学院学报》2013 年第 6 期。

② 陈家林:《外国刑法通论》,中国人民公安大学出版社 2009 年版,第 305 页。

款也明文规定，对正在行凶等严重危及人身安全的暴力犯罪，采取防卫行为，造成不法侵害人伤亡的，不属于“防卫过当”。另一方面，无法与责任原则协调。责任原则认为，行为人只能对自己能够辨认和控制的行为承担刑事责任，事后防卫的场合，多半是因为行为人先遭受到了来自被害人的攻击，当此之时，行为人多半会由于恐惧、惊愕、愤怒等本能的情绪因素的支配而降低甚至灭失了其正常的辨认、控制能力。在此情形之下实施的反击行为，很难说是理性支配的行为而要求行为人承担责任。[①] 实际上，从前述判例的介绍当中就能看出，实务当中，之所以非常勉强地将具有可宽恕理解情节的事后防卫行为作为防卫过当处理，主要是为了给这种情形下的行为人一个法定的从宽处理情节。但这种目的的实现，在我国刑法规定之下，并不一定要通过具有违反罪刑法定原则之嫌的防卫过当的方式解决，完全可以通过我国《刑法》第 20 条第 3 款规定的特殊防卫的方式解决。

将事后防卫作为特殊防卫处理是我国最近兴起的一种处理方式。“于某明正当防卫案”就是其适例。但必须指出的是，尽管“于某明正当防卫案”的处理最终以我国《刑法》第 20 条第 3 款为根据，名之为“正当防卫案”，但有名不副实之嫌。因为《刑法》第 20 条第 3 款规定的防卫类型，虽然不是防卫过当，但也不是正当防卫。因为，其并不符合《刑法》第 20 条第 1 款规定的正当防卫要求。“于某明正当防卫案”中之所以称于某明的正当防卫为《刑法》第 20 条第 3 款所规定的正当防卫，主要是因为对《刑法》第 20 条第 3 款存在误解。目前的通说观点认为，《刑法》第 20 条第 3 款是对《刑法》第 20 条第 1 款在防卫限度上的修正，其适用必须以防卫人的行为符合《刑法》第 20 条第 1 款的条件为前提。[②] 换言之，《刑法》第 20 条第 3 款的意义仅在于，在防卫限度上对《刑法》第 20 条第 1 款进行了修正，其他方面一如既往。但这种理解存在重大缺陷。首先，《刑

---

① ［日］松宫孝明：《刑法总论讲义》（第四版），钱叶六译，中国人民大学出版社 2013 年版，第 109 页。

② 杨宗辉、郭泽强：《正当防卫制度的再思考——从刑法第 20 条第 3 款切入》，载《法学评论》2001 年第 4 期。

法》第20条第3款不只是在防卫限度上对《刑法》第20条第1款规定的正当防卫进行了修正,在其他方面也和第20条第1款的规定存在悬殊。按照《刑法》第20条第3款的规定,只要是针对“正在进行”的“行凶”等“严重危及人身安全的暴力犯罪”进行反击,在防卫限度上就没有不能“明显超过必要限度”的要求,也没有“为了使国家、公共利益、本人或者他人的人身、财产和其他权利”免受不法侵害的主观认识限定,并且即便造成“不法侵害人伤亡”这种程度的“重大损害”,也不用负刑事责任。可见,《刑法》第20条第3款所规定的不负刑事责任的防卫行为,和同条第1款所规定的正当防卫是截然不同的两种行为类型。其次,对正当防卫的必要限度进行修正的是《刑法》第20条第2款。其中规定防卫行为“明显超过必要限度造成重大损害的”,就是防卫过当。如果说第3款也是对第1款所规定的限度要件的修正的话,则第2款和第3款在逻辑上应当一致。但是,已经有学者指出,我国《刑法》第20条第2款和第3款在逻辑上自相矛盾。一方面,《刑法》第20条第2款将防卫过当的标准设定为“明显超过必要限度造成重大损害”,意味着以杀人手段制止伤害行为是过当的,要承担刑事责任;另一方面,《刑法》第20条第3款又将防卫过当的标准做了调整,认为针对严重危及人身安全的暴力犯罪,即便造成了不法侵害人伤亡的,也不属于防卫过当。[①]即在这类防卫情形下,不存在防卫过当的情况。显然,《刑法》第20条第3款不是简单地对同条第1款进行防卫限度上的修正。

本书认为,我国《刑法》第20条第3款的规定是一种迥异于第1款正当防卫的免责规定。这一点,从本款设立的立法原因的说明上便可见一斑。关于为什么要增设本款规定,刑法草案起草者对此有如下说明,即被侵害人面临正在进行的严重危及人身安全的暴力犯罪时,“很难辨认侵害人的目的和侵害程度,也很难掌握实行防卫行为的强度”,规定太严,会束缚被侵害人的手脚,妨碍其与犯罪作斗争的勇气。[②] 这种通俗易懂的说明,正好印证了以下立法建议,即

---

① 参见袁彬:《情绪犯原理》,中国人民大学出版社2014年版,第220页。

② 参见郎胜主编:《中华人民共和国刑法释义》(第六版),法律出版社2015年版,第23页。

行为人在面临该种严重危及人身安全的暴力犯罪时,心理上处于高度紧张状态,不能苛求行为人采取适当的手段进行防卫。[①] 这种由于行为人心理上的高度紧张而不承担刑事责任的规定,实际上是一种因为没有期待可能性而不负刑事责任的特殊防卫类型。[②] 该种防卫类型,与《德国刑法》第33条"防卫人因为慌乱、恐惧或者惊吓而超越正当防卫的界限的,不罚"、《荷兰刑法典》第41条第2款"因遭受不法侵害而导致的一时冲动,造成防卫过当的,不负刑事责任"、日本《盗犯防止法》中的"没有现实危险的场合,在由于恐怖、惊愕、兴奋、狼狈而当场杀死或者杀伤犯人的时候,不受处罚"规定中所体现的理念是一致的。这种行为人面临危急而出手仓促,没有可能期待行为人采取最为合适的应对方法的场合,因为行为人欠缺有责性而根本不构成犯罪,不是和正当防卫一样的减免处罚问题。从此意义上讲,"于某明正当防卫案"中,尽管存在于某明在被害人刘某倒下之后,仍然继续持刀追击,砍了两刀的行为,但从事发当时的全过程来看,完全可以说于某明属于因为慌乱、恐惧或者惊吓而超越正当防卫限度的情形。虽说"于某明正当防卫案"中强调,事后的追砍行为未砍中被害人,意在说明被害人死亡结果是前面的正当防卫行为所致,与后面的防卫不适时无关,但从《刑法》第20条第3款的角度来看,即便被害人死亡是后面的追砍行为所致,行为人于某明也可以不承担刑事责任。因此,对追砍两刀但未砍中的强调,在援引《刑法》第20条第3款规定的前提下,没有多大的必要。

四、结语

在日本,由于对本质上属于私人自力救济的正当防卫持谨慎态度,因此,刑法当中,对于遭遇紧急不法侵害之后所实施的事后防卫行为,理论上讲,只有一种处理方式:没有任何减免情节的故意犯罪,再也没有其他选择。这样,在日本,对于所谓量的过当的事后防卫的处理便陷入了令人尴尬的境地。毕竟,尽管事后防卫是在不法

---

① 陈康伯等:《关于完善正当防卫的建议》,载高铭暄主编:《刑法修改建议文集》,中国人民大学出版社1997年版,第269页。

② 黄荣坚:《基础刑法学》(上),台北,元照出版有限公司2012年版,第238页。

侵害停止之后实施的,但其也是事出有因,令人同情,特别是在行为人由于被害人先前的侵害行为而陷入恐惧、惊愕境地而以一连串行为进行反击的场合,也论以没有任何宽恕情节的故意犯,着实不符合事后防卫的实际情形。在此困境之下,日本判例作出了一种折中处理,即行为人在事后防卫时,若该行为和前面的防卫行为之间具有时间、空间上的连续性,行为人在行为时主观上具有防卫意思,则可以将其前、后行为视为一个整体,依照《日本刑法》第36条第2款所规定的防卫过当处理。其目的是在对事后防卫作为犯罪谴责的同时,给予其一个在违法性上相对比较缓和的评价。但其中所采取的整体评价原则,不仅可能难以达到对事后防卫从宽处理的效果,而且还可能因为将事后行为所引起的重结果追溯既往归咎于前面的正当防卫行为而抹杀前面的行为的性质,导致处罚的不平衡。

相反地,我国刑法中,对于正在进行的不法侵害结束之后的事后防卫行为,则有两种处理方式可供选择:一是普通犯罪;二是《刑法》第20条第3款所规定的既不是正当防卫,也不是防卫过当,但不负刑事责任的所谓特殊防卫。日本虽然也有类似规定,但日本规定在《盗犯防止法》当中,主要针对盗窃、抢劫之类的盗犯,且在入户的场合才能适用。这种规定的局限,使日本有关事后防卫的处理只能局限在一个非常有限的范围之内。也正因如此,在我国,对于事后防卫的处理,大可不必照搬日本。出现事后防卫的场合,首先可以考虑是否属于《刑法》第20条第3款的类型,得出否定结论之后,再从其他角度进行考虑。从此角度来讲,"涞源反杀案"在处理结论上虽然令人满意,但在说理上可以商榷。既然已经认为作为防卫人的王某元夫妇在被害人倒地之后的继续反击行为,因为"受到惊吓,精神高度紧张,心理极度恐惧"而符合我国《刑法》第20条第3款的规定,仅此就可以说明王某元对被害人倒地之后的继续砍杀行为不负刑事责任,而没有必要再画蛇添足、大费周章地论证王某元夫妇在王某某倒地之后的继续加害行为,是与之前的防卫行为"有紧密连续性,属于一体化的防卫行为"。相反地,若说王某元夫妇的事后防卫行为与之前的正当防卫"有紧密连续性,属于一体化的防卫行为",则仅此就可以说明王某元夫妇的行为属于《刑法》第

20条第1款所规定的正当防卫,而没有必要再补充说明行为人的行为是在其精神高度紧张状态下实施的。加上如此说明,会给人一种"客观不足、主观来补"的印象,即事后防卫引起了超过必要限度的严重后果,但考虑行为人在反击时主观上存在情有可原之处,所以要同时考虑客观上属于"有紧密连续性,属于一体化的防卫行为"、主观上因为"受到惊吓,精神高度紧张,心理极度恐惧"两方面因素。

如此说来,在我国刑法规定之下,事后防卫行为,可以区分以下三种情况处理:

一是作为正当防卫处理。其是指被害人尽管被行为人最初的正当防卫(第一次反击)所制服,但仍有可能很快恢复原状,再次发起攻击的状况下,行为人的继续反击行为(第二次反击)可以作为《刑法》第20条第1款规定的正当防卫处理。"于某明正当防卫案"就属于这种情形。该案中,尽管被害人刘某的砍刀因为于某明的第一次反击行为而甩落在地,但刘某立即上前争夺,没有放弃迹象;且刘某受伤起身后,立即跑向原放置砍刀的汽车,于某明无法判断刘某跑向汽车的目的,不排除刘某有从车内取出其他"凶器"的可能性。换言之,此时,砍刀虽然已经易手,但危险尚未消除,于某明的人身安全始终面临着紧迫而现实的危险。这种场景下,可以借用日本判例中的整体判断原则,说于某明"继续追砍2刀均未砍中"的第二次反击行为,是前面第一次反击行为的延续,二者之间具有紧密的连续性,属于一体化的防卫行为,可以依照《刑法》第20条第1款的规定,直接将其认定为正当防卫,而不必引用《刑法》第20条第3款的规定。

二是作为特殊防卫处理。其是指在被害人被行为人最初的正当防卫(第一次反击)制服之后,已无恢复原状、再次发起攻击的可能,但行为人因为被害人的紧急不法侵害而"精神高度紧张,心理极度恐惧",辨认、控制其行为的能力降低,对被害人的情况浑然不识,仍然继续进行防卫(第二次反击),导致被害人死伤的场合,行为人的继续反击行为可以认定为《刑法》第20条第3款所规定的特殊防卫。"涞源反杀案"就是这种情形。该案中,在案发之前的较长一段时间内,被害人持续采取携带凶器上门滋扰、以自杀相威胁、发送含有死亡威胁内容的手机短信等方式多次对王某某及其家人不断骚扰、威胁,公安机关的出面干涉也没有任何效果,致使行为人王某元夫妇东躲西藏,无法正常生活。本案发生在23时,此时正是人们劳累一天失去防范的时候;当时,被害人携带两把水果刀和甩棍翻墙进入行为人家中,进行突然袭击。对于此种携带凶器的入室犯罪,一般人都会猝不及防、难以招架,更何况是一段时间以来一直因为被害人的滋扰而陷入恐惧、愤怒、无奈当中的王某元一家。因此,即便说行为人具有被害人倒地之后的事后防卫行为,但其也是能够理解和值得宽恕的行为。如此说来,就该案而言,关注的重点应当是在当时的情况下是否可以期待行为人采用更加温和的反击手段,而不是第二次反击行为是否和前面的反击行为之间具有时空上的一体性和防卫意思的连续性。就本案而言,即便行为人的事后防卫行为不具有防卫意思,也不能从整体性原则的角度认定其为防卫过当,但因为此时行为人已经没有不实施事后防卫行为的期待可能性,即便行为人具有报复、泄愤的动机,也是可以理解的。

三是作为故意犯罪处理。其是指被害人被行为人最初的正当防卫(第一次反击行为)制服之后,已无恢复原状、再次发起攻击的可能,行为人对此也有认识,但基于泄愤报复的心理,继续反击,导致被害人死伤(第二次反击)的场合。此时,行为人的第二次反击行为,尽管和前面的第一次反击行为之间具有时空上的连续性,但因为不具有防卫意识上的前后一致性,因此,其不仅不是《刑法》第20条第1款的正当防卫和第3款的特殊防卫,连第20条第2款的防卫过当都说不上,而是故意犯罪。前述日本的"静冈案"就是这种情形。该案中,行为人的第一次反击行为就将被害人打倒在地,被害人当时后脑着地,仰面朝天,不能动弹,行为人尽管意识到了这种情况,但不依不饶,出于泄愤报复的目的,继续实施踢踩被害人腹部的行为。这种情况下,无论如何不能说行为人的事后防卫行为和前面的防卫行为之间具有主观意思上的连续性,因此,应当将其事后行为单独评价为故意伤害罪。只是这种场合下,考虑到行为人在实施事后加害时,受到愤怒、亢奋等本能因素的影响,可以酌情从宽处理。

第四章　防卫过当的罪过形式

一、问题意识

我国《刑法》第20条第1款规定了正当防卫的成立条件，紧接其后的第2款规定："正当防卫明显超过必要限度造成重大损害的，应当负刑事责任，但是应当减轻或者免除处罚。"这就是正当防卫的有关规定。由于从法律规定来看，防卫过当是"正当防卫明显超过必要限度造成重大损害"，形式上似乎是"正当防卫+过当"，具有"合法行为+不法结果"的复合结构，同一行为同时兼具合法与非法的性质，因此，防卫过当的场合，行为人主观责任形式即罪过该如何认定，就成为一个非常复杂的问题。有学者感叹，防卫过当的罪过形式，可以说是正当防卫理论中观点最混乱的一个问题。[①]

这种混乱的现状的确让人揪心。因为，防卫过当的罪过不仅涉及对防卫过当行为本身的评价从而影响公民的正当防卫的积极性，而且还涉及防卫行为人是否构成累犯，[②]以及在有两个以上的共同

---

① 陈兴良：《刑法适用总论》（上卷），中国人民大学出版社2006年版，第310页。

② 按照我国《刑法》第65条第1款的规定，过失犯不构成累犯。因此，如果说防卫过当的罪过形式是过失犯的话，则其没有构成累犯的可能。

防卫人时,其罪责如何分担①的问题。因此,防卫过当的罪过形式,具有重要的研究价值。

本书认为,之所以出现这个问题,根本原因在于,实践中对于我国刑法有关正当防卫制度的规定理解肤浅,存在误读,特别是对《刑法》第 20 条第 3 款的意义没有深刻认识。1997 年修订的我国现行《刑法》关于正当防卫制度,在第 20 条第 1 款、第 2 款规定的基础上,增设了第 3 款即"对正在进行行凶、杀人、抢劫、强奸、绑架以及其他严重危及人身安全的暴力犯罪,采取防卫行为,造成不法侵害人伤亡的,不属于防卫过当,不负刑事责任"的规定。这款规定的存在,大大缩小了防卫过当的存在范围。甚至可以说,在此之后,理论上所谓的过失防卫过当在实务当中均可纳入《刑法》第 20 条第 3 款所规定的特殊防卫的范围,实务当中成立犯罪的防卫过当,只应限于故意犯罪的场合。

以下通过分析若干具体案件,对上述观点进行说明。

二、司法实务现状

关于防卫过当的罪过形式,从司法实务的现状来看,基本上认定为故意犯。对此,有学者的实证分析为证。尹子文博士对中国裁判文书网上 2017 年 4 月 1 日前公布的 722 例被认定为防卫过当的案件进行梳理,发现在所有被认定为防卫过当的 798 名犯罪人中,共有 263 人的防卫行为导致了不法侵害人死亡,其中认定防卫人构成故意杀人罪的有 15 人,占比约 5.70%;构成过失致人死亡罪的有 3 人,占比约 1.14%;构成故意伤害(致死)罪的有 245 人,占比高达约 93.16%。在防卫行为致对方重伤或者轻伤的 535 人中,认定防卫人构成故意犯罪的有 528 人,占比约 98.69%;而认定防卫人构成过失犯罪的仅有 7 人,占比约 1.31%。② 可见,在司法实践中,关于防卫过当的罪过形式,绝大多数认定为故意犯,即故意伤害罪,其中

---

① 按照我国《刑法》第 25 条第 2 款的规定以及刑法学的通说,过失犯不构成共同犯罪。因此,二人以上因为防卫过当而成立过失犯时,其也没有成立共同犯罪的可能。

② 参见尹子文:《防卫过当的实务认定与反思——基于 722 份刑事判决的分析》,载《现代法学》2018 年第 1 期。

包括故意伤害致死类型。

那么，被认定为故意犯和过失犯的防卫过当，是些什么样的行为呢？以下，笔者试以从刑事审判参考案例以及裁判文书网中随机抽取的若干判例加以说明。

(一)判例事实以及判决理由

1.“胡某平故意伤害案”[①]

被告人胡某平在打工期间与同事张某兵因搬材料问题发生口角，张某兵扬言下班后要找人殴打胡某平，并提前离厂。胡某平得知后即准备两根钢筋条磨成的锐器藏在身上。当天17时许，张某兵纠集邱某华、邱某道携带钢管在路上拦住正要下班的胡某平，要把胡某平拉到路边，胡某平不从，邱某道遂打了胡某平脸部两个耳光，胡某平遭殴打后随即掏出携带的一根钢筋条朝邱某道的左胸部刺去，并转身逃跑。经法医鉴定，邱某道损伤程度为重伤。

一审法院认为，被告人在下班的路上遭到被害人的不法侵害时，即掏出钢筋条刺中被害人，致其重伤，其行为已构成故意伤害罪。被害人殴打被告人时并未使用凶器，其侵害行为尚未达到对被告人生命构成威胁的程度，被告人却使用凶器进行还击，致使被害人重伤，其防卫行为明显超过必要限度，属防卫过当，依法应当减轻处罚，判处其有期徒刑1年。二审法院同意这一判决，认为被告人的防卫行为明显超过必要限度，属于防卫过当，应当负故意伤害罪的刑事责任。

本案中，被告人之所以被认定为故意伤害罪，是因为被告人在遭到被害人打两个耳光这一比较轻微的不法侵害的情况下，随即持尖锐的钢筋条捅刺被害人的前胸，造成了被害人重伤的严重结果。

2. 范某秀故意伤害案[②]

被告人范某秀与被害人范某雨系同胞兄弟。范某雨患精神病近10年，因不能辨认和控制自己的行为，经常无故殴打他人。某日8时许，范某雨先追打其侄女，又手持木棒、砖头在公路上追撵其兄

① 参见《刑事审判参考》第224号。

② 载《刑事审判参考》第353号。

范某秀。范某秀在跑了几圈之后,因无力跑动,便停了下来,转身抓住范某雨的头发将其按倒在地,并夺下木棒朝持砖欲起身的范某雨头部打了两棒,致范某雨当即倒在地上。范某雨于11时许死亡。

法院认为,被告人范某秀为了使自己的人身权利免受正在进行的不法侵害,而持械伤害他人身体,造成他人死亡的后果,属明显超过必要限度造成他人损害,其行为已构成故意伤害罪,判处其有期徒刑3年,缓刑3年。

本案中,被告人之所以被认定为故意伤害罪,是因为被害人被按倒在地之后,人身危险性已大大减弱,但被告人仍使用木棒两次击打其要害部位,导致其死亡,明显超过必要限度,属于防卫过当。被告人使用木棒连续击打被害人的要害部位,对造成被害人人身损害的后果,应当是明知的。但考虑到被告人与被害人系同胞兄弟、见被害人未回家后又到现场去寻找,认定被告人故意杀人的理由不充足,故以故意伤害罪对被告人定罪处罚。①

3."李某故意伤害案"②

被告人李某与其同事王某毅、张某、孙某儒等人某日在迪厅娱乐时,与被害人王某伟发生争执,被人拉开。其间,王某伟打电话叫来张某龙、董某军等三人帮其报复对方,李某为了防身也回宿舍拿了一把刀之后返回迪厅。王某伟向张某龙指认了李某,并指使张某龙等人伺机报复李某。当日凌晨1时许,李某、王某毅、张某、孙某儒等人返回单位,当途经某过街天桥时,张某龙、董某军等人即持棍对李某等人进行殴打。孙某儒先被打倒,李某、王某毅、张某进行反击,期间,李某持尖刀刺中张某龙胸部、腿部数刀,致其死亡。

针对辩护人提出的李某的行为是正当防卫的辩护意见,一审法院认为:被告人李某持刀连续刺扎被害人张某龙要害部位数刀,在被害人倒地后还继续对其殴打,明显具有伤害他人的故意,其行为不是正当防卫,而是故意伤害罪,判处其有期徒刑15年,剥夺政治权利3年。二审法院审理后认为,上诉人李某为制止正在进行的不

① 载《刑事审判参考》第353号,裁判理由部分。

② 参见《刑事审判参考》第433号。

法侵害而故意伤害不法侵害者的身体，其行为属于正当防卫，但其防卫明显超过必要限度，造成被害人死亡的重大损害后果，故其行为构成故意伤害罪，但依法应予减轻处罚，改判其有期徒刑5年。

本案中，被告人的行为之所以被认定为防卫过当类型的故意伤害罪，是因为尽管张某龙所受致命伤为刀伤，此伤亦形成于李某进行防卫的过程中，但张某龙在对李某实施不法侵害时，并没有持凶器，而是徒手进行，李某却持刀对张某龙连刺数刀，并在张某龙停止侵害且身受重伤的情况下，继续追赶并踢打张某龙，其行为明显超过了制止不法侵害所需要的必要限度，并最终直接造成张某龙死亡的严重后果。

4.“韩某故意伤害案”①

被害人王某因琐事对被告人韩某产生不满，纠集宋某、贾某等四人到网吧中拖扯韩某，后被网吧老板拉开。王某等人到网吧外等候韩某，当韩某走出网吧时，王某即将韩某拖到一旁，并朝韩某踢了一脚。韩某挣脱后向南跑，王某、宋某、贾某等人在后追赶。韩某见王某追上，即持随身携带的匕首朝王某挥舞，其中一刀刺中王某左颈部，致其休克死亡。

一审法院认为，被告人韩某持刀伤人并致人死亡，其行为已构成故意伤害罪。韩某面对赤手空拳追赶其的王某等人，在尚未遭到再次殴打的情况下，手持匕首刺中王某，其行为系防卫不适时，已超出防卫的范畴，构成故意伤害罪，判处其有期徒刑11年。

二审法院认为，韩某采取持刀捅刺不法侵害人的防卫手段、强度及致不法侵害人死亡的严重后果，与不法侵害人赤手空拳殴打行为的手段、强度及通常可能造成的一般后果相比较，两者存在过于悬殊的差距，该防卫行为已明显超过了有效制止不法侵害行为的必要限度，系防卫过当，构成故意伤害罪，判处其有期徒刑7年。

本案中，之所以认定被告人的行为构成故意伤害罪，是因为从手段上看，被害人一方赤手空拳，没有持械，仅实施了拖拉、撕扯、脚踢、围堵、追赶等行为，采取的手段及暴力强度尚未达到对韩某人身

---

①　参见《刑事审判参考》第569号。

安全造成严重危害的程度。韩某作为一名在校大学生,能够认知其采取持刀捅刺不法侵害人的防卫手段、强度,已经远远超过足以制止不法侵害人所实施的侵害行为的手段和强度。①

5.“于某故意伤害案”②

被害人杜某等11名催债人采用辱骂、抽耳光、鞋子捂嘴等方式对被告人于某及其母亲进行长达一小时的凌辱。民警朱某到达现场之后,警告双方不能打架,然后带领辅警到院内寻找报警人。于某等欲随民警离开接待室,被杜某等人阻拦,并强迫于某坐下,于某拒绝。杜某等人卡于某颈部,将其推拉至接待室东南角。于某持刃长15.3厘米的单刃尖刀,警告杜某等人不要靠近。杜某出言挑衅并逼近于某,于某遂捅刺杜某腹部一刀,又捅刺围堵在其身边的程某胸部、严某腹部、郭某背部各一刀。被刺中的杜某自行驾车就医,却因失血过多休克死亡。另外三名被刺中者中,两人重伤、一人轻伤。

法院认为,本案系由吴某等人催逼高息借贷引发,苏某多次报警后,吴某等人的不法逼债行为并未收敛。案发当日被害人杜某曾当着于某之面公然以裸露下体的方式侮辱其母亲苏某,杜某的辱母行为严重违法、亵渎人伦,应当受到惩罚和谴责,但于某在实施防卫行为时致一人死亡、二人重伤、一人轻伤,且其中一重伤者系于某持刀从背部捅刺,防卫明显过当,构成故意伤害罪。鉴于于某的行为属于防卫过当,于某归案后能够如实供述主要罪行,且被害方有以恶劣手段侮辱于某之母的严重过错等情节,对于某依法应当减轻处罚,判处其有期徒刑5年。

本案中,于某的行为之所以被认定为故意伤害,是因为其在实施防卫行为时致一人死亡、二人重伤、一人轻伤,且其中一重伤者系于某持刀从背部捅刺,防卫明显过当。

6.“何某冬等过失致人死亡案”③

被害人佘某和因为当地气象局建房影响自己房屋采光一事不

---

① 参见《刑事审判参考》第569号,裁判理由部分。

② 山东省高级人民法院刑事附带民事判决书,(2017)鲁刑终151号。

③ 江苏省如皋市人民法院刑事附带民事判决书,(2017)苏0682刑初159号。

满,将其母亲许某送往社区办公室,称不解决就不赡养,然后离开。村干部何某冬、袁某飞、曹某建等将佘母送回家并在佘家做工作,被害人佘某和与三被告人发生纠缠。被害人佘某和到其家附属用房里拿出斧头,并先后追赶、砍砸何某冬、袁某飞、曹某建及金某,后被何某冬、袁某飞、曹某建等按倒在地,并抢下其斧头。因佘某和挣扎并言语恐吓,三人继续分别按压佘某和的肩膀、手臂、腰臀部、腿部10余分钟,致被害人佘某和受压导致挤压性窒息死亡。

法院认为,被告人何某冬、袁某飞、曹某建作为基层村干部,在履行职务过程中,面对本案被害人佘某和情绪激动,手持斧头追赶、砍砸的行凶行为,三被告人为制止被害人的不法侵害,抢夺斧头并对被害人佘某和的身体进行控制,符合正当防卫的情形。但是,当被害人佘某和手中的斧头被夺下,在继续对佘某和实施身体控制的过程中,三被告人虽然没有共同或分别伤害佘某和的故意,但因为主观上的疏忽大意,没有能够适当减轻对佘某和身体控制的强度,导致被害人窒息死亡,其行为构成过失致人死亡罪,依法应当负刑事责任。①

本案中,三被告人之所以被认定为过失致人死亡罪,是因为在佘某和手中的斧头被夺下,三被告人继续对佘某和实施身体控制的过程中,因为主观上的疏忽大意,没有能够适当减轻对佘某和身体控制的强度,造成了被害人窒息死亡的结果。

7.“金某过失致人死亡案”②

被告人金某在工作过程中与同事安某产生了矛盾,为防止遭到安某的报复,到工厂附近的小店购买了一把水果刀用于防身。某日21时许,安某与胡某、郭某、赵某来到金某宿舍楼下,胡某、郭某进入宿舍,趁躺在床上休息的金某不备,对其拳打脚踢,过程持续将近两分钟。金某被打后,极力反抗并拿起之前购买的藏在床头的水果

---

① 法院判决书还认定,本案中,三被告人具有以下从轻处罚情节:一是自首;二是被害人具有过错;三是愿意赔偿被害人近亲属的损失,且主动预缴110万元用于赔偿和补偿。江苏省如皋市人民法院刑事附带民事判决书,(2017)苏0682刑初159号。

② 广东省深圳市宝安区人民法院刑事附带民事判决书,(2015)深宝法刑初字第3718号。

刀，刺中胡某腿部，还划伤了郭某的手部。胡某、郭某见金某持刀挥舞，慌乱中退至宿舍门口想将宿舍门关住以挡住金某，但未果，金某持刀尾随追出继续捅刺了靠近自己身侧的胡某的左侧背部、左腋下各一刀，致被害人胡某股动脉破裂，大出血死亡。

公诉机关以故意伤害罪起诉金某，但法院以过失致人死亡罪判处被告人有期徒刑5年。理由是，“作为普通人的防卫人对自己遭受的攻击行为的伤害后果难以作出准确的判断”，同时，判决书还认为：“防卫人在遭受攻击时，定然会伴有一定情绪的爆发，以维护或重塑自身的人格尊严，在此，我们认为，对于此类的情绪反应应持宽容甚至应允的态度，毕竟，人非圣贤，面对攻击时，又岂能安若泰山、理性思考？”①

也就是说，法官认为，防卫人在遭受攻击时，会伴有一定情绪的爆发，难以对自己的反击行为的后果作出准确的判断，故认定其构成过失犯。

8.“盛某过失致人重伤案”②

被告人盛某与江某因为借款纠纷产生矛盾，请其朋友何某出面与江某商谈还款事宜，何某与江某在电话中约好次日在东至县县城见面。次日，江某邀集於某、郑某、杨某、傅某波、高某分乘两车前往，盛某与何某、罗某三人步行前往约定地点。到达约定地点后，盛某与江某碰面时二人发生争吵，江某推搡盛某胸部一下，双方随即发生肢体冲突，郑某、於某、高某见状立即下车，上前对盛某进行殴打。其间，江某返回车内拿出一把军刺刀冲向盛某，盛某见状便将右手中的玻璃茶杯扔向江某，致使江某眼部受二级重伤。

法院认为，被告人盛某在实施防卫行为时，其主观上是出于防卫的目的，损害的产生，是他在身处险境精神高度紧张中的疏忽或者判断失误的结果。被告人盛某的行为属于正当防卫。但是，其防卫行为造成了被害人重伤，明显超过必要限度，属防卫过当，依法应当减轻或者免除处罚，判处被告人盛某犯过失致人重伤罪，免予刑

---

① 广东省深圳市宝安区人民法院刑事附带民事判决书，(2015)深宝法刑初字第3718号。

② 安徽省东至县人民法院刑事判决书，(2015)东刑初字第00196号。

事处罚。

可见,盛某的行为之所以被认定为过失致人重伤,一方面是因为其防卫行为造成侵害人“二级重伤”的结果,另一方面是因为损害的产生,是“他在身处险境精神高度紧张中的疏忽或者判断失误的结果”。

9.“央某过失致人死亡案”

被告人央某、被害人普某某系夫妻。某日晚,被害人普某某酒后无故突然扑向被告人央某,两人开始纠缠并厮打。被害人普某某用双膝压住被告人央某的腹部并用双手掐住其脖子不松手,被告人央某挣扎无效后右手伸向身旁找东西,此时从窗台上摸到一根类似木棍的东西随即向被害人普某某打去,打到普某某左后背部位,被害人普某某此时松开被告人央某并倒下,被告人央某这时才发现自己手上拿的是一把刀子。被害人普某某当晚死亡。经鉴定,普某某系单刀锐器刺破左肺致大出血死亡。

法院认为,被告人央某的行为构成防卫过当,其对反击加害人的行为是有意识的,但对致人死亡的结果没有预见,属于过失,构成过失致人死亡罪,判处其有期徒刑 3 年,缓刑 5 年。[①]

(二)分析

以上 9 个判例中,有 5 个故意伤害案,4 个过失致人重伤和过失致人死亡案,观察这些判例,从中可以发现以下端倪:

首先,司法实践中,被认定为故意犯罪的防卫过当行为,具有以下特点:

一是被认定为故意犯的防卫过当行为,大体上分为三种类型:

第一种是防卫手段不对等的情形。如被害人赤手空拳进行加害,但行为人却以刀、棍等武器进行反击,上述举例当中,“胡某平故意伤害案”“李某故意伤害案”“韩某故意伤害案”均属于这种情形。这种场合,常被认定为,防卫手段明显超过必要限度。其在刑法理论上被称为“质的过当防卫”。

第二种是防卫结果不适时的情形。上述举例中,“于某故意伤

---

① 西藏自治区康马县人民法院刑事判决书,(2016)藏 0230 刑初 1 号。

害案”就属于这种情况。即通过行为人的反击行为,被害人被制服或者正在逃离现场,但行为人仍然进行反击,以致造成重大损害结果。其在刑法理论上被称为“量的过当防卫”。①

第三种是所谓质的防卫过当和量的防卫过当二者兼而有之的情形,“范某秀故意伤害案”便是如此。该案中,被告人将被害人按倒在地后,被害人对被告人的人身危险性已大大减弱,被告人使用木棒两次击打被害人的要害部位,并导致被害人死亡。

二是防卫行为之所以被定性为故意犯,均是因为行为人对于其防卫行为明显超过防卫的必要限度具有明知,或者是因为行为人对被害人已经倒地丧失侵害能力但其仍然未停止反击具有明知。这两点在各个判例的判词中均有体现。如“被告人使用木棒连续击打被害人的要害部位,对造成被害人人身损害的后果,应当是明知的”(“范某秀故意伤害案”);“被告人李某持刀连续刺扎被害人张某龙要害部位胸部数刀,在被害人倒地后还继续对其殴打,明显具有伤害他人的故意”(“李某故意伤害案”);“韩某作为一名在校大学生,能够认知其采取持刀捅刺不法侵害人的防卫手段、强度,已经远远超过足以制止不法侵害人所实施的侵害行为的手段和强度”(“韩某故意伤害案”)便是如此。

三是即便同为故意犯,但由于结果不同,罪过认定上会具有细微差别。就造成不法侵害人伤害结果的类型而言,判例一般认定行为人对伤害结果具有认识,从而构成故意伤害罪;但就造成不法侵害人死亡结果的类型而言,判例虽然认为其构成故意伤害罪,但却否认行为人对死亡结果具有认识。在防卫过当造成死亡结果的场合,法院不会认定行为人构成故意杀人罪,而是以故意伤害罪定罪,但在“致人死亡……的,处十年以上有期徒刑、无期徒刑或者死刑”的量刑幅度之内对行为人处罚。由此而来的问题是:既然对在防卫

① 我国刑法学说认为,“量的过当防卫”的场合,本来加害方已经被制服,攻击行为已经停止,此时已经不存在正在发生的不法侵害,因此,对这种场合下的加害人进行反击,就不是防卫过当,更不是正当防卫,而是有故意伤害之嫌。但是,我国的司法实务中,也将这种情形作为防卫过当理解,恐怕主要还是考虑了事情的起因是出于防卫,行为人主观上具有亢奋、愤怒等可以理解的因素的存在。

过程中明显超过必要限度造成伤害结果的，能够认定为故意伤害罪，那么，对在防卫过程中明显超过必要限度造成死亡结果的，为什么不能认定为故意杀人罪呢？这一点，让人饶有兴趣，容后再述。

其次，就被认定为过失犯的防卫过当的案件而言，也能看出以下特点：

一是被认定为过失犯的防卫过当行为，往往也是防卫手段明显超过必要限度或者在侵害行为已经结束之后，行为人仍然没有停止反击或者防卫行为。如在“何某冬等过失致人死亡案”中，不法侵害人已经被按倒在地，其手中的凶器即斧头已经被拿下，但被告人何某冬等三人仍然“继续分别按压佘某和的肩膀、手臂、腰臀部、腿部10余分钟，致被害人佘某和受压导致挤压性窒息死亡”；在“金某过失致人死亡案”中，被害人一方对被告人实施了近两分钟的拳打脚踢，但仅造成了被告人轻微伤的后果，而被告人金某则持刀尾随追出继续捅刺，造成了对方的死亡，二者对比明显失当；在“盛某过失致人重伤案”中，盛某的防卫行为造成了被害人重伤，明显超过必要限度。

二是之所以被认定为过失犯，而不是故意犯，判例均强调，行为人在遭受不法侵害的紧急状态下，精神高度紧张，产生了疏忽或者判断失误的结果。如在“何某冬等过失致人死亡案”中，法官认为，因被害人佘某和挣扎并言语恐吓，三被告人虽然没有共同或分别伤害佘某和的故意，但因主观上的疏忽大意而导致了被害人的死亡结果；在“金某过失致人死亡案”中，法官认为，行为人主要或者全部的精力是放在如何制止正在进行的不法侵害上，他无暇顾及自己的防卫行为将可能造成对方怎样的伤害后果，因此，被告人防卫过当的主观方面是过失，而非故意；在“盛某过失致人重伤案”中，法官认为，损害的产生，是他在身处险境精神高度紧张中的疏忽或者判断失误的结果。

三是理论上所谓过失防卫过当，如在遭受紧急不法的侵害时，行为人误以为铁棍是木棍而顺手拿起进行反击，结果造成加害人死亡的严重后果的情形，在司法实践中，常被认定为过失致人死亡罪。上述举例中，“央某过失致人死亡案”就是其适例。

最后,防卫过当的罪过认定标准,在实务当中,非常混乱。如同样是违反武器对等原则,使用明显超过必要限度的手段进行的过当防卫,多数判例将其认定为故意伤害罪,但也有判例(如"金某过失致人死亡案")将其认定为过失犯;同样是被害人被制服,丧失攻击能力之后仍然继续进行加害,造成严重后果的行为,多数判例将其认定为故意伤害罪(包括故意伤害致死类型),但也有判例(如"何某冬等过失致人死亡案")将其认定为过失犯。之所以认定为过失犯,不少判例均提到,是因为防卫人在遭受暴力犯罪的攻击时,会伴有一定情绪的爆发,受此影响,产生了疏忽或者误判。换言之,在这些判例看来,行为人在遭受严重危及人身安全的暴力犯罪袭击时所产生的惊愕、亢奋、恐惧等情绪,并没有让防卫人丧失期待其当时实施合法行为的可能性(不负刑事责任),而仅仅只是让其认识能力降低或者消失(从而构成过失犯)。

三、学说评析

关于防卫过当的罪过形式,早期观点认为,只能是过失,不可能是故意,①相反的观点则认为,防卫过当的罪过形式主要是过失,也不排除有间接故意,但不可能是直接故意。② 这种见解已经成为多数说。③ 之后,有人提出,防卫过当是一种具有多重性质的犯罪现象,它既可能出于过失心理,也可能出于故意心理,甚至是直接故

---

① 郑德豹:《也论正当防卫与防卫过当的界限——与金凯同志商榷》,载《法学研究》1981 年第 6 期;张春发:《防卫过当的刑事责任问题》,载《法学杂志》1983 年第 1 期;施滨海:《防卫过当只能是过失犯罪》,载《法学》1985 年第 9 期;杨新培:《防卫过当的罪过形式探讨》,载《宁夏社会科学》1986 年第 1 期。

② 利子平:《防卫过当罪过形式探讨》,载《法学评论》1984 年第 2 期;李文燕:《防卫过当的罪过形式》,载《公安大学学报》1985 年第 2 期;李磊:《谈谈正当防卫中两个有争议的重要问题》,载《学员之家(法律版)》1986 年第 3 期;王武:《直接故意不是防卫过当的罪过形式》,载《中南政法学院学报》1989 年第 3 期;郭泽强:《防卫过当罪过研究》,载《中国刑事法杂志》2007 年第 2 期。

③ 高铭暄、马克昌主编:《刑法学》(第九版),北京大学出版社、高等教育出版社 2019 年版,第 132 页。

意，不应一概定为过失犯罪。[①] 现在，也有观点认为，从司法实践的角度来看，防卫过当的罪过形式只能是故意，过失的情形没有研究价值。[②]

防卫过当的罪过形式，尽管众说纷纭，但实际上关系到两个核心问题：一是故意能否成为防卫过当的罪过形式？二是以过失犯处罚防卫过当妥当吗？以下笔者将围绕这两个问题展开讨论。

（一）故意能够成为防卫过当的罪过形式

可以说，当今有关认为防卫过当不存在故意（包括直接故意）的见解，理论上都经不起推敲。

第一，即便从实质故意的角度来看，也难以否定故意的防卫过当的存在。有人认为，构成刑法上的故意，不仅要求行为人对行为结果有认识，而且还要认识到该结果具有社会危害性。防卫过当的场合，行为人虽然对结果有认识，但其常认为该结果是制止不法侵害所必需的正当防卫结果，不具有社会危害性，难以构成故意犯罪。[③] 司法实践中，之所以将防卫过当认定为过失犯罪，主要源于形式地理解犯罪构成要件与故意。[④] 这是有关防卫过当不能具有故意的最为有力的理由。

确实，在行为人对正在发生的紧急不法侵害进行反击之际，以为自己的反击行为没有明显超过必要限度，属于法律所允许的正当防卫，但最后却造成了"重大损害"的防卫过当结果时，属于刑法上

---

① 姜伟：《防卫过当不应一概定为过失犯罪》，载《现代法学》1984 年第 3 期；陈璇：《论防卫过当与犯罪故意的兼容——兼从比较法的角度重构正当防卫的主观要件》，载《法学》2011 年第 1 期；陆曦：《浅议防卫过当与直接故意的兼容》，载《法制博览》2015 年第 14 期；赵金伟：《结果无价值论视角下的防卫过当责任形式研究》，载《西部法学评论》2017 年第 4 期。

② 王政勋、贾宇：《论正当防卫限度条件及防卫过当的主观罪过形式》，载《法律科学（西北政法学院学报）》1999 年第 2 期；王政勋：《正当行为论》，法律出版社 2000 年版，第 196 页；黎宏：《刑法学总论》（第二版），法律出版社 2016 年版，第 142 页。

③ 尹子文：《防卫过当的实务认定与反思——基于 722 份刑事判决的分析》，载《现代法学》2018 年第 1 期；朱刚灵：《防卫过当的罪过形式认定——以二元论为视角的展开》，载《四川警察学院学报》2017 年第 1 期。

④ 赵金伟：《结果无价值论视角下的防卫过当责任形式研究》，载《西部法学评论》2017 年第 4 期。

所谓事实认识错误。事实认识错误的场合,行为人的行为只能认定为过失或者意外。但在行为人在实施防卫时,明知自己的明显超过必要限度的防卫行为会造成重大损害,但却仍然不终止或者放弃,以致造成不法侵害人死伤的场合,依照《刑法》第 14 条的规定,显然不能说行为人主观上是过失,而不是故意。

实践中,“以为自己的行为是正当防卫,但最后却引起了防卫过当的结果”的具体情形需要具体分析,可以分为以下几种情况:

一是如为防止自己庭院里的水果被盗,以开枪射击的方式进行反击,将他人打死之类,行为人为了防卫自己的微小利益而使用明显超过必要限度的手段,造成他人重大损害的场合。其属于前述的“质的防卫过当”。此时,可以说,一般人都会清楚地认识到,即便法律赋予一般公民正当防卫的权利,但这种权利的行使是有一定限度的。为了保护自己庭院里的水果被盗而开枪杀人的方式,绝对不会为法律所允许,否则,任何人都可以他人的轻微违法而对其判处死刑。因此,以行为人对自己明显超过必要限度的防卫行为后果没有认识为由,否认防卫过当行为的故意罪过,是没有道理的。

二是如将攻击自己的他人打倒在地,致其不能动弹之后,猛击其头部,致其死亡的场合。其属于前述的“量的防卫过当”的场合。此时,由于加害人已经倒地丧失了攻击能力,不属于“正在进行的不法侵害”。对这种人进行攻击,属于事后防卫,是防卫不适时。这种情形毫无疑问地构成故意犯罪,而不是过失的防卫过当。

三是防卫人在被追打的时候,惊慌失措,误以为手边的棍状物是木棍而抄起进行反击,结果因为是铁棒而将对方打死的场合。这种场合,可以说是“以为自己的行为是正当防卫,但最后却引起了防卫过当的结果”的具体情形。理论上所谓“过失的防卫过当”,主要是指这种情形。但这种场合,在笔者看来,且不说是故意犯,恐怕连过失犯罪都难以构成。因为,在行为人慌乱之际,由于错愕和恐惧,根本想不到还有什么更为温和的处理办法,也不可能期待其采用不超过必要限度的防卫手段。此时,任何要求其在当时的情况下,考虑不明显超过必要限度的手段的想法,都是强人所难。毕竟,正当防卫是一种基于人性或者说是对人在紧急状态下的本能反应的体恤，是“紧急状态下无法”的体现。也正因如此，《德国刑法》第33条规定，行为人出于慌乱、恐惧或者惊吓而逾越正当防卫界限的，不罚。我国刑法当中尽管没有如此明确的规定，但《刑法》第20条第3款的特殊防卫，实际上也是这种观念的体现。一般认为，之所以进行如此规定，是因为上述犯罪都是严重威胁人身安全的，被侵害人面临正在进行的暴力侵害，很难辨认侵害人的目的和侵害程度，也很难掌握实行防卫行为的强度，规定太严，会束缚被侵害人的手脚，妨碍其与犯罪作斗争的勇气。[①] 因此，在《刑法》第20条第3款增设特殊防卫制度之后，典型的过失防卫过当，便失去了其存在的实际意义。

从历史演变来看，有关防卫过当的罪过形式只能是过失的观点，主要存在于1997年现行《刑法》修改之前，在1997年《刑法》第20条第2款在防卫过当的行为限度上增加了“明显”、在防卫结果上将“不应有的危害”变为“重大损害”之后，[②]这种观点就有偃旗息鼓的趋势。所谓“明显超过必要限度”，意味着防卫行为远远超过制止不法侵害所必要的限度，这种情形下，一般人都能感觉到其已经不是刑法所规定的正当防卫行为了。如为了制止一个赤手空拳的人的加害行为，事先没有任何警告地直接以向对方头部、胸部等要害部位开枪射击或者用匕首、菜刀等致命凶器进行捅刺的方式进行反击，就是“明显超过必要限度”的反击方式。这种场合下，说行为人对自己行为性质或者后果没有认识，或者没有意识到其行为已经超越了正当防卫的必要限度而为法律所不允许，难以让人信服。[③]

第二，防卫意思不是说明防卫过当不可能是故意犯的理由。有人认为，具有防卫意思的防卫过当的场合，行为人不可能是故意犯。以防卫手段制止不法侵害，保护合法权益的心理状态，和希望或者

---

① 郎胜主编：《中华人民共和国刑法释义》（第六版），法律出版社2015年版，第23页。

② 1979年《刑法》第17条第2款规定：正当防卫超过必要限度造成不应有的危害的，应当负刑事责任；但是应当酌情减轻或者免除处罚。

③ 王政勋、贾宇：《论正当防卫限度条件及防卫过当的主观罪过形式》，载《法律科学（西北政法学院学报）》1999年第2期。

放任危害结果发生的故意心理状态不能并存。[①] 但这种理解存在局限，其对防卫意思提出了过多要求，违背了刑法设立正当防卫制度的本旨。

正当防卫制度原本是基于人的自我防卫、自我保护本能，即正当防卫是考虑到人在面临不法侵害的紧急状态下，可能会因为吃惊、恐惧、紧张而陷入无意识状态，出于逃避危险的条件反射而对加害行为人进行反击的本能而设立的，是法律不能强人所难的体现。这种反击行为不一定都是基于冷静的判断而实施的，但客观上只要是因为面临正在进行的紧急不法侵害而实施的反击行为，就都可以说是防卫人自我防卫、自我保护本能的体现，难以否定其正当防卫性质。同时，现实生活当中，防卫人在防卫的时候，防卫意思和加害意思并存的场合也不少。如先前因为某种情况的存在，防卫人预感到可能会遭受突然袭击，于是，事先准备好防卫工具，意图在对方来袭的时候迎头反击的场合，由于该反击意思当中掺杂有加害对方的内容，因此，可以说，防卫人的防卫意思并不纯粹。但以此为由说防卫人的反击行为不是正当防卫，显然是不合适的。因为，事先做好反击准备，并不是为了主动发起对他人的攻击，而是为了在受到他人的不法侵害时制止该侵害行为，行为人的反击意思当中具有防卫目的或者动机，完全符合正当防卫的要求。

如此说来，在我国现行《刑法》第 20 条第 1 款明文将“为了使国家、公共利益、本人或者他人的人身、财产和其他权利免受正在进行的不法侵害”作为正当防卫的成立条件的规定之下，完全否定成立正当防卫必须具有防卫意识的观点固然不现实，但是，对该内容的理解则可以适当放宽。只要行为人认识到正在面临紧急不法的侵害就可以了，出于防卫国家、公共利益、本人或者他人的人身、财产或者其他权利免受不法侵害的动机或者目的进行反击，就可以说行为人具有防卫意识。即将保护自己或者他人的合法权益作为实施

---

① 曹玮：《防卫过当罪过形式的刑法学思考——以我国刑法第 20 条为研究对象》，载《洛阳师范学院学报》2007 年第 3 期；高铭暄、马克昌主编：《刑法学》（第九版），北京大学出版社、高等教育出版社 2019 年版，第 132 页。

防卫行为的一种动机或者目的。动机、目的与犯罪故意是两个不同层次的概念,其二者之间可以并存。任何故意犯罪都有一定的动机或者目的,没有动机、目的的故意犯罪不可能存在,但故意犯罪之成立,并不要求行为人一定要有特定的动机或者目的。如以牟利为目的,传播淫秽物品的,固然可以成立传播淫秽物品牟利罪,但不以牟利为目的传播淫秽书刊、影片、影像、图片或者其他淫秽物品,情节严重的,也能成立传播淫秽物品罪,而这种犯罪就是典型的故意犯。

弄清上述关系,就能理解为什么防卫过当可以成立故意犯了。防卫过当的场合,“以防卫手段制止不法侵害,保护合法权益的心理状态”是实施防卫行为的动机,但其并不能保证防卫行为本身一定不成立故意犯罪。正如“大义灭亲”的场合,行为人的为民除害的良好动机不能保证行为人的“灭亲”行为不构成故意杀人罪一样。因此,出于制止不法侵害的良好目的或者动机,有意加大保险系数,故意采用“明显”超过必要限度的手段,造成重大损害的场合,构成故意的防卫过当,自不待言;即便在行为人具有利用防卫之机乘机加害对方的意图的场合,也属于《刑法》第 20 条第 2 款所规定的防卫过当。只是这种掺杂有借机加害对方的意思,最终造成对方重大损害的场合,行为人绝对不会只成立过失犯。

第三,造成重大损害的要件要求并不妨害防卫过当成立故意犯罪。反对意见认为,防卫过当以造成不法侵害人重伤、死亡为成立要件,而成立故意伤害罪(重伤)、故意杀人罪并不要求出现此类结果,因此,防卫过当不能构成故意犯罪,只能是过失犯罪,具体而言,是过失致人重伤罪或者过失致人死亡罪。① 但这种理由同样经不起推敲。

首先,我国刑法中,并非只有过失犯才有结果要求,故意犯中也存在要求造成一定结果的类型。如且不说盗窃、诈骗、抢夺等财产犯罪中都有引起数额较大的财产损失的结果要求,即便是《刑法》第 234 条所规定的故意伤害罪中,也只有造成轻伤以上结果的,才能构成本罪,因此,结果要求并不是过失犯的专属标志。其次,正如

---

① 胡东飞:《论防卫过当的罪过形式》,载《法学评论》2008 年第 6 期。

《刑法》第 129 条规定,依法配备公务用枪的人丢失枪支不及时报告的行为,只有在"造成严重后果"的场合才构成犯罪,但并不能因为有结果要求,就说该犯罪是过失犯一样,防卫过当的场合,也不能因为其有结果要求,就推导出其只能是过失犯。《刑法》第 20 条第 2 款之所以要求"造成重大损害",是为了限定防卫过当的处罚范围,而并非为了表明其只能是过失犯。从理论上讲,以明显超过必要限度的防卫手段进行反击,但没有造成重大损害的场合(如向赤手空拳的歹徒开枪射击,没有击中歹徒,但有效地阻止了歹徒进攻的场合),完全可以构成故意杀人罪未遂,只是由于这种场合下,客观上实现了一个完全为法秩序所积极肯定的结果,因此,其无论在行为性质还是预防必要性方面,都微弱到了可以忽略不计的程度,没有必要作为故意犯罪的未遂犯处理。[①] 最后,退一步讲,即便说故意杀人罪、故意伤害罪的成立没有结果要求,但这并不意味着,造成了实害结果(如造成他人死亡或者受伤)的就不会成立故意杀人罪、故意伤害罪。实际上,故意杀人,造成他人死亡结果的,或者故意伤害他人,造成他人轻伤以上结果的,均会分别成立故意杀人罪、故意伤害罪。即便是故意伤害他人,意外造成他人死亡结果的,也仅只成立故意伤害罪,只是在量刑上要适用加重的法定刑而已。如此说来,成立防卫过当必须造成重大损害的规定,不能成为妨碍其成立故意杀人或者故意伤害罪的理由。

第四,故意防卫过当并没有人为地割裂防卫行为。反对防卫过当有故意形态的观点认为,主张防卫过当有故意形态的观点,是"人为地将一个完整的防卫行为机械地割裂开来,将前一半认定为正当防卫,将后一半认定为防卫过当",不能认为行为人对前一部分(适当部分)持正当防卫意识,后一部分(过当部分)持犯罪故意。[②] 但这种批判同样不妥。

众所周知,防卫过当并不是"正当防卫+过当结果"。正当防卫与防卫过当之间处于相互排斥关系,行为一旦被认定为正当防卫,

---

① 陈璇:《论防卫过当与犯罪故意的兼容——兼从比较法的角度重构正当防卫的主观要件》,载《法学》2011 年第 1 期。

② 胡东飞:《论防卫过当的罪过形式》,载《法学评论》2008 年第 6 期。

就绝对不可能是防卫过当；反之亦然。因此，认为防卫过当的前一半是正当防卫，后一半是防卫过当的观点，其立论前提本来就存在问题，主张防卫过当存在故意形态的人不会也没有必要提倡这种观点。

之所以说防卫过当存在故意形态，是就其实际发生的过程而言的。从前述有关防卫过当的判例来看，防卫过当基本上是两种类型：一是行为明显超过必要限度的情形。这种场合，如果行为人本应意识到自己反击行为的限度，但因恐惧、惊愕、亢奋等而没有意识到的话，可以说不是故意，可以是过失，但这种情形的存在，并不排除行为人有意明显超过必要限度进行反击（如对赤手空拳的不法侵害人以开枪的方式反击）。二是希望或者放任严重损害后果发生的情形。和上述场合一样，这种场合，如果行为人本应意识到不法侵害人已经丧失攻击能力，自己应当停止反击，但因恐惧、惊愕、亢奋等而没有意识到的话，可以说不是故意，可以是过失，但这种情形的存在，并不排除行为人有意明显造成重大损害的发生的可能。既然如此，有什么理由否定防卫过当存在故意犯的形式呢？

反对意见还认为，很难想象，防卫人由起先对防卫行为和防卫结果持正当的防卫意识的瞬间突然转变为犯罪的故意。[①] 但是，如前所述，防卫意识只是防卫动机，其不能替代犯罪故意，也不能保证行为人不会具有犯罪故意。在"正当的"防卫动机支配下，实施超过必要限度的杀人行为，不仅在理论上是可能的，也是实务中常见的。这一点，已经在前述判例中显现出来。

主张防卫过当存在故意形式的论者，并没有将一个防卫行为机械地割裂开来，而仅仅是将防卫意识与最终发生的防卫过当的主观罪过区分开来了而已。在防卫意识支配之下的防卫行为，最终结局无非两种：一种是为法律所允许的正当防卫；另一种是可能要受到刑法追究的防卫过当。防卫过当的场合虽然构成犯罪，但其最初也是在防卫动机支配之下实施的。这一点不能否认。

（二）过失犯与防卫过当难以并存

从比较法的角度来看，关于过当防卫的处罚，通常有三种方式：

---

① 胡东飞：《论防卫过当的罪过形式》，载《法学评论》2008年第6期。

一是追究刑事责任，但从宽处罚。如《日本刑法》第36条第2款规定，超过防卫限度的行为，根据情节，可以减轻或者免除其刑罚。二是作为没有期待可能性的情形，不予处罚。如《德国刑法》第33条规定，防卫人因为慌乱、恐惧或者惊吓而超过正当防卫的界限的，不罚。《荷兰刑法典》第41条第2款也规定，因遭受不法侵害而导致的一时冲动，造成防卫过当的，不负刑事责任。《日本刑法》当中尽管没有如此规定，但在《盗犯防止法》中有类似规定。该法在第1条第1款[①]之后的第2款中规定，即便是没有现实危险的场合，“在由于恐惧、惊愕、兴奋、狼狈而当场杀死或者杀伤犯人的时候”，不受处罚。这实际上是对《日本刑法》第36条第2款有关防卫过当的一种补充。三是单独设置处罚。如《俄罗斯联邦刑法典》第109条规定，超过正当防卫限度杀人的，处2年以下的限制自由或者2年以下的剥夺自由；超过拘捕犯罪人所必需的方法杀人的，处3年以下的限制自由或者3年以下的剥夺自由。第114条规定，超过正当防卫限度故意严重损害他人身体健康的，处2年以下的限制自由或者1年以下的剥夺自由；超过拘捕犯罪人所必需的方法故意严重损害他人健康或者故意中等严重损害他人身体健康的，处2年以下的限制自由或者2年以下的剥夺自由。[②]

我国《刑法》中有关防卫过当的处罚，某种程度上和日本的规定类似：一方面明文规定，防卫过当的，应当承担刑事责任（第20条第2款）；但另一方面又规定，在遭遇严重危及人身安全的暴力犯罪时，防卫行为即便超过必要限度造成重大损失，也不属于防卫过当，行为人不负刑事责任（第20条第3款）。因此，我们在有关防卫过当的罪过形式的探讨上，必须注意以下几点：

---

① 日本《盗犯防止法》第1条第1款规定：(1)“在防止盗犯以及意图夺回被盗赃物的时候”；(2)“在意图防止携带凶器，或者翻越损坏门窗墙壁或者撬开门锁，进入有人居住或者有人看守的宅院、建筑物或者舰船的人的时候”；(3)“要求无故进入他人住宅或者有人看守的宅院、建筑物、舰船的人退去，或者意图使受到这样的要求，但不自上述场所退去的人离开的时候”的场合，“为了排除对自己或者他人的生命、身体、贞操进行的现实侵害而杀伤犯人的，是《日本刑法》第36条第1款所规定的防卫行为”。

② 《俄罗斯联邦刑法典释义》（上册），黄道秀译，中国政法大学出版社2000年版，第293、316页。

第一,减免处罚只是对防卫过当的处罚方式之一,而不是唯一。

实践中,司法机关在遇到防卫过当的案件特别是被害人死亡的案件时,通常会考虑追究防卫人的刑事责任,所不同的只是,到底应当追究行为人的故意责任还是过失责任。但这种做法并不妥当。依照我国现行《刑法》的规定,防卫过当的场合,行为人并不一定都要承担刑事责任。对此,只要看看我国《刑法》第 20 条第 3 款的规定,就能明白。依照该条款,行为人在遭受行凶、杀人、抢劫等严重危及人身安全的暴力犯罪时,进行反击,由于超过必要限度而造成重大损害的场合,不是防卫过当,不负刑事责任。[①] 之所以如此规定,主要是因为,我国刑法对严重危及人的生命权、人身权的犯罪,鉴于我国当下的治安状况,出于政策上的考虑,大幅度地赋予公民自卫权利的同时,还因为防卫人在遭遇严重暴力攻击之际,陷入慌乱之中,根本想不到还有什么更温和的方法可以使用的场合,不可能期待行为人采用合适手段。换言之,防卫人在面临严重危及人身的犯罪时,在恐惧、惊愕、紧张等各种情绪性因素的影响下,本能地对不法侵害人进行反击时,不可能期待其具有合理评估妥当的必要手段的能力。此时,由于行为人没有超过防卫限度的预见或者预见可能性,从而根本欠缺构成犯罪所必要的故意或者过失(根本无罪)。[②] 但我国的司法实践似乎并没有意识到这一点,仍然坚持只要防卫过程中发生死伤结果,就是防卫过当,就要承担刑事责任,只是在处罚上要从宽而已。这一点,只要看看现实生活中被作为过失防卫过当而判决的案子,就能深刻地体会到。

我国的司法实践当中,被作为过失犯罪处罚的防卫过当的常见类型是:在被众人围殴的过程中,被告人随手捡起地上的一把锐器

---

① 这里必须说明的是,尽管《刑法》第 20 条第 3 款明确规定,对正在进行行凶等严重危及人身安全的暴力犯罪,采取防卫行为,造成不法侵害人伤亡的,不属于“防卫过当”,但从实质上讲,这种情形仍然是“防卫过当”。因为在本款的适用上,除了防卫限度之外,其他方面都必须合乎正当防卫的一般规定。只是因为为了和《刑法》第 20 条第 2 款所规定的要承担刑事责任的“防卫过当”区分开来,所以本款才特意规定其“不属于防卫过当”。但这只是形式上的区别而已。

② 黄荣坚:《基础刑法学》(上),台北,元照出版有限公司 2012 年版,第 238 页。

物挥舞，刺中了冲在最前面的人的颈部，造成重伤结果；[①]女性被告人在被酒后的男性被害人用双膝压住腹部并用双手掐住脖子不松手的时候，顺手从窗台上摸到一棍状物（实际上是刀子）向被害人后背部位打去，致使被害人死亡；[②]面对手持军刺向自己冲来的被害人，行为人将右手中的玻璃茶杯向其扔去，砸中被害人眼部，致其重伤[③]等。这些案件中，行为人都是在遭受危及人身安全的严重暴力犯罪的过程中，惊慌失措，本能地采取了当时情况下最为顺手的反击。且不说正当防卫制度体现的是“正不得向不正让步”的理念，没有要求防卫人在反击时首先必须考虑避让，即便说行为人在造成过当后果的一点上具有过失，但上述程度的过失是难免的、可以理解的，没有必要将其作为防卫过当而追究其刑事责任。毕竟，任何人在面临突发的危急的时候，要求其沉着冷静，采取最为温和、最为精准的反击方式，有强人所难之嫌。而且，将紧急状态下的防卫过当行为一律作为《刑法》第 20 条第 2 款的防卫过当处理，会使《刑法》第 20 条第 3 款无法有效发挥作用。

第二，应当减免处罚的防卫过当与过失犯难以并存。

防卫过当本来不是正当防卫，而是危害社会的犯罪行为，只是因为考虑到其中包含正当防卫的因素，才赋予其一个足够有分量优惠即从宽处罚情节的地位（“应当减轻或者免除处罚”），但这种从宽处罚的优惠也只能使用一次，而不能使用两次。否则，就会违反禁止重复评价原则，造成违反罪刑法定原则的结果。

实务中，很多判例没有注意到这一点，将防卫过当情节既在定罪（过失犯）中使用，又在量刑（应当减轻或者免除处罚）中重复使用，从而造成量刑上的失当。如在“林某堆过失致人重伤案”中，法院认为，上诉人林某堆在遭受他人殴打的过程中，持锐器物反击，造成被害人重伤的严重后果，其行为已构成过失致人重伤罪，应依法惩处；另外，又认为林某堆的行为属防卫过当，且其有主动投案自首的情节，依法应当减轻处罚，故以过失致人重伤罪判处其有期徒刑

① 广东省揭阳市中级人民法院刑事附带民事判决书，（2017）粤 52 刑终 226 号。
② 西藏自治区康马县人民法院刑事判决书，（2016）藏 0230 刑初 1 号。
③ 安徽省东至县人民法院刑事判决书，（2015）东刑初字第 00196 号。

1 年。[①] 但问题也由此而来。且不说行为人另外还有一个一般要从宽处罚的自首情节,单凭"防卫过当"情节,被告人也不至于被判处 1 年有期徒刑。因为,防卫过当的场合,行为人享受"应当减轻或者免除处罚"的优惠,而过失致人重伤罪的法定刑是"三年以下有期徒刑或者拘役"(《刑法》第 235 条),在此范围之内减免处罚的话,对林某堆的最终量刑,即便不是免除处罚,也应当是比有期徒刑更轻的拘役才对,否则就不是"减轻或者免除处罚"。法院判处被告人林某堆 1 年有期徒刑,不明显是违反罪刑法定原则吗?[②]

---

① 本案基本事实为:两伙人因为琐事发生争执互殴,被告人林某堆等上前劝阻,但遭到其中乙方的殴打。在被殴打期间,林某堆随手从地上捡起一条状锐器物反击,在此过程中林某被刺伤颈部。经鉴定,损伤程度属重伤一级。林某堆经公安机关传唤主动到案,并如实供述自己的罪行。广东省揭阳市中级人民法院刑事附带民事判决书,(2017)粤 52 刑终 226 号。

② 从笔者所收集的被判定为过失致人重伤罪的防卫过当的判例来看,几乎都存在这样的问题。如在"宋某某故意伤害案"中[湖南省溆浦县人民法院刑事判决书,(2015)溆刑初字第 97 号],法院认为,被告人宋某某行为具有防卫性质,但明显超过必要限度,造成重大损害,是防卫过当,构成过失致人重伤罪。考虑到宋某某的行为属防卫过当,应减轻处罚;且被告人还有自首、取得了被害人谅解情节,可以从轻处罚。判处被告人宋某某犯过失致人重伤罪,判处有期徒刑 6 个月,缓期 1 年执行。在"黄某某过失致人重伤案"中[广西壮族自治区天等县人民法院刑事判决书,(2014)天刑初字第 77 号],法院认为,被告人黄某某为了使他人的财产免受正在进行的不法侵害,采取制止不法侵害的行为,但其防卫行为明显超过必要限度,且造成了被害人苏某某重伤的后果,属于防卫过当,应当负刑事责任,但依法应减轻处罚;被告人黄某某归案后如实供述自己的罪行,且当庭自愿认罪,依法予以从轻处罚,故认定被告人犯过失致人重伤罪,判处有期徒刑 8 个月。在"朱某某过失致人重伤案"中[黑龙江省巴彦县人民法院刑事判决书,(2015)巴刑初字第 248 号],法院认为,被告人朱某某在阻止他人实施不法侵害时,致一人重伤的后果已明显超过必要限度,属防卫过当,构成过失致人重伤罪,但应当减轻或者免除处罚。另外,被告人到案后,能如实供述犯罪事实,且与被害人达成和解协议,可依法从轻处罚。故判决被告人朱某某犯过失致人重伤罪,判处有期徒刑 10 个月。在"宋某传过失致人重伤案"中[云南省西畴县人民法院刑事附带民事判决书,(2015)西刑初字第 45 号],法院认为,被告人宋某传虽具有避免他人及自身合法利益受到伤害的防卫意图,但其防卫行为明显超过必要限度造成重大损害,是防卫过当,在量刑上应当减轻或免除处罚;且被告人案发后有自首、积极赔偿被害人部分经济损失、庭审中认罪态度较好等情节,故判决被告人宋某传犯过失致人重伤罪,判处有期徒刑 2 年,缓刑 3 年。唯一被判处免予刑事处罚的是"钱某某过失致人重伤案"[文山市人民法院刑事附带民事判决书,(2015)文刑初字第 214 号],在该案中法院认为,钱某某的行为虽然发生在沙某江先用手掐住其脖子,即不法侵害正在进行之时,但钱某某用力向地面推搡沙某江的行为,已经明显超过了制止沙某江不法侵害的必要限度,并最终给沙某江造成了重伤的重大损害,钱某某的行为应属防卫过当;结合钱某某具有自首情节并部分赔偿了被害人的经济损失,属于情节轻微,不需要判处刑罚,故依法判处被告人钱某某犯过失致人重伤罪,免予刑事处罚。

实践中,也能看到仅将防卫过当评价为过失犯而未给予其减免处罚优惠的判例。如在“央某过失致人死亡案”中,法院认为,被告人央某的行为是防卫过当,构成过失致人死亡罪,判处其有期徒刑3年,缓期5年执行。[①] 因为依据我国《刑法》第233条的规定,过失致人死亡罪的法定刑是3年以上7年以下有期徒刑,而“判3缓5”正好在此范围之内。可见,本判决没有将防卫过当与过失犯的情节并用。

但这种直接将防卫过当评价为过失犯,不减免处罚的做法又会引发另外的问题,即依照《刑法》第20条第2款的规定,防卫过当是量刑情节,为何在将防卫过当评价为过失犯时其就成为定罪情节了呢?而且,将防卫过当作为评价过失犯的定罪情节,不再对过失犯减免处罚的处理方式,会导致防卫过当处罚上的轻重倒置。如防卫过当致人重伤的场合,如果说行为人构成过失致人重伤罪的话,其量刑就要在“三年以下有期徒刑或者拘役”(《刑法》第235条)范围内进行;相反地,若说该行为在构成故意伤害罪的基础上享受“减免处罚”的优惠的话,则行为人即便不被免除处罚,也有可能被判处比拘役更轻的管制(《刑法》第234条第1款)。从保护公民正当防卫的积极性的角度来讲,后者的做法,即将防卫过当作为故意犯处罚显然比前者即将防卫过当作为过失犯处罚更为妥当。

(三)极端的防卫过当致死行为应当作为故意杀人罪处理

所谓极端的防卫过当致死行为,就是明知自己的防卫行为明显超过必要限度,会造成不法侵害人死亡的严重后果,而希望或者放任该种结果发生的防卫行为。如为夺回自己的被盗财物而以开车撞击小偷的手段进行反击,造成小偷死亡;或者为了保护自己的西瓜被盗而用刀砍断盗窃犯的手掌的场合。这种场合,在国外存在争议。如在日本,一种观点从刑法对于防卫过当的减免处罚是任意处罚,法官根据情况也可以决定不处罚的立场出发,认为上述情形有

---

① 西藏自治区康马县人民法院刑事判决书,(2016)藏0230刑初1号。

成立防卫过当的余地，[1]但另一种观点则从正当防卫必须是“不得已而实施的行为”[2]的角度出发，认为在法益显著失衡的场合，应当否定反击行为的防卫性，上述行为不是防卫过当，而是故意犯罪。[3]

我国《刑法》第20条第1款所规定的正当防卫制度中，没有“不得已”的“相当性”要求，同时，对于防卫过当的减免处罚，我国采取的是强制性规定，因此，和日本相比，我国的正当防卫的成立条件更为宽松，对防卫过当的处罚更为轻缓。由于立法对公民个人自行正当防卫的提倡和鼓励，使上述行为在我国刑法规定下，通常会被认定为防卫过当。同时，为了体现对防卫过当从宽处罚的强制性要求，在实务中，防卫过当，即便发生了死人结果，通常也会被论以故意伤害罪，只是在量刑上加以体现而已。[4] 由此而带来的问题是，防卫过当的场合，对所引起的伤害结果被认定为故意，但对死亡结果则只能被认定为过失，理由何在？

司法实务为何一直有意避免对出现了死亡结果的防卫过当案件适用故意杀人罪？有学者认为是出于对民众法感情的顾虑，即一般人在情感上很难将制止了不法侵害的防卫人与故意杀人犯联系在一起。[5] 但这种顾忌民众法感情的做法，不仅与实际情况不符（行为人明知自己的明显超过必要限度的防卫行为会造成他人死亡的严重后果却仍不罢手的场合，还能说行为人对死亡结果没有认识或者预见，仅仅只是构成故意伤害致死吗？），而且还会导致刑法对

① ［日］西田典之：《日本刑法总论》，刘明祥、王昭武译，中国人民大学出版社2007年版，第130页。

② 《日本刑法》第36条第1款规定，对于紧迫不法的侵害，为了防卫自己或者他人的权利而不得已实施的行为，不处罚。其中，“不得已”，是指保护自己或者他人权利的手段必须是必要的、最小限度的侵害、威胁利益的行为。参见［日］大谷实：《刑法讲义总论》（第二版），黎宏译，中国人民大学出版社2008年版，第259页。

③ ［日］山口厚：《刑法总论》（第二版），付立庆译，中国人民大学出版社2011年版，第131～132页。

④ 即造成重伤的，按照《刑法》第234条第2款前半句量刑；致人死亡的，则按照《刑法》第234条第2款后半句规定，在“十年以上有期徒刑、无期徒刑或者死刑”范围之内处罚。

⑤ 陈璇：《论防卫过当与犯罪故意的兼容——兼从比较法的角度重构正当防卫的主观要件》，载《法学》2011年第1期。

防卫过当人赋予的一些优惠政策难以落到实处。如依照我国《刑法》第234条第2款的规定,故意伤害致人死亡的场合,处10年以上有期徒刑、无期徒刑或者死刑。如果说防卫过当致人死亡的,一概论以故意伤害(致死)罪的话,则不管行为人具有什么其他可以斟酌的情节,行为人都只能在“7年到10年”有期徒刑之间选择适当刑罚,再也没有其他选择了。[①] 但相反地,若尊重事实,说防卫过当行为构成故意杀人罪的话,则对行为人选择量刑的回旋余地就要宽广得多。

按照我国《刑法》第232条的规定,故意杀人的,处死刑、无期徒刑或者10年以上有期徒刑;情节较轻的,处3年以上10年以下有期徒刑。在防卫过当致人死亡的场合,如果构成故意杀人罪,没有其他量刑情节的话,对行为人的处罚,和故意伤害(致死)罪的场合没有差别,最多只能在7年以上10年以下有期徒刑的幅度之内选择;但在存在义愤杀人、大义灭亲、因不堪被害人长期迫害或者虐待杀人等“较轻情节”的故意杀人案中,处罚就大不一样了。此时,对行为人可以在3年以下有期徒刑的范围内选择合适的量刑,或者免除处罚。这种处罚,显然更加符合防卫过当致人死亡的实际情况,实现对故意杀人罪的量刑幅度从免除刑罚到10年有期徒刑的全覆盖;而且还能避免因为认定为故意伤害(致死)罪所带来的量刑幅度选择上的过窄所带来的诸多不便。

四、结语

尽管从理论上讲,存在应当预见到自己明显超过必要限度的防卫行为会造成他人死伤的重大损害后果而没有预见到,或者已经预见到却轻信可以避免的所谓过失防卫过当,但由于《刑法》第20条第3款的存在,使所谓过失防卫过当情形仅具理论上的研究价值,

---

① 因为通说认为,减轻处罚只能在具体犯罪的最低法定刑的下一档幅度之内量刑。

而鲜有实践意义。①

在《刑法》第 20 条第 3 款存在的前提下，实务中真正成为问题而被讨论的所谓防卫过当，只有一种情况，就是明知自己的明显超过必要限度的防卫行为会造成他人死伤的重大损害，却希望或者放任该种死伤结果发生的情形。这种情形下，行为人所具有的、在道义上值得评价的防卫动机或者意图，不能掩饰或者抵消行为人对他人死伤结果的追求或者放任的实质，因此，可以将其作为故意犯处罚。只是，这种故意犯具有防卫过当的性质，必须受到减轻或者免除处罚的优惠。

司法实务当中，由于对《刑法》第 20 条第 3 款的理解、认识不足，致使大量的应当按照《刑法》第 20 条第 3 款处理的特殊防卫被作为第 2 款规定的防卫过当处理。在采用这种方法处理时，由于会导致量刑过重的问题，因此，司法人员便采用了一种"和稀泥"的做法，即在造成伤害结果的场合，承认行为人具有故意；但在造成死亡结果的场合，则仅认定过失。但这种做法，不仅不符合我国刑法中犯罪故意、犯罪过失的规定，在量刑结果上还有违反罪刑法定原则之嫌。实际上，"减轻或者免除处罚"只是处理防卫过当的手段之一，并不是唯一。在行为人面临严重危及人身安全的暴力犯罪，由于恐惧等情绪的影响，不可能期待其采取妥当、精准的反击措施时，即便造成不法侵害人伤亡的过当结果，也不承担刑事责任。这就是《刑法》第 20 条第 3 款所规定的对过当行为进行处罚的另一选项。

这样说来，关于防卫过当的罪过形式，说到底，就是在《刑法》

---

① 类似情形不仅在我国存在，在日本也存在。尽管日本学术界有认可过失防卫过当的倾向，并且认为在尽管危险已经结束，但由于惊愕、恐惧等陷入异常心理状态，没有认识到危险已经消失，而继续反击的场合；或者对方是幼儿、老人、智力障碍者等，并不要求对其进行果断的反击，尽管应当回避反击，而且也容易回避，但由于惊愕、恐惧或者其他某种理由，在回避的必要性上发生错误，导致了防卫过当；或者对方仅仅是出于威吓的目的而进行轻微的暴力攻击，但行为人却由于惊愕、恐惧等陷入异常的心理状态，没有认识到这一点，反而错误地以为是对生命、身体等重大法益施加侵害，基于相当性的错误而进行过当防卫的场合，由于行为人存在事实认识错误，对于所引起的过当结果应排除故意，在有刑法规定有过失犯的场合，就成立过失犯。参见［日］津田重宪：《正当防卫和紧急避险的基本问题》，成文堂 2012 年版，第 89～90 页。实务中并没有明确的过失防卫过当的判例存在，参见［日］内藤谦：《刑法讲义总论》（中），有斐阁 2001 年版，第 349 页。

第 20 条第 2 款和第 3 款上的选择取舍问题。重视第 2 款,防卫过当的认定范围就会偏宽,将防卫过当行为认定为故意或者过失犯罪;重视第 3 款,防卫过当的认定范围就会偏窄,将超过必要限度的防卫行为以无罪处理。既然现行《刑法》在 1997 年修改时增设了第 20 条第 3 款即特殊防卫,既然防卫权是基于公民在遭受突然袭击时的本能反应而设定的权利,则重视《刑法》第 20 条第 3 款,扩张正当防卫的适用范围,有其现实的合理性。但是,刑法是一把“双刃剑”,用得好,国家与公民双得其利;用得不好,则国家与公民双受其害。正当防卫制度也是如此。因此,活用《刑法》第 20 条第 3 款所规定的特殊正当防卫制度,提高公民行使正当防卫权的积极性,同时,提高《刑法》第 20 条第 2 款的防卫过当的处罚,将其从过失犯转化为故意犯,这样才能让公民在行使权利的同时,充分注意到自己的义务,从而使正当防卫制度成为国家与公民双方得利的“宝剑”。

第五章　入户抢劫中“入户目的非法性”

一、问题意识

依照我国《刑法》第263条第1项的规定，入户抢劫的，处10年以上有期徒刑、无期徒刑或者死刑，并处罚金或者没收财产。关于“入户”的认定，我国历来的相关司法解释中均认为，行为人必须具有“目的的非法性”。2000年最高人民法院《关于审理抢劫案件具体应用法律若干问题的解释》第1条将其限定为“为实施抢劫”而入户。2005年最高人民法院《关于审理抢劫、抢夺刑事案件适用法律若干问题的意见》第1条中稍有扩张，将其规定为“以实施抢劫等犯罪为目的”。2016年最高人民法院《关于审理抢劫刑事案件适用法律若干问题的指导意见》第2条第1款则将其扩张为“以侵害户内人员的人身、财产为目的”，并明确指出：要注重审查行为人“入户”的目的，将“入户抢劫”与“在户内抢劫”区别开来；以侵害户内人员的人身、财产为目的，入户后实施抢劫，包括入户实施盗窃、诈骗等犯罪而转化为抢劫的，应当认定为“入户抢劫”；因访友办事等原因经户内人员允许入户后，临时起意实施抢劫，或者临时起意实施盗窃、诈骗等犯罪而转化为抢劫的,不应认定为“入户抢劫”。即在“入户抢劫”的认定上,要注意两点:一是行为人在入户之前必须具有非法目的;二是在户内抢劫的,不是“入户抢劫”。

之所以这样限定,主要是因为入户抢劫的法定刑太高,对犯罪人的处罚过重。如有力观点认为,非法侵入住宅罪的法定最高刑只有3年有期徒刑,3年有期徒刑与普通抢劫罪的3年以上10年以下有期徒刑的法定刑相加,无论如何不至于形成“10年以上有期徒刑、无期徒刑或者死刑”的法定刑。[①] 为了对入户抢劫行为人予以妥当处罚,就必须对“入户抢劫”的适用进行限定解释。限定的路径,除了将作为进入对象的“户”限定为供他人家庭生活和与外界相对隔离的住所之外,就是对“入户”行为本身进行限定,即行为人在进入他人住所时必须具有特定的非法目的。因为,行为人以实施抢劫等犯罪为目的,非法侵入他人住所实施抢劫行为的场合,其主观恶性及客观危害明显大于户内临时起意的抢劫行为。[②]

但是,以“入户目的非法性”对入户行为进行限定,尽管能部分消除处罚过广的问题,但由此也引发了一些新的问题。一方面,《刑法》第263条第1项对作为加重处罚条件的“入户抢劫”本身只是一个行为描述,并不涉及行为人入户时的主观要求,但司法解释在此基础上提出“以侵害户内人员的人身、财产为目的”,即要求“目的非法性”,其根据何在,值得商榷。另一方面,按照相关司法解释,行为人只有在“以侵害户内人员的人身、财产为目的”而入户时,才可以“处十年以上有期徒刑、无期徒刑或者死刑”。但是,依照《刑法》第48条的规定,死刑只适用于“罪行极其严重的犯罪分子”。在抢劫罪的场合,若行为人在入户之后没有犯杀人、重伤等极其严重的犯罪行为,仅仅凭借其入户时所具有的“侵害户内人员的人身、财产的目的”,就可以直接将其入户行为评价为“罪刑极其严重”吗?行为人的主观目的具有这种重要的提升行为违法性的效果吗?

本书认为,抢劫的场合,仅仅有“入户”情节就必须“处十年以

① 参见张明楷:《论入户抢劫》,载《现代法学》2013年第5期。

② 参见顾保华:《〈关于审理抢劫、抢夺刑事案件适用法律若干问题的意见〉的解读与评析》,载《人民检察》2005年第16期。

上有期徒刑、无期徒刑或者死刑”,无论从哪一方面来看,都有过重的嫌疑,这是毋庸置疑的,因此应当适当加以限定。但这种限定不能像司法解释一样以“特定的入户目的”来实现。相反地,对入户抢劫额外增加“目的的非法性”要求,不仅不能解决处罚过重的问题,反而会引发一些新的问题,因此,建议删除入户目的非法性的要求,而结合《刑法》第48条死刑等的相关规定来综合判断。以下就此展开说明。

二、抢劫罪加重处罚的历史沿革及问题

将入户抢劫作为抢劫罪的加重处罚情节,在我国法律发展史上是较晚才出现的。为何能够出现这种局面,必须结合抢劫罪处罚的历史沿革来考察。

从历史沿革来看,我国对抢劫罪的加重处罚采取了非常慎重的态度。1950年7月25日中央人民政府法制委员会起草的《刑法大纲草案》第75条规定,抢劫公粮、仓库或其他国有公有财产者,处1年以上7年以下监禁;首要分子处3年以上15年以下有期徒刑,情节特别严重者,处死刑或终身监禁。这是中华人民共和国有关抢劫国有公有财物的处罚规定。其第141条规定,以强暴、胁迫方法,强取他人财物者,为强盗,处5年以下监禁。以强盗为常业者,或共同强盗中之主要分子,处2年以上15年以下监禁,情节特别严重者,处死刑或者终身监禁。这是针对抢劫私有财产的犯罪的规定。可见,这一刑法草案依据抢劫对象性质的差异,将抢劫公共财产和抢劫私产分开规定,但无论如何,作为抢劫罪的加重处罚规定,处死刑或者无期徒刑的,只限于“情节特别严重者”。但何为情节特别严重,法律没有明文规定。之后,1957年6月27日全国人大常委会法律室起草的《刑法(草案)》第21次稿第168条规定,以暴力、胁迫或者其他方法,使他人不能抗拒而抢劫公私财物的,处3年以上10年以下有期徒刑。犯前款罪,致人重伤的,处7年以下有期徒刑;致人死亡的,处死刑或者无期徒刑。在本稿当中,仅仅只是将“致人重伤”和“致人死亡”作为抢劫罪的加重处罚情节,并且明确规定,作为判处死刑或者无期徒刑的加重处罚情节,只有抢劫“致人死亡”

这一种情节。1957年6月28日全国人大常委会办公厅印发的《刑法(草案)》第22次稿第167条中也维持了这种规定。但是,1962年12月全国人大常委会办公厅印发的《刑法(草案)》第27次稿第152条则作了重大修改,该条规定:犯抢劫罪,情节严重的或者致人重伤、死亡的,处10年以上有期徒刑、无期徒刑或者死刑。对此,历次刑法修改亲历者高铭暄教授有一个说明,之所以对第22次稿中的规定进行修改,是因为大家觉得这条定得太“死”。事实上,在具有严重情节的抢劫罪中,情况也很复杂,不能仅就“致人死亡”和“致人重伤”作对比来规定法定刑,还应当把其他情节结合起来。所以,最后在条文中把“情节严重的”和“致人重伤、死亡的”捏在一起,并且规定法定刑为“十年以上有期徒刑、无期徒刑或者死刑”,这样处理起来余地就更大了。[①] 这种规定一直维持到1979年《刑法》中,只是增加了一个“可以并处没收财产”的规定,因为抢劫罪的加重犯是贪财性质的重罪。

可是,后来的司法实践发现,作为抢劫罪加重处罚条件的“严重情节”规定得过于笼统,缺乏可操作性,难以适应司法实践的需要,必须列出应当适用加重法定刑的特别严重的情节,以增强法条的可操作性。但即便如此,最初的修改版本中并没有将“入户抢劫”作为加重处罚情节。如1988年11月16日和12月25日的刑法修改稿中列举了五种可以适用“十年以上有期徒刑、无期徒刑或者死刑”的情节严重情形,即(1)抢劫银行、金库、珍贵文物,情节特别严重的;(2)致人重伤或者死亡的;(3)犯罪集团的首要分子;(4)多次抢劫或者抢劫公私财物数额特别巨大;(5)有其他特别严重情节的。1996年8月8日的《刑法》分则修改草案以上述写法为基础进行了修改:将上述第一项内容修改为“抢劫银行或者其他金融机构”;删除了“致人重伤或者死亡”,代之以“入户抢劫”。“入户抢劫”从此进入了抢劫罪加重处罚情节的范围。之后,关于抢劫罪的加重处罚情节虽然在历次的刑法修改草案之中均有变动,但“入户

---

① 参见高铭暄:《中华人民共和国刑法的孕育诞生和发展完善》,北京大学出版社2012年版,第130页。

抢劫”一直稳居其中。

从上述沿革来看，应当说，历史上，我国刑法对于抢劫罪的加重处罚是持相当慎重的态度的。最初的态度是，能够判处死刑或者无期徒刑的抢劫罪的加重类型，只限于“致人死亡”的场合，致人重伤的场合，也只能处以7年以上有期徒刑。之后，尽管有进一步放宽的趋向，将具有“严重情节”的情形作为与“可以判处死刑、无期徒刑”的“致人重伤、死亡”情节并列，但总体上讲，对于抢劫罪的加重处罚，我国刑事立法最初的观念是，只有致人重伤、死亡的场合，才能够适用死刑或者无期徒刑。这是大致可以肯定的。[①]

和先前的规定相比，现行刑法中有关抢劫罪的加重处罚类型已经有了极大的变化。这种变化，尽管在一定程度上克服了1979年《刑法》中存在的“过粗”的不足，在细化条文规定类型上有了较大进步，但值得商榷之处仍然不少。单就《刑法》第263条后段所列八种加重处罚类型而言，从保护法益的角度来讲，值得挑剔的并非只有“入户抢劫”一处。如“冒充军警人员抢劫的”便是一例。因为，冒充军警的行为，属于《刑法》第279条规定的招摇撞骗行为，即便依照同条第2款的规定，需要从重处罚，也只能处以3年以上10年以下有期徒刑，和普通抢劫罪的3年以上10年以下有期徒刑的法定刑相加，只可在6年以上20年以下有期徒刑范围内予以处罚，无论如何达不到“无期徒刑和死刑”的程度。同样，“持枪抢劫的”场合也存在同样的问题。依照《刑法》第128条的规定，情节普通的非法持有枪支的行为，其法定刑为“三年以下有期徒刑、拘役或者管制”，和普通抢劫罪3年以上10年以下有期徒刑的法定刑相加，也只能在3年到13年有期徒刑之间予以处罚，难以达到处“十年以上有期徒刑、无期徒刑或者死刑”的程度。另外，有关“抢劫军用物资或者抢险、救灾、救济物资的”处罚也有过重之嫌。因为，针对此类

---

① 故意伤害，致人死亡的，1979年之前的各个修改刑法草案，均规定其最高法定刑为无期徒刑。1979年《刑法》也维持了这一规定。之后，故意伤害（包括致人死亡的）是不是要规定死刑这一问题引发重大争议。1997年2月17日修订《刑法》（修改稿）中规定“致人死亡或者以特别残忍手段致人重伤造成严重残疾的，处十年以上有期徒刑、无期徒刑或者死刑”，这一规定被现行刑法所沿用。

对象的犯罪,在《刑法》第 384 条(“挪用公款罪”)中仅仅规定“从重处罚”,而不是“加重处罚”。这样说来,按照上述侵害两种不同法益之罪的法定刑相加的角度来推断,我国《刑法》第 263 条中有关抢劫罪的加重处罚规定中问题不少。

但这并不意味着,不应当将入户抢劫作为抢劫罪的加重处罚情节。毕竟,在刑法已经将非法侵入住宅作为独立犯罪规定的背景之下,和没有入户情节的抢劫相比,有入户情节的抢劫社会危害性肯定会更大。因此,在说入户抢劫处罚过重的时候,必须清楚的是,“入户抢劫”处罚过重所指为何?是法定刑的上限过重、下限过重还是上、下限均过重?如此才能有的放矢地解决问题。从侵害法益的角度来看,所谓入户抢劫处罚过重,应当是指上限过重而不是指下限过重。入户抢劫的下限是“十年有期徒刑”,非法侵入住宅罪和普通抢劫罪的法定刑的上限相加,最高为 13 年,与“十年以上有期徒刑”是匹配的;与之相对,非法侵入住宅罪和普通抢劫罪的法定刑上限之和,无论如何都达不到“无期徒刑或者死刑”的程度。但入户抢劫的处罚中所存在的这一问题,仅通过给行为人赋予入户目的的非法性要件,显然是难以解决的。易言之,希望对“入户抢劫”增加目的非法性的要求,主要是为了避免对行为人适用“无期徒刑或者死刑”,而不是针对对其适用“十年以上有期徒刑”。但这种使命,显然不是入户目的的非法性要求所能胜任的。

三、“目的非法性”要件存在的问题

综上所述,依照前述司法解释的相关规定,成立入户抢劫,行为人必须具有“侵害户内人员的人身、财产”的目的。若无法查明行为人入户时具有此特定目的,则其在户中的抢劫行为就只能按照普通抢劫罪处理,这样,特定非法目的便成为判断是否成立“入户抢劫”的关键。但是,普通抢劫罪和“入户抢劫”处罚悬殊,将导致这种悬殊的关键理解为一个深藏于行为人内心、难以认定的主观要素,首先且不论其是否能达到限制入户抢劫处罚过重的效果,单就这种过分倚重主观要素的做法而言,就足以让人生疑。

首先,具有特定非法目的的入户抢劫可以被处以无期徒刑或者死刑吗？如前所述，按照现在的通说和司法解释，通常情况下，在户抢劫不能适用《刑法》第 263 条中的加重处罚，只有在行为人具有“以侵害户内人员的人身、财产为目的”而入户抢劫时，才可以适用加重处罚条款。但问题是，行为人在入户抢劫时具有“以侵害户内人员的人身、财产为目的”这一要件，就可以处以“十年以上有期徒刑、无期徒刑或者死刑”吗？

以上问题，涉及“特定非法目的”这种主观要素在犯罪构成中的地位，即其到底是影响行为的违法性还是责任，抑或两者都影响的问题。

从理论上来讲，特定犯罪目的之类的主观要素有被理解为违法要素的余地，但其应只限定于对法益侵害的危险施加一定影响的范围之内。如我国《刑法》第 22 条规定，“为了犯罪，准备工具、制造条件的”是预备犯，可以比照既遂犯从轻、减轻或者免除处罚。本来，行为是不是具有社会危害性即违法性，只有在行为着手之后，对刑法所保护的法益造成了现实的侵害或者具体危险时才能判断。但是，立法者考虑到有些犯罪的保护法益特别重要，于是将该犯罪的处罚提前到前一阶段，即“准备工具、制造条件”阶段。[①] 就购买菜刀、绳索等可以用于犯罪的“准备工具、制造条件”行为而言，该行为是否具有导致他人人身、财产被害的危险，仅从上述行为本身是难以判断出来的，必须参考行为人进行上述行为时的主观目的。从此意义上讲，“为了犯罪”这一主观目的，具有决定购买菜刀、绳索等行为的事后进展的意义，可以将其看作主观违法要素。但是，入户抢劫中的“侵害户内人员的人身、财产”的目的显然不属于这种情形。因为，依照上述理解，就入户抢劫而言，如果“以侵害户内人员的人身、财产为目的”具有一定意义的话，也仅限于在行为人只是入户而没有其他后续行为的场合，仅此就可以构成入户抢劫的预备犯。但是，在入户抢劫的场合，行为人的行为并不是停留在“准备工具、制造条件”阶段，而是继续向前发展，在“侵害户内人员的人

---

① 参见[日]松原芳博：《刑法总论重要问题》，王昭武译，中国政法大学出版社 2014 年版，第 84 页。

身、财产”的目的支配下实施了抢劫行为，将该种目的变为了现实。从此意义上讲，在入户抢劫的场合，行为人所具有的特定违法目的，只具有表明行为人特殊预防的必要性更大的作用。但是，特殊预防的必要性再大，也不能超越与罪刑本身相适应的刑罚点，即责任刑的限度。换言之，即便是基于特定的非法目的而入户抢劫，只要抢劫行为本身没有造成致人重伤、死亡或者数额巨大的财物被抢的后果，绝对不能因行为人在入户时具有特定非法目的而对其进行超越行为所造成的损害程度即违法限度的特别预防，否则，就偏离了“对行为人的处罚只能以其客观上所造成的损害程度为限”的客观主义刑法观的基本立场。

实际上，刑事立法上采用目的犯的形式，是意在通过特定目的或者意图的限制性规定，将那些不具有法定目的、意图的故意行为排除于可罚行为之外。有关“入户抢劫”的司法解释也是这种意思。其明确规定要注意审查行为人的“入户”目的，将“入户抢劫”与“在户内抢劫”区别开来，后者不属于加重法定刑的“入户抢劫”。但是，司法解释将具有特定非法目的作为入户抢劫的成立条件，导致了上述让人误以为只要具有特定非法目的的入户抢劫就可以被处以10年以上有期徒刑、无期徒刑或者死刑的推论。这也从一个侧面反映了将具有特定非法目的作为入户抢劫的成立条件的不足。实际上，司法解释要求“入户”必须具有特定的非法目的，主要是为了限定“入户抢劫”的处罚范围，而不是说明具有特定的非法目的的入户行为，就能使“入户抢劫”行为的违法性或者责任大幅升高，对其可以处以无期徒刑或者死刑。由此看来，特定非法目的的要求，尽管能够缩小入户抢劫的处罚范围，但并不能解决入户抢劫处罚过重的问题。

其次，将入户抢劫当作目的犯对待，会导致入户抢劫认定上的主观化。从刑法学的立场来讲，规范违反说认为，行为人的认识、意图、目的等主观因素也对行为的规范违反性有影响，因而该学说被大量吸纳到违法的判断对象当中。但这种做法会招致违法判断的主观化，使违法与责任难以区分。因此，现在包括我国在内的有力说提倡法益侵害说，即违法判断的对象是法益侵害或者危险这种外在变化，原则上应当根据客观因素来判断，认识、意图、故意、过失等主观要素属于影响对行为人的谴责程度的责任要素，而不是违法要素。[①] 在法益侵害说之下，无论是故意杀死他人还是过失致人死亡的行为，在侵害法益即剥夺他人生命这一点上并无不同，不过是责任谴责的程度有所不同而已。由于这种观点能够妥当地维持“违法是客观的、责任是主观的”的犯罪认定的分层次考虑，因而被广泛支持。

从本书所支持的法益侵害说的角度来讲，入户抢劫之所以被重罚，是因为和普通抢劫相比，其侵害了更多的法益，而不是因为行为人在入户之前就已经具有特定的非法目的。入户之前特定的非法目的的存在，可能会表明行为人的主观恶性更大，影响对其进行责任追究，但只要该特定目的没有转化为外部行为或者结果的时候，就不能在社会危害性的判断中加以考虑。因为，在客观主义刑法观之下，行为是否具有社会危害性及其大小，取决于行为对刑法所保护的法益造成的实际损害和现实危险。行为人具有特定目的，但没有在外部显现出来的时候，便无法判断其对刑法所保护的法益造成了实际损害和现实危险；相反地，如果行为人的特定目的已经在外部显现出来，如在特定目的支配之下，行为人已经事先清除了入户的障碍、准备了入户工具或者邀约了入户犯罪的同伙，因为这些客观表现已经对刑法所保护的法益形成了现实威胁，完全可以在入户抢劫的违法性中加以考虑，用不着深究行为人是否具有特定的非法目的。相反地，如果在违法性的判断中考虑行为人的主观目的的话，可能会因为行为人所声称的主观意思的不同而结论不同，产生颠倒黑白、模糊罪与非罪的界限的后果。这也是在社会危害性的判断上，掺杂主观要素的做法饱受非议的主要原因。[②]

以非法目的形成时间的先后为根据，“入户抢劫”的场合可分为两种情形：一种是非法目的形成在先的抢劫，其是指行为人在入户之前就已经形成“侵害户内人员的人身、财产”目的，而后入户抢

① 黎宏：《刑法学总论》（第二版），法律出版社 2016 年版，第 49 页。

② 参见黎宏：《刑法总论问题思考》（第二版），中国人民大学出版社 2016 年版，第 98 页。

劫的场合;另一种是非法目的形成在后的抢劫,其是指行为人在入户之前并没有犯罪的意思,但在入户之后,发现被害人穿金戴银、家境殷实,或者发现被害人单身一人在家、有机可乘,遂临时起意,以暴力、胁迫手段制服被害人之后,劫取其财物的场合。通常来讲,非法目的形成在先的场合,行为人会有携带凶器或者强行入户的行为,在这种情况下,从客观表现就可以倒推出行为人主观上的特定非法目的。但是,实务当中也存在难以分辨的情形。如在某快递员到客户家上门取件时,在户内抢劫致人死亡的案件中,判断行为人是否具有"以侵害户内人员的人身、财产为目的"从而判定其是否属于"为劫取财物而预谋故意杀人"的时候,[①]就遇到了麻烦。查明的事实是:被害人家住 11 层,行为人有电梯不用,却走楼梯到被害人家取件,且随身携带裁纸刀和备用鞋;行为人平常去客户家取件时都是和其弟弟一起,但本次取件时却是一人前往;行为人上午已经去过被害人家一次,得知其一人在家,故敲开门进入室内随即勒住被害人脖子。但即便具有这些事实,也还是难以排除合理怀疑从而推定行为人在入户之前就有"预谋杀人的故意"。因为,针对上述事实,行为人辩解说,之所以选择走楼梯是因为电梯里手机信号不好,无法和客户联系;带裁纸刀和备用鞋是因为快递工作的现实需要;单独一人取件是因为邮件很小,一个人足够。在这种辩解之下,如何能够排除本案中的合理怀疑就成为问题,且在无形中加重了公诉机关的证明责任。[②]

更为麻烦的是,对于相同的客观行为的定性,取决于行为人的主观意思或者目的,这样就为某些别有用心的嫌疑人提供了逃脱法网的口实。因为,"侵害户内人员的人身、财产"的非法目的属于主观超过要素,除了被告人的口供之外,很难把握。如果所有具有入户抢劫意图的人事先了解了主观要素的认定方法,就可以逃避更重

① 就本类案件而言,因为已经发生了抢劫致人死亡的结果,因此,是否入户抢劫并不重要。但若能判明行为人具有"为劫取财物而预谋故意杀人"的事实的话,则可以对行为人进行重罚。之所以列举这一案例,是因为作为"入户抢劫"的重要条件的"入户目的的非法性"的判断过程,和上述情形完全一致。

② 参见黄奇中:《论"入户抢劫"的保护法益》,载《海峡法学》2014 年第 2 期。

的处罚,结局上不仅会使抢劫得逞的可能性更高,还会使“入户抢劫”的规定成为摆设。[①] 前几年网上曾流传一则笑话,即某人入室盗窃,刚进屋,女主人回来了,他躲到床下,却还是被发现,遂暴力抗拒抓捕出逃,最终被抓。该情形依法应定入室抢劫,至少判 10 年。该男子请来一个学法律的好朋友,分别给他讲了盗窃罪、抢劫罪、强奸罪的定罪及量刑,结果他改了口供,称当时入室是想强奸,最后以强奸未遂,判了 3 年,因为强奸罪与入不入室无关。后来他又找到某刑法学博士,博士告诉他,当初你应该这样讲,当你想强奸时,发现该女奇丑无比,便逃跑,最后就可以被认定强奸中止,因无损害后果而免罚。再后来他找了一个刑法学博士后,博士后教他这样说,他看上了这家男主人,想强暴他,结果女主人先回来了。因为当时的刑法没有规定强奸男人属于强制猥亵罪,结果这小子被无罪释放了。上述故事尽管可笑,但却非常形象地说明了在社会危害性的判断中掺杂主观要素所可能导致的可怕后果。

再次,难以对发生在户即住所中的抢劫行为进行全面评价。客观地讲,入户抢劫之所以要加重处罚,主要是因为其和普通抢劫相比,多了一个场景要素,就是这种案件发生在人们日常生活的场所即“户”当中。早已有学者指出,户即住所,其并非一种简单的物理构造,而是承载了近代立宪主义精神的、个人及其家庭的一般私生活得以在其中自由展开、实行私人自治的物理空间,是私人领域不可侵犯性的本质构成部分之一。[②] “户”是避难所,是日常生活的中心,是人们在经历了紧张的劳作之后,抛去虚伪、呈现最为真实的自我的场所,这种自由的、真实的私人状态具有重要价值,受到国家的绝对保护。“户”被盗,是对隐私空间的侵犯,也是对我们身份的攻击,这种侵犯和攻击是心理上的,具有象征意义。[③] 侵入住宅并置身

---

① 参见侯国云、么惠君:《“入户抢劫”与“在户内抢劫”的区别何在》,载《人民检察》2005 年第 21 期。

② 参见白斌:《宪法价值视域中的涉户犯罪——基于法教义学的体系化重构》,载《法学研究》2013 年第 6 期。

③ 参见[美]Curt R. Bartol、Anne M. Bartol:《犯罪心理学》(第七版),杨波、李林等译,中国轻工业出版社 2009 年版,第 335 页。

其中,是对他人私生活最为私密的核心部分的侵入和破坏。与这种侵入和破坏相伴的,还有人的安全感的丧失。这种理解也得到了司法机关的认可。如在"韩维等抢劫案"中,法院指出:"'户'不仅是公民享有生活自由和安宁的重要场所,也是公民财产的安全存放场所,是人们心中最具安全感的地方",刑法将"入户抢劫"规定为加重处罚情节,"目的在于强化对公民住所安全的保护"。[①] 而不管是入户抢劫还是在户抢劫,都是对人们生活最为核心和隐秘的地方的攻击,真实摧毁了人们心理上的最后一道防线,倘若公民感到居不保身,也就意味着整个社会的安全机制被破坏殆尽,让人产生这个世界上没有地方是安全的幻灭感。[②]

这样说来,司法解释将因访友办事等原因经户内人员允许入户后,行为人临时起意实施抢劫,或者临时起意实施盗窃、诈骗等犯罪,此种行为因转化为"在户内抢劫"行为而被排除在加重处罚的情形之外,这种做法是值得商榷的。无论是入户抢劫还是在户内抢劫,都是在户中发生的抢劫,都是对公民生活最为核心和最为隐秘的地方的攻击,都足以破坏人们对户的信任感和安全感。二者不同之处仅仅在于,事先具有非法目的的场合,行为人入户时常会备有凶器或者采用暴力、胁迫手段强行入户,此时就开始侵害"户"的安宁和安全;相反地,在入户之后产生非法目的的场合,行为人对"户"的安宁和安全的侵害则始于在户中的暴力劫财之际。二者之间,就对户的安宁或者安全感的侵害而言,只有形式之别,没有本质不同。

相反地,将事先没有非法目的的在户内抢劫排除在入户抢劫之外的一个直接后果便是,让无数的普通百姓生活在刀尖之上、火坑之中。因为,在当今社会,像快递员、物业管理人员、维修工人等具有合法理由进入他人住所之内的人不计其数。他们由于工作或者

---

① 参见马尚忠等:《韩维等抢劫案——非法进入他人共同租住的房屋抢劫是否属于"入户抢劫"》,载最高人民法院编:《刑事审判参考》总第59集,法律出版社2008年版,第19页以下。

② 参见黄祥青:《论抢劫罪情节加重犯的认定思路与方法》,载《政治与法律》2005年第6期。

业务上的关系经户内人员同意之后，能够进入他人户内。其中，不排除一些潜在的人会利用这种机会，临时起意，实施抢劫。[①] 现实生活当中，经常见诸各种媒体的此类报道便是其明证。俗话说“明枪易躲，暗箭难防”。一般人居家过日子的时候，对于怀揣非法意图而侵入的陌生人或许抱有强烈的提防或者警惕之心，但对于身着制式服装的业务人员以及具有特定身份的人，常因为对方已经亮明身份而抱有一定程度上的安全感和放心感。如果这些能够利用业务或者工作上的机会堂而皇之地进入他人室内的人起意抢劫而不被重罚，就意味着我们所处的社会中所有的安保措施归于失效。如果我们生活在这样一个人人自危的社会，连自己生活的最后的一个城堡——“户”内都不能感到安全，那么我们还有什么理由相信这个社会是安全的呢？不仅如此，在户抢劫的场合，被害人在毫无察觉的情况下面临突如其来的袭击，难以反抗，即便反抗，也因为住所内与外界之间存在物理上的相对隔绝，难以得到帮助，致使行为人更加肆意妄为。因此，在户内抢劫的客观危险并不比入户抢劫的危险小。但是，入户目的的非法性要求直接断绝了对“在户内抢劫”进行加重处罚的可能。

最后，掩饰真实意图的入户也是非法入户。有观点认为，入户抢劫之所以重罚，是因为有强行“入”户行为，而不是因为抢劫发生地是在“户”中。这种非法的强行入户和普通抢劫两者的有机结合才导致了入户抢劫的加重处罚。[②] 这种观点在将非法侵入住宅限定于伴有侵害住宅安宁的强行入户，意图从客观上来判断“入户抢劫”，从而将具有特定非法目的的“入户”具体化这一点上，值得称赞。但其极有可能将具有“侵害户内人员的身体、财产的非法目的”，但却将该种目的掩藏起来，而以欺骗手段征得户主同意之后入

---

① 北京市第二中级人民法院法官崔杨在对命案成因分析后认为，相当一部分进京务工人员流动性大、经济拮据。很多人从事服务业，在工作中难以产生归属感，但工作的便利也方便了犯罪。最近几年，以快递员、售后服务、小区保安身份犯罪或冒充此类人员身份入室犯罪的案子越来越多也证明了这一点。以上内容参见《法官：冒充快递服务人员入室抢劫杀人案增多》，载《北京晚报》2015 年 11 月 17 日。

② 参见张明楷：《论入户抢劫》，载《现代法学》2013 年第 5 期。

户的行为排除在“非法入户”之外,而这不符合司法解释的宗旨。在行为人刻意掩饰隐瞒其“侵害户内人员的人身、财产”的入户目的而以欺骗手段入户的场合,若行为人事后交代自己在入户之前便已经具有了“目的的非法性”的场合,上述观点便难以周延;不仅如此,这种理解还会引起一个不好的导向,即入户抢劫者暴力入户的话,是要加重处罚的“入户抢劫”;而以欺骗或者其他温和手段入户抢劫的话,就是处罚较轻的“在户内抢劫”。

上述观点还认为,以抢劫为目的入户进而实施抢劫,说明行为人主观上预谋抢劫,这种预谋表明,行为人的主观恶性更大。[①] 从常识的角度来看,这种想法符合一般人的想象,有其存在的合理性。但其完全可能受到以下反驳:一方面,就主观恶性而言,“深谋远虑”和“随机应变”都是褒奖行为人聪明过人的用语。事先有非法目的的场合,可以说是“深谋远虑”;入户之后发现有机可乘,于是决定下手的场合,可以称为“当机立断”“随机应变”。在上述两种场合下,对于行为人当时的表现,仅仅从非法目的形成先后来考虑,恐怕是难以下结论的,只能从行为最终所引起的结果来认定。在户内抢劫同样侵害了住宅安宁和安全。从解释学的角度来看,我国《刑法》第245条所规定的非法侵入住宅罪在客观上表现为两种方式,一是未经住宅主人许可,不顾主人反对、劝告或阻拦,强行进入他人住宅。实践中,侵入他人住宅一般是指以蹬门、踹门等方式破门而入。但在有些地方如农村,居民住宅的大门平日多半是敞开的,所以并不需要破门而入。结合实际情况,在行为人以不破坏住宅安宁的形式进入的场合,也能认定为“侵入”。二是进入时住宅主人并不反对,但主人要求行为人退出时,行为人不肯退出。此时,就进入行为而言,并不违法,但住宅主人既已要求退出,仍滞留在内不肯退出,实质上和未经许可强行侵入的行为没有区别。换言之,不管是未经许可的进入住宅还是未经许可的逗留住宅,都是非法侵入住宅。[②] 既然如此,为什么一定要求入户抢劫只能是事先有非法

① 参见张明楷:《论入户抢劫》,载《现代法学》2013年第5期。

② 参见高铭暄、马克昌主编:《刑法学》(第九版),北京大学出版社、高等教育出版社2019年版,第475页。

目的的入户抢劫,而将在户中临时起意的在户内抢劫排除在外呢?如果说合法入户之后拒不退出的行为也是非法侵入住宅的话,那么将在这种状态下的抢劫行为和未经许可的擅自入户之后的抢劫行为同等对待,有何不可呢?

司法解释当中入户抢劫的目的非法性要求不断退缩、认定标准逐渐降低的过程本身就表明,以“目的非法性”要求限定入户抢劫的处罚范围的做法存在极大的不合理。如果说行为人事先有非法目的,就会精心准备,如预先踩点,消除入户障碍;准备凶器、以防不测,从而使入户抢劫的客观危险增大的话,则这种危险并不一定只有在行为人具有“侵害户内人员的人身、财产”的非法目的的场合才能实现。即便是出于其他非法目的,如出于安装监控设备偷窥室内人员的目的的入户的场合,行为人也会提前做好各种准备。这种场合,有什么理由将其排除在“入户”之外呢?同时,即便将非法目的的范围不断扩张、非法目的的成立标准不断降低,但只要要求存在非法目的,总会有难以穷尽的时候。如 2005 年 6 月 8 日最高人民法院《关于审理抢劫、抢夺刑事案件适用法律若干问题的意见》第 1 条尽管将“非法目的”从实施抢劫罪目的后退到包括抢劫等犯罪,即将为了实施盗窃、诈骗、抢夺而入户,为了窝藏赃物、抗拒抓捕、毁灭罪证当场使用暴力或者以暴力相威胁的情形包括在内,能够将常见的以盗窃目的而入户,在户中进行暴力抢劫的行为涵盖进来,但接踵而至的问题是,出于伤害或者寻衅滋事的目的而入户,在户中为劫取财物而使用暴力或者以暴力相威胁的场合,是不是能够认定为“入户抢劫”?对此,2016 年 1 月 6 日最高人民法院《关于审理抢劫刑事案件适用法律若干问题的指导意见》第 2 条再次后退,规定出于“侵害户内人员的人身、财产”的目的而入户,之后实施抢劫行为的,也是入户抢劫。即不仅是出于财产犯罪的目的,出于人身犯罪目的而入户的,也是入户。这种理解已经和最初的仅以抢劫罪为目的的入户大相径庭了。但问题并未到此就结束。现实生活中,不以“侵害户内人员的人身、财产”为目的的入户并不罕见,如不以侵害户内人员的人身、财产为目的,而是以滋扰户内人员的正常生活为目的,如以偷窥、嫖娼、赌博为目的而入户,之后打伤他人,拿走其手机、钱包等财物的,是否构成“入户抢劫”呢?在这种场合下,行为人事先也进行了精心的准备,行为人的行为也破坏了“户”中的安宁与秩序。如果说仅仅因为行为人事先不具有侵害他人人身或者财产的故意而难以成立入户抢劫的话,则会在处罚上留下巨大的空隙,也和入户抢劫是因为在抢劫之外,还有非法侵入他人住宅行为的理解南辕北辙、相去甚远。

四、通过总则相关条款对“入户抢劫”进行限定

在入户目的的非法性要件被取消的情况下,应当如何克服“入户抢劫”处罚过重的弊端呢?本书认为,对这一问题,与其通过给入户行为添加“目的非法性”要件,倒不如通过将《刑法》第 263 条第 1 项规定和《刑法》总则的相关规定结合起来综合考虑。

依照我国《刑法》第 5 条的规定,包括法定刑在内的刑罚的轻重,应当与犯罪分子所犯罪行和承担的刑事责任相适应。正因如此,在我国,就侵犯公民人身法益、财产法益的普通刑事犯罪而言,只有剥夺他人生命或者有可能剥夺他人生命的重罪,才有可能设置死刑,而其他犯罪,包括侵犯数额特别巨大的财产犯罪在内,在法定刑上都没有设置死刑,最高也就是无期徒刑。这一法定刑的分布规律对于我们分析《刑法》第 263 条的加重处罚规定具有启发。《刑法》第 263 条规定了抢劫罪的八种加重处罚的类型,从表面上看,似乎所有的类型都可能适用死刑或者无期徒刑。但事实上,从我国刑法立法历来所遵循的“宜粗不宜细”的原则来看,有关抢劫罪的加重处罚规定也只是一个基本框架,至于其具体适用,还得根据各种行为具体判断。如作为加重处罚情节之一的“抢劫致人重伤、死亡的”场合,由于其中包括有故意致人重伤和故意致人死亡的类型在内,而故意伤害罪和故意杀人罪在我国刑法当中均属于挂有死刑的死罪,故《刑法》第 263 条有关抢劫罪的加重处罚规定当中,自然地规定有死刑。但这并不意味着,《刑法》第 263 条所列的加重处罚的八种情形都可以适用死刑。就“入户抢劫”而言,依照《刑法》第 48 条“死刑只适用于罪行极其严重的犯罪分子”的规定来看,尽管有入户抢劫,但若没有造成致人死亡的严重后果,是很难适用死刑的。

如在“赖某明入户抢劫案”中，赖某明伙同同案犯采取暴力方法，多次持枪入户抢劫，且数额特别巨大，但即便如此，广州市中级人民法院最终也只是以抢劫罪判处赖某明有期徒刑 15 年，剥夺政治权利 5 年，并处罚金 5 万元。①

但一旦入户抢劫行为造成了被害人死亡的后果，则可以适用《刑法》第 263 条中另一个加重处罚情节即“抢劫致人死亡”，而用不着考虑“入户抢劫”。司法实践一般都是这么处理的。如在“修某桥入户抢劫杀人案”中，修某桥系某快递有限公司投递员，因无力偿还欠款而生抢劫之念，并确定以曾送快递的客户邱某为作案对象。修某桥为此准备了迷药、迷烟、手套、尼龙绳、胶带、尖刀等工具到邱某家楼道守候，趁邱某回家开门之机，用带迷药的手套捂住邱某口鼻，并将其拖入室内，因邱某极力反抗并呼救，修某桥遂对邱某捂嘴、掐颈，后持哑铃击打邱某头部，并持刀捅刺邱某头、颈、胸部等处，致邱某严重颅脑损伤、窒息并大失血死亡。修某桥被接警赶至现场的公安人员堵在室内并抓获。济南市中级人民法院审理认为，被告人修某桥以非法占有为目的，采用暴力手段入户劫取他人财物，并致人死亡，其行为构成抢劫罪。犯罪情节恶劣，手段残忍，情节、后果特别严重，应依法惩处。于是该院以抢劫罪，判处修某桥死刑，剥夺政治权利终身，并处没收个人全部财产。② 同样，在“盖某鹏入户抢劫案”中也是如此处理的。盖某鹏伙同他人经预谋后携带尖刀、胶带等作案工具，冒充物业人员进入被害人唐某、白某夫妇家中，先后将唐、白捆绑，当场劫得银行卡等款物，并逼迫唐、白说出银行卡密码及唐某公司保险柜密码。盖某鹏到唐家附近的银行自动提款机提取 5 万余元后，又前往唐某办公室劫取 2 万余元及玉石、茶壶等款物。为灭口，盖某鹏返回唐某家后，伙同同案犯将唐、白夫妇杀害。2016 年 8 月 19 日，盖某鹏又使用被害人银行卡购物消费共计 4 万余元。北京市第二中级人民法院经审理认为，盖某鹏采取暴力手段入室劫取他人财物，其行为已构成抢劫罪，且属于入户抢

---

① 参见广州市中级人民法院刑事判决书，(2010)穗中法刑二初字第 47 号。

② 参见《山东首例快递员入户抢劫杀人罪犯被执行死刑》，载《法制日报》2016 年 1 月 19 日。

劫、抢劫数额巨大;盖某鹏为灭口故意非法剥夺他人生命,致人死亡,其行为又已构成故意杀人罪,且所犯罪行极其严重。对其所犯抢劫罪、故意杀人罪,依法均应予以惩处,并依法予以并罚。据此,以故意杀人罪、抢劫罪数罪并罚,判处盖某鹏死刑,剥夺政治权利终身,并处没收个人全部财产。①

在无期徒刑的场合,也可以同样处理。就侵害人身的犯罪而言,按照《刑法》第234条的规定,一般重伤只能处以"三年以上十年以下有期徒刑",致人死亡或者以特别残忍的手段致人重伤造成严重残疾的,才有可能处以无期徒刑。但在入户抢劫的场合,若造成了重伤后果,就适用"致人重伤"的加重处罚规定,根本用不着适用入户抢劫的规定。还有,就盗窃、诈骗等其他财产犯罪而言,只有"数额特别巨大或者有其他特别严重情节的"才能处10年以上有期徒刑或者无期徒刑,抢劫因为在取财手段上伴有人身危险,因而在对象上要求相应降低,但即便如此,也必须达到数额巨大的要求。换言之,抢劫公私财物若没有达到数额巨大的程度,也是难以适用无期徒刑的。但抢劫公私财物一旦达到数额巨大的程度,就符合了其他的加重处罚的规定,也用不着适用"入户抢劫"的规定了。如此说来,就"入户抢劫"而言,能够适用无期徒刑或者死刑的场合,非常罕见。

实际上,已经有实证研究指出,行为人在入户抢劫时,即便具有非法目的,只要没有达到"致人重伤、死亡"或者"抢劫数额巨大"的程度,法院便不会单纯依据《刑法》第263条对行为人判处死刑(包括死缓)。② 如此说来,为了对"入户抢劫"限制适用死刑或者无期徒刑,而专门对其添加"侵害户内人员的人身、财产"的"目的非法性"要求,确实有点小题大做的感觉。

值得注意的是,什么情形下的抢劫罪必须加重处罚,各国刑法

---

① 参见《男子冒充物业管理人员入室抢劫杀人被判死刑》,载《人民法院报》2016年11月4日。

② 参见杜强强:《入户抢劫的死刑设置与住宅自由保护》,载《法治现代化研究》2017年第3期。实际上,从我国《刑法》第48条"死刑只适用于罪刑极其严重的犯罪分子"的规定来看,入户抢劫的场合,若没有造成死伤的严重后果,是不太可能适用死刑的。

中并没有一个约定俗成的结论。如依照《德国刑法》第 250 条的规定,抢劫罪的加重处罚情节包括携带或者使用凶器或者其他压制反抗的器具、以有严重损害健康之危险的手段、以特定犯罪组织成员的身份在他人协助下抢劫、抢劫致死等;《日本刑法》规定得更为简单,依照其第 240 条和第 241 条的规定,在具有抢劫致人死伤情节的场合,加重其刑罚。[①] 但要注意的是,即便说特殊情形下的抢劫行为需要重罚,但其中根据情节的不同又有区别对待。如按照《德国刑法》第 250 条、第 251 条的规定,携带武器、危险工具或者其他器具,或者行为有致被害人的健康遭受严重损害,或者共同抢劫的,处 3 年以上自由刑;行为时使用武器或者其他危险器械,或者携带武器致他人身体被严重虐待或者有死亡危险的,处 5 年以上自由刑;抢劫轻率致他人死亡的,处无期徒刑或者 10 年以上自由刑。从域外刑法的相关规定来看,即便是抢劫罪的加重处罚情节,其中也还具有轻重之分,并不是一律同等对待。从我国刑法有关抢劫罪加重处罚的历史沿革来看,本意也是将处死刑、无期徒刑的加重处罚情节和处有期徒刑的加重处罚情节分别开来,但由于长期以来所实行的“宜粗不宜细”的立法指导思想的影响,将本应按照生刑、死刑分开规定的各种情节,不分轻重,一律规定在“十年以上有期徒刑、无期徒刑或者死刑”的范围内,最终导致了理论上的众说纷纭、司法实践无所适从的局面。从此意义上来讲,入户抢劫处罚过重,是指其上限处罚过重,并非下限处罚过重。添加“入户目的非法性”要件,意图判处的是死刑或者无期徒刑的适用,而非 10 年以上有期徒刑。

五、结语

依照《刑法》第 263 条的规定,“入户抢劫的”,就要和“抢劫致人重伤、死亡的”一样,“处十年以上有期徒刑、无期徒刑或者死刑,并处罚金或者没收财产”。但是,“入户”行为即便构成非法侵入住宅罪,无论如何也达不到“致人重伤、死亡”,即故意或者过失剥夺

---

① 另外,修正后的《日本刑法(草案)》第 325 条(加重抢劫)规定,侵入他人住宅或者他人看守的建筑物等抢劫的,处 5 年以上有期徒刑;携带凶器抢劫或者二人以上当场共同抢劫的,与前款同。

他人生命或者伤害他人身体的程度，因此，对该种行为也判处死刑或者无期徒刑，显然不符合罪刑相适应原则，有处罚过重的嫌疑。为此，实务界和理论界一致认为，对其必须加以限定。限定的方法，除了对抢劫行为的发生场所“户”进行限定解释之外，便是对“入户”行为进行限定，要求行为人在入户时，主观上必须具有非法的目的，即“以侵害户内人员的人身、财产为目的”。

但是，这种从行为人入户的主观目的上进行限定的做法，是不是真的能够起到限定“入户抢劫”处罚过重的效果，值得怀疑。一方面，真的可以说，若行为人在入户时主观上具有司法解释所要求的“特定目的”——“以侵害户内人员的人身、财产为目的”的话，只要之后有入户抢劫但没有造成户内人员的人身伤亡后果的行为，就可以对其“处十年以上有期徒刑、无期徒刑或者死刑，并处罚金或者没收财产”，特别是判处“死刑”吗？若是可以的话，岂不是违反《刑法》第 48 条“死刑只适用于罪行极其严重的犯罪分子”的规定吗？另一方面，与上述情形相反，如果行为人有入户抢劫行为，但在行为人入户时并不具有特定的违法目的的话，则其入户抢劫行为不仅不能处以死刑或者无期徒刑，连“十五年以上有期徒刑”都难以判处。因为没有特定的违法目的的行为，连“入户抢劫”都不构成。不仅如此，由于是否构成入户抢劫，关键在于行为人入户时是否具有“特定违法目的”，这使《刑法》第 263 条作为客观行为而规定的“入户抢劫”的认定被主观化，进而导致宪法上作为公民基本权利的公民住宅权的保护流于形式。因此，将行为人入户时必须具有特定目的作为限定“入户抢劫”的要件，存在不妥，应当予以取消。

作为对“入户抢劫”处罚过重的限制措施，最理想的做法是，在立法上对抢劫罪的加重处罚条件进行细化，除了抢劫致人重伤或者死亡之类的应当判处死刑或者无期徒刑的加重处罚情节之外，还可以规定在公共场所抢劫、在公共交通工具上抢劫之类的应当处以 10 年以上有期徒刑的加重处罚幅度。“入户抢劫”可以放在这一档的加重处罚幅度之内。但从目前的情形来看，这种立法上的限制比较困难。比较现实的做法是，在司法上，结合《刑法》第48条有关死刑的规定，对《刑法》第263条所规定的加重处罚情节重新分档说明。可以将抢劫致人重伤、死亡、抢劫银行或者其他金融机构、抢劫数额巨大等作为应当判处死刑或者无期徒刑的情节对待；而将“入户抢劫”等在内的情形作为处10年以上有期徒刑的情节对待，从而避免处罚过重的诘难和担心。

第六章 贿赂犯罪的保护法益与事后受财

根据我国《刑法》第385条的规定，典型的受贿罪，是指国家工作人员利用职务上的便利索取他人财物，或者非法收受他人财物，为他人谋取利益的行为。简言之，就是国家工作人员以权谋利，进行权钱交易，其成立条件如下：一是收受来自他人的职务行为对价即财物（贿赂）；二是为他人谋利。根据受财（贿）与谋利的先后顺序不同，受贿有“事前受财（贿）”和“事后受财（贿）”之分。所谓“事前受财（贿）”，通俗地说，就是“先收财，后办事”，其是典型的“权钱交易”，毫无疑问地要构成受贿罪；但“事后受财”，特别是在事前没有约定或者没有证据证明事前有约定的场合，因为不能排除国家工作人员事前并无“权钱交易”之念，事后他人仅仅是基于习惯或者道义上的知恩图报的心理而向国家工作人员提供财物的可能，所以，国家工作人员的这种事后受财行为是否构成受贿罪，一直存在争议。否定说认为，受贿罪是故意犯，事前没有约定而事后收受他人财物的事后受财行为不是事后受贿，因为行为人主观上没有受贿故意而只有收受财物的故意；[①]与

---

① 陈兴良：《陈兴良刑法学教科书之规范刑法学》，中国政法大学出版社2003年版，第680页。

此相对，肯定说则认为，只要行为人明知其所受财物是其职务行为的对价并予以接受，就表明其具有受贿故意，构成受贿。[①]

司法实务历来采否定说，认为事后受财行为，只有当事人双方具有“事先约定”的场合，才能成立受贿。但 2016 年 4 月 18 日最高人民法院、最高人民检察院发布《关于办理贪污贿赂刑事案件适用法律若干问题的解释》之后，情况发生了变化。该解释第 13 条规定“履职时未被请托，但事后基于该履职事由收受他人财物的”，也是“为他人谋取利益”，构成犯罪的，应当依照《刑法》关于受贿犯罪的规定定罪处罚。这个规定意味着，从此以后，事后受财的，只要该财物客观上与职务行为有关，即便事先没有约定，也构成受贿罪。此举一出，马上引起了学界的不同看法。如陈兴良教授认为：“这一规定，实际上是将刑法对受贿罪所规定的为他人谋取利益要件取消了，因而不适当地扩张了受贿罪的处罚范围，与罪刑法定原则之间存在一定的抵牾。”[②]同样，叶良芳教授也认为：“将这种没有事先联络的、非典型的‘事后受贿’行为，规定为‘为他人谋取利益’的一种情形……突破了法条的限制，既没有科学理论的指导，也缺乏成熟的司法经验积累，显然是一种‘应急解释’。”[③]

确实，受贿罪的本质是“权钱交易”，既然是“交易”，则双方必须对交易的内容和价格具有认识，否则就说不上是“交易”。正因如此，我国刑法将受贿罪规定为故意犯，以国家工作人员利用职务之便索取他人财物，或者利用职务之便非法收受他人财物，为他人谋取利益为内容。在行为人事先没有约定，也没有任何征兆，事后却意外地收到了来自他人财物的场合，如果说这种场合也构成受贿罪，则会偏离受贿罪的“权钱交易”的本质而违反罪刑法定原则。其中的道理，和客观上占有了他人财物，事前没有认识的，最多只能

---

① 王作富主编：《刑法分则实务研究》(下)(第四版)，中国方正出版社 2013 年版，第 1782 页。

② 陈兴良：《为他人谋取利益的性质与认定——以两高贪污贿赂司法解释为中心》，载《法学评论》2016 年第 4 期。

③ 叶良芳：《“为他人谋取利益”的一种实用主义诠释——〈关于办理贪污贿赂刑事案件适用法律若干问题的解释〉第 13 条评析》，载《浙江社会科学》2016 年第 8 期。

构成侵占罪,而不能构成盗窃罪如出一辙。如果说行为人只要明知是职务行为的对价而收受就足以构成受贿的话,那么日常生活中常见的公职人员因为秉公执法、事后却意外地收到来自当事人的感谢"牌匾""锦旗"之类的行为,严格地讲,也是受贿性质的行为了。[1]这显然不符合社会一般常识,不当扩大了受贿的认定范围。从此意义上讲,上述批判意见是有其道理的。事后受财,只有在行为人事先具有事后收受财物的认识或者说预见时,才能成立受贿,而"事先约定"是其最常见的表现形式。

但我们应注意到,所谓"事先约定",严格意义上讲,是指双方当事人以口头或者书面形式的约定,其是针对与法治社会对应的"陌生人社会"而作的要求,但在我国随处可见的"熟人社会"或者"半熟人社会"中,人们之间的交往,很多时候,还在遵循费孝通先生在70余年前所提出的"意会"法则,即朋友、熟人之间对很多事情心领神会、心知肚明,而不是那些"事先约定"之类的公开宣称、白纸黑字、明确界定。这种不用说出来便能自然领悟的"意会",感觉上甚至比说出来的效果还好。[2] 在事后受贿的成立上,如果一定要求双方当事人以口头或者书面形式"事先约定",便会将那些"熟人社会"中熟人之间配合默契的权钱交易行为排除在法网之外。退一步讲,即便说成立事后受贿,当事人双方也必须具有"事先约定",但"约定"的形式恐怕不能仅限于口头或者书面。

以下,笔者首先就我国目前的事后受财行为是否构成受贿的争

---

① 实际上,我国2017年《法官法》(已被修改)第32条规定:"法官不得有下列行为:……(十二)私自会见当事人及其代理人,接受当事人及其代理人的请客送礼。"现实生活中,常有公务人员收受来自当事人的感谢"锦旗"或者"牌匾",严格地讲,这也是接受当事人的"送礼"行为,在法官不得有的行为之列。

② 对此,费孝通先生在《乡土中国》有过精彩的描述,即:"'我们大家是熟人,打个招呼就是了,还用得着多说吗?'——这类话已经成为我们现代社会的障碍。现代社会是个陌生人组成的社会,各人不知道各人的底细,所以得讲个明白;还要怕口说无凭,画个押,签个字。这样才发生法律。在乡土社会中法律是无从发生的。'这不是见外了吗?'乡土社会里从熟悉到信任。这信任并非没有根据,其实最可靠也没有了,因为这是规矩。""乡土社会的信用并不是对契约的重视,而是发生于对一种行为的规矩熟悉到不假思索的程度。"参见费孝通:《乡土中国》(修订本),上海世纪出版集团2013年版,第10页。

议进行梳理；其次从贿赂犯罪的保护法益——“职务行为公正性”的角度出发对上述争议进行评析；最后，就事前没有约定的事后受财行为成立受贿罪的标准问题进行探讨。

一、“事后受财”是否构成受贿之争

关于事前无约定的事后受财行为是否构成受贿罪，理论界历来有两种截然相反的观点：

否定说认为，事先无约定的事后受财行为不构成犯罪。理由是：第一，不符合受贿罪的本质要求。受贿罪的本质是权钱交易，双方交易的内容分别是“权力”和“财物”。典型的受贿行为中，“受财”和“办事”处于同一时段，交易关系一目了然；但也存在二者之间有时间间隔的场合，其带来的问题是，双方事先不约定的话，就会使双方交易的内容和价格不确定，根本不符合受贿罪的构成。① 第二，不具备受贿罪主观要件。受贿罪中的故意，除了“收受财物”的故意之外，还包括明知所收受财物是本人职务行为对价而予以收受的故意。在事前没有约定的场合，行为人主观上虽有收受财物的故意，但并没有收受职务行为对价的故意。② 特别是国家工作人员离退休之后，请托人为表示感谢，送财物给离退休的国家工作人员，而其予以接受的，该种情况因为没有或者无法证明行为人具有收受财物的合意，只能推定行为人不具备犯罪故意。

相反地，肯定说则认为，事前无约定的事后受财行为仍然可以构成受贿罪。理由是：第一，即便是事先无约定的受财行为，也侵害了受贿罪的保护法益。在我国刑法中，受贿罪的成立并不要求行为人实施职务上的不正当行为，这就意味着，没有侵害职务行为的廉洁性或者纯洁性但侵害了职务行为的不可收买性的受财行为，也成立本罪。因此，受贿罪危害性的集中体现是国家工作人员对职务行为的出卖即“受财”，其是受贿罪打击的重点，而不是“为他人谋取利益”。事后受财的场合，行为人在收受财物时，只要其明知该财物

---

① 刘维兵：《成立“事后受贿”须有“事先约定”》，载《检察日报》2006 年 5 月 30 日，第 3 版。

② 陈兴良：《刑法疏议》，中国人民公安大学出版社 1997 年版，第 629 页。

是自己职务行为的对价而予以收受,就侵害了国家工作人员职务行为的廉洁性,符合受贿罪的本质特征。[①] 第二,离退休人员事后收受财物的行为具备了受贿罪客观要件。受贿罪虽以"非法收受他人财物"和"为他人谋取利益"为成立要件,但并没有规定这两个要件的先后顺序。受贿罪的本质是权钱交易、以权谋利。先得利后用权的固然是权钱交易;先用权后得利的也同样是权钱交易。故在职期间先为他人谋利离职后再收受钱财的,和在职期间先为他人谋利后收受财物的行为一样,都构成受贿罪。[②] 第三,认定受贿故意的关键,在于行为人受财时是否明知该财物的性质,是否认识到该财物是为他人谋取利益的酬谢,而不在于其履职时是否会预料到将来有来自他人的酬谢。当国家工作人员认识到他人交付的财物是自己职务行为的酬谢而仍然收受时,就表明其有职务行为的不可收买性受到侵害的明知或者希望。[③] 有学者进一步指出,行为人在职时为他人谋取了利益,事后收受对方的明显超过友情馈赠程度的财物时,内心必定与先前的职务行为建立联想,这种内心联想就是权钱交易的受贿故意。[④]

上述两种见解中,肯定说占据优势地位。这种优势地位的取得,并不完全在于其说理上的充分,还因其迎合了社会一般民众的心理要求,认为如果不将"事后受财"行为在刑法上加以定性,势必造成法律上的漏洞,也不利于我国对腐败犯罪的预防和打击。[⑤] 如有学者认为,现阶段,腐败犯罪呈现隐蔽趋势,行为人通过变换受贿的时间和空间来规避构成受贿罪的风险、逃避打击。以"事先约定"对事后受贿进行限制,会为"期权腐败"提供免责事由和规避途

---

① 施春雷:《事后受贿行为的法理评析》,载《检察实践》2004 年第 1 期。

② 徐建、问先国:《"事后受贿"无须"事先约定"》,载《江苏经济报》2007 年 8 月 10 日,B02 版;袁彬:《事后受贿应当以受贿罪论处》,载《人民法院报》2004 年 1 月 19 日。

③ 张明楷:《法益初论》,中国政法大学出版社 2000 年版,第 639 页。

④ 参见储槐植、杨建民:《"事后受贿"能否构成受贿罪——析陈晓受贿案和徐德尘受贿案》,载姜伟主编:《刑事司法指南》总第 2 辑,法律出版社 2000 年版,第 176 页;施春雷:《事后受贿行为的法理评析》,载《检察实践》2004 年第 1 期;孙国祥:《"职后酬谢型受财"行为受贿性质的理论证成》,载《人民检察》2015 年第 1 期。

⑤ 姜盼盼:《事后受贿的认定困境及法律对策》,载《法制博览》2015 年第 18 期。

径,明显与现实生活脱节。因此,有必要取消“事后受贿”中的“事先约定”的限制。[①] 这种从处罚必要性的角度对事后受财行为成立受贿罪进行论证的做法尽管有其道理,但刑法的任务不仅是保护法益,其还必须保障人权。在缺乏法律上的明文规定的情况下,仅仅以处罚必要性为依据,说明事后受财行为构成受贿罪,还是有些底气不足。正因如此,肯定论者也承认:“尽管从解释论的角度,完全可以直接将‘职后酬谢型受财’行为入罪,但鉴于传统观念的影响而导致的目前认识上模糊,立法或者司法解释做进一步完善与明确也非常迫切。”[②]从贿赂犯罪刑法规制的角度来讲,需要做两件事情:一是通过立法或者司法解释,将职后受财行为明确为受贿行为的一种形式;二是重构受贿犯罪体系,通过刑事立法,增设职后受贿罪。[③] 如果说肯定说前面的论证言之凿凿、底气十足,则后面某些立法建议就有画蛇添足之嫌了。既然事后受财行为无论从哪一方面来看都是受贿,为何还要进行立法和司法上的完善呢?

司法实践对此问题也是非常纠结,有一个从否定向肯定转变的过程。在2016年4月18日的《贪污贿赂刑事案件司法解释》出台之前,司法解释一直是采用否定说的立场,即事先无约定的事后受财行为,不构成受贿罪。这一点,从离退休国家工作人员因为其在职时的原因而在离退休之后收受来自他人的财物时,是不是构成受贿罪的相关说明就能看出。最高人民法院在2000年7月13日答复江苏省高级人民法院时,指出:“国家工作人员利用职务上的便利为请托人谋取利益,并与请托人事先约定,在其离退休后收受请托人财物,构成犯罪的,以受贿罪定罪处罚。”[④]2003年11月13日最高人民法院印发的《全国法院审理经济犯罪案件工作座谈会纪要》

---

① 孙国祥:《“职后酬谢型受财”行为受贿性质的理论证成》,载《人民检察》2015年第1期。

② 孙国祥:《“职后酬谢型受财”行为受贿性质的理论证成》,载《人民检察》2015年第1期。

③ 孙国祥:《“职后酬谢型受财”行为受贿性质的理论证成》,载《人民检察》2015年第1期。

④ 2000年7月13日最高人民法院《关于国家工作人员利用职务上的便利为他人谋取利益离退休后收受财物行为如何处理问题的批复》。

继承了这一立场,该纪要第3条第4款中规定:"国家工作人员利用职务上的便利为请托人谋取利益,并与请托人事先约定,在其离职后收受请托人财物,构成犯罪的,以受贿罪定罪处罚。"2007年7月8日最高人民法院、最高人民检察院《关于办理受贿刑事案件适用法律若干问题的意见》重申了这一立场,该意见第10条中明确规定:"国家工作人员利用职务上的便利为请托人谋取利益之前或者之后,约定在其离职后收受请托人财物,并在离职后收受的,以受贿论处。"但是,这一立场,在2016年4月18日最高人民法院、最高人民检察院发布的《关于办理贪污贿赂刑事案件适用法律若干问题的解释》出台之后,便戛然而止了。从此之后,实际或者承诺为他人谋取利益的,或者明知他人有具体请托事项的场合就不用说了,即便是履职时未被请托。换言之,事先没有约定,但事后基于该履职事由收受他人财物的,也是"为他人谋取利益",可以构成受贿罪。

二、贿赂犯罪的本质

实际上,"事后受财"行为是否构成受贿。说到底,取决于对贿赂犯罪的保护法益即贿赂犯罪本质的理解,即贿赂犯罪到底保护什么,是职务行为的不可收买性?是职务行为的公正性?抑或国民对上述内容的信赖?不弄清这个问题,就无法说清"事后受财"行为的性质。

(一)比较法的立场

从比较法的角度来看,贿赂犯罪的保护法益,自古以来,就存在"纯粹性说"和"不可收买性说"的对立。前者源自日耳曼法的立场,以公务员的职务行为的不可侵犯性即公正性或者说纯粹性为基础,主张对于偏离公务员职责的不正当的职务行为,公务员收受报酬的话,成立受贿罪。按照这种见解,贿赂犯罪的保护法益,就是"国家机能"或者"职务的公正性"。站在"纯粹性说"的立场上,既然受财行为和已经实施的过去的职务行为之间不可能具有因果关系,那么,在与职务行为的关系上,就没有侵害职务公正性的危险,事后受财不成立受贿。相反地,后者即"不可收买性说"源自罗马法的立场,该学说认为公务行为不得受他人是否给予一定对价或者报酬的影响；公务员在职务行为上收受对价或者报酬，即便没有实施不正当的职务行为，也要成立受贿罪。因此，贿赂犯罪的保护法益，就是“国家权威”或者“公务的威信”。站在“不可收买性说”的立场上，事后受财行为也是受贿。因为，该财物仍然是职务行为的对价，侵犯了职务行为的不可收买性。① 从当今国外的刑事立法例来看，关于受贿犯罪，基本上采用了折中说的立场，即在以“不可收买性说”为基础的同时，也加进了“纯粹性说”的宗旨，具体来说，就是在职务行为上收受贿赂的话，一律成立受贿犯罪，和职务行为是否公正无关；在实施了有害职务行为公正性的不正当行为的时候，则加重处罚。②

（二）我国的见解述评

关于贿赂犯罪的保护法益，我国学说大致有以下几种见解：

一是国家工作人员职务行为的“廉洁性说”，其一度是我国的通说，该学说认为受贿行为“违背了为政清廉的义务，损害了党和政府在人民群众中严明公正的形象”。③ 按照这一见解，国家工作人员在已经获得合法报酬的情况下，不能再以职务上的作为或者不作为为由索取、收受他人的财物。否则，就侵害了其职务的廉洁性。④ 已经获得合法报酬的国家工作人员接受职务报酬以外的财物，构成受贿。⑤

但是，批判意见认为，“廉洁性说”存在以下问题：一方面，“廉

① ［日］飞田清弘、佐藤道夫：《贿赂》（二订），立花书房1994年版，第37页；［日］大谷实：《刑法讲义各论》（新版第二版），黎宏译，中国人民大学出版社2008年版，第574页。

② 就我国情况而言，也大致如此。即依照《刑法》第385条的规定，只要国家工作人员利用职务上的便利索取他人财物，或者收受了他人财物，不管为他人所谋取的利益是否正当，一律构成受贿罪。可以说，这是基于职务行为的不可收买性的考虑。依照《刑法》第388条的规定，国家工作人员如果为他人谋取不正当利益，索取或者收受他人财物，即便不是利用本人职务上的便利，而是利用其本人身份所具有的事实上的影响力的，也要构成受贿罪。可以说，这是基于职务行为的纯粹性的考虑。

③ 马克昌主编：《百罪通论》（下卷），北京大学出版社2014年版，第1169页。

④ 高铭暄、马克昌主编：《刑法学》（第九版），北京大学出版社、高等教育出版社2019年版，第630页；齐文远主编：《刑法学》（第三版），北京大学出版社2016年版，第568页；马克昌主编：《百罪通论》（下卷），北京大学出版社2014年版，第1169页。

⑤ 曲新久：《刑法学原理》（第二版），高等教育出版社2014年版，第356页。

洁”本身的含义不明,其到底是指职务行为的廉洁性还是指公职人员身份的廉洁性,没有达成共识,但上述差别会影响受贿罪的解释;另一方面,其难以对受贿罪与贪污罪、巨额财产来源不明罪进行区分。[①] 因此,近年来已经很少有人主张该学说。

二是对国家工作人员职务行为的“社会信赖说”,该学说认为社会大众对职务行为公正性的信赖是国家秩序的精神支柱,有必要对其加以保护。这种信赖一旦受到侵害,不仅会导致行贿受贿等不正之风的泛滥,也会引起一般国民的不安和失望,进而导致对政府和政治的不信任,结果便是国民对整个国家持怀疑态度。对国家的安定而言,这是致命的威胁。[②]

但是,这里的“社会信赖”所指为何,并不明确,将其作为法益是不是能够发挥法益概念所应有的机能,值得怀疑。如日本学者松原芳博教授指出,如果说“社会信赖”就是现实存在的社会信赖这种事实的话,则侵害这种事实的,应当是检举揭发贿赂事件的司法机关和对其进行报道的新闻媒体,而暗中进行贿赂行为的人不过是为这种侵害提供了间接原因而已。同时,按照该种理解,可以说,和以巧妙的、难以被发现的方式进行贿赂的人相比,以笨拙的、容易被发现的方式实施贿赂的人,对社会信赖的危险更大、社会危害性的程度更高。行贿者、受贿者的自首就成为加重刑罚的事由。而且,为了保护这种意义上的“社会信赖”,凡是“让国民怀疑的行为”都应当受罚,是否“和职务相关”,取决于国民的观感,对于受贿罪的成立来说,根本就不要求公务员有执行职务的意思。但这种理解和“公务员没有执行职务的意思,只是假借执行职务之名”而收受财物的,并不成立受贿罪的判例态度以及日本通说理解相矛盾。相反地,如果将“社会信赖”理解为“不要有腐败”的国民内心期待,则社会信赖就演变成了一种禁止贿赂的规范被严格遵守的状态,并非禁

---

① 张明楷:《刑法学》(下)(第六版),法律出版社2021年版,第1584~1585页。

② 上述内容参见郑泽善:《受贿罪的保护法益及贿赂之范围》,载《兰州学刊》2011年第12期。

止贿赂所保护的利益。[①] 更为重要的是,将对职务行为的“社会信赖”作为法益在刑法上加以保护,似乎与现代法治理念相冲突。人类社会的发展历史一再证明,“权力导致腐败,绝对权力导致绝对腐败”,因此,现代法治社会的一个基本原则就是对公权力必须加以监督。我国也提倡“把权力关进制度的笼子里”。这些都表明,对公权力的不信任是现代法治社会的进步表现。动用刑法手段让人们对某些本来就必须警惕的事物加以信赖,有南辕北辙之嫌。[②]

三是职务行为的“不可收买性说”。本说是上述“廉洁性说”的替代学说,也是当今有关贿赂犯罪的保护法益的有力学说。其中心内容是,贿赂犯罪侵害了国家工作人员职务行为的不可收买性,其包括两方面的内容:(1)职务行为的不可收买性本身,其包括将来的、正在实施的以及已经实施完毕的职务行为,即所有的职务行为均不得与财物进行交换;(2)国民对职务行为不可收买性的信赖,这种信赖是国民公正观念的具体体现。[③] 由于职务行为的“不可收买性”中包括“已经实施的职务行为与财物的不可交换性”,因此,没有事先约定的“事后受财”行为,毫无疑问地成立受贿罪。[④]

我国的职务行为“不可收买性说”是受了日本学说的影响而形成的。[⑤] 在日本,批判意见认为,其在说明《日本刑法》中的斡旋受贿罪的本质上存在致命缺陷。因为,在《日本刑法》规定的斡旋受贿罪中,作为收买对象的是被斡旋的其他公务员的不正当职务行

① 以上内容参见[日]松原芳博:《刑法各论》,日本评论社2016年版,第598～599页。

② 熊琦:《刑法教义学视阈内外的贿赂犯罪法益——基于中德比较研究与跨学科视角的综合分析》,载《法学评论》2015年第6期。

③ 张明楷:《刑法学》(下)(第六版),法律出版社2021年版,第1587页。还有学说将“廉洁性”和“职务行为的不可收买性”并列为受贿罪的保护法益。参见谢望原、赫兴旺主编:《刑法分论》(第二版),中国人民大学出版社2011年版,第410页。

④ 参见张明楷:《刑法学》(下)(第六版),法律出版社2021年版,第1596页。张教授认为,受贿罪的保护法益是国家工作人员职务行为的不可收买性(不可出卖性、无不正当报酬性)。没有约定,但事后明知他人提供的财物是对自己以前的职务行为的不正当报酬时,该财物仍然是职务行为的不正当报酬,同样侵害了受贿罪的法益。

⑤ 参见张明楷:《法益初论》,中国政法大学出版社2000年版,第十章“受贿罪的法益”。

为，作为行为人的斡旋者本人的职务行为并没有被收买，“不可收买性说”对此无法说明。[①]

其实，和日本相比，“不可收买性说”在我国刑法规定之下，存在更多问题。具体如下：

第一，难以妥当说明我国《刑法》分则第八章有关贿赂犯罪的规定。[②] 如我国《刑法》第388条规定，国家工作人员利用本人职权或者地位形成的便利条件，通过其他国家工作人员职务上的行为，为请托人谋取不正当利益，索取请托人财物或者收受请托人财物的，以受贿罪论处。这个规定，实际上相当于《日本刑法》第197条之四中所规定的“斡旋受贿罪”。从职务行为“不可收买性说”的角度来看，这个规定显然是有问题的。因为，在这种受贿罪中，行为人用以换取对价的手段并不是直接出售自己手中的权力，而是与“权力”（“职务上的便利”）不同的“本人职权或者地位形成的便利条件”，即“伴随职权、地位而形成的客观影响”。同时，我国通说认为，我国《刑法》分则第八章所规定的贿赂犯罪，属于渎职犯罪，即以“职务行为的廉洁性、不可收买性”，或者“国家的廉政建设制度”为保护法益的犯罪，[③]因此，关于本罪的构成，传统学说认为，就受贿犯罪而言，其主体必须是“国家工作人员”；就行贿犯罪而言，其对象也仅限于“国家工作人员”。但我国《刑法》第388条之一规定的“利用影响力受贿罪”以及第390条之一规定的“对有影响力的人行贿罪”均突破了这一要求。它们尽管都被规定在《刑法》分则第八章“贪污贿赂罪”中，但就“利用影响力受贿罪”而言，其主体并不要求一定具有“国家工作人员”身份，只要是“国家工作人员的近亲属或者与该国家工作人员关系密切的人”即可；就“对有影响力的人行贿罪”而言，其对象也不要求一定是“国家工作人员”，而是“国家工作人员的近亲属或者与该国家工作人员关系密切的人”“离职的国家工作人员或者其近亲属以及其他与其关系密切的人”。在受

---

① 郑泽善：《受贿罪的保护法益及贿赂之范围》，载《兰州学刊》2011年第12期。

② 高铭暄、马克昌主编：《刑法学》（第九版），北京大学出版社、高等教育出版社2019年版，第620、632、638页。

③ 马克昌主编：《刑法学》，高等教育出版社2003年版，第658页。

贿犯罪的主体和行贿犯罪的对象都不是具有职务上的便利所形成的职权的“国家工作人员”的时候，还能说贿赂犯罪所侵犯的是国家工作人员的“职务行为的不可收买性”吗？

第二，有将受贿犯罪异化为财产犯罪之虞。我国刑法中的贿赂犯罪，从一开始就是渎职类犯罪，对于这一点，只要看看我国有关贿赂犯罪的立法沿革，就能一目了然。我国1979年《刑法》第185条将受贿罪放在《刑法》分则第八章“渎职罪”之首。1985年7月18日最高人民法院、最高人民检察院颁布的《关于当前办理经济犯罪案件中具体应用法律若干问题的解答(试行)》第二部分即“关于受贿罪的几个问题”中明文规定，“受贿罪是渎职罪的一种”。1997年《刑法》虽然将其从“渎职罪”一章中抽出，和从《刑法》分则第五章“侵犯财产罪”中抽出的“贪污罪”一道，独立成章，作为“贪污贿赂罪”规定在《刑法》分则第八章之中，但其仍处于“危害国防利益罪”和“渎职罪”之间，并且明文将“国家工作人员利用职务上的便利”作为其构成要件，可见其本质上还是属于侵害国家机关正常职能的“渎职罪”，即职务犯罪。如果说受贿罪的本质是国家公职人员“职务行为的不可收买性”，重点在于谴责公职人员利用职务便利收受财物形式对价的话，则有可能将受贿罪异化为一种“国家工作人员索取或者收受财物”的财产犯罪。实践当中，将行为人是不是收受了一定数量的财物作为受贿罪既遂、未遂的判断标准的见解，①就是其体现。这种见解显然偏离了受贿罪是渎职犯罪，即公职人员不公正履行职责的犯罪的本质。

第三，将国民对职务行为不可收买性的信赖也作为“不可收买性说”的内容，有模糊受贿罪的保护法益，不当缩小受贿犯罪的处罚范围之嫌。这一点，只要将“(职务行为不可收买性的)信赖”和被“不可收买性说”所严厉批判的“职务行为的廉洁性”放在一起，稍加比较，便可知晓。和杀人犯罪的保护法益，说到底还是人的生命，而不是一般人所具有的生命受到法律保护的安心感，或者人们对

---

① 王作富主编：《刑法分则实务研究》(下)(第四版)，中国方正出版社2013年版，第1752页；阮齐林：《刑法学》(第三版)，中国政法大学出版社2011年版，第699页。

“杀人者死”之类的法律规范的信赖一样，受贿罪的保护法益也应当是职务行为的“不可收买性”之类的客观内容，而不应当是对“不可收买性的信赖”之类的主观内容。如果说受贿罪的保护法益中包括国民“对职务行为不可收买性的信赖”，则在受贿罪的处罚上，必然要脱离个别具体的职务行为，将受贿罪中的“职务行为”抽象为所有公职人员的职务行为都包括在内的一般公职行为的整体，将社会一般观念上所想象的影响职务公正性的抽象行为都包括在内。这种程度的理解，和具有国家工作人员身份的人不得收受职务报酬之外的财产，否则就会丧失社会对其信赖的“清廉性说”之间仅一纸之隔。同时，将“对职务行为不可收买性的信赖”作为保护法益，还会不当缩小受贿犯罪的成立范围。因为，可能存在侵害了职务行为的不可收买性，但由于贿赂行为是采用公众并不知情的隐蔽方式实施的，公众因为不知情而没有影响其对职务行为信赖的场合。这种场合，能说该贿赂行为因为没有侵害公众对职务行为不可收买性的信赖而不成立犯罪吗？

其实，“不可收买性说”只是指出了贿赂犯罪保护法益的表象，而没有触及其本质。如果说职务行为被收买会影响社会公众对职务行为的信赖的话，则“不可收买性说”可以还原为“廉洁性说”或者“信赖说”；如果说职务被收买就会对职务行为的公正性有影响的话，则“不可收买性说”就能还原为前述的“纯粹性说”。[①] 总之，如果把问题推到极端，进一步追问“为什么职务行为不可被收买”，答案最终也只能是，因为可能引起不公正的职务裁量行为，使公职人员成为某个人或者某部分人的奴仆，违反我国《宪法》第 2 条第 1 款“中华人民共和国的一切权力属于人民”的规定。按照这个规定，国家工作人员是全体人民的公仆，而不是部分人的仆人，国家工作人员必须为所有的人民提供公正服务，而不是仅为某个人或者某部分人提供服务。

（三）本书的立场

本书认为，受贿罪的保护法益不是职务行为的廉洁性，也不是

---

① ［日］松原芳博：《刑法各论》，日本评论社 2016 年版，第 598～599 页。

职务行为的不可收买性，而是国家工作人员“职务行为的公正性”。受贿行为之所以可罚，是因为国家工作人员一旦利用职务上的便利，索取或者收受他人贿赂，就会将本应公平公正、不偏不倚地行使的职务行为置于贿赂的影响之下，出现“在执行职务的过程中不当行使裁量权的危险”。①

“职务行为公正性说”不仅是一种学说，也是从我国刑法相关规定当中所推导出来的当然结论。如就《刑法》第 388 条所规定的（斡旋）受贿罪而言，从“职务行为的不可收买性”的立场来看，这种规定是有问题的，但从“职务行为的公正性”的角度来看，该种规定则是理所当然。因为，虽说作为斡旋者的行为人所利用的是“其他国家工作人员职务上的行为”，并不存在自己的职务行为被收买的问题；但被其斡旋的其他国家工作人员在履职过程中会有“不当行使裁量权的危险”。换言之，在（斡旋）受贿罪的场合，之所以处罚并未直接出卖职务行为的行为人即斡旋人，是因为其利用本人职权或者地位形成的便利条件为请托人谋取不正当利益，具有破坏其他国家工作人员职务行为公正性的实害或者危险。《刑法》第 388 条之一所规定的利用影响力受贿罪的场合，也能如此理解。本来，《刑法》分则第八章所规定的贪污贿赂罪是有关国家公职人员渎职行为的犯罪，其犯罪主体应当是“国家工作人员”。但是，《刑法》第 388 条之一所规定的利用影响力受贿罪则颠覆了这种理解。该罪的主体不是“国家工作人员”，而是“国家工作人员的近亲属或者其他与该国家工作人员关系密切的人”。从职务行为“不可收买性说”的角度来看，和《刑法》第 388 条所规定的（斡旋）受贿罪相比，这个规定更加难以理解。因为，本罪的主体根本不具有国家公职人员的身份，更遑论可供出卖的职务行为即职权了。他们是对公权力具有影响力的人，其用以获利的，只是其与其他国家工作人员之间所具有的特殊的利害关系，这种关系能够对其他国家工作人员的职务行为产生某种现实影响，间接地侵害其他国家工作人员职务行为的公正

① 参见黎宏：《受贿罪保护法益在于职务行为公正性》，载《检察日报》2017 年 2 月 14 日，第 3 版。

性。也正因如此,这种不具有国家工作人员身份、没有职务行为可供出卖的人的"通过其他国家工作人员职务上的行为,为请托人谋取不正当利益,索取请托人财物或者收受请托人财物"的行为,也被规定为了受贿犯罪。

(四)对"贪赃不枉法"行为的理解

对于"职务行为公正性说",批判意见认为,其存在对不违背职务行为的受贿行为难以妥当说明的缺陷。[①] 所谓不违背职务行为的受贿,是指公职人员在职权允许或者应履行的义务范围内,为他人谋取合法利益而非法收受他人财物的行为,即通常所说的"贪赃不枉法",如按照法律、政策规定为他人办理工商营业执照或者解决住房等问题之后而收受他人财物的,就是如此。按照职务行为的"廉洁性说",公职人员不得收受职务报酬以外的额外收入,因此,上述场合,当然构成受贿罪。[②] 按照职务行为"不可收买性说",也能得出同样的结论。因为,我国《刑法》第 385 条所规定的"为他人谋取利益",既包括为他人谋取非法的不正当利益,也包括为他人谋取合法的正当利益,因此,"贪赃不枉法"的场合也构成受贿罪。[③] 但若按"职务行为公正性说",只有在危及职务行为公正性的场合,才能构成受贿罪的话,则"贪赃不枉法"的场合,只能按照无罪处理了。反对意见认为,这是"职务行为公正性说"的严重问题。[④]

但是,从本章的角度来看,上述理解是有问题的:

首先,"贪赃不枉法"即为他人谋取合法利益而非法收受他人财物的场合,即便从本章所提倡的职务行为公正性的角度来看,也要构成受贿罪。因为,职务行为的公正性,既包括依据职务行为对所裁量的具体事项的实体内容的公正性,也包括作出该种裁量结果的过程的公正性。即便是实体内容公正的事项,但如果裁量过程不

---

① 参见郑泽善:《受贿罪的保护法益及贿赂之范围》,载《兰州学刊》2011 年第 12 期。

② 王作富主编:《刑法分则实务研究》(下)(第四版),中国方正出版社 2013 年版,第 1753 页。

③ 张明楷:《刑法学》(下)(第五版),法律出版社 2016 年版,第 1211 页。

④ [日]伊藤涉等:《当代刑法各论》,弘文堂 2007 年版,第 509 页。

公正的话,也难以说是公正的职务行为。在职务行为裁量过程中,公务人员收受贿赂的话,就会出现将职务行为置于贿赂影响之下的危险,进而出现职务执行过程中不当行使裁量权的危险。换言之,即便是合法的职务行为,但在其为贿赂所影响的时候,也难免会出现不公正裁量的危险,最终会因为危及职务行为公正性而成立受贿犯罪。从此意义上讲,受贿犯罪,是属于针对职务行为公正性的危险犯。[①]

其次,从实体上看,对职务行为公正性的侵害,不仅是对职务行为"合法性"的侵害,还包括对职务行为"公正性"的侵害。合法的职务行为和公正的职务行为不是一回事。即便是形式上合法的职务行为,也会存在具体细节上的公正裁量问题。具体细节裁量上的不公,也是对职务行为公正性的侵害。如就解决住房问题而言,尽管最终结果都是给他人提供了同等面积的住房,但对送礼者提供了区位、朝向较好的住房,而对没有送礼者则提供区位、朝向不好的房子。此时,尽管行为人声称是照章办事,没有违法,这种由于送礼的影响而导致的细节上的不同,不能说是"公正"的裁量;还有,就办理工商营业执照而言,存在办理手续时间长短的问题,对送礼者从速办理,没几天就办下来了,而对没有送礼者公事公办,拖了几周才办下来。这种因为有无送礼而引起的期限上的区别对待,也不能说是"公正"的裁量。如此说来,在"贪赃不枉法"的场合,虽说职务行为的形式合法性没有受到"赃"即财物的影响,但若职务行为履行中的细节受到影响,公正性被破坏时,也要成立受贿罪。

最后,完全没有侵害职务行为公正性危险的受财行为,尽管不构成受贿罪,但可以构成其他财产犯罪。实务当中,存在公务人员虚假承诺,谎称为他人谋取利益而收受财物,但事实上并不打算且也没有为他人谋取利益的情形。对此该如何处理,理论上存在争议。一种观点认为,该行为构成诈骗罪。理由是,行为人根本不打算利用职务之便为他人谋取利益,没有也不可能侵害国家工作人员

---

① [日]山口厚:《刑法各论》(第二版),王昭武译,中国人民大学出版社 2011 年版,第 719 页。

职务行为的公正性。[①] 另一种观点认为,该行为构成受贿罪。因为,只要客观上约定了以职务行为为他人谋取利益,其职务行为的不可收买性就已经受到侵害。[②] 从受贿罪只有在作为主体的国家工作人员已经认识到该财物是职务行为的对价而仍然收受的场合才能成立的角度来看,国家工作人员完全没有执行职务行为的意思的场合,就不存在将职务行为置于贿赂影响之下的危险,根本不可能对职务行为的公正性形成任何侵害,因而也不存在成立受贿罪的实质根据。[③] 因此,认定该行为构成诈骗罪的观点妥当。

可见,职务行为公正性也能对"贪赃不枉法"的行为作出并不违反常识的处理,而并不像反对说所声称的那样,在"职务行为公正性说"下,对其只能按照无罪处理。

对"职务行为公正性说"的另一个批判是,无法对"先办事、后受财"的所谓事后受财行为的性质作出妥当说明。这是对职务行为公正性说的最严厉批判,也是本章研究的主要内容之一,因此,以下另起一节专门探讨。

三、事后受财行为的性质

(一)事先没有约定的事后受财行为,原则上不成立受贿罪

从职务行为公正性说的立场来看,事先没有约定的事后受财行为,按道理不成立受贿罪。因为,这种场合,行为人尽管有事后受财的结果,但其在收受财物时并不具有受贿罪的故意。将其作为犯罪处理,有违反罪刑法定原则之嫌。

和外国的有关规定不同,我国《刑法》第385条将"为他人谋取利益"规定在受贿罪的罪状中。这个规定的存在,使得受贿罪的构成要件充满了争议,其中的一个重要内容就是"为他人谋取利益"

---

① 谢望原、赫兴旺主编:《刑法分论》(第二版),中国人民大学出版社2011年版,第412页。

② 刘艳红主编:《刑法学》(下),北京大学出版社2014年版,第412页;张明楷:《刑法学》(下)(第六版),法律出版社2021年版,第1593页。

③ [日]山口厚:《刑法各论》(第二版),王昭武译,中国人民大学出版社2011年版,第731页。

要件的属性，即其到底是客观要件还是主观要件。这个问题直接涉及受贿罪的故意的认定。

“旧客观要件说”认为，“为他人谋取利益”是受贿罪的客观要件，其意味着，成立受贿罪，行为人必须具有着手为他人谋取利益的行为；收受他人财物但事实上没有着手为他人谋取利益的行为，不成立受贿罪。为他人谋取的利益是否已经实现，不影响受贿罪的成立。①

相反地，“主观要件说”则认为，“为他人谋取利益”是受贿罪的主观要件，其意味着，构成受贿罪，只要行为人主观上具有为他人谋取利益的心理态度即可，不要求行为人有为他人谋取利益的具体行为。如有学者认为：“为他人谋取利益，只是行贿人与受贿人之间货币与权力交互交换达成的一种默契。就行贿人来说，是对受贿人的一种要求；就受贿人来说，是对行贿人的一种许诺或者答应。因为，为他人谋取利益只是受贿人的一种心理态度，属于主观要件的范畴，而不像通行观点所说的那样是受贿罪的客观要件。”②

但是，上述两种观点都不尽如人意。如按照“旧客观要件说”，只有实施为他人谋取利益的行为时，才能构成受贿罪。那么，受贿罪就是由“收受他人财物”和“为他人谋取利益”组成的复合行为犯。行为人仅有收受财物的行为还不够，还必须有为他人谋取利益的实际举动。但我国的司法实务的一贯做法是，行为人只要明知他人有求于己仍收受其财物，就能肯定行为人有为他人谋取利益之“承诺”，③此时，行为人即便尚未着手为他人谋取利益，也可以说其已将职务行为置于财物的影响下，职务行为的公正性就有被侵害的抽象危险。但按照上述“旧客观要件说”，这种情形显然难以构成受贿罪；同时，当行为人实施的为他人谋取利益行为构成其他犯罪

① 张瑞幸主编：《经济刑法新论》，陕西人民教育出版社1991年版，第305页；叶良芳：《“为他人谋取利益”的一种实用主义诠释——〈关于办理贪污贿赂刑事案件适用法律若干问题的解释〉第13条评析》，载《浙江社会科学》2016年第8期。

② 王作富、陈兴良：《受贿罪构成新探》，载《政法论坛》1991年第1期。

③ 参见2016年4月18日最高人民法院、最高人民检察院发布的《关于办理贪污贿赂刑事案件适用法律若干问题的解释》第13条。

时,按照"旧客观要件说",也只能按照一罪处理,而不能数罪并罚。这显然和我国的司法实践不符。[①] 同样,"主观要件说"的缺陷也极为明显。因为,"为他人谋取利益"整体上是一个偏正结构的词组,其所描述的重心在"谋取利益"的客观行为上,整体上应当属于客观行为范畴。因此,从法律规定上来看,"为他人谋取利益"应当是受贿罪的客观要件。[②] 而且,如果说"为他人谋取利益"是主观要件,是一种主观目的或者内心倾向,不要求有外在的客观表现的话,则极易使受贿罪的成立范围变得模糊不清。如国家工作人员在收受他人的职务行为对价之后,可能仅仅就因为没有"为他人谋取利益"这种难以判断的主观目的或者内心倾向而脱罪。

由于上述问题的存在,因此,通说认为,"为他人谋取利益"仍然是受贿罪的客观要件,只是其内容是"许诺"为他人谋取利益,而不要求实施为他人谋取利益的行为。[③] 由于"许诺"本身就是一种行为,因此,这种观点被称为"新客观要件说"。按照这种理解,国家工作人员在非法收受他人财物之前或者之后许诺为他人谋取利益,客观上就形成了以权换利的约定,而且,即便在收受财物之后国家工作人员公正地行使了职务行为,他人也可能对其行为的公正性产生怀疑。这种怀疑本身就意味着职务行为的公正性受到了侵害。[④]

相关司法解释也采用了同样的见解。如 2003 年 11 月 13 日发布的《全国法院审理经济犯罪案件工作座谈会纪要》中明确规定:"为他人谋取利益包括承诺、实施和实现三个阶段的行为。只要具

---

① 2016 年 4 月 18 日最高人民法院、最高人民检察院发布的《关于办理贪污贿赂刑事案件适用法律若干问题的解释》第 17 条规定:"国家工作人员利用职务上的便利,收受他人财物,为他人谋取利益,同时构成受贿罪和刑法分则第三章第三节、第九章规定的渎职犯罪的,除刑法另有规定外,以受贿罪和渎职犯罪数罪并罚。"

② 叶良芳:《"为他人谋取利益"的一种实用主义诠释——〈关于办理贪污贿赂刑事案件适用法律若干问题的解释〉第 13 条评析》,载《浙江社会科学》2016 年第 8 期;游伟、谢锡美:《"为他人谋取利益"在受贿罪构成中的地位》,载《法学》2001 年第 8 期。

③ 张明楷:《论受贿罪中的"为他人谋取利益"》,载《政法论坛》2004 年第 5 期;高铭暄、马克昌主编:《刑法学》(第九版),北京大学出版社、高等教育出版社 2019 年版,第 630~631 页。

④ 张明楷:《论受贿罪中的"为他人谋取利益"》,载《政法论坛》2004 年第 5 期。

有其中一个阶段的行为,如国家工作人员收受他人财物时,根据他人提出的具体请托事项,承诺为他人谋取利益的,就具备了为他人谋取利益的要件。”2016 年 4 月 18 日最高人民法院、最高人民检察院《关于办理贪污贿赂刑事案件适用法律若干问题的解释》第 13 条也规定,实际或者承诺为他人谋取利益,或者明知他人有具体请托事项的,应当认定为“为他人谋取利益”。

如果说“为他人谋取利益”是成立受贿罪的客观要件,且可以将其降低为“许诺”或者“承诺”为他人谋取利益程度的话,则事先没有约定的事后受财行为,无论如何都不能作为受贿罪处理。因为,没有事先约定,行为人就不可能具有收受贿赂的认识,更不可能具有将职务行为置于不公正裁量之下的危险。

按照我国《刑法》第 14 条的规定,犯罪故意,就是明知自己的行为会发生危害社会的结果,并且希望或者放任这种结果发生的心理状态,其包括认识因素和意志因素两方面的内容。就认识因素而言,行为人不仅要对犯罪事实即构成犯罪的客观事实有认识,而且还要认识到自己所实施的行为具有社会危害性。就受贿罪而言,依照我国《刑法》第 385 条的规定,成立本罪的故意是指,行为人不仅要认识到自己的国家工作人员身份,而且还必须意识到自己是在利用该身份索取他人财物,或者利用该身份非法收受他人财物,为他人谋取利益。在主动索贿的场合,行为人利用国家工作人员的身份索要财物,明显属于“不给东西,就不办事”或者“不公正办事”的行为,属于对职务行为公正性的侵害,这是毋庸置疑的。而在被动受贿的场合,他人即便不主动给付财物,行为人也并不一定会不公正地办事,因此,在被动受贿的场合,才有“为他人谋取利益”的要求。既然这一要求已经被公认为受贿的客观要件,则其必然在受贿罪的故意认识范围之内,即受贿罪的故意内容“不仅包括非法收受他人财物的故意,而且包括为他人谋取利益即作为非法收受财物的交换条件,即权钱交易的故意”,[①]这就要求行为人对所收受财物是职务行为对价的这一点必须有认识。而事先未约定,即“履职时未被请

① 陈兴良:《刑法疏议》,中国人民公安大学出版社 1997 年版,第 629 页。

托”,就不排除行为人在履行公职时,只是按照职务要求,公事公办,心中并没有掺杂任何“为他人谋取利益”的私心杂念。这种场合,如何能说行为人会认识到自己的秉公行为会引起侵害、亵渎公职行为的危害后果呢?或许有人会说,虽然没有事先约定受财行为的场合,但只要行为人在收受财物时,有该财物是“先前的职务行为的对价”的认识就足够了。[①] 换言之,受贿罪的故意可以滞后到受财行为时加以认定。但事后的收受“职务行为对价”的认识,如何能够溯及既往,对其先前所实施的职务行为的公正性产生影响或者危险呢?因此,只要承认受贿罪是将履职行为置于贿赂影响之下产生的不公正裁量危险的渎职犯罪,就必须承认,事先没有约定的受财行为,通常情况下,难以成立受贿。

(二)特定条件下的事后受财行为成立受贿罪

但例外地,在能够推定行为人执行公务行为时,具有事后收受来自他人的职务行为对价的心理期待或者内心联想,即便双方没有事先约定,也能认定事后受财行为是受贿。这是因为,行为人在履职时所具有的事后收受财物的心理期待或者内心联想,会影响行为人的职务裁量行为的公正性,从而产生将“职务行为置于贿赂影响之下的危险”。[②]

近年来,我国的贿赂犯罪形势已经发生了巨大变化。持续多年的高压反腐政策使贪官的自我保护意识增强,那种“一事一贿”、临时抱佛脚式的即时性权钱交易模式逐渐减少,取而代之的是“放长线、钓大鱼”,以“培养感情”为名向官员赠送礼金,达到和官员“交朋友”、建立“小圈子”的目的。在“小圈子”的范围之内,人和人的交往所遵循的是费孝通先生所称的“意会”,即“不言而喻”“意在言

---

① 有学者认为,受贿罪的本质是出卖自己的职务行为。赎买是你先拿钱,我给你办事。感激是先给你办事,然后给我钱,这个钱作为我以前利用职务为你谋取利益的对价形式,也是对职务行为的出卖。所以,受贿罪本质上跟事前赎买职务行为是一样的。参见张军等:《刑法纵横谈(分则部分)》,北京大学出版社 2008 年版,第 415 页。

② 这种心理期待或者内心联想与目前认为行为人事后只要明知所受财物是其先前的职务行为的对价,就是对贿赂具有明知的不同理解。后者是在受贿罪的保护法益是对职务行为不可收买性的信赖的前提下得出的结论,而前者是在将职务行为公正性作为保护法益的前提下得出的结论。

外”的境界,要求熟人社会的成员在待人、处事、接物时相互顾及面子,不亏欠人情。[①] 虽说费孝通先生构想的“熟人社会”距今已经70余年,当代中国的社会制度与人际关系已经发生了剧烈的变化,普通人的日常生活逐渐地带有“陌生人社会”的特征,但中国社会因亲缘、地域或者单位关系而结成的“熟人社会”“圈子社会”的差序格局并未完全改变,“意会”的交流方式仍在社会中普遍存在,其在当代中国社会仍然占有十分特殊和重要的地位。

在上述“培养感情”“熟人社会”的影响之下,传统受贿犯罪中赤裸裸的“一手交钱、一手谋利”的权钱交易过程被温情脉脉的“人情往来”掩饰,行、受贿双方在长期的交往当中,以各种名目的礼金、红包做铺垫、打基础,形成了一种彼此信赖且互相依存的权钱交易关系。[②] 在这种关系之下,单次受贿行为中必不可少的“受财”与“谋利”之间的因果关系以及时间的先后顺序已经无关紧要,重要的是双方已经形成的那种只需意会、不用言传的“礼尚往来”(权钱交易)的心理默契。由于这种默契关系的存在,双方当事人之间一旦一方有求,另一方便心领神会、不动声色地上下张罗,悄无声息地满足其要求,而根本用不着在具体细节上“事先约定”。[③] 但这种不再针对具体请托事项而向国家工作人员许以财物,也不以具体事项

---

① 参见费孝通:《乡土中国》(修订本),上海世纪出版集团2013年版,第9~10、14~17页。

② 王晓辉:《受贿罪与利用影响力受贿罪共犯之交叉问题辩证——以“中间感情投资型”贿赂犯罪为中心》,载《山东警察学院学报》2015年第1期;李琳:《论“感情投资”型受贿犯罪的司法认定——兼论受贿罪“为他人谋取利益”要件之取消》,载《法学论坛》2015年第5期。

③ 此种情形的材料随处可见。如南方航空原董事、副总经理兼财务总监、总会计师徐某波涉嫌受贿案于2016年4月6日在深圳市中级人民法院开庭。从庭审内容看,徐某波在工程承包、工程款结算、飞机租赁等方面为他人谋取利益,涉案数额近700万元。这么高额的受贿,主要是由于抵挡不住行贿人花样百出的行贿方式产生的。行贿人百般“体贴”,如获悉徐想炒股,马上找人以他的名义帮忙炒港股;得知徐某波想送女友一套房子,“懂事”地分3次支付了房款;甚至一名行贿人因公司没有资质退出投标后,徐某波要求其收回所送的100万元,该行贿人则表示“先放着吧”。这些行贿方式不再是简单的“一事一贿”,而是“放长线、钓大鱼”,从“感情投资”入手,将徐某波这样掌握重要权力或有发展“潜力”的国家工作人员掌握在利益同盟关系网中,一次得手后多次、多年“经营”,从而牟取巨大而稳定的利益。上述内容参见贺晶:《行贿频打感情牌,如何避免被“围猎”》,载《北京日报》2016年4月13日,第18版。

办成之后定有重谢的“事先约定”为要求的感情投资，实际上是一种更加隐蔽的行、受贿手段，其现实危害和即时性权钱交易的常规受贿没有什么差别。而且，和分次出卖国家权力的“一事一贿”的即时性权钱交易相比，这种官商勾结模式或者说小圈子、小团体之内的腐败是一种更彻底地将职权交由金钱驱使的行为，其性质更加恶劣，官员更难抵御，侦查更为困难，社会危害性更大。

那么，在上述新型受贿模式之下，如何判断行为人在履职时是否具有“事后收受来自他人的职务行为对价的心理期待或者内心联想”呢？本书认为，可以从以下几方面的情况入手：

一是行为人与财物提供者的交往情况。其包括行为人与他人交往的契机、交往的时间、交往的方式、双方人情往来的经历、双方相互之间的了解情况等。如从在行为人和他人的交往中，得出对方“重情重义”、不是个“薄情寡义”之辈，以及在自己利用职务之便为对方谋利之后，对方不会“忘恩负义”的印象的场合，大致能推断出，行为人具有事后从对方处获取职务行为对价的心理期待或者内心联想。如在法官甲向律师A解释了一个有争议法条在当地法院的习惯用法之后，A不久就奉上1万元的“学费”，给法官甲留下了深刻印象。之后，甲在审理一起涉及律师A所代理的案件时，在A不知情的情况下，作出了明显有利于A的决断。A在知情后，马上给甲送上20万元的感谢费。在此案件中，法官甲在做出具体决定时，内心已经具有了律师A知情后肯定会表示感谢的心理期待，在此心理期待的影响之下，甲在做具体判断时必然会考虑律师A的利益，具有侵害其职务行为公正性的嫌疑。事后，法官甲收受来自律师A的20万元感谢费的事实，不仅使法官甲的行为完全具备了受贿罪的客观构成，而且也印证了其前面的心理期待。因此，这种情况下，即便没有事先约定，行为人的行为也要构成受贿罪。

二是行为人和财物提供者所处领域或者行业的“潜规则”。所谓潜规则，顾名思义，就是看不见、没有明文规定，但却在一定领域内被约定俗成，并实际起作用的非正式规则。这种规则虽然没有公开，但却在现实生活中实际存在，一定程度上支配着某些领域中的从业人员的行为举止。因此，其也能成为判断公职人员履职时的心理情况的重要参考。如某地建筑行业的工程队众多,而业务量不足,因此,在当地的建筑业者中,盛行一个凡是介绍业务者可以获取一定比例的“信息介绍费”的不成文规定。王某是 A 国有公司经理,在代表本公司联系业务过程中,得悉 B 公司具有工程需求。王某明知自己所在的 A 国有公司具有承揽该工程的能力,但为了获取行业中通行的“信息介绍费”,擅自将该工程信息告知 B 公司,让 B 公司承揽了该业务,自己因此获得了来自 B 公司的 10 万元“信息介绍费”。本案中,王某在将工程信息告知其他公司之前,已经根据行业潜在规则预知,自己若为其他公司介绍工程信息,日后将获取一定“信息介绍费”,此时,可以说行为人在违反职责要求向其他公司介绍工程信息时,已经具有收取来自对方的好处的心理期待。在这种心理期待之下,王某的履职行为必然要受到影响,因此,其成立受贿。

三是行为人与财物提供者之间的从属关系。具有上下级关系或者行政管理关系的人之间实际上就是一个所谓的“熟人社会”,而且在这个圈子之内,上级和下级、管理者和被管理者之间存在千丝万缕的利益关系,奉行“意会”的交流方式。行为人一旦收受来自下属或者被管理者的财物,即便现在没有具体的请求事项,但也会在其心中悄然生发出以后给予行贿人方便或者照顾的“还人情式”的心理期待或者承诺。[①] 而这种心理期待或者承诺,必然会导致平常履职行为偏离公正裁量。如某国有企业招聘一名员工,由副总甲负责。招聘考试分笔试和面试两个环节。经过笔试环节之后,有 A、B、C 三人进入面试。甲和其他四人组成面试小组,经过面试环节之后,大家一致认为 B 最为合适。于是 B 被录用。之后,B 给负责招聘的甲送上 3 万元现金。在这起案件中,不管是按照职务行为的“廉洁性说”“社会信赖说”还是“不可收买性说”,甲的事后受财行为都应构成受贿罪。因为,甲明知该 3 万元现金是其先前招聘行为的感谢费而收受,影响了其职务行为的廉洁性以及不可收买

① 王晓辉:《受贿罪与利用影响力受贿罪共犯之交叉问题辩证——以“中间感情投资型”贿赂犯罪为中心》,载《山东警察学院学报》2015 年第 1 期。

性,背叛了公众对公职人员的人事录用权的不可收买性的信赖。相反地,从职务行为公正性的角度出发,则能够推导出完全不同的结论来。依照"职务行为公正性说",受财行为只有对职务行为的公正性产生影响时,才能构成受贿。在上述案例中,只要不能证明甲和B事前有约定,就难以证明该受财行为对甲的职务行为具有影响,因此,甲的事后受财行为不构成受贿罪。[①] 这个结论,有些让人感到意外,也会让很多人感到失望。也正因如此,"职务行为公正性说"在我国几乎无人问津。

从本书的角度来看,上述结论只是形式地理解"职务行为公正性说"的一个结论,并不能推广到所有事后受财行为中去。实际上,就上述类型的案件而言,即便在"职务行为公正性说"之下,也能得出甲构成受贿罪的结论。因为,甲和新进员工B之间存在上下级关系,二者之间在提职晋升、岗位安排、工资待遇、发展机会等诸多方面存在千丝万缕的直接或者间接的现实关系。因此,B给甲送3万元现金,与其说是对先前的录用利益的感谢,毋宁说是为在入职之后,继续获得甲的关照的投资。就甲而言,他应当知道,按照我国传统习俗,"拿人的手短、吃人的嘴软",接受具有上下级关系的B的财物,就意味着"承诺"从今之后为B在工作中的各方面提供关照。这种关照,从职务行为公正性的角度来看,就是在有关B的事项的处理上,更加"认真、慎重",而这种"认真、慎重"当中并不排除在相关事情的处理上偏向B的利益。换言之,在涉及B的事务的处理上,从今以后,甲至少具有不当裁量职务行为的抽象危险。[②] 当然,

---

① [日]伊藤涉等:《当今刑法各论》,弘文堂2007年版,第510页。

② 从此意义上讲,2016年4月18日最高人民法院、最高人民检察院发布的《关于办理贪污贿赂刑事案件适用法律若干问题的解释》第13条的规定是有道理的。该解释第13条第2款规定,国家工作人员索取、收受具有上下级关系的下属或者具有行政管理关系的被管理人员的财物价值3万元以上,可能影响职权行使的,视为承诺"为他人谋取利益"。而且,依照上述观点,在著名的"陈某事后受财案"(参见最高人民法院公布刑事指导案例第64号"事后收受财物能否构成受贿罪",载《刑事审判参考》2000年第3辑)的场合,也能推定法院的有罪判决的妥当性。被告人陈某担任中国电子物资公司安徽公司总经理期间,前后三次非法收受下属单位承包人李某某所送33万元人民币、15万港元,被以受贿罪起诉。一审合肥市中级人民法院审理后认为,陈某的行为是一种事后收受财物行为,认定其构成受贿罪的证据不足,不构成受贿罪。一审宣判后,合肥市人民检

必须指出的是,如果双方当事人之间不存在这种上下级、管理与被管理的关系,因为连将职务行为置于不当裁量的抽象危险都难以说存在,尽管该种收受行为违反相关行政规章制度,但不能构成刑法上的受贿罪。

由于“事后收受来自他人的职务行为对价的心理期待或者内心联想”是一种主观要素,深藏于行为人的内心,不易判断,因此,在其认定时,必须以事实为根据,即以行为人本人、财物提供者的陈述以及周边的相关人员的证言等为基础,对上述情况进行分析判断。就行为人本人的陈述而言,必须考察行为人与财物提供者的交往情况,特别是行为人在履行与案件有关的职务行为时的心理活动,判断其在履职当时是否具有事后收受对方财物的心理期待;就财物提供者的陈述而言,除了考察其与行为人的交往过程,交往方式,请托事项以及提供财物的时间、地点、动机等之外,特别要查明其在请托行为人的过程中,是否曾经明示或者暗示对方将来会有回报。就周边人的证言而言,主要了解行为人和财物提供者之间的交往情况、双方的为人以及所处行业的交易规则等情况。通过上述可以发现,即便行为人和财物提供者双方没有“事先约定”,也能够通过一些细节来推断行为人履职时的心理活动。如身为职称申报材料审查小组组长的某省属高校副院长甲,在审查完申请职称的当事人 A 的申报材料之后,马上向 A 发短信,告诉对方说他的材料在自己手

察院提起抗诉。安徽省高级人民法院撤销了一审判决,发回重新审判。合肥市中级人民法院依法重新组成合议庭,经公开审理后,认为:陈某身为国家工作人员,利用职务便利,根据下属部门承包经营人李某某建议,制定新的承包经营政策,协调、帮助李某某承包经营,在李某某获取巨额利润后,非法收受李某某所送 33 万元人民币、15 万港元,其行为侵害了国家工作人员公务活动的廉洁性,已构成受贿罪,依法应予惩处。公诉机关指控犯罪成立。本案中争论的焦点是,陈某有无受贿的故意?确实,如果从职务行为公正性的角度来讲,陈某在履行相关职务行为时并无收受财物的约定,现有证据也无法推定行为人当时具有事后收受财物的期待。但是,作为被告人的陈某所收受的均是与其履职范围关系密切的下属的财物,其与下属之间具有千丝万缕的、“剪不断、理还乱”的利害关系;一旦收受这种具有利害关系中的下属的财物,即便不是说其在过去的履职中对他具有关照,也是意味着“承诺”在将来为该下属的工作提供各种方便,而这种承诺使得陈某在有关李某某及其公司的业务的处理上,至少具有进行不公正裁量的抽象危险。从此意义上讲,法院认定陈某的事后受财行为构成受贿罪的判决是妥当的。

上。A在职称申报材料审查通过之后，马上给甲送上厚礼，甲予以收受的场合，不排除甲在履行审查A的职称申报材料时，具有得到A感谢的心理预期或者内心联想，否则他不会主动告诉对方。

四、结语

随着国家反腐斗争的进一步深入，惩治贿赂犯罪的法网越收越紧，现行刑法中的贿赂犯罪也有从“计赃论罪”的数额犯向“数额”和“情节”并重的行为犯转变的趋势；相关司法解释则更进一步，通过对“为他人谋取利益”的扩张解释，将事先没有约定的事后受财行为也推定为受贿，从而使得受贿罪从具有侵害职务行为公正性危险的渎职犯罪几乎演变为了侵犯国家工作人员职务行为“廉洁性”或者“不可收买性的信赖”的犯罪。这种做法，虽然满足了时下社会整体强烈的反腐要求，但也引起了偏离受贿罪的法条规定和对违反罪刑法定原则的担心。多年以前，笔者就听说这样一个故事：商人A在某外地经商时遭人陷害，身陷囹圄。法官甲在审理本案的过程中，坚持原则，秉公执法，最后判决A无罪。A获得自由之后，离开该地，回到自己家乡经商，和法官甲再无交集。多年之后，偶然听说法官甲退休之后，身患重病，经济拮据，晚景凄凉，于是托人送给甲20万元做治病费用。如果说行为人“只要明知是过去职务行为的对价而收受”，就具有受贿故意的话，则上述故事中的法官甲便构成犯罪。但是，如此活生生的、备受我国传统文化推崇并作为现代社会的稀缺资源的“感恩”故事，却被刑法学者演绎为受贿犯罪，真是让人唏嘘不已。刑法的逻辑难道就如此背离人性、惨不忍睹吗？这肯定是某个论证环节出现了问题。因此，密切关注当前受贿行为的发展动态，实质地理解刑法以及相关司法解释中有关受贿罪的规定，对于合理认定受贿罪具有重要意义。事先没有约定的事后受财行为，尽管在通常情况下，因为行为人没有受贿故意而不构成犯罪，但某些因素的存在使行为人在履行职务时，能产生事后收受职务行为对价的心理期待或者内心联想。由于这种心理预期或者联想能够使职务行为处于不公正裁量的抽象危险之下，符合渎职罪的本质，因此，可以也必须将其作为受贿罪处理。

第七章　论盗窃罪数额犯的未遂

盗窃罪数额犯[①]的未遂犯是个老生常谈、常谈常新的话题。由于我国《刑法》第264条将"盗窃公私财物,数额较大",作为"处三年以下有期徒刑、拘役或者管制,并处或者单处罚金"的条件,并将"数额巨大"以及"数额特别巨大"作为加重法定刑的情节,因此,数额的大小在一般盗窃罪的处理当中就有了至关重要的地位。其不仅决定盗窃罪的定罪,还影响盗窃罪的量刑。

由此而来的问题是,数额的性质,即其在盗窃罪的规定当中到底是盗窃罪的成立条件还是盗窃罪的既遂要件。若说其是盗窃罪的成立条件,则所有的盗窃罪,无论是既遂还是未遂,至少都必须满足"数额较大"的要求。未达数额较大要求的,一概不成立盗窃罪;相反地,如果说其是盗窃罪既遂要件的话,则未达数额较大要求的,也还是能够成立盗窃罪,只是不成立既遂犯,而是成立盗窃罪的未遂犯而已。对于这一问题,过去在刑法理论界有成立要件说和既遂要件说之争,只是成立要件说的问

---

① 这里所谓的盗窃罪数额犯,是指单次盗窃,即一次行为所导致的盗窃数额问题,不包括累计数额即多次盗窃的数额在内。累计数额的场合,或者属于单独处罚的"多次盗窃",或者需要累计数额处理,属于加重刑罚的条件即量刑规则,不存在未遂问题。

题比较明显而已。[①] 因此,现在,肯定盗窃罪数额犯存在未遂形式的观点已经成为主流。我国的相关司法解释,历来也都主张盗窃罪存在未遂犯。[②]

但是,盗窃罪数额犯的未遂犯在多大范围内存在?如“数额较大”类型的盗窃罪是否处罚未遂犯?盗窃罪数额犯的未遂形态该如何处罚?如以数额巨大或者特别巨大的财物为目标进行盗窃,结果却未得逞的(包括分文未得和取得的财物数额较小),该如何处罚?到底是作为数额巨大或者特别巨大财物的盗窃罪的未遂犯处罚还是作为数额较大的盗窃罪的未遂犯处罚?这些还存在重大争议。

笔者认为,盗窃罪数额犯之类的各种以“数额较大”或者明确地规定有具体数额的犯罪类型,属于各类数额犯的既遂形态,均存在与之对应的未遂形态。只是我国刑法中的绝大多数犯罪行为,均有与其相对应的行政违法行为,所受的处罚是行政处罚,而且我国《刑法》第13条也明确规定“情节显著轻微危害不大的,不认为是犯罪”,这种二元的制裁体系和刑法规定,使得并非所有的盗窃未遂行为都构成刑法上的盗窃罪,只有盗窃行为既未达各类盗窃罪的数额要求,且不属于“情节显著轻微危害不大的”的场合,才有可能构成应当受到刑法处罚的盗窃罪(未遂)。

以下,笔者先对目前所存在的各种主张盗窃罪数额犯的未遂形态的学说进行述评,之后结合我国有关处罚盗窃罪未遂犯的相关司

---

① 即如果说《刑法》分则规定的是犯罪的成立模式,既包括具体犯罪的既遂形态,也包括预备、未遂等形态的话,则《刑法》总则第23条第2款有关未遂犯的规定就难以理解了。因为,未遂犯也是一种犯罪形态,如果其也在分则具体犯罪之中的话,则分则所规定的法定刑当中自然也含有未遂犯的法定刑,那么,未遂犯如何按照既遂犯“从轻”或者“减轻”处罚呢?同样,《刑法》第22条第1款规定:“为了犯罪,准备工具、制造条件的,是犯罪预备。”如果说《刑法》分则规定的犯罪是成立要件,包括犯罪的各种停止形态,则“为了犯罪”中的“犯罪”,就要包括相关犯罪的未遂和中止等形态。但谁会为了一个未遂或者中止形态而“准备工具、制造条件”呢?

② 赵秉志:《犯罪未遂形态探究》(第二版),中国人民大学出版社2008年版,第346页;王作富主编:《刑法分则实务研究》(中),中国方正出版社2010年版,第1069页以下。2013年4月2日发布的最高人民法院、最高人民检察院《关于办理盗窃刑事案件适用法律若干问题的解释》(以下简称《盗窃解释》)第12条第1款规定:盗窃未遂,具有下列情形之一的,应当依法追究刑事责任:(1)以数额巨大的财物为盗窃目标的;(2)以珍贵文物为盗窃目标的;(3)其他情节严重的情形。

法解释，对自己的上述见解进行阐明。

一、学说述评

现在，就盗窃罪数额犯是否存在未遂犯而言，我国学界大体上有三种见解：第一种见解认为，“数额较大”类型的盗窃罪不存在未遂形态，但“数额（特别）巨大”类型的盗窃罪存在未遂形态。其是我国的传统见解，以所谓“重罪轻罪区分说”为代表。[①] 第二种见解认为，不管是“数额较大”类型还是“数额（特别）巨大”类型，均存在未遂形态，其以“事实数额说”“规范数额说”为代表。[②] 第三种见解认为，“数额（特别）巨大”类型的盗窃罪不存在未遂形态，但“数额较大”类型的盗窃罪存在未遂形态，其以所谓“量刑规则说”为代表。[③] 以下将对各学说进行分别述评。

（一）“重罪轻罪区分说”

这种观点实际上是对我国传统学说的深化。我国传统观点认为，小偷小摸、数额很小，不能当作盗窃罪；盗窃、诈骗少量财物，属于违反治安管理处罚法的行为；只有盗窃、诈骗公私财物数额较大的，才构成刑法中的盗窃、诈骗罪。[④] 这种观点意味着，盗窃少量财物的，连盗窃未遂都不构成。依据这种传统观点，“重罪轻罪区分说”认为，在确定未遂犯的处罚范围时，应当从客观主义的立场来判断，只有在行为对刑法所保护的重要利益造成了严重危险或者威胁的时候，才能作为未遂犯处罚，而仅仅抽象地威胁法益的行为，不能予以处罚。刑法保护利益的大小或者轻重，从刑法对各种犯罪行为所设置的法定刑的轻重上也能看出来。在考虑未遂犯的处罚范围的时候，也必须注意到这一点，对于法定刑重的犯罪即重罪，可以考虑处罚其未遂形态，而对于法定刑较轻的犯罪即轻罪，则没有必要

---

① 黎宏：《刑法学总论》（第二版），法律出版社2016年版，第239～240页。

② 刘之雄：《数额犯若干问题研究》，载《法商研究》2005年第6期；吴亚安：《论我国刑法中数额的性质》，载《政治与法律》2016年第9期。

③ 张明楷：《加重构成与量刑规则的区分》，载《清华法学》2011年第1期。

④ 高铭暄、马克昌主编：《刑法学》（第九版），北京大学出版社、高等教育出版社2019年版，第44页。

处罚其未遂形态。就我国刑法的规定而言,轻罪重罪之分,可以3年有期徒刑为界,即实施了法定最低刑为3年以上犯罪时,应处罚未遂形态。事实上,我国的司法解释也将此作为盗窃罪的未遂犯的处罚标准。[①] 按照这种理解,盗窃数额(特别)巨大的场合,存在未遂形态,但在数额较大的场合,则不存在或者说至少不处罚未遂犯。

我国的司法实践多适用这种观点。[②] 笔者原本也持这种观点。虽然从客观主义刑法观以及我国司法实践的角度来看,这个观点确实有一定的现实针对性,但从理论上来看,其也存在倒果为因的论证上的不足。确实,我国司法实践当中将"3年有期徒刑"作为是否处罚未遂犯的"分水岭",但这只是总结实践经验所得出的结论,而非一定要如此处罚的原因。未遂犯的处罚原因及其范围最终还是取决于刑法保护法益的大小以及其他社会局势等诸多因素。从我国的司法实践当中,盗窃罪长期以来一直高居各种违法犯罪行为之首的现状,以及近年来的刑事立法中所体现出来的积极的能动主义司法观,即针对社会治安现状,有目的地运用刑法手段,打击重点犯罪的趋势来看,对于法定刑为3年以下有期徒刑的盗窃数额较大财物的盗窃罪的未遂形态予以处罚,也是很有必要的。况且,司法解释只是说,盗窃未遂,具有"以数额巨大的财物为盗窃目标"等情形的,"应当"依法追究刑事责任,但也没有否定,以数额较大的财物为盗窃目标的场合"可以"依法追究刑事责任,因此,这个观点存在

① 黎宏:《刑法学总论》(第二版),法律出版社2016年版,第239~240页。

② 有一个比较早的典型案例为证。2006年4月8日下午,在郑州市黄河路与南阳路交叉口的知青村地锅城门前,一名撬盗放有价值3000多元的烟酒的汽车后备箱的窃贼被该酒店保安当场抓获。该男子被抓后,气焰嚣张,反抗抓捕,并准备使用事先已经准备好的凶器,但被保安制止。然而该男子在被派出所民警带走的当晚就被释放了。警方的理由是,按照最高人民法院的有关司法解释,对这种盗贼,不能追究刑事责任。《治安管理处罚法》又没有盗窃"既遂"和"未遂"的概念和规定,确实没有办法处理,只能放了他们。对此案件,据记者调查,公安局依据的是1998年3月17日最高人民法院出台的《关于审理盗窃案件具体应用法律若干问题的解释》(已失效)。该解释的第1条第2项规定,盗窃未遂,情节严重,如以数额巨大的财物或者国家珍贵文物等为盗窃目标的,应当定罪处罚。关于数额巨大的标准,当年河南省高级人民法院、检察院、公安厅联合发文规定:"(盗窃未遂的违法分子)盗窃金额为1万元以上的,应当追究刑事责任。"以上内容参见张有义、李跃武:《盗窃未遂,嫌犯即可逍遥法外》,载《法制早报》2006年5月9日,第3版。

缺陷，笔者将不再坚持。

（二）“事实数额说”与“规范数额说”

这种见解认为，就盗窃罪而言，无论是“数额较大”类型还是“数额（特别）巨大”类型，均存在未遂形态。但是其说理不同，以下分别叙述。

1．“事实数额说”

这种学说认为，数额犯中的数额，是犯罪构成要件的定量标准，其功能在于划分罪与非罪，而非犯罪的既遂与未遂，既然未遂犯也是犯罪的一种形态，则必然要受数额要求的限制。如刘之雄教授认为，对于数额犯而言，法定的定罪数额标准，是既遂行为与未遂行为的共同标准，只要行为数额达到法定的定罪标准，就应当依法追究行为人的刑事责任。如对于盗窃罪，在其未遂情况下，“数额较大”的具体标准可以适当高于既遂，但这种区分必须限制在“数额较大”的法定范围内，而不应当违背法律规定，将“数额较大”在未遂情况下提升为“数额巨大”。[①] 同样，王昭振博士也认为，数额犯的既、未遂形态表明的是行为人对数额犯犯罪构成要件保护法益的一种损害与威胁。这种数额要件的存在作为对法益侵害程度的一种说明与限定，对数额犯的既、未遂形态产生实质影响。数额犯存在既、未遂形态，但其同样受数额“截断”功能的制约。换言之，数额犯的未遂犯的场合，也必须达到成立盗窃罪的基本犯所提出的“数额较大”的要求。否则，不成立未遂犯。[②]

数额犯的场合，无论既遂还是未遂，都要受到数额要件的限制。在有现实损害的场合，未达数额要求的，行为不构成犯罪；在没有现实损害，只有现实威胁的场合，只有达到数额要件限定要求的才可以作为犯罪处理。

依照上述“事实数额说”和“构成要件要素标准说”，数额是数额犯的构成要件要素，行为人要成立犯罪，即便是未遂犯，也必须满足数额规定的要求。换言之，未遂犯的场合，即便没有实际拿到数

---

① 刘之雄：《数额犯若干问题研究》，载《法商研究》2005年第6期。

② 王昭振：《数额犯中“数额”概念的展开》，载《法学论坛》2006年第5期。

额较大的财物,但至少必须具有拿到数额较大的财物的危险。但问题是,只要说数额犯中的数额是犯罪构成要件的定量标准,具有划分罪与非罪的功能的话,则上述目的无论如何都实现不了。因为,行为人尽管已经针对数额较大的财物着手盗窃但一无所获,或者只是拿到数额较小的财物的场合,如何满足作为盗窃罪构成要件定量标准的"数额较大"的要求呢?对此,尽管主张"事实数额说"的学者也认为,未遂犯的场合,并不要求实际满足"数额较大"的要求,只要有这种危险就足够。但这种理解与其前提条件相互冲突。如果说满足数额较大的要求是盗窃罪数额犯的成立前提,则客观上没有达到这种要求的行为,无论如何,都不可能成立盗窃罪。这是由"数额"作为犯罪构成要件定量标准的性质决定的。

2."规范数额说"

由于上述问题的存在,有学者将数额犯中的数额从客观具体的"事实要素"转换为抽象的、包含财物被盗危险在内的所谓"规范要素",以求解决上述问题。按照这种观点,盗窃他人财物,"数额较大"的规定应既包括实际致使他人数额较大的财物被盗的场合,也包括具有使他人数额较大财物被盗的危险的场合。

如吴亚安博士认为,数额是对构成要件整体的定量标准,立法者期待它具有区分违法与犯罪的机能。这种机能决定了数额是包含危险在内的规范数额,数额危险的形态决定犯罪的危险与形态。[①] 立法者所期待的数额区分违法与犯罪的机能,只能通过规范数额实现。从实质上看,决定犯罪成立的数额,必须体现指向法益的侵害行为的各种形态,包含法益侵害的"危险或实害"在内;从形式上看,犯罪成立所要求的违法性不能单纯地解读为侵害了数额较大的财物,而应当结合《刑法》分则所欲保护的财产,解释为"现实地侵害了特定数额的财物"或者"威胁了特定数额的财物"。[②] 换言之,在数额犯中,数额较大的危险,是既遂和未遂共同具有的可罚违法性的起点。[③]

---

① 吴亚安:《论我国刑法中数额的性质》,载《政治与法律》2016年第9期。

② 吴亚安:《论我国刑法中数额的性质》,载《政治与法律》2016年第9期。

③ 吴亚安:《论我国刑法中数额的性质》,载《政治与法律》2016年第9期。

即在“规范数额说”看来，数额犯中的数额同时包含侵害该数额的“实害与危险”，因此，数额犯不仅存在未遂，而且，数额犯的各个类型均有成立未遂的可能；在判断到底构成何种程度数额的未遂时，主要根据行为人事先对所针对的对象目标的认识。在有意针对数额较大及以上财物盗窃时，根据主观认识的不同，分别成立各种不同层次的未遂犯；相反地，在随机盗窃的场合，根据实际对象的价值数额的不同，分别加以判断。但总的来说，数额犯不仅有未遂，而且根据不同数额要求，存在各种不同层次的未遂。

确实，将数额犯中的数额进行规范性理解，将数额包含侵害该数额的“实害与危险”的做法，是一个不错的创新之举。即“盗窃他人财物，数额较大”的规定，不仅包含盗窃他人数额较大财物的“实害”，还包括盗窃他人数额较大的财物的“危险”。但如此理解会导致以下问题，即《刑法》总则中有关预备犯、未遂犯、中止犯的规定还有存在的必要吗？因为，没有引起实害结果的危险的场合，属于预备犯或者未遂犯（包括中止犯）的范畴。如果说《刑法》分则条文中关于数额犯的规定，除了包含实害之外，还包含“危险”这种未完成犯罪形态的规定的话，则数额犯的未遂形态与既遂形态的社会危害性完全一样，应当适用同样的法定刑。这样一来，《刑法》总则中有关未完成犯罪的处罚规定，还有什么意义呢？不是多此一举吗？更为严重的是，我国《刑法》第 23 条第 2 款规定，对于未遂犯，可以比照既遂犯从轻或者减轻处罚。既然关于数额犯的规定同时包含“实害与危险”，二者的社会危害性完全一致，则未遂犯为何要比照既遂犯从轻或者减轻处罚呢？于理不通。

（三）“量刑规则说”

这是张明楷教授提出的一种颇有新意的见解。这种见解认为，《刑法》分则条文单纯地以情节（特别）严重、情节（特别）恶劣以及数额或者数量（特别）巨大、首要分子、多次、违法所得数额巨大、犯罪行为孳生之物数量（数额）巨大作为升格条件时，只能视为量刑规则；《刑法》分则条文因为行为、对象等构成要件要素的特殊性使行为类型发生变化，进而导致违法性增加，并加重法定刑时，才属于加重的犯罪构成（或构成要件）。《刑法》分则所规定的基本犯罪构成与加重犯罪构成,都以既遂为模式,而量刑规则是不可能存在所谓未遂的。换言之,只有当案件事实完全符合某个量刑规定时,才能按照该规定量刑。①

根据上述“量刑规则说”,就盗窃罪数额犯的未遂形态而言,可以得出如下结论:第一,盗窃罪的数额犯存在未遂形态,但其只存在于“数额较大”类型的盗窃罪的场合,而在“数额巨大”以及“数额特别巨大”的场合则不存在。第二,以数额(特别)巨大的财物为对象进行盗窃,最终一无所获的场合,构成基本犯即数额较大类型的盗窃罪的未遂形态,并依照《刑法》总则中有关未遂犯的相关规定进行处罚,而非作为数额(特别)巨大的盗窃罪的未遂形态进行处罚。第三,数额较大类型盗窃罪的既遂犯(实害)的违法性高于数额(特别)巨大类型盗窃罪的未遂犯(危险)。换言之,在盗窃未遂与盗窃既遂竞合的场合,无论如何,都应当依照实害结果来定罪量刑。

但是,“量刑规则说”有关盗窃罪数额犯未遂处罚范围以及处罚方式的理解遭到了一些学者的质疑。如阮齐林教授认为,依照上述“量刑规则说”,盗窃罪数额加重犯的处罚只能在“有”即数额加重犯的既遂犯或“无”即数额较大类型的未遂犯这样两个选项中挑选,不适合我国刑法逐层加重且不易减轻处罚的体系,剥夺了法官的量刑空间,导致刻板量刑。② 针对甲窃取价值30万元的画未遂,乙窃取价值2.8万元的画既遂的案例,阮教授认为,依照数额加重犯有未遂说,法官对甲认定未遂减轻处罚最低可以判处3年有期徒刑,对乙也可以判处3年有期徒刑,没有什么明显的不公。③ 同样,柏浪涛博士也对上述“量刑规则说”的一些观点提出质疑。他承认法定刑升格条件有加重构成与量刑规则之分,但在区分标准上,则不同意张明楷教授的意见。他认为,在判断法定刑升格条件是不是加重构成要件时,应当实质判断,以违法性特征为首要标准,而不是像上述“量刑规则说”一样,以行为类型是否发生变化作为判断

① 张明楷:《加重构成与量刑规则的区分》,载《清华法学》2011年第1期。

② 阮齐林:《论盗窃罪数额犯的既遂标准》,载《人民检察》2014年第19期。

③ 阮齐林:《论盗窃罪数额犯的既遂标准》,载《人民检察》2014年第19期。

标准。[①]

以上质疑所涉及的问题是,盗窃罪中作为法定刑升格条件的"数额(特别)巨大"到底是改变盗窃罪犯罪构成的犯罪加重条件还是仅仅只是改变盗窃罪的量刑的刑罚加重条件?这一争议最初来自德国。德国学说认为,《刑法》分则所规定的法定刑升格条件中,有些属于犯罪的加重条件,有些则属于刑罚的加重条件。关于二者的区别,理论上有不同看法。定型性标准说认为,相对于基本构成要件而言,升格条件是否使基本行为类型发生变化,发生变化者为加重构成要件(加重犯),如"入户抢劫""持枪抢劫"等使抢劫罪的行为类型发生了变化,所以是加重犯罪的构成要件;未发生变化者为单纯的量刑规则,如"数额(特别)巨大""多次""违法所得数额巨大"未使基本行为类型发生变化,所以不是加重犯罪的构成要件,而是量刑规则或者说是刑罚加重要件。[②] 相反的见解则认为,定型性特征是构成要件的"图像",而违法性特征是构成要件的实体,与前者相比,后者更具有决定性意义,因此在判断法定刑升格条件是不是加重构成要件时,应以违法性特征为首要标准。不法加重要素既包括质的要素,也包括量的要素。如从我国《刑法》第234条故意伤害罪的规定来看,虽然轻伤和重伤属于性质相同、程度不同的违法事实,但并不影响重伤成为轻伤的加重犯罪构成要件。同理,虽然"数额较大"的财物与"数额(特别)巨大"的财物属于性质相同、程度不同的要素,但并不妨碍盗窃数额(特别)巨大的财物能够成为盗窃数额较大的财物加重犯罪的构成要件。[③]

与上述法定刑升格条件的性质相关,就是法定刑升格条件是否故意的认定内容。若法定刑升格条件属于犯罪加重条件(加重构成要件要素),则成立故意,要求行为人对该加重条件要有认识;相反地,若该条件是刑罚加重条件,则不管行为人对于该加重条件是否

① 柏浪涛:《加重构成与量刑规则的实质区分》,载《法律科学》2016年第6期。

② 张明楷:《加重构成与量刑规则的区分》,载《清华法学》2011年第1期。

③ 柏浪涛:《加重构成与量刑规则的实质区分》,载《法律科学》2016年第6期。

具有认识,均可成立故意。[①]

笔者认为,将"数额(特别)巨大"理解为盗窃罪的加重犯罪构成要件更为合适一些。理由如下:

首先,行为对象会影响犯罪的类型性。这一点在我国的相关刑法规定中一目了然。如同为盗窃行为,盗窃枪支弹药的行为与盗窃普通财物的行为性质迥异;同为诈骗,骗取贷款的行为和骗取普通财物的行为在刑法评价上也大不相同。这是因为,行为对象是犯罪客体即保护法益的实在表现,尽管行为形式相同,但行为对象不同的话,也会引起不同的法益侵害结果,从而导致犯罪性质上的差别,因此,行为对象在犯罪的认定上具有重要地位。同时,从可视性的角度来讲,"数额(特别)巨大"也具有加重行为违法性的效果。也正因如此,现实当中,人们对于数额大的财物和数额小的财物所采取的保护措施通常是不同的。对数额大的财物严加防范,在法律上,其转移占有的手续也更为烦琐复杂;而对数额小的财物的防范措施则相对简单,在法律上的转移占有手续也没有那么复杂。不同价值的财物在法律上的意义不同,针对该财物的保护措施也不相同,这会使得盗窃行为的违法类型也会发生相应的变化。如针对盗窃银行金库、博物馆馆藏文物的行为,和针对盗窃建筑工地或者置于公共场所的财物的行为,行为人在事前准备、事中作案方式、事后的赃物处理手段上必然有所不同。即盗窃行为的违法性的大小,在很大程度上取决于该行为所针对的对象的价值的大小,即数额的大小。[②]

其次,"数额(特别)巨大"要件所改变的不仅仅是盗窃罪的法定刑,还影响了盗窃罪违法和责任要件,即影响了盗窃罪的犯罪构成,属于"数额(特别)巨大"类型盗窃罪的加重犯罪构成要件。这一点,从前几年学界曾经热议的"盗窃天价葡萄案"的讨论中就能

---

① 陈子平:《刑法各论》(上),台北,元照出版有限公司 2013 年版,第 415~416 页;柏浪涛:《加重构成与量刑规则的实质区分》,载《法律科学》2016 年第 6 期。

② 当然,在盗窃罪的场合,预防的必要性也是影响其法定刑高低的重要因素。如扒窃的场合,由于常见多发,因此,即便对象不是数额较大,也仍然会作为犯罪处理。这主要是基于预防必要性的考虑。

看出。对于所谓“盗窃天价葡萄案”之类,通常认为,当行为人对价值明显超过自己认识范围的财物予以盗窃时,应当考察行为人对价值认识的可能范围,以其实际可能认识的价值范围判断行为是否构成犯罪。[①] 这意味着,数额(特别)巨大也是故意的认识内容。行为尽管引起了严重结果,但行为人对此没有认识,则不能依据该结果而论以故意犯罪。同样,主张“数额(特别)巨大”属于加重刑罚条件的学者也认为:“行为人将数额较大、巨大乃至特别巨大的财物误认是价值微薄的财物而窃取,又不属于多次盗窃、入户盗窃、携带凶器盗窃、扒窃的,不应认定为盗窃罪。”[②]此一结论,正好反证了“数额(特别)巨大”是盗窃罪的加重犯罪条件,而不是加重刑罚条件。

最后,以所盗财物的数额大小区分不同类型的财产犯罪即盗窃罪的做法,在各国刑法中并不罕见,如《瑞典刑法典》第八章第1条,[③]《挪威一般公民刑法典》[④]第257条、第258条、第391条中均有类似规定。《德国刑法》虽然没有类似规定,但《德国刑法》将一般盗窃(第242条)和特别严重之盗窃(第243条)加以区分,规定不同的法定刑,并且,在第243条第2款中规定,“所盗窃的物品价值甚微的,不属于……‘情节特别严重’”。换言之,在作为一般盗窃的加重类型的“特别严重盗窃”的判断中,也是考虑了“财物数额”大小要素的。

如此说来,如果说盗窃罪数额犯中“数额(特别)巨大”是盗窃罪的加重犯罪要件的话,则应当说,即便是针对数额(特别)巨大的财物的盗窃,也同样可以存在未遂形态。

二、客观说的展开及其应用

(一)未遂犯的处罚根据

笔者认为,关于盗窃罪数额犯的未遂犯及其处罚范围的认定,

---

① 肖中华等:《对象价值认识错误是否影响盗窃罪的构成》,载《人民检察》2007年第22期。

② 参见张明楷:《刑法学》(下)(第六版),法律出版社2021年版,第1247页。

③ 参见《瑞典刑法典》,陈琴译,谢望原审校,北京大学出版社2005年版。

④ 参见《挪威一般公民刑法典》,马松建译,赵秉志审校,北京大学出版社2005年版。

必须从未遂犯的处罚根据说起。

关于未遂犯的处罚根据，传统学说从符合修正的犯罪构成的角度加以探讨，[①]但这种理解非常牵强。因为，未遂犯也是犯罪，如果没有“结果”要求，其不仅会违反《刑法》第 13 条的规定，还会导致未遂犯处罚范围的肆意扩张。因此，近年来，学说普遍从实质的角度来讨论未遂犯的处罚根据，认为未遂犯的处罚根据在于发生了法益侵害的客观危险。因为刑法的目的是保护法益，既遂犯是因行为侵害了法益而受处罚，而未遂犯则是因为具有侵害法益的危险而受处罚，故未遂犯是危险犯（客观说）。[②] 当然，也有学者从偏向主观说的立场来说明未遂犯的处罚根据。如王世洲教授认为，未遂犯的处罚根据，应当以行为人在实施接近犯罪构成的行为中所表现出来的犯罪决心为基础，根据行为造成的危害状态或者给公众造成的动摇法治的印象，依照刑罚目的的要求来决定对犯罪未遂的刑事处罚（印象说）。[③]

从我国刑法规定的角度来看，客观说值得赞成。可以肯定，我国刑法在未遂犯的规定上没有采用主观说。主观说认为，未遂犯之所以受到处罚，是因为行为当中显现了行为人违反法规范的主观意思。但是，既遂犯也是行为人的违反法规范意思的体现，为什么刑法在既遂犯之外还要单独规定未遂犯呢？同样，预备犯中也显现了行为人违反法规范的主观意思，但为什么我国刑法要将预备犯和未遂犯分开规定并予以不同的处罚呢？或许有人说，依照《刑法》第 23 条第 2 款的规定，未遂犯和既遂犯在处罚上并没有太大差别，因为其只是“可以”比照既遂犯从宽处理而已。这确实是对主观说有利的理解。但司法实践当中，对于未遂犯一般都是从宽处理的。而且，既然《刑法》第 23 条对未遂犯进行专门规定，显然也是在提醒司法工作人员，其与既遂犯不同，二者要区别对待。如果说我国刑法

---

① 高铭暄、马克昌主编：《刑法学》（第九版），北京大学出版社、高等教育出版社 2019 年版，第 143 页。

② 曲新久：《刑法学》（第二版），中国政法大学出版社 2009 年版，第 131 页；张明楷：《刑法学》（上）（第六版），法律出版社 2021 年版，第 437~438 页。

③ 王世洲：《现代刑法学（总论）》，北京大学出版社 2011 年版，第 221 页。

的相关规定对主观说不利的话，则印象说也难以接受。因为，印象说虽然以结合了主、客观两方面内容的面貌出现，但其以行为人的行为是否动摇了一般人对法秩序的信赖、动摇了法安定性的感觉为处罚根据，而不是以是否对法益造成了侵害（威胁）为根据，本质上还是主观说。

本书认为，未遂犯的场合，行为尽管没有引起侵害法益的实际结果，但仍然要作为比预备犯更严重的犯罪加以处罚，这就说明其不仅导致了一定的侵害法益危险，而且该危险必须达到一定程度。这种程度的危险，从某种意义上讲，就是一种结果，即“危险结果”。如此说来，和既遂犯一样，未遂犯之所以受罚，是因为在一般观念上其具有导致特定实害结果的抽象危险行为，该行为经过合乎因果法则的发展，引起了特定的侵害法益危险的结果，从而使该行为在形式和实质的两方面具备了未遂犯的成立要件。就盗窃罪数额犯而言，之所以处罚其未遂，是因为其存在具体的盗窃行为，且就事后所查明的情况来看，该盗窃行为还引起了使数额较大财物被盗的现实危险（结果犯）。详述如下：

首先，从形式上看，未遂犯也是犯罪之一种，必须具备犯罪构成的一般要求。从犯罪构成的角度来讲，任何犯罪，客观上都要具备以下要件，即存在特定的危险的行为（实行行为），且经过某种合乎规则的发展（因果关系），该危险变为了现实（结果）。未遂犯也是犯罪的一种，其成立当然必须符合上述要求。当然，要注意的是，独立于危险结果的危险行为，并不是指所有在形式上都符合构成要件的行为，而是指其中的、具有引起结果的一般抽象危险的行为，并且仅此就足够了。其意义在于，一方面，满足罪刑法定原则的要求；另一方面，为了切实地保护法益，从一般预防的观点出发，将刑法禁止何种行为的行为规范告诉给一般公众。①

其次，从实质上看，未遂犯也是一种结果犯。从我国刑法将预备犯和未遂犯分别认定并分开处罚的角度来看，未遂犯只有在发生了“作为未遂犯的结果的危险性”，即“法益侵害的危险只有达到一

---

①　[日]佐伯仁志：《刑法总论的思之道、乐之道》，有斐阁2013年版，第62页。

定程度以上”,值得作为未遂犯加以处罚时,才能成立。相反地,如果说未遂犯在行为人着手实行之后即告成立的话,则在行为人为了杀人而在他人住宅埋下一颗定时炸弹,设定过 10 年即爆炸,结果 3 天之后就被发现的场合,行为人的行为就要成立未遂犯。但是,此时距离爆炸结果的发生尚有近 10 年的时间,中间不知道会发生什么事情,炸弹最终会不会发生危害公共安全的结果,这一切都只有在差不多经过 10 年之后才能预测。因此,在埋弹后的第三天就认定该行为成立爆炸罪的未遂犯,显然为时过早。从此意义上讲,作为未遂犯成立要件的“结果”,应当是一种非常现实、具体的结果。其认定,不能仅以行为在实施当时所具有的一般危险为根据,而必须在事后的立场上,以该行为对行为对象的威胁程度是不是达到了一定程度,另外加上“治乱世用重典”之类的政策性考虑来确定。

最后,在判断作为没有引起实害结果却要受到刑罚处罚类型的未遂犯时,将结果危险作为重要参考依据,是符合我国刑法的相关规定的。众所周知,与诸外国不同,在我国,对于违法(包括犯罪)行为采用行政处罚和刑事处罚的二元制裁体系。如盗窃、诈骗等行为,在国外一定是刑法上的犯罪行为,只能受刑罚处罚,而不可能是只受到行政处罚的行政违法行为。[①] 但在我国,情况则不同。《治安管理处罚法》第 49 条规定,盗窃、诈骗、哄抢、敲诈勒索或者故意损毁公私财物的,处 5 日以上 10 日以下拘留,可以并处 500 元以下罚款;情节较重的,处 10 日以上 15 日以下拘留,可以并处 1000 元以下罚款。这意味着,在我国,即使不构成犯罪的盗窃、诈骗等行为,还有可能构成行政违法。其二者之间的区分,虽说按照《刑法》第 13 条的规定,主要是看行为的情节是不是“显著轻微危害不大”,但就侵害财产的行为而言,所谓“情节”,主要还是指“结果”。因为,“结果”本身就是成立犯罪的最为重要的情节。这一点从《刑法》第 14 条、第 15 条的规定就能得以证实。同时,在我国当今,行政违法和刑事违法的区分,主要还是看后果,而不是行为。在盗窃对象本不存在或者没有达到数额较大的程度,行为根本不可能达到致使数额较

① 参见黎宏:《结果本位刑法观的展开》,法律出版社 2015 年版,第 17 页以下。

大的财物被盗的危险程度时,将该行为认定为未遂犯,不仅会使盗窃行政违法行为没有存在的余地,还会违反《刑法》第13条"情节显著轻微危害不大的,不认为是犯罪"的规定,不当扩大犯罪的成立范围。

（二）盗窃罪数额犯的处罚范围

如果说未遂犯的处罚根据是,在一般观念上具有侵害特定法益的抽象危险的行为,经过合乎法则的发展,事后引起了一定威胁法益的危险状态即结果的话,则就盗窃罪数额犯的未遂形态的成立而言,必须存在某种可能导致数额较大财物被盗的抽象危险的行为(类型性要求),引起了数额较大的财物被盗的具体危险的事实(侵害结果)。从这种角度来讲,在盗窃罪数额犯中,三个不同层次的数额犯都存在未遂犯,而不是只有数额(特别)巨大的盗窃罪的场合才具有未遂犯。以下结合有关盗窃罪的司法解释中的相关规定,进行具体叙述。

首先,数额较大类型的盗窃罪也存在未遂犯,但应限定在一定范围之内。

关于未遂犯的处罚范围的确定,即什么样的犯罪处罚未遂犯,什么样的犯罪不处罚未遂犯,并没有一个特别绝对的要求。这主要是取决于各国的刑事政策和法律规定。日本学者前田雅英教授指出,未遂犯的处罚范围,只应存在于保护重大法益的场合。但在有必须严厉打击犯罪要求的社会或者时代,容易产生基于预防目的而广泛处罚未遂犯的倾向。特别是在未遂的领域,容易受制于"国民的处罚要求"。如在治安恶化的时代,为了回应国民的扩大处罚要求,英国《1981年未遂犯法案》(Criminal Attempts Act 1981),就变更了当时的判例的做法,转而向主观说的方向发展。[①] 即未遂犯的处罚,虽说通常只应限定于重大法益,但要受国民处罚要求的影响。就我国的情形而言,作为盗窃罪对象的财产,不管是公有还是私有,都是我国宪法规定的重要法益。[②] 同时,在我国,尽管针对盗窃行为

---

① [日]前田雅英:《刑法总论讲义》(第六版),东京大学出版会2015年版,第101页。

② 我国现行《宪法》第12条规定,社会主义的公共财产神圣不可侵犯。国家保护社会主义的公共财产。禁止任何组织或者个人用任何手段侵占或者破坏国家的和集体的财产。第13条第1款规定,公民的合法的私有财产不受侵犯。

的处罚越来越严厉,但盗窃在诸种违法行为中仍然名列前茅。针对这种现状,我国近年来的刑事立法将一些社会危害严重、人民群众反响强烈,原来由行政管理手段调整的盗窃行为(如多次盗窃、入户盗窃、携带凶器盗窃、扒窃)直接规定为犯罪。这些实际上都是为了满足“国民的处罚要求”。在这种背景之下,仍然要求盗窃罪的数额犯必须达到盗窃财物的价值达到相当于1000~3000元以上,恐怕是非常困难的。同时,虽说依照我国《刑法》第264条的规定,盗窃他人财物数额较大的,才构成盗窃罪,但从《刑法》总则的规定适用于《刑法》分则所规定的所有犯罪的角度来看,说盗窃他人财物未达数额较大程度,但可能达到较大程度的,构成盗窃罪的未遂犯,也并无不可。既然如此,有什么理由可以说盗窃罪数额犯中只有针对“数额巨大的财物”或者针对“珍贵文物或者金融机构”而进行盗窃的才存在未遂犯呢?

只是由于我国《刑法》第13条明文规定,一切危害社会的行为都是犯罪,但“情节显著轻微危害不大的,不认为是犯罪”。这就意味着,即便是盗窃未遂行为,要构成未遂犯的话,也必须达到超出“情节显著轻微危害不大”的程度;同时,我国对于一般的盗窃违法行为,仍然保留行政处罚,但由此而引出了另一个问题即应当受到行政处罚的盗窃行为和应当受到刑事处罚的盗窃(包括未遂)行为该如何区分?从处罚的角度来讲,在我国,盗窃行为可以分为三种类型,即违反《治安管理处罚法》的盗窃即盗窃违法行为、盗窃犯罪行为(未遂)、盗窃犯罪行为(既遂)。其中,盗窃既遂的情形比较好认定,就是客观上实际占有了他人数额较大的财物的行为。但是,已经着手盗窃,但什么也没有拿到,或者只是拿到数额较小的财物的场合,到底是构成行政违法行为还是犯罪行为(未遂)?二者该如何区分呢?

从本书的立场来看,如果说未遂犯的处罚根据在于“行为危险和结果危险同时存在”的话,则只要事前从一般经验上看,行为人的盗窃行为具备致使公私财物被盗的可能性即抽象危险(如针对公私财物进行盗窃),且从事后所查明的事实来看,该行为已经引起数额较大的财物被盗的危险结果(如行为人确实已经接近数额较大财物,或者已经将数额较大财物拿到手,但尚未离开现场即被抓获),该行为就构成盗窃罪数额较大犯的未遂犯。相反地,行为人着手实施盗窃行为,但从事后来看,该行为没有引起使他人数额较大的财物被盗的危险结果的场合(如根本就没有数额较大财物的存在),就不构成盗窃罪未遂犯,对其只能依照《治安管理处罚法》的相关规定处理。这样说来,作为行政违法行为的盗窃行为和作为盗窃罪未遂犯的盗窃行为的区别在于,盗窃行为,尽管没有导致他人数额较大的财物被盗的结果,但从事后来看,其足以引起数额较大财物被盗危险结果的场合,可以作为刑法中的未遂犯处罚;相反地,盗窃行为,从事后来看,根本不可能引起数额较大财物被盗危险结果的场合,即便已经到手了一些财物(如在专卖10元物品的店中,已经拿到了6个发卡),但也只能将其作为行政违法行为,按照《治安管理处罚法》加以处理。[①] 这样说来,成立盗窃罪数额较大犯的未遂犯的关键并不是是否存在盗窃行为,而是行为时是否存在数额较大的公私财物。[②]

其次,特定情形下的数额减半规定,宜作为盗窃罪数额犯未遂的规定。

《盗窃解释》第2条规定,盗窃公私财物,具有曾因盗窃受过刑事处罚的;一年内曾因盗窃受过行政处罚的;组织、控制未成年人盗窃的;自然灾害、事故灾害、社会安全事件等突发事件期间,在事件发生地盗窃的;盗窃残疾人、孤寡老人、丧失劳动能力人的财物的;在医院盗窃病人或者其亲友财物的;盗窃救灾、抢险、防汛、优抚、扶贫、移民、救济款物的;因盗窃造成严重后果的,"数额较大"的标准可以按照《盗窃解释》第1条规定标准的50%即减半确定。之所以这么规定,主要是考虑:就盗窃犯罪而言,数额固然是影响定罪量刑

---

① 实际上,单就结论而言,笔者的这种见解和前述的"规范数额说""事实数额说"的理论并没有多大差别。但"规范数额说""事实数额说"在得出结论的逻辑上存在严重缺陷。这是本书和其他见解之间的不同。

② 实际上,我国相关司法解释也是这么理解的。如《盗窃解释》第12条规定"以数额巨大的财物为目标""以珍贵文物为盗窃目标"的场合,要处罚盗窃罪的未遂犯。这里"数额巨大的财物""珍贵文物"都是行为时必须客观存在的对象,只能通过事后查明的事实来确定。

的重要情节,但除此之外,行为人的一贯表现、犯罪方式、盗窃对象等也是影响社会危害性的重要因素。故在综合考虑有关情节的基础上,对盗窃"数额较大"的标准作出特别规定,可以弥补"唯数额论"的不足,更好地贯彻罪责刑相适应刑法基本原则和主客观相统一刑法基本原理。[①] 但对这一规定,质疑之声不绝于耳。如张明楷教授认为,这种做法颠倒了违法与量刑责任,极不妥当,根据该种超出司法解释范围的解释还会得出诸多不公平的结论。[②]

本书同意这种见解,认为上述弱化数额要求而强化其他情节要求的规定方式,存在和罪刑法定原则冲突的问题。正如《刑法》第264条中明文规定,一般盗窃必须达到"数额较大"的标准;相关"司法解释"也明确地说明,"数额较大"是指"公私财物价值1000元至3000元以上"。众所周知,数学是暂时撇开对象的具体内容,纯粹形式地研究事物的数量关系和空间形式的科学,因此,在诸种对事物的描述当中,数字是最精准的。一就是一、二就是二,没有任何模糊和讨价还价的余地。从此角度来看,上述一定条件下,"数额较大"可以降至原定标准的50%的规定显然不符合数学语言的精确性的特点,具有类推之嫌。即"数量不够,情节来凑",不够的数量可以其他情节来补充认定,二者只要在性质上差不多就够了。这种故意虚化或者说模糊法条中的"数额"规定的做法,和《刑法》第3条所规定的罪刑法定原则冲突。

但是,如果换一种思路,说上述规定不是盗窃罪既遂犯的规定,而是未遂犯的规定的话,则上述冲突可以部分消除。详言之,在《盗窃解释》第1条清楚地规定了作为既遂犯标准的"数额较大"的前提下,紧跟其后的第2条中有关"特定情节下,数额减半"的规定,可以看作前述规定的未遂犯的规定,而不用将其看作为盗窃罪数额犯的既遂犯的规定。因为,根据本书的理解,构成盗窃罪数额犯的未遂犯,要求"行为危险和结果危险同时存在"。既然司法解释将《刑法》第264条"盗窃公私财物,数额较大"中的"数额较大"理解为

① 胡云腾、周加海、周海洋:《〈关于办理盗窃刑事案件适用法律若干问题的解释〉的理解与适用》,载《人民司法》2014年第15期。

② 张明楷:《简评近年来的刑事司法解释》,载《清华法学》2014年第1期。

“公私财物价值 1000 元至 3000 元以上”，则可以说，成立盗窃罪数额犯的基本犯，无论如何都必须满足这一数额要求；没有达到这一数额要求的，不可能成立既遂犯。如果说“数额减半”的场合也成立盗窃罪的话，则这种情形最多只能成立盗窃罪数额犯的未遂犯，而绝对不可能成立已经获得了数额较大的财物的既遂犯。因为，从本书的立场来看，成立盗窃罪数额犯的未遂犯，除了有盗窃行为的行为危险之外，还要有数额较大财物被盗的结果危险。这种结果危险，除了“分文未得”的危险状态之外，还包括“有部分所得，未达数额较大要求，但完全有可能达到数额较大要求”的场合（如盗窃孤寡老人放在列车行李架上的手提包里的财物，在已经拿到了 1200 元的时候被发现。事后查明，该老人的手提包里有 12,000 元）。只有这样才符合成立盗窃罪的未遂犯所必需的“危险结果”即状态的要求，也符合未遂犯作为犯罪必须满足《刑法》第 13 条所排除的“情节显著轻微危害不大的，不认为是犯罪”的情形。更为根本的是，只有这样理解，才能消除上述解释和罪刑法定原则之间的抵牾。[①]

再次，“以数额巨大的财物或者珍贵文物为盗窃目标的，成立盗窃未遂”的规定是注意规定，而非拟制规定。

有关盗窃罪数额犯的未遂，学界长期以来的有力学说认为，“数额较大”是盗窃罪基本犯成立的罪量要素，既然盗窃数额未达较大的不成立盗窃罪，其基本犯的未遂显然也不能作为犯罪处理；只有行为人以“数额巨大”的财物为目标才应当追究刑事责任。[②] 这种观点，简单地说，就是因为只有窃取他人“数额较大”的财物的才成立盗窃罪，而“以数额巨大的财物或者珍贵文物为盗窃目标的”场合，逻辑上显然会产生“数额较大财物被盗”的危险，所以，只有以

---

① 当然，必须说明的是，这种将“数额减半”理解为未遂犯的成立要件的规定也只能解决部分问题。如就盗窃上述孤寡老人手提包里的财物的场合而言，如果事后查明，老人手提包里只有 1200 元，即便被全部拿走，也不可能产生“数额较大财物被盗”的结果危险的场合，则上述未遂犯的理解就难以成立了。但这种难题并不是上述理论本身的问题，而是规定自身的问题。如果一个规定从各个方面都难以自圆其说，则只能说该规定经不起推敲了。

② 参见马克昌主编：《百罪通论》，北京大学出版社 2016 年版，第 752、768 页。

“数额巨大的财物或者珍贵文物”为盗窃目标的场合，才成立盗窃罪未遂犯。

这种观点是我国司法实践的传统立场。如早在1984年11月2日最高人民法院、最高人民检察院《关于办理盗窃案件具体应用法律若干问题的解释》第1条中规定：“对于潜入银行金库、博物馆等处作案，以盗窃巨额现款、金银或珍宝、文物为目标，即使未遂，也应定罪并适当处罚。”1992年发布的最高人民法院、最高人民检察院《关于办理盗窃案件具体应用法律的若干问题的解释》第1条第2项规定：“已经着手实行盗窃行为，只是由于行为人意志以外的原因而未造成公私财物损失的，是盗窃未遂。盗窃未遂，情节严重的，如明确以巨额现款、国家珍贵文物或者贵重物品等为盗窃目标的，也应定罪并依法处罚。”现行《刑法》颁布之后，1998年最高人民法院《关于审理盗窃案件具体应用法律若干问题的解释》第1条第2项规定：“盗窃未遂，情节严重，如以数额巨大的财物或者国家珍贵文物等为盗窃目标的，应当定罪处罚。”2013年4月2日发布的《盗窃解释》第12条第1款规定：“盗窃未遂，具有下列情形之一的，应当依法追究刑事责任：（一）以数额巨大的财物为盗窃目标的；（二）以珍贵文物为盗窃目标的；（三）其他情节严重的情形。”

但是，如前所述，在本书看来，盗窃罪数额犯中，三个不同层次的数额犯都存在未遂犯，而不是只有以数额（特别）巨大的财物为目标的场合才具有未遂犯。理由已如前述。这里主要谈谈对上述给司法实践产生巨大影响的司法解释相关规定的理解。

对于相关司法解释中有关盗窃未遂的规定，本书认为，也可以这样解读：第一，“以数额巨大的财物或者国家珍贵文物等为盗窃目标的，应当定罪处罚”的规定，意味着，在最高司法机关看来，即便是盗窃罪一样的数额犯，也还是有成立未遂犯的余地。第二，司法解释只是规定了追究盗窃罪数额犯的未遂犯的上限，但并未对其下限作出限制。即虽然上述司法解释明文表示，对以数额巨大的财物或者珍贵文物等为盗窃目标的未遂犯“应当依法追究刑事责任”，但并没有说对以数额较大的财物或者国家一般文物等为盗窃目标的未遂犯就不追究其刑事责任。《刑法》第23条第2款规定，“对于未遂犯,可以比照既遂犯从轻或者减轻处罚”,而“可以”规定是一个选择性的规定,和上述司法解释中作为强制性规定的“应当”规定相比,是一个程度比较轻、对被告人有利的处罚规定。司法机关完全可以根据实际情况,在不超过上限的情况下,自由地选择对盗窃未遂形态的处罚。第三,司法解释中还规定“其他情节严重的情形”,也应当作为盗窃未遂,依法追究刑事责任。换言之,即便是以“数额较大”的财物为盗窃对象,只要是“情节严重”的,也可以盗窃未遂处罚,并不一定要求是以“数额巨大的财物”或者“珍贵文物”为盗窃对象。这样说来,以《盗窃解释》第 12 条的规定为依据,对盗窃罪数额犯的未遂处罚范围进行自我设限,是没有道理的。

值得注意的是,即便是以“数额巨大的财物”或者“珍贵文物”为盗窃目标的场合,也并不是有此计划或者行为,就要构成盗窃的未遂犯,也还是必须遵循“危险行为和危险结果同时存在”的原则,只有在针对数额巨大的财物或者珍贵文物进行盗窃,而且实际上也造成了该种危险状态即结果的场合,才应当作为盗窃罪未遂犯,追究其刑事责任。因此,在行为人花费 7 个月挖掘通往银行金库的地道,没想到进去之后才发现金库里有保险柜,而他们完全没有准备,以至于失败的场合,尽管以挖掘通往银行金库的地道进行盗窃的方式具有行为危险,但因为无法打开保险柜而无法获得其中的钱财的场合,因为不可能引起“数额较大的金钱被盗的危险结果”,因此,还是难以将其作为未遂犯处理。

最后,以数额(特别)巨大财物为目标进行盗窃而未得逞时的处理,要根据不同情况进行。

针对数额(特别)巨大财物进行盗窃,分文未取时,“量刑规则说”认为,由于“数额(特别)巨大”是量刑规则,不可能存在所谓未遂,因此,这种场合下,对行为人就不能适用数额特别巨大的法定刑,而只能适用基本犯的法定刑(数额较大的法定刑),同时适用《刑法》总则关于未遂犯的处罚规定。① 但如前所说,本书并不同意这种观点。本书认为,“数额(特别)巨大”是加重构成要件,而非加

① 张明楷:《加重构成与量刑规则的区分》,载《清华法学》2011 年第 1 期。

重刑罚要件即量刑规则,因此,针对数额(特别)巨大的财物进行盗窃,结果却分文未取的场合,构成针对数额(特别)巨大的盗窃罪的未遂犯。[①]

与此相关,针对数额(特别)巨大财物进行盗窃,结果却只是盗窃数额较大的财物的场合(如行为人意图盗窃价值5万元的名画,但由于认识错误,误将价值2000元的赝品当作价值5万元的油画拿走),该如何处理?对此,有两种处理意见:一种意见认为,这种情形,应当作为盗窃罪的基本犯即数额较大类型的盗窃罪的既遂犯处理。因为,造成实害的既遂场合,其违法性程度无论如何都要高于危险(未遂)的场合。[②] 相反地,另一种意见认为,这种情形属于想象竞合,应当择一重罪论处,最终有可能按照盗窃数额巨大财物的未遂论处。[③]

笔者同意上述后一种意见。虽然从直觉上讲,造成实害的既遂场合,其违法性程度无论如何都要高于危险(未遂)的场合,但是,这种结论是不是具有法律上的根据,值得探讨。为了切实有效地保护法益,各国刑法通常将未造成实害的危险状态也作为犯罪即未遂犯(有时还处罚预备犯)加以处罚,并且规定"对于未遂犯,可以比照既遂犯从轻或者减轻处罚"(我国《刑法》第23条第2款)。虽然在司法实践中,"可以"条款意味着"通常必须如此"。但从字面上讲,"可以"也意味着"可以不必如此",即也可以不比照既遂犯从宽处罚,而是和既遂犯同等处罚。既然未遂犯和既遂犯也可以同等处罚,则"既遂场合,其违法性程度无论如何都要高于危险(未遂)的场合"的说法并不一定可靠。特别是,在上述场合下,若仅以基本犯

---

① 我国传统学说也是这么理解的。如有学者认为:"如果行为人潜入银行金库、博物馆等处作案,从主观犯意和客观盗窃行为上都明确地以数额巨大或者数额特别巨大的钱财或者物品为目标,只是因为行为人意志以外的原因未能取得巨额财物的,可以而且应当认定为数额巨大或者数额特别巨大的盗窃罪的未遂犯,综合全部案情按照《刑法》第264条中段或者后段以及第23条予以适当的处罚。"参见赵秉志:《犯罪未遂形态研究》(第二版),中国人民大学出版社2008年版,第347页。

② 董玉庭:《盗窃罪研究》,中国检察出版社2002年版,第175页;张明楷:《加重构成与量刑规则的区分》,载《清华法学》2011年第1期。

③ 赵秉志:《犯罪未遂形态研究》(第二版),中国人民大学出版社2008年版,第347页;柏浪涛:《加重构成与量刑规则的实质区分》,载《法律科学》2016年第6期。

(数额较大)的既遂犯论处,就会产生遗漏对数额(特别)巨大财物所受现实紧迫危险的评价,从而导致对数额(特别)巨大法益保护的不周全。①

三、结语

我国《刑法》第264条中所规定的三种不同类型的数额犯中的数额,是成立三种不同类型盗窃罪的既遂要件,而不是成立要件,同时,作为"数额较大"的加重类型的"数额巨大""数额特别巨大"是加重盗窃罪的违法性的要件,而不是加重其刑罚的要件即量刑规则。因此,从理论上讲,盗窃罪的三种不同类型的数额犯,均有成立未遂犯的可能。但由于我国对于盗窃行为采用刑事处罚和行政处罚的二元制裁体系,同时,《刑法》第13条规定,危害行为"情节显著轻微危害不大的,不认为是犯罪",因此,针对数额较大财物的盗窃行为,要成立未遂犯,一方面,必须具有引起数额较大财物被盗的危险;另一方面,还必须超越"情节显著轻微危害不大"的要求。这样说来,实施盗窃行为并且引起了一定数额要求的财物被盗危险结果的场合自不待言,即便是引起数额较大财物被盗危险,尚未造成严重后果(如窃取了部分财物,但未达数额较大要求的)的场合,也均可成立数额较大类型盗窃罪的未遂犯。有关盗窃罪未遂犯的相关司法解释中虽然只是规定以数额巨大的财物等为目标的盗窃未遂必须以未遂犯定罪处罚,但此类规定是注意规定而非拟制规定,并不排除对数额较大类型的盗窃罪的未遂犯的处罚;针对数额(特别)巨大财物进行盗窃,结果却只是盗窃数额较大的财物的场合,属于想象竞合,应当择一重罪论处,最终有可能按照盗窃数额(特别)巨大财物的未遂论处。

---

① 柏浪涛:《加重构成与量刑规则的实质区分》,载《法律科学》2016年第6期。相关司法解释也持上述见解,如《盗窃解释》第12条第2款规定:"盗窃既有既遂,又有未遂,分别达到不同量刑幅度的,依照处罚较重的规定处罚;达到同一量刑幅度的,以盗窃罪既遂处罚。"

第八章　恐怖主义、极端主义犯罪

和其他西方国家相比，我国对恐怖主义、极端主义犯罪的刑法规制总体上起步较晚。这主要是因为，在20世纪90年代之前，恐怖主义、极端主义犯罪在我国表现并不突出。但从此之后，我国所面临的与恐怖主义、极端主义有关的犯罪的危险与日俱增、局面日趋复杂，总体上呈现本土化、分散化、网络化、常态化特点。特别是一些境内分裂势力企图以民族问题、宗教问题掩盖恐怖主义、极端主义犯罪的本质，实施暴力恐怖活动，先后制造了一系列的打砸抢烧事件，给国家安全、社会稳定和人民群众生命财产安全造成严重的侵害和威胁，这使反对恐怖主义、极端主义犯罪成为我国目前危害最为重大、处理最为棘手的问题之一。①

2015年8月29日第十二届全国人大常委会第十六次会议通过的《刑法修正案（九）》（本章简称"修九"）中有关打击恐怖主义、极端主义犯罪的内容就是在上述背景之下而进行的，其中一些内容已经突破了我国传统刑法学的理解，值得探讨。以下，结合近年来流行的风险社会刑法观特别是有关

---

①　靳高风：《2014年中国犯罪形势分析与2015年预测》，载《中国人民公安大学学报（社会科学版）》2015年第2期。该文章显示，2014年，严重暴力恐怖活动和个人极端暴力犯罪案件的频发，严重影响了社会稳定和群众安全感。

抽象危险犯的相关理论,就“修九”当中相关打击恐怖主义、极端犯罪的相关规定略抒己见。

一、我国反恐刑事立法的总体特点及其评价

(一)我国反恐刑事立法的总体特点

近年来,在包括我国在内的刑法学界,“风险刑法观”(又称安全刑法观)成为一个引人注目的话题。这个概念源自20世纪80年代德国社会学家贝克所提出的“风险社会”一词。他在其大名鼎鼎的《风险社会》一书中将当代社会概括为“风险社会”,并指出,风险社会是当代社会发展的一个阶段,在这个发展阶段里,全球性风险开始出现,使人类日益生活在文明的“火山口”上,面临着越来越多的威胁其生存的由社会所制造的风险。① 这种将当代社会描述为“风险社会”的理论对社会科学的各个领域产生了巨大影响,刑法学也莫能例外。如长期以来,人们对正统刑法学中的一些例外现象如不作为犯罪、法人犯罪、持有型犯罪、抽象危险犯、抽象法益、举证责任倒置等问题进行了深入的探讨,但这些探讨都只是针对某个具体问题的就事论事,缺乏一种能够将其首尾一致地贯穿起来的系统的理论支撑,因此,不成体系,孤立而零散。但是,在风险社会观出现之后,人们仿佛找到了一种新的理论方向。其不仅能够将上述“孤立而零散”的学说贯穿起来,而且还能够提出一种和传统的、以规制实害为核心、以保障人权为宗旨的结果本位刑法论相抗衡的刑法观,这就是所谓风险刑法观,或者说是“安全刑法观”。② 有人将其提升为“和谐社会”中的刑法观念。③

这种安全刑法观认为,传统的刑法观是以行为所产生的实际危害后果和主观过错为根据来确定刑事责任的,在保护法益和保障人

---

① 参见[德]乌尔里希·贝克:《风险社会》,何博闻译,译林出版社2004年版,第3页。

② 沈柳兰:《风险社会下的我国刑事政策与刑事立法》,载《江苏警官学院学报》2013年第3期。

③ 王振:《安全刑法:和谐社会中的刑法新面貌》,载《江西公安专科学校学报》2008年第3期。

权的机能当中，偏向保护机能，即指向维护人的尊严和自由的一面。但现代的安全刑法观认为，上述传统的罪责刑法在现代科学技术所产生的风险面前无能为力，只有安全刑法才能对其进行有效应对。在风险社会中，我们正面临着因人的主体性实践活动而带来的现代风险，这种风险具有不确定性、不可预测性和全球性。若秉承传统的罪责刑法，等到危害结果出现时刑法再予以干涉，将无法满足公众的安全需求。安全刑法以行为的抽象危险性为前提，只要行为人存在法定危险即推定存在客观的抽象危险，并且在危险变为现实之前，提前介入，从而避免风险变为现实危害。这就是安全刑法观或者说风险刑法观的主要内容。[①]

这种“风险刑法观”或者说“安全刑法观”已经对我国的刑事立法产生了实际影响。例如，《刑法修正案（七）》增设了出售、非法提供公民个人信息罪，非法获取公民个人信息罪，将非法向他人提供个人信息的行为规定为犯罪。究其原因，是这些个人信息被不当地或者恶意地滥用，会对公民的人身、财产安全和个人隐私构成严重威胁。[②] 又如，《刑法修正案（七）》扩大了对违反动植物防疫、检疫行为的惩治范围，在原来的“引起重大动植物疫情”的基础上，补充“或者有引起重大动植物疫情危险，情节严重的”类型，明确地将危险风险纳入了刑法规制的范围。《刑法修正案（八）》则进一步突破了传统社会的刑法应对观念，显著标志是将醉酒驾车、飙车等危险行为犯罪化。这些行为原来是由行政管理手段或者民事手段调整的违法行为，充其量是一种危险行为，但由于其社会危险性严重，人民群众反响强烈，[③]因此，《刑法修正案（八）》将其规定为犯罪，其所反映的也正是风险刑法观的理念。

此次“修九”当中的有关反对恐怖主义、极端主义犯罪的一些规定，也可以看作上述风险刑法观或者说安全刑法观的延续。从“修九”中的相关规定来看，我国刑法中的恐怖犯罪规定，具有以下

---

① 沈柳兰：《风险社会下的我国刑事政策与刑事立法》，载《江苏警官学院学报》2013 年第 3 期。

② 参见《关于〈中华人民共和国刑法修正案（七）（草案）〉的说明》第 3 条。

③ 参见《关于〈中华人民共和国刑法修正案（八）（草案）〉的说明》第 4 条。

两个明显特点：

一是处罚严厉。例如，就组织、领导、参加黑社会性质组织类的犯罪而言，《刑法》第 294 条规定，组织、领导黑社会性质的组织的，处 7 年以上有期徒刑，并处没收财产；积极参加的，处 3 年以上 7 年以下有期徒刑，可以并处罚金或者没收财产。但依照本次修正后的《刑法》第 120 条规定，组织、领导恐怖活动组织的，处 10 年以上有期徒刑或者无期徒刑，并处没收财产；积极参加的，处 3 年以上 10 年以下有期徒刑。又如，就煽动暴力抗拒法律实施类的犯罪而言，煽动群众暴力抗拒国家法律、行政法规实施的，按照《刑法》第 278 条的规定，处 3 年以下有期徒刑、拘役、管制或者剥夺政治权利；造成严重后果的，处 3 年以上 7 年以下有期徒刑。但是，依照本次修正后的《刑法》第 120 条之四，利用极端主义煽动、胁迫群众破坏国家法律确立的婚姻、司法、教育、社会管理等制度实施的，即便不是暴力抗法，也要处 3 年以下有期徒刑、拘役或者管制，并处罚金；情节严重的，处 3 年以上 7 年以下有期徒刑，并处罚金；情节特别严重的，处 7 年以上有期徒刑，并处罚金或者没收财产。同样或者是几乎同样的行为，但法定刑的差别却如此之大，足见我国刑法对恐怖犯罪的否定评价之严厉。这一点在《刑法》总则对有关恐怖犯罪的缓刑、假释、累犯以及死刑缓期执行予以特别处理的做法中，也能可见一斑。

二是处罚范围广。如“修九”第 7 条所规定的几种反对恐怖主义、极端主义的犯罪，尽管被放在《刑法》分则第二章“危害公共安全罪”之中，但在罪状的规定上，一反我国传统的《刑法》分则有关具体犯罪的罪状规定上经常采用的“行为+情节”或者“行为+结果”的规定模式（如《刑法》第 116 条规定，破坏火车、汽车、电车、船只、航空器，足以使火车、汽车、电车、船只、航空器发生倾覆、毁坏危险，尚未造成严重后果的，即构成破坏交通工具罪），而是直接采用了有“行为”即构成犯罪的模式。如《刑法》第 120 条之二在“准备实施恐怖活动罪”的场合，规定只要有为实施恐怖活动准备凶器、危险物品或者其他工具，织恐怖活动培训或者积极参加恐怖活动培训，为实施恐怖活动与境外恐怖活动组织或者人员联络，为实施恐怖活动进行策划或者其他准备的行为,即可构成准备实施恐怖活动罪,并不要求造成具体的现实结果或者具体危险;同样,就第120条之三“宣扬恐怖主义、极端主义、煽动实施恐怖活动罪”而言,只要具有以制作、散发宣扬恐怖主义、极端主义的图书、音频视频资料或者其他物品,或者通过讲授、发布信息等方式宣扬恐怖主义、极端主义的,或者煽动实施恐怖活动的行为,即可构成宣扬恐怖主义、极端主义、煽动实施恐怖活动罪,而不要求有其他具体后果或者情节。

依照我国《刑法》第120条第2款的规定,犯组织、领导、参加恐怖组织罪并实施杀人、爆炸、绑架等犯罪的,另外单独构成故意杀人、爆炸、绑架等普通刑事犯罪,如此说来,上述刑法当中的所谓恐怖犯罪,实际上是杀人、爆炸、绑架等普通刑事犯罪的外围行为。换言之,就是杀人、爆炸等严重犯罪的预备行为或者共犯行为。这些行为在其他犯罪中,一般是不单独加以规定的,而是按照《刑法》总则的相关规定进行处理的。但我国现行《刑法》不仅将其单独规定,而且还处以不受《刑法》总则以及《刑法》一般理论限制的重罚。可见,在我国刑法对恐怖犯罪所保持的高压态势。

(二)对我国反恐刑事立法的评价

的确,将恐怖主义、极端主义的暴恐行为和风险社会中的风险联系起来,不无道理。自有人类社会以来,人们就一直面临各种各样的自然或者社会的风险,那么,为什么说我们现在才进入了风险社会呢?按照风险社会概念的创始者、德国社会学家贝克的理解,虽然风险概念从人类文明发源时就已经存在,但现在人们所面临的风险与过去相比已经发生了本质的变化。具体来说,现代社会的风险具有若干不同于以往的特征:一是不可感知性和不确定性,通常表现为一些完全超乎人类感知能力的放射性、空气、水和食物中的毒素和污染物等;并且,其一旦发生,所造成的后果不是传统的以科学和法律制度为基础的风险计算方法(如保险、保障等)所可以评估的。二是整体性和制度性。传统风险主要来自某些特定的个人和社会群体,某些人可以依靠自身的财富或者社会地位置身事外,而现代风险则是对人类整体的威胁,没有哪个群体或者个人能够幸免;同时,这种风险高度依赖于现代社会制度,是现代社会制度变异过程中的增量或者说是副产品,因此,必须通过风险控制制度来控制这种制度性风险。三是平等性和全球性。现代风险的分配虽然在某些方面沿袭并固化了阶级社会中的模式即基于财富的不平等,但在更多方面却体现出一种全新的分配逻辑,它以一种整体的、平等的方式损害着每一个人;同时,现代风险不仅表现在民族国家内部,而且在全球范围内得到体现,没有民族国家边界的限制。① 正因为具备以上特征,因此,现代风险已经从根本上改变了工业社会的运行逻辑、社会动力和基本结构,从而进入了一个全新的风险社会。风险社会与工业社会的最大区别在于,后者的动力机制是基于财富分配的社会不平等,而前者的动力机制则是面临社会风险威胁的一种共同的恐惧感。用一句简单而形象的话来说,阶级社会的驱动力可以概括为"我饿!"而风险社会的驱动力则可以表达为"我害怕!"②"我饿",体现的是一种物质层面上的追求,而"我害怕"则表现为一种精神层面上的需要。

现代社会中的恐怖主义、极端主义的暴恐犯罪,正好符合了上述风险社会中的"风险"特征。尽管现代人对恐怖主义、极端主义犯罪的理解仍然极不一致,恐怖主义、极端主义者关于自己的行为也是另有一套自己认识和理解世界的逻辑,似乎在道德上具有一定的正当性,但多数人认为,无论具有什么样的目的、信仰,但用残忍和恐怖手段残杀无辜平民、攻击民用设施都是非法的,因此,恐怖主义、极端主义行为已经成为世界公敌,成为多数国家的打击对象。③ 特别是近年来,恐怖活动的形式已经发生了巨大的变化,活动对象从直接的政治刺杀转向了更易于得手的小人物、缺乏抵抗能力的普通无辜市民。当代恐怖主义之所以滥杀无辜,虽说其意图是制造恐怖气氛,引起心理恐慌,以便胁迫对手做出让步,但恐怖结果所直接

---

① 参见[德]乌尔里希·贝克:《风险社会》,何博闻译,译林出版社 2004 年版。

② 参见[德]乌尔里希·贝克:《风险社会》,何博闻译,译林出版社 2004 年版。

③ 古丽燕:《略论恐怖主义行为罪与恐怖主义活动罪》,载《新疆社会科学》2010 年第 6 期;王秀梅:《依法打击"东突"势力切实维护国家稳定——兼论"煽动民族仇恨、民族歧视罪"的完善》,载《法学评论》2011 年第 6 期;李岚林:《恐怖主义犯罪相关问题探析》,载《山西警官高等专科学校学报》2014 年第 2 期。

影响的却是那些亲历者或者幸存者的终身幸福并对他们造成无法弥补的伤害。有论者指出，在恐怖主义的信念体系中，这些无辜者被看作牺牲品，他们把这些牺牲品简单的等同于敌人，这些无辜者的唯一“罪过”就是在错误的时间出现在一个错误的地点上，无辜平民是斗争中不重要的牺牲品，不配得到认真的对待。[①] 从存在论上，恐怖是个体与生存环境中人和物的关联濒临断裂所显现的心理状态，而这种心理状态的背后是人的生存危机。在现象学意义上，恐怖是使人麻痹的无能力抵抗的体验，是不可名状的精神上的痛苦，也是对真实的预感得到的人身危险的行为反应，[②]即“我害怕”，在这个世界当中再普通不过的人，因为时刻都有可能遭遇犯罪被害而感到害怕，感到恐惧。

正因如此，采用风险社会中的安全刑法观对付恐怖主义犯罪、极端主义犯罪，就成为当今各国的不二之选。历来的刑法理论，并非有意将犯罪现象作为风险，从对作为该种风险的犯罪现象的预测和分配的观点来构建刑事制度的整体，倒不如说是以一定的行为作为评价对象，根据与该评价（犯罪）对应的措施（刑罚），面向未来，把为了使其不再重复发生而进行的事后制裁作为重点。相反地，所谓预防刑法论，将以在未然之中防止侵害、在事前进行考虑作为主旨，在侵害发生之前的阶段上采用有效的预防对策。预防目的、效果目的越强烈，积极利用刑事制裁的倾向就越明显（所谓刑法的机能化），将可罚性早期化、创制出普遍法益的倾向就越来越活跃。在此，抽象危险犯，就被看作对于事前控制、预防来说最为合适的立法手段。因为，既然遭受恐怖犯罪、极端主义犯罪的侵害已经成为一种难以避免的风险，为了让风险管理机制顺利启动，将所有的社会成员作为对象，不管有无实际损害或者具体的危险状态，以强制手段来对所有的社会成员的行动选择、决定进行规制是最为有效的。这恐怕就是当今社会广泛采用抽象危险犯的最直接理由。

这一点，在“修九”有关恐怖主义、极端主义犯罪的规定上，有

---

① 参见周展等编著：《文明冲突、恐怖主义与宗教关系》，东方出版社 2009 年版，第 24 页。

② 王雪梅：《恐怖主义犯罪发展特点分析》，载《环球法律评论》2013 年第 1 期。

显著体现。在“修九”中,对恐怖主义、极端主义犯罪主要采用了两种处罚方式:一是处罚的提前化,即将以前作为预备犯、帮助犯的行为作为单独犯加以处罚,如现行《刑法》第120条之一所规定的“帮助恐怖活动罪”、第120条之二所规定的“准备实施恐怖活动罪”、第120条之三所规定的“宣扬恐怖主义、极端主义罪、煽动实施恐怖活动罪”就是如此。二是处罚的扩张化,即改变原来的“结果犯”或者“情节犯”的立法模式,而将需要处罚的行为直接规定为行为犯即抽象危险犯。如《刑法》第120条之四所规定的“利用极端主义破坏法律实施罪”、《刑法》第120条之五所规定的“强制穿戴宣扬恐怖主义、极端主义服饰、标志罪”就是如此。以上两种扩张处罚范围的方式,虽然在形式上表现不同,但在实质上二者之间并无区别,即都是只要具有行为,就应当受到刑法处罚。因为都是规定在被称为“公共危险犯”的危害公共安全罪一章之中,以“危害不特定多数人的生命、身体、财产的安全”为成立要件,因此,属于典型的抽象危险犯。

只是这种以“风险社会观”为背景而提倡的不需要结果、不需要情节的犯罪规定模式和以“侵害法益”为核心的传统刑法模式之间是否融合,还是一个需要慎重考虑的问题。一方面,风险社会的“风险”和传统刑法中的“危险”,是两个不同的观念。如前所述,所谓风险,是指在科学技术发达所导致的文明生活的发展过程中,生产力增强的同时所伴随的不明确的或者未知的、难以预测的危险;相反地,传统刑法学上所说的危险,意味着发生法益侵害的可能性,是指相对确定的、能够预测的危险,二者并不相同。因此,在传统的、以法益保护为核心的刑法当中,把“包含不确定性的风险控制”作为其中心内容的话,势必会侵蚀近代以来所确立的法益侵害原则。如强迫他人穿着恐怖主义标志的服饰的行为本身只是对他人行为自由的侵犯,绝不至于对公共安全即个人的生命、身体、财产有什么具体威胁,但现行法仍然将其作为危害公共安全罪之一种加以规定,按照目前的一般理解,其难免有将“公共安全”理解为“人们的恐惧感或者说不安感”的嫌疑。这显然是对危害公共安全罪的法益理解的颠覆。[①] 另一方面，抽象危险犯的定罪模式所具有的负面作用也不容小觑。本来贝克所说的“风险社会”是针对现代科技当中所包含的无法预测、不为人知的危险，但将其引入社会问题的领域之后，许多人为造成风险的原因（如产生恐怖主义、极端主义暴恐事件的社会原因）就有可能被以“无法预测、不为人知”为借口而搪塞过去，出现本次打击之后再次死灰复燃的“治标不治本”的情形；同时，不能排除安全刑法观本质上也是一种对恐怖活动的过度反应。“9·11”事件之后，很多国家都实质性地强化了刑事法律制裁并扩大了警察的强制执行方法，这种过度反应不仅引发了恐慌，还正中了恐怖主义者的下怀即造成公众的焦虑，对政府失去信心，从而“帮助”恐怖主义者将其恐怖活动的效果最大化了。[②]

笔者认为，现代社会与近代社会已经有很大的不同，完全无视这种不同无异于掩耳盗铃、自欺欺人；同时，从我国现在所处的转型期的社会局势来看，抽象危险犯在相当长的一段时间之内，恐怕还会有增无减。因此，在看到抽象危险犯的不足并将其无限地放大，甚至一味地进行否定和排斥，这不是具有建设意义的做法。眼下要做的事情，就是在尊重抽象危险犯立法模式的前提之下，基于传统刑法在保护法益和保障人权之间进行衡平的考虑，将其尽量纳入传统刑法理论的框架中来。具体来说，就是从法益侵害说的立场出发，对抽象危险犯中的危险概念进行分析，并从法益侵害的角度对危险的含义进行说明，维持抽象危险犯的立法模式和传统的法益侵害原则之间的平衡与协调，从而避免上述抽象危险犯的立法模式可能引发的问题。

具体做法应为，从抽象危险犯本身的特点来认定抽象危险犯中的危险。抽象危险犯的特点是，形式和内容在法律规定上脱节，即从“所有的犯罪都是结果犯”的立场来讲，抽象危险犯本质上属于结果犯，只有在发生威胁法益的结果时才能成立。但在形式上，刑

---

① 与此类似的情形，我国《刑法》第291条之一中还规定有“投放虚假危险物质罪”“编造、故意传播虚假恐怖信息罪”。但这两种犯罪只是规定在“妨害社会管理秩序罪”部分，而没有规定在“危害公共安全罪”之中。

② 王雪梅：《恐怖主义犯罪发展特点分析》，载《环球法律评论》2013年第1期。

法对其却采用了只规定行为的方式，只要实施特定行为即已足，而没有像同属结果犯类型的具体危险犯一样，将发生特定危险作为犯罪成立条件。在这种情况下，侵害法益的结果犯的要求，在抽象危险犯的场合就不可能像在具体危险犯的场合一样，通过分析"有无法定的侵害法益的危险结果"来直接判断，而只能通过考察"有无法定的足以侵害法益的行为事实"来间接的加以判断。只是在以"有无足以侵害法益的法定行为事实"来间接地判断是否成立抽象危险犯时，要注意的是，不能仅仅只看刑法法条的相关规定，还必须结合行为本身发生当时的各种客观事实情况（行为时的环境情况、行为对象、行为引起的外界变动等要素），从生活经验法则即从该特定时空环境下的一般人的生活经验来看，具有若干前提事实的话，就会以发生后续事态的立场出发，进行全面判断。①

二、对"修九"中的相关内容的分析

（一）对"修九"中相关犯罪进行限定解释的必要性

如前所述，"修九"中有关恐怖主义、极端主义犯罪规定的一大特点，就是将特定的涉恐预备、帮助行为"实行行为"化，更好地保护立法者认为需要重点考虑的重大法益，最为典型的就是将为实施恐怖活动进行策划或者准备的行为规定为犯罪，从而在刑事立法领域贯彻"保护法益前置"的理念。②

但对这种"法益保护前置织密反恐法网"的做法，也有学者表示了不同的看法。如在"修九"（草案）征求意见阶段，就有学者质疑该草案在反恐犯罪方面有过度犯罪化之嫌。认为该草案第4条在《刑法》第120条之下增加4款，规定了四种新罪名，在目前对"恐怖主义"和"极端主义"的概念还争议很大的情况下，将这些行为入

---

① 以上内容参见黎宏：《论抽象危险犯危险判断的经验法则之构建与适用——以抽象危险犯立法模式与传统法益侵害说的平衡和协调为目标》，载《政治与法律》2013年第8期。

② 赵秉志、杜邈：《刑法修正案（九）：法益保护前置织密反恐法网》，载《检察日报》2015年9月28日，第3版。

刑有过度犯罪化的倾向。[①] 还有学者指出:“以暴力、胁迫等方式强迫他人在公共场所穿着、佩戴宣扬恐怖主义、极端主义服饰、标志的”犯罪中,“至少应当加上‘情节严重’。这里的‘情节严重’应考虑强制他人的强度、强制他人的人数以及是否已经为此接受过治安处罚等因素”。另外,在“以制作和散发资料、发布信息、当面讲授等方式或者通过音频、视频、信息网络等宣扬恐怖主义、极端主义的”,也需要用“情节严重”来加以限定,如制作和散发的资料多少,以及发布的信息量大小等。对于情节较轻的完全可以按《治安管理处罚法》来处理。另外,对有关“利用极端主义破坏法律实施罪”(《刑法》第120条之四)、“非法持有恐怖主义、极端主义物品罪”(《刑法》第120条之六),也有同样的建议,并指出“修九”“增加的第120条这几项,一方面从防治恐怖主义犯罪来讲很有必要,但另一方面由于措辞不清等原因,可能造成对人权的极大威胁”。[②]

绝大多数学者对“修九”中将“法益保护前置织密反恐法网”的做法表示赞赏,但同时也建议,应当“确立‘适度犯罪化’的策略”,即“恐怖主义、极端主义有着极其复杂的历史根源与现实背景,甚至与国际局势的发展密切相关。刑法以犯罪和刑罚为主要内容,它无力解决社会的各种深层次冲突和矛盾,甚至很难说是一种‘治本’的法律。这就要求我们对于恐怖主义、极端主义行为持有一种理性、谨慎的态度,‘非犯罪化’和‘过度犯罪化’都不可取,应当采取‘适度犯罪化’的策略。”[③]

笔者也同意这种“适度犯罪化”的见解。一方面,在“近年来,我国部分地区发生的暴力恐怖案件表现形式呈现多样化,且均与宗教极端犯罪活动有直接关系,对国家安全、社会稳定、民族团结和人民群众生命财产安全造成了严重危害”[④]的大背景之下,在当代的

① 参见赵秉志、袁彬、郭晶:《反恐刑事法治的理性建构——“我国惩治恐怖犯罪的立法完善学术座谈会”研讨综述》,载《法制日报》2015年3月25日,第12版。

② 刘仁文:《恐怖主义与刑法规范》,载《中国法律评论》2015年第2期。

③ 参见赵秉志、袁彬、郭晶:《反恐刑事法治的理性建构——“我国惩治恐怖犯罪的立法完善学术座谈会”研讨综述》,载《法制日报》2015年3月25日,第12版。

④ 2014年9月9日最高人民法院、最高人民检察院、公安部联合下发《关于办理暴力恐怖和宗教极端刑事案件适用法律若干问题的意见》。

恐怖主义犯罪、极端主义犯罪已经成为一种难以预测的未知风险，对其除采取事前控制、预防，将所有的社会成员作为对象，不管有无实际损害或者具体危险，以强制手段对其行为举止进行规制，从而达到有效防范的结果外，别无良策的现实下，将协助恐怖活动行为，宣扬恐怖主义、极端主义行为，煽动实施恐怖活动行为，利用极端主义破坏法律实施的行为，强迫他人穿着、佩戴恐怖主义、极端主义服饰、标志的行为，非法持有宣扬恐怖主义、极端主义宣传物品的行为，以及资助恐怖活动培训的行为，为恐怖活动组织、实施恐怖活动或者恐怖活动培训招募、运送人员的行为直接入罪，扩展反恐刑法的边界，提前刑法的介入时间，将恐怖主义犯罪、极端主义犯罪消灭在萌芽状态，很有必要。“修九”中的上述规定，正好就是这种将所有的事先控制、预防现代风险社会中风险的一般做法。另一方面，刑法作为控制社会的手段，应当以补充性、谦抑性、不完全性为支撑，只能在迫不得已的情形下才能适用，否则就会发生“寒蝉效应”，产生让全体社会成员的生活战战兢兢、如履薄冰的萎缩效果。虽说善用抽象危险犯的立法模式，通过前置法益保护、增加抽象法益的方法，扩大刑法的保护范围，从而达到积极适用刑法的效果已经成为当今风险社会时代的一种时髦做法，但在没有查清问题本源，找到解决该问题的最为有效的做法的前提下，一味地强调刑法手段的控制，只能说是一种饮鸩止渴的手段，绝不是以保护法益和保障自由之间的妥当平衡为中心的刑法所应当具有的本来做法，不仅如此，其还有可能使刑法成为为了消除表面上的危机所伴随的不安感、恐惧感的工具，而丧失其存在的本来意义。在“修九”的讨论过程中，之所以会有“在反恐犯罪方面有过度犯罪化之嫌”的质疑，而主张“确立适度犯罪化的策略”的见解，其理由也在于此。因此，在“修九”规定的前提下，从保护法益的立场出发，对相关犯罪的适用妥当限定成为必要。

（二）如何进行限定

只是如何进行限定，则是需要研究的问题。在“修九”（草案）的讨论过程中，有一种观点认为，应当在草案所增设的有关恐怖主义、极端主义犯罪中，在罪状的描述后，均加上“情节严重”，对其加以限定。[①] 确实,按照这种方式,或许可以对上述有关恐怖主义、极端主义犯罪的处罚范围进行限定,同时,也符合我国《刑法》第13条有关犯罪概念的规定。但问题是,这样规定的话,就将上述条款从抽象危险犯变为了"结果犯"或者"情节犯",违背了立法者的"法益保护前置织密反恐法网"的初衷。特别是在"修九"通过之后的现在,再谈这种限制方式就没有多大意义了。

本书认为,即便是对于"修九"中规定的极端主义、恐怖主义犯罪,也应当通过考察"有无法定的足以造成法益侵害的行为事实"来判断其成立范围,或者说对其成立范围进行限定。否则,就会违反抽象危险犯是因为具有引起侵害法益危险——抽象危险——才成为犯罪的基本原理。只是在抽象危险犯的场合,不可能像具体危险犯一样,直接以是否引起了"法定的侵害法益的危险"结果来判断其成立与否,而只能通过法定的行为事实,结合一般生活经验,即"有无法定的足以侵害法益的行为事实"来间接判断。这种判断,结合行为发生当时的各种客观情况(如行为主体、行为对象、行为时的环境情况、行为引起的外界变动等),以生活在该特定时空环境下的人的一般生活经验为标准,在存在具有若干前提事实,就会发生后续事态(结果)的关系时,就可以断定该行为具有引起结果的抽象危险。如在渔船触礁搁浅在严寒的海滩上,让海水大量流入驾驶室,并排空启动引擎用的压缩空气,使该渔船不能航行的场合,尽管渔船本身并没有受到物理破坏,但如果考虑该渔船触礁搁浅时的地点是在北冰洋海域,且时值冰天雪地的隆冬季节,附近没有渔船经过,就可以说上述行为是使该渔船内的人的人身安全面临极大危险的行为,属于《日本刑法》第128条所规定的颠覆、破坏舰船罪中的"破坏"。[②] 其中,作出这种判断的关键,就是行为当时特定的时间(隆冬)、空间(北冰洋附近的千岛群岛)以及附近没有渔船经过的现实环境。换言之,特定的时空环境,对于抽象危险犯的认定具有重要影响。

---

① 刘仁文:《恐怖主义与刑法规范》,载《中国法律评论》2015年第2期。

② 参见[日]《最高法院刑事判例集》第34卷第7号,第513页;[日]冈本胜:《犯罪论和刑法思想》,信山社2000年版,第89页。

依照上述见解,在对“修九”中有关恐怖主义、极端主义犯罪的成立范围进行考察时,必须注意以下几点:

一是必须准确把握本类犯罪的侵害法益。尽管目前理解界对于“恐怖主义”“极端主义”犯罪的保护法益尚有不同理解,[①]但是,“修九”已经明确地将有关恐怖主义、极端主义犯罪的类型集中归类在《刑法》分则第二章“危害公共安全罪”一章中,因此,在有关“恐怖主义”“极端主义”犯罪的成立条件的理解上,必须以“公共安全”即不特定或者多数的人的生命、身体、财产安全为中心来进行探讨。换言之,有关恐怖主义、极端主义犯罪的实行行为,不要求其达到危害“国家安全”即动摇国家主权的独立统一、领土完整、国体和政体的安全的较高程度,但也不能说只要达到危害社会秩序即国家机关或者有关机构对社会日常生活进行管理而形成的有序状态造成威胁的较低程度就可以成立,而必须是一旦实施该种行为,从日常生活的一般经验来看,可以对不特定的多数人的生命、身体、财产的安全造成威胁时,才能成立。

在认定“修九”中有关恐怖主义、极端主义的行为是不是具有危害公共安全的属性时,重要的一点是必须弄清楚“恐怖活动”“恐怖主义”“极端主义”的意义。

在我国,“恐怖活动”并不是一个新鲜概念。早在 1997 年通过的刑法中就已经有相关条文。[②] 2011 年 10 月 29 日第十一届全国人大常委会第二十三次会议通过的《关于加强反恐怖工作有关问题

---

① 主要有三种学说:一是“公共安全说”,认为恐怖主义犯罪是指组织、策划、领导、资助、实施以对人身和财产造成重大损害或者制造社会恐怖气氛的暴力、威胁或者危险方法,危害公共安全的行为。参见高一飞:《有组织犯罪问题专论》,中国政法大学出版社 2000 年版,第 38 页;王秀梅:《论恐怖主义犯罪的惩治及我国立法的发展完善》,载赵秉志主编:《惩治恐怖主义犯罪理论与立法》,中国人民公安大学出版社 2005 年版,第 52 页。二是“复杂客体说”,认为恐怖主义犯罪侵害的法益包括国家安全、公共安全和公民的生命财产安全等方面。参见古丽燕:《略论恐怖主义行为罪与恐怖活动罪》,载《新疆社会科学》2010 年第 6 期。三是“国家安全说”,认为只有国家安全才能作为恐怖主义犯罪的法律性质。参见喻义东:《论恐怖主义犯罪在刑法分则中的地位》,载《法学》2005 年第 2 期。

② 如《刑法》第 120 条规定有“组织、领导、参加恐怖组织罪”,第 120 条之一规定有“帮助恐怖活动罪”。

的决定》(已失效)第2条更是明确规定,所谓恐怖活动,是指以制造社会恐慌、危害公共安全或者胁迫国家机关、国际组织为目的,采取暴力、破坏、恐吓等手段,造成或者意图造成人员伤亡、重大财产损失、公共设施损坏、社会秩序混乱等严重社会危害的行为,以及煽动、资助或者以其他方式协助实施上述活动的行为。这一概念也为相关司法解释所采用。[①] 但全国人大常委会2015年发布的《反恐怖主义法》则扩大了"恐怖活动"的范围。按照其第79条规定,该法所称的"恐怖活动",是"组织、策划、准备实施、实施恐怖活动,宣扬恐怖主义,煽动实施恐怖活动,非法持有宣扬恐怖主义的物品,强制他人在公共场所穿戴宣扬恐怖主义的服饰、标志,组织、领导、参加恐怖活动组织,为恐怖活动组织、恐怖活动人员、实施恐怖活动或者恐怖活动培训提供帮助的,依法追究刑事责任。"

"恐怖主义"和"极端主义"是"修九"中新增加的两个概念,但对其具体内容均没有说明,只能借助其他法律或者文件来加以说明。

在我国的《反恐怖主义法》等相关法律文件中,"恐怖主义"和"恐怖活动"并没有本质上的差别。二者都是出于制造社会恐慌、危害公共安全或者胁迫国家机关、国际组织的政治目的,而采用的暴力、破坏、恐吓等手段。这也是恐怖主义犯罪与其他普通暴力犯罪的根本区别。只是就"修九"的相关规定来看,由于"恐怖主义"作为定语是用来限定"图书、音频视频资料或者其他资料"或者被作为"宣扬"的对象的,因此,在其理解上,更多的还是应当注意其作为"所推崇的理想观点和主张"("主义")的一面。换言之,是指"通过暴力、破坏、恐吓等手段,制造社会恐慌、危害公共安全或者胁迫国家机关、国际组织的主张"。

关于"极端主义",在我国,也有两个法律文本。一个是2001年

---

① 2014年9月9日最高人民法院、最高人民检察院、公安部联合出台的《关于办理暴力恐怖和宗教极端刑事案件适用法律若干问题的意见》(已失效)第2条第1款规定,为制造社会恐慌、危害公共安全或者胁迫国家机关、国际组织,组织、纠集他人,策划、实施下列行为之一,造成或者意图造成人员伤亡、重大财产损失、公共设施损坏、社会秩序混乱的,以组织、领导、参加恐怖组织罪定罪处罚。

中国与俄罗斯等中亚五国在上海签署的《打击恐怖主义、分裂主义和极端主义上海公约》(以下简称《上海公约》),其中第1条第1款第3项规定:“极端主义”是指旨在使用暴力夺取政权、执掌政权或者改变国家宪法体制,通过暴力手段侵犯公共安全,包括为达到上述目的组织或参加非法武装团体,并且依各方国内法应追究刑事责任的任何行为。从该定义可以看出,所谓“极端主义”的突出特点是目的的政治性和手段的暴力性。另一个是2015年的《反恐怖主义法》第4条的规定,即国家反对一切形式的以歪曲宗教教义或者其他方法煽动仇恨、煽动歧视、鼓吹暴力等极端主义,消除恐怖主义的思想基础。与上述《上海公约》相比,《反恐怖主义法》中“极端主义”的范围要宽泛得多,虽然不排除其他类型的极端主义,但原则上是指宗教极端主义,而且手段也不限于暴力,主张(思想和言论)也包括在内,即我国的极端主义犯罪不以政治指向和暴力手段为必要。① 之所以出现这种情况,恐怕还是基于我国的现实考虑。在我国,极端主义原则上是宗教极端主义,其是我国当前恐怖主义的主要思想基础。正因如此,尽管在学术理论上极端主义和恐怖主义之间的关系非常微妙,但在我国由于其二者的偏重点不同,因此应当看作两个不同的概念。

但无论如何,在我国“极端主义”是和“恐怖主义”并列的一种严重犯罪,二者都是以制造社会恐慌为目的,针对无辜第三者实施暴力,造成严重社会后果的行为。这一点是毋庸置疑的。

二是妥当把握有关恐怖主义、极端主义的犯罪类型。就“修九”的相关规定来看,其中所规定的有关恐怖主义、极端主义的犯罪类型主要有两种:

第一种是为恐怖组织、恐怖活动提供帮助、方便的情形,如“修九”第5条第1款后段所规定的“积极参加”恐怖活动组织的、第6条所规定的“资助恐怖活动组织、实施恐怖活动的个人的,或者资助恐怖活动培训的”以及“为恐怖活动组织、实施恐怖活动或者恐怖

---

① 卢有学、吴永辉:《极端主义犯罪辨析——基础理论与立法剖析》,载《西南政法大学学报》2015年第2期。

活动培训招募、运送人员的”行为就是如此。这实际上是相当于将共同犯罪中帮助行为独立成罪的情形。因此，在这种类型的犯罪的认定上必须注意，作为其前提，必须是已经存在被帮助的正犯（实行犯）即实行恐怖活动的组织和个人，否则不能成立本罪。其中，“资助”，是指提供场所、经费、物资等方面的支持和帮助；“培训”，是指有组织地传授知识、技能、信念等行为；“招募”，是指面向不特定的人进行募集；“运送”，是指进行空间位置上的转移。

第二种是为将来实施恐怖犯罪创造条件的情形，如“修九”第5条第1款前端所规定的“组织、领导恐怖活动组织的”以及第7条第1款所规定的“（一）为实施恐怖活动准备凶器、危险物品或者其他工具的；（二）组织恐怖活动培训或者积极参加恐怖活动培训的；（三）为实施恐怖活动与境外恐怖活动组织或者人员联络的；（四）为实施恐怖活动进行策划或者其他准备的”行为就是如此。其实际上是将为将来准备实施的恐怖活动做准备的行为即犯罪预备行为，作为独立犯罪进行处罚，是所谓将“保护法益前置织密反恐法网”的典型体现。成立这种类型的犯罪，一方面，行为人主观上必须有“实施恐怖活动”的目的。这种目的不限于为自己将来实施的恐怖活动，也可以是为他人将来实施的恐怖活动。另一方面，客观上必须实施了上述法定的预备行为。由于从侵害法益的角度来看，刑法原则上以处罚既遂犯为原则，以处罚未遂犯为例外，因此，处罚预备犯应当是例外的例外，原则上仅限于刑法有明文规定的场合。在以法律明文规定以外的方式为犯罪提供准备的，不能构成本罪的预备犯。在为他人实施恐怖活动而准备了凶器、危险物品或者其他工具即便他人最终没有使用的场合，也可能构成本罪。因为为实施恐怖活动而准备凶器、危险物品本身就已经具有危害公共安全的抽象危险，不要求该凶器最终被实际用于实施。

以上两类恐怖犯罪，无论是在理论上还是在实践中，恐怕都不会有太大争议。因为，其不过是将有关恐怖主义犯罪的修正形态即共犯和预备犯形态作为单独犯罪加以规定而已，即便没有这种单独犯的规定，从解释学的角度，也能将其认定为犯罪。

问题是以下第三种类型，即“修九”第7条第2款、第3款、第4

款、第5款所规定的各种恐怖主义、极端主义的犯罪类型。这些类型既不是有关恐怖主义、极端主义犯罪的共犯类型，也不是其预备类型，而仅仅是在特定的时空环境下，让人感到恐惧不安，基于社会防卫的需要而规定出来的犯罪类型，是属于现代风险社会中的抽象危险犯的典型。

其中，第2款规定的是"宣扬恐怖主义、极端主义、煽动实施恐怖活动罪"，具体包括以下内容：①制作、散发宣扬恐怖主义、极端主义的图书、音频视频资料或者其他物品。②通过讲授、发布信息等方式宣扬恐怖主义、极端主义。此处的"发布信息"应排除上述列举物品形式的发布，应为通过手机短信或通信群组群发等形式的发布。③煽动实施恐怖活动。所谓煽动，就是面向不特定或者多数人公然进行怂恿、鼓励。当然，煽动不要求达到引起他人实际实施暴恐犯罪结果的程度，只要其所宣扬的内容足以让一般人对其生命、身体、财产的安全感到不安即可。

第3款规定的是"利用极端主义破坏法律实施罪"。具体表现为"利用极端主义煽动、胁迫群众破坏国家法律确立的婚姻、司法、教育、社会管理等制度实施的"行为。本来，破坏法律确立的"婚姻、司法、教育、社会管理等制度"实施的行为和危害公共安全罪毫不相干，这一点，从"煽动暴力抗拒法律实施罪"(《刑法》第278条)被作为《刑法》分则第六章妨害社会管理秩序罪中的"扰乱社会秩序罪"中的一种而规定当中就能看得出来。但既然"修九"做了如此处理，就可以说这里的"煽动、胁迫"群众破坏法律实施的行为，并非达到一般扰乱社会秩序的程度，而是必须达到威胁"公共安全"即"不特定多数人的生命、身体、财产安全"的程度。想指出的是，"修九"之所以做这样的特殊规定，主要还是考虑我国一些地区目前存在"极端主义"借用宗教名义，歪曲宗教教义，以暗杀、爆炸、暴乱等反人类的残暴手段进行暴力恐怖活动，危及不特定多数人的生命、身体、财产安全的本质。脱离这种暴力背景的"宗教极端主义"、撇开我国的某些地区这样一些特定的时空环境，即便是煽动、胁迫群众破坏国家法律确立的婚姻、司法、教育、社会管理等制度的实施，也不至于让不特定多数人产生生命、身体、财产上的不安，要慎用这一罪名。

第4款规定的是“强制穿戴宣扬恐怖主义、极端主义服饰、标志罪”。具体表现为“以暴力、胁迫等方式强制他人在公共场所穿着、佩戴宣扬恐怖主义、极端主义服饰、标志的”行为。其中,所谓“强制”,就是以某种无形或者有形的力量对人进行约束,主要采用暴力、胁迫等方式。所谓暴力,就是对人实施殴打、捆绑、禁闭等有形的侵害,包括吐口水、拿刀子划破衣服、向人扔石头等行为在内;所谓胁迫,是指对被害人进行精神上的强制,不要求以暴力为手段,咒骂他人或者进行恐吓式的质问也包括在内。所谓强制的内容,是要求他人在公共场所“穿戴宣扬恐怖主义、极端主义服饰、标志”。何为宣扬恐怖主义、极端主义的服饰、标志,还有待有关部门的解释。本来,穿着衣服、佩戴服饰和个人的喜好有关,纯属个人自由。如果说强迫他人的行为构成犯罪的话,也只是构成侵犯个人人身权的犯罪而已,这一点从侵犯少数民族风俗习惯罪(第251条)被规定在《刑法》分则第四章“侵犯公民人身权利、民主权利罪”之中就可以看出。但是,在我国某些特定地区的特定时期,穿着宣扬恐怖主义、极端主义服饰已经成为危害公共安全的暴力犯罪分子的常用标志,穿着这种特定服饰、标志的人出现在公共场合,足以引起公众的恐慌和不安,具有造成公共安全的抽象危险的影响,仍然强迫他人在公共场所穿着这种服饰、佩戴该种标志的,这种强制行为就已经超出了干涉他人个人自由的限度,而成为危害公共安全的行为,因此,将这种行为规定为危害公共安全罪也未尝不可。

第5款规定的是“非法持有宣扬恐怖主义、极端主义物品罪”。具体表现为“明知是宣扬恐怖主义、极端主义的图书、音频视频资料或者其他物品而非法持有,情节严重的”行为。基于严密法网、防患于未然的考虑,我国刑法中规定有不少持有型的犯罪,如持有假币罪、持有伪造的发票罪、非法持有枪支、弹药罪、非法持有毒品罪、非法持有国家绝密、机密文件、资料、物品罪就是如此。之所以这么规定,是因为作为持有对象的上述物品本身就具有侵害或者威胁刑法所保护的各种法益的属性,如枪支、弹药本身就是凶器,假币本身就可以破坏国家的金融秩序,因此,它们属于法律、法规禁止个人持有或者非法持有的物品即违禁品。但“宣扬恐怖主义、极端主义的图书、音频视频资料或者其他物品”并不具有上述违禁品的性质，其只能通过对他人的思想、观念产生影响，然后通过受影响的他人而危害法益，换言之，其对具体保护法益的危险，比上述持有型犯罪更为抽象、更为间接。[①] 也正因如此，与一般的持有型犯罪不同，按照“修九”第 7 条第 5 款，成立本罪，有“情节严重”的要求。

总之，“修九”中有关恐怖主义、极端主义犯罪的立法，是对我国传统刑事立法模式的又一次突破，是在我国现行刑法采取“行为+情节或者后果”的个罪规定模式之下将有关抽象危险犯论发挥到极致的表现。从“刑法不是镇压的手段，而是社会控制的技术”[②]的立场来看，这种规定，在恐怖活动已经成为严重社会问题的大背景之下，有其重要的现实意义。只是，刑法在保护法益的同时还有保障人权的一面，二者之间必须妥当平衡。在行为距离侵害法益极为遥远的阶段上，就对其进行预防性处罚，只应限于在特定的时空环境之下，从该时空环境下的一般人的生活经验来看，具备法定前提事实的话，就会发生后续事态。如此才能避免保护法益和保障人权之间的失衡，从而最大限度地实现刑法维持社会秩序的机能。

---

① 也正因如此，将非法持有恐怖主义、极端主义宣传物品规定为犯罪特别是危害公共安全的犯罪，招致了反对意见。如有人认为，没有必要将单纯地持有恐怖主义、极端主义资料的行为规定为犯罪，对此行为适用行政处罚或者治安处罚更合适。参见尹俊杰：《恐怖主义犯罪刑事立法的缺陷及完善——以〈刑法修正案九〉草案为中心》，载《法制博览》2015 年第 13 期。

② 参见[日]平野龙一：《刑法的基础》，东京大学出版会 1966 年版，第 106 页。

第九章 “计赃论罪”与我国当今的刑事司法

所谓计赃论罪，就是按照犯罪行为所得赃物的多少来确定是否成立犯罪及对犯罪者的刑罚轻重，赃额的多少与犯罪者所受刑罚的轻重成正比，即“因赃致罪者，其罪均加重其刑；而罪之轻重，又以赃物之多少为标准”。其是我国历代刑法有关赃罪处理的基本模式，也是我国有关财物犯罪处罚的独特传统。这种计赃论罪的立法传统在清末以及国民党统治时期短暂消失之后，又在中华人民共和国的刑事立法中得以重生。现在，我国刑法不仅将犯罪行为所获取财物的数量作为确定盗窃等财产犯罪刑罚轻重的依据，甚至将“数额较大”作为成立盗窃等财产犯罪的标准。不仅如此，在其他可能涉及财产的犯罪当中，也均将“数额”作为定罪量刑的依据。可见，我国当今的刑事立法和司法实践不仅继承了中国历史上计赃论罪的传统，而且还做了进一步的发挥。

但是，计赃论罪的定罪量刑做法，纯粹是以绝对数额相加的最终结果论罪的体现，不仅不能体现犯罪是行为人故意或者过失地实施违法行为，造成社会危害行为的近代刑法的理念，而且与刑法处罚没有造成实害结果的未遂犯、预备犯的现状不符，并且，其还可能掩盖犯罪的事实真相，造成将若干犯罪行为最后只作为一个犯罪处理的结局。现在，虽然相关刑事立法和司法解释已经在对这种情形进行纠正，但这种修正只是触及表面，而没有涉及深层。因此，如何在刑事司法当中消除计赃论罪的观念，值得探讨。

以下就上述观点进行分析。

一、计赃论罪定罪量刑模式的沿革和现状

一般认为，我国至少从秦代开始，立法和司法实践中对盗窃罪就采取了“计赃论罪”的处断方式，即按照盗窃赃物数额的大小确定不同的刑罚幅度。汉代初步确立计赃论罪制度，并由司法实践逐步进入正式法规之中，成为处断盗窃罪所依的定制。魏晋南北朝时期，绢帛的“匹”数成为基本的货币计量单位，立法者便将绢帛开始作为衡量赃罪价值的基准。到唐朝，进一步明确了赃物数额与刑罚轻重的对应关系。如对于盗窃，据唐律的《贼盗律》规定：“诸窃盗，不得财笞五十，一尺杖六十，一匹加一等，五匹徒一年，五匹加一等，五十匹加役流。”至于抢劫，《贼盗律》规定：“诸强盗，不得财徒二年；一尺徒三年；二匹加一等；十匹及伤人者绞；杀人者斩。”对于贪污，《贼盗律》规定：“诸监临主守自盗及盗所临监财物者，加凡盗二等；三十匹，绞。”《宋刑统》继承了唐律中有关计赃论罪的规定。元、明两代继承了计赃论罪的旧制，但将计赃单位由“匹”改为“贯”。清代除将“贯”改为“两”，并加重处罚外，其余均沿袭明代。可见，“但得财者，并赃论罪”的计赃论罪是我国古代刑法中赃罪①的标准立法模式。

“计赃论罪”的立法模式在清末修律时受到强烈冲击。1911 年公布的《大清新刑律》在“参考古今，博辑中外”的宗旨指导下，移植了很多西方法律的内容，以行为论罪并决定处罚的轻重，传统的“计

---

① 所谓赃罪，就是与“赃”有关的犯罪。所谓“赃”，晋代张斐在《律表》中说：“货财之利谓之赃。”因此，一般认为，所谓赃罪，在我国古代法律中，是指利用职务之便侵吞、盗窃、骗取或者利用其他手段占有公共财物及受贿私人财物的行为。如《唐律》首创所谓“六赃”之名，即“受财枉法、受财不枉法、受所监临财物、强盗、窃盗和坐赃”，此为“赃罪”罪名之典型，也为后代封建法赃罪的法律制定提供了模式。

赃论罪”的赃罪立法模式不复存在。此后的《中华民国暂行新刑律》以及1928年《中华民国刑法》、1935年《中华民国刑法》关于盗窃定罪量刑的规定中均没有以所得财物数额多少决定定罪量刑幅度的问题。

中华人民共和国成立之后,从已经公布的刑法草案稿来看,就有关涉财产犯罪的规定来看,最初也没有采取“计赃论罪”的模式。如在中央人民政府法制委员会1950年7月25日下发征求意见的《刑法大纲草案》第六章“侵害国有或公有财产罪”中,对于盗窃等财产犯罪,就没有采取“计赃论罪”的做法。如其中第78条规定:“盗窃国有或公有财产者,处六月以上三年以下监禁。侵入工厂、仓库、矿山、火车、轮船而盗窃者,处六月以上五年以下监禁。”第80条规定:“骗取、侵占、或窃占国有公有财产者,处六月以上五年以下监禁,并可酌处罚金。情节特别严重者,并可没收其财产之全部或一部。”即便是有关贪污受贿的犯罪,也没有采用根据贪财、受财数额的多少决定定罪量刑的做法。如《刑法大纲草案》第七章“职务上的犯罪”第87条关于贪污罪,有如下规定:“国家工作人员就主管事务,图谋私利,有下列情形之一者,处一年以上十年以下监禁:一、克扣或截留应行发给或解交之财物;二、盗卖、窃取、侵占、掉换、或挪用公款供物;三、勾结商人索取回扣,或有其他不利于公家之行为;四、其他营私舞弊之行为。犯前项之罪情节特别严重者,处死刑或终身监禁,并可没收其财产之全部或一部。”第89条关于贿赂犯罪,有以下规定:“国家工作人员,就主管事务,要求或收受贿赂者,处一年以上十年以下监禁。情节特别严重者,处死刑或终身监禁,并可没收其财产之全部或一部。”

但是,1952年4月18日公布的单行刑法《惩治贪污条例》中出现了我国古代盛行的“计赃论罪”的传统。其第3条规定:“犯贪污罪者,依其情节轻重,按下列规定,分别惩治:一、个人贪污的数额,在人民币一亿元以上者,判处十年以上有期徒刑或无期徒刑;其情节特别严重者判处死刑。二、个人贪污的数额,在人民币五千万元以上不满一亿元者,判处五年以上十年以下徒刑。三、个人贪污的数额,在人民币一千万元以上不满五千万元者,判处一年以上五年以下徒刑,或一年至四年的劳役,或一年至二年的管制。四、个人贪污的数额,不满人民币一千万元者,判处一年以下的徒刑、劳役或管制;或免刑予以开除、撤职、降职、降级、记过或警告的行政处分。”也正因这一原因,中央人民政府法制委员会 1954 年 9 月 30 日下发征求意见的《刑法指导原则草案(初稿)》第 74 条中,关于贪污、受贿罪,就直接套用了上述《惩治贪污条例》中的规定,采用了“计赃论罪”的做法。但是,就侵犯财产犯罪而言,该草案第六节则仍然沿用了过去的一贯做法,以行为论罪;将“情节”作为裁量刑罚轻重的标准。

上述《刑法指导原则草案(初稿)》中的做法,在相当长的一段时间内得以延续,直到全国人民代表大会常务委员会办公厅于 1962 年 12 月下发的《刑法草案(初稿)》(第 27 次稿)才发生变化。在这个草案中,除早已采用计赃论罪立法模式的贪污、贿赂犯罪之外,在其他涉财犯罪中,也采用了“计赃论罪”的做法。如该草案第 153 条、第 154 条、第 155 条分别规定,只要有偷窃、抢夺、诈骗公私财物的行为,就要处以 5 年以下有期徒刑或者拘役。紧随其后,第 156 条就规定:“以偷窃、诈骗为常业的惯窃、惯骗或者偷窃、诈骗、抢夺数额巨大的,处五年以上十年以下有期徒刑;情节特别严重的,处十年以上有期徒刑、无期徒刑或者死刑。”这里,在普通财产犯罪中,首次部分采用了“计赃论罪”(“数额巨大的,处五年以上十年以下有期徒刑”)的立法模式。除此之外,该草案在走私罪(第 122 条)、投机倒把罪(第 123 条)中也有“走私数额巨大的,处七年以上有期徒刑或者无期徒刑,可以没收一部或者全部财产”“投机数额巨大的,处五年以上有期徒刑或者无期徒刑,可以没收一部或者全部财产”带有“计赃论罪”性质的规定。只是就普通财产犯罪而言,上述草案中,只是将“数额”作为影响“刑罚轻重”的依据,而没有被作为入罪标准;同时,在数额的规定上,也没有列明具体数字,而是进行了“巨大”这种模糊规定。

在 1979 年制定、1980 年实施的中华人民共和国第一部刑法典中,强化了上述刑法草案中所规定的“计赃论罪”的立法模式。该法第 151 条规定:“盗窃、诈骗、抢夺公私财物数额较大的,处五年以下有期徒刑、拘役或者管制。”第152条规定:“惯窃、惯骗或者盗窃、诈骗、抢夺公私财物数额巨大的,处五年以上十年以下有期徒刑;情节特别严重的,处十年以上有期徒刑或者无期徒刑,可以并处没收财产。”在这里,盗窃赃物数额的地位凸显,“数额较大”成为构成要件,“数额巨大”成为加重处罚情节。这样,盗窃财物的数额不仅具有确定刑罚幅度的意义,甚至还具有决定某一盗窃行为是不是构成犯罪的意义。同时,1979年《刑法》第155条在有关贪污罪的规定当中,也将“数额巨大”与“情节严重”并列,作为提高法定刑幅度的标准。

1997年进行全面修改之后的《刑法》,全面贯彻了“计赃论罪”的立法模式。该法不仅使财产犯罪的传统的“赃罪”沿袭了计赃论罪的立法模式,而且还将定罪量刑的“数额”进一步明确,并且将其扩展到了其他犯罪中。如就作为传统“赃罪”之一的贪污罪,1997年《刑法》第383条明文规定,个人贪污数额不满5000元,情节较重的,处2年以下有期徒刑或者拘役;情节较轻的,由其所在单位或者上级主管机关酌情给予行政处分;个人贪污数额在5000元以上不满5万元的,处1年以上7年以下有期徒刑。不仅如此,对“赃罪”之外一些犯罪,也明文规定了数额要求。如《刑法》第140条规定,生产者、销售者在产品中掺杂、掺假,以假充真,以次充好或者以不合格产品冒充合格产品,销售金额5万元以上不满20万元的,处2年以下有期徒刑或者拘役,并处或者单处销售金额50%以上2倍以下罚金。第203条规定,纳税人欠缴应纳税款,采取转移或者隐匿财产的手段,致使税务机关无法追缴欠缴的税款,数额在1万元以上不满10万元的,处3年以下有期徒刑或者拘役,并处或者单处欠缴税款1倍以上5倍以下罚金;数额在10万元以上的,处3年以上7年以下有期徒刑,并处欠缴税款1倍以上5倍以下罚金。第348条规定,非法持有鸦片1千克以上、海洛因或者甲基苯丙胺50克以上或者其他毒品数量大的,处7年以上有期徒刑或者无期徒刑,并处罚金;非法持有鸦片200克以上不满1千克、海洛因或者甲基苯丙胺10克以上不满50克或者其他毒品数量较大的,处3年以下有期徒刑、拘役或者管制,并处罚金;情节严重的,处3年以上7年以下有期徒刑,并处罚金。

但是,在 1997 年《刑法》之后所颁布的若干《刑法修正案》中,情况则有所变化。如 2011 年 2 月 25 日《刑法修正案(八)》第 39 条对《刑法》第 264 条进行修改,将“入户盗窃、携带凶器盗窃、扒窃”行为直接入罪。2015 年 8 月 29 日《刑法修正案(九)》第 20 条对《刑法》第 267 条进行修改,将“多次抢夺”行为直接入罪;特别是《刑法修正案(九)》第 44 条对《刑法》第 383 条(贪污罪的处罚)进行了修改,废除了原来刑法条文中依据具体数额定罪量刑的规定,而统统修改为了比较抽象、司法官员具有较大自由裁量余地的“数额+情节”的规定。此后,至少在贪污、受贿罪的定罪处罚上,计赃论罪不再被坚持。

但要注意的是,以上所述仅是立法上的变化,实务中,仍然强调数额在定罪量刑中的作用。如就盗窃罪而言,2013 年 4 月 2 日最高人民法院、最高人民检察院《盗窃解释》第 1 条第 1 款规定:盗窃公私财物价值 1000 元至 3000 元以上、3 万元至 10 万元以上、30 万元至 50 万元以上的,应当分别认定为《刑法》第 264 条规定的“数额较大”“数额巨大”“数额特别巨大”。同样,在贪污、受贿罪中,2016 年 4 月 18 日最高人民法院、最高人民检察院《关于办理贪污贿赂刑事案件适用法律若干问题的解释》第 1 条第 2 款、第 3 款规定:“贪污数额在一万元以上不满三万元,具有下列情形之一的,应当认定为刑法第三百八十三条第一款规定的‘其他较重情节’,依法判处三年以下有期徒刑或者拘役,并处罚金:(一)贪污救灾、抢险、防汛、优抚、扶贫、移民、救济、防疫、社会捐助等特定款物的;(二)曾因贪污、受贿、挪用公款受过党纪、行政处分的;(三)曾因故意犯罪受过刑事追究的;(四)赃款赃物用于非法活动的;(五)拒不交待赃款赃物去向或者拒不配合追缴工作,致使无法追缴的;(六)造成恶劣影响或者其他严重后果的。受贿数额在一万元以上不满三万元,具有前款第二项至第六项规定的情形之一,或者具有下列情形之一的,应当认定为刑法第三百八十三条第一款规定的‘其他较重情节’,依法判处三年以下有期徒刑或者拘役,并处罚金:(一)多次索贿的;(二)为他人谋取不正当利益,致使公共财产、国家和人民利益遭受损失的;(三)为他人谋取职务提拔、调整的。”第2条规定:“贪污或者受贿数额在二十万元以上不满三百万元的,应当认定为刑法第三百八十三条第一款规定的‘数额巨大’,依法判处三年以上十年以下有期徒刑,并处罚金或者没收财产。贪污数额在十万元以上不满二十万元,具有本解释第一条第二款规定的情形之一的,应当认定为刑法第三百八十三条第一款规定的‘其他严重情节’,依法判处三年以上十年以下有期徒刑,并处罚金或者没收财产。受贿数额在十万元以上不满二十万元,具有本解释第一条第三款规定的情形之一的,应当认定为刑法第三百八十三条第一款规定的‘其他严重情节’,依法判处三年以上十年以下有期徒刑,并处罚金或者没收财产。”第3条规定:“贪污或者受贿数额在三百万元以上的,应当认定为刑法第三百八十三条第一款规定的‘数额特别巨大’,依法判处十年以上有期徒刑、无期徒刑或者死刑,并处罚金或者没收财产。贪污数额在一百五十万元以上不满三百万元,具有本解释第一条第二款规定的情形之一的,应当认定为刑法第三百八十三条第一款规定的‘其他特别严重情节’,依法判处十年以上有期徒刑、无期徒刑或者死刑,并处罚金或者没收财产。受贿数额在一百五十万元以上不满三百万元,具有本解释第一条第三款规定的情形之一的,应当认定为刑法第三百八十三条第一款规定的‘其他特别严重情节’,依法判处十年以上有期徒刑、无期徒刑或者死刑,并处罚金或者没收财产。”

由此看来,尽管刑事立法上对于“计赃论罪”的处罚模式有所松动,但这种松动多局限于立法层面,在实际的司法实践中,仍然摆脱不了以实际财产所得多寡作为衡量是否成立犯罪以及对该罪处罚轻重的局面。

二、对计赃论罪定罪量刑模式的评价

对于计赃论罪的刑事立法模式,自古以来,就不乏反对声音。如曾布认为,计赃论罪中罪之轻重与处罚特别是生死之判断,取决于所盗对象的贫富程度,会导致罪之认定,取决于行为人的运气,导致偶然责任,即“盗情有轻重,赃有多少,今以赃论罪,则劫贫家情虽重而以赃少免，劫富室情虽轻而以赃重论死，是盗之生死，系于主之贫富也。”①

朱熹批评当时强盗新法规定强盗因为劫财即处极刑，有草菅人命之嫌，即强盗杀人、犯奸、纵火固应处死，可拿赃超过一定数额则处死刑的做法“似太过”，法律“所重者乃在人之躯命，而不在乎货财”。②

王夫之则以“诛心”（强调犯罪者主观恶性）之论，来批评这种仅仅依据客观“拿赃”数额来对贪腐犯罪进行定罪量刑的做法。他认为抑制官吏的贪腐之念只能依靠增进其廉耻之心，否则只会让人钻营取巧、刻意掩饰。况且，枉法与受财之多少不能相提并论，即“抑贪劝廉惟在进人于有耻，画一以严劾之，则吏之不犯者鲜，更无廉耻之可恤，而唯思巧为规避，上吏亦且重以锱铢陷人于重罚，而曲为掩盖，上逾严而下逾匿，情与势之必然也。……既不枉法也，则何谓之‘赃’？其枉法也，则所枉之大小与受赃之多少，孰为重轻？……岂可以贯之多少，定罪之轻重乎？无如不论贯，而但论其枉不枉，于枉法之中又分所枉之重轻”。③

应该说，上述批判确实切中要害、针针见血。只是以“诛心”之论即原心论罪为据对计赃论罪的做法进行批判，并不具有说服力，因为“诛心”之论并不符合近代以来的客观主义刑法观。众所周知，近代以来的刑法学中，一个最为基本的观念是，法律的责任只是惩罚外部的行动，衡量犯罪的真正标准是它对社会的危害，即法律不惩罚犯意，不过问行为的内在恶意。因为，法律是具有普遍效力的，它为人们提供一切的行为规范，不可能顾及各个特殊的情况。贝卡里亚说：“有人认为，犯罪时所怀有的意图是衡量犯罪的真正标尺，看来他们错了。因为这种标尺所依据的只是对客观对象的一时印象和头脑中的事先意念，而这些东西随着思想、欲望和环境的迅

① 《宋史·刑法志》。转引自杨鸿烈：《中国法律思想史》，中国政法大学出版社2004年版，第228页。

② 《答张敬夫书》。转引自杨鸿烈：《中国法律思想史》，中国政法大学出版社2004年版，第229页。

③ 《船山遗书》。转引自杨鸿烈：《中国法律思想史》，中国政法大学出版社2004年版，第230页。

速更替,在大家和每个人身上都各不相同。如果那样的话,就不仅需要为每个公民制定一部特殊的法典,而且需要为每次犯罪制定一条新的法律。有时会出现这样的情况,最好的意图却对社会造成了最坏的恶果,或者最坏的意图却给社会带来了最大的好处。”①因此,“计赃论罪”是纯粹的唯结果论罪,进而推断出必须原心论罪,这是不合适的,其是从一个极端走向了另一个极端的做法。

现在,学者多是从以下角度来评论计赃论罪模式的。如有学者认为,我国刑法所采取的“定性+定量”的立法模式是采取计赃论罪的根本原因,即社会危害性是犯罪的本质属性,但其又是一个变动不居的概念。行为的社会危害性的有无和大小是受社会的政治、经济条件所制约的。随着社会、政治、经济条件的变化,行为的社会危害性的评价也会相应地发生变化。就涉及财产的犯罪而言,有学者认为,侵犯财产的数额当然是衡量行为社会危害性大小的一个重要因素,甚至可以说是最重要因素;②也有学者从我国的制裁体系的角度来评论的计赃论罪模式的,如认为我国的双轨制的制裁体系决定了我国刑法在适用中必须考虑计赃论罪,即诸外国对于违法行为,多采用一元的制裁体系,就同一违法行为,或者构成犯罪,或者构成行政违法,绝不可能既违反刑法又违反行政处罚法,二者之间泾渭分明。在日本,盗窃行为,不论数额多少,均会受到刑法处罚,而不会根据所盗物品的多少或者情节轻重而予以行政处罚。德国也是如此。但与此相反,我国采用刑罚和治安处罚二级制裁体系。在这种体系之下,同一性质的违法行为如盗窃可能触犯两种不同的处罚法律。如何将其准确制裁,只能依据其社会危害性的大小,其中主要是根据行为人所获财物数额的多少来判断;③同时,国外刑法当中也能找到计赃论罪的立法例。如《西班牙刑法典》第234条规定,为

① [意]切萨雷·贝卡里亚:《论犯罪与刑罚》,黄风译,北京大学出版社2008年版,第20页。

② 杨志国:《“计赃论罪”的历史考察与现实变革》,载《贵州警官职业学院学报》2008年第2期;余秋莉:《论数额犯及其规定方式的完善》,载《襄阳职业技术学院学报》2015年第4期。

③ 杨志国:《“计赃论罪”的历史考察与现实变革》,载《贵州警官职业学院学报》2008年第2期。

获取利益，未经主人同意取得他人价值超过400欧元财物，构成盗窃罪的，处6个月至18个月徒刑。第256条规定，未经许可，使用电信装置，盗用电信资源超过400欧元的，处3个月至12个月罚金。这种规定和我国刑法中的规定如出一辙。但多数国家都没有将盗窃数额作为定罪的标准，只是作为量刑的依据。如《菲律宾刑法》第309条规定，被盗财物价值为12,000比索以上但不超过20,000比索的，处以最低幅度和中间幅度的监禁；被盗财物的价值超过20,000比索的，处以最高幅度的监禁，且每超过10,000比索就判处1年的额外刑，但是所判处的刑期总和不得超过20年；被盗财物的价值为6000比索以上但不超过12,000比索的，处以中间幅度和最高监狱矫正。其他各依所盗财物的多少确定刑罚等诸如此类的规定。德国刑法将盗窃价值是否“甚微”作为是否“告诉乃论”的标准。意大利刑法将“针对价值不大的物品并且为了满足重要和紧迫的需要而实施”的盗窃行为作为“告诉才处理”的类型。俄罗斯联邦刑法则是单纯地将盗窃“数额巨大”“数额特别巨大”作为加重处罚的情节之一。①

确实，计赃论罪的定性量刑模式，内容简明、便于操作，在贯彻罪刑法定原则中的明确性原则、保持刑法的稳定性方面有其长处，但我们也应看到，以财产损失的多寡作为衡量行为社会危害性大小的唯一标准并进而决定其定罪和处罚的做法，存在以下严重缺陷：

首先，以犯罪所得作为衡量行为社会危害性大小的唯一依据，偏离了犯罪的社会危害性的本质，难以对犯罪行为做出真实的评价。计赃论罪的基本特征是，以行为人所获得的财产数额的大小作为定罪量刑的依据，而不是以犯罪行为所造成的危害的大小为依据。这种做法完全偏离了社会危害性的本质。犯罪的本质，是对刑法所保护的利益的侵害。犯罪所得即行为人通过实施犯罪行为所获得财产，只是衡量其行为对刑法所保护的利益的一个指标，而不

① 杨志国：《“计赃论罪”的历史考察与现实变革》，载《贵州警官职业学院学报》2008年第2期。

是唯一指标。如行为人在以数额巨大的财物或者珍贵文物为盗窃目标的场合,即便盗窃未遂,没有犯罪所得的场合,也要作为犯罪未遂加以处罚。这是计赃论罪原则不妥之处的最直接体现。同时,行为的社会危害性,不仅体现在对刑法所保护的对象所造成的客观物理侵害上,同时也体现在行为的具体方式、样态、侵害对象的情况,以及行为的具体时空环境上。也就是说,我们考察某一行为的社会危害性,不应仅局限于客观的损害结果,同时也要考虑行为本身的存在因素。在很多情况下,行为本身的形态等因素比客观损害结果更加强烈地冲击着公众的心理秩序。如就《刑法》分则第五章所规定的“侵犯财产罪”而言,从“计赃”结果即造成财产损失的角度来说,抢劫、盗窃、诈骗、抢夺、侵占、挪用、故意毁坏财物等犯罪,不应当有太大差别,都是对财产(包括财物和财产性利益)造成了侵害。但现行刑法不仅将这种本质上都是侵犯财产的行为区分为不同的类型,而且还规定了不同的法定刑。这显然不是“计赃论罪”的思维即结果论在起主导作用。实际上,以侵犯财产犯罪的典型即盗窃罪为例,从行为角度来看,抢劫罪不仅侵犯财产,还伴随有侵犯人身的因素;诈骗罪之所以比盗窃罪处罚轻,是因为本罪的被害人也有一定过错;而侵占罪之所以处罚更轻,是因为行为人尽管具有占有的行为,但其并没有破坏占有。更有意思的是,从侵害法益的角度来看,和其他犯罪类型相比,故意毁坏财物罪的社会危害性更大。因为,本罪的场合,行为人不仅破坏了他人对财物的占有,而且还毁灭了财物本身,使被害人不可能追讨回财物。但是,和能够追讨回财物本身的盗窃罪等相比,故意毁坏财物罪的法定刑却最轻。这主要是因为,盗窃罪等是属于“损人利己”的犯罪类型,行为人将他人财物占为己有之后,还可以加以利用或者处分;相反地,毁坏罪则是属于“损人不利己”的犯罪,行为人破坏他人财物占有之后,直接加以毁灭。从理性人趋利避害的心理出发,在一定要选择的情况下,人们更愿意选择做“损人利己”的事情,但不会选择于人于己都没有好处的“损人不利己”的事情。这也是为什么在实务当中,盗窃罪高居各种犯罪行为的榜首,而故意毁坏财物罪却比较罕见的原因。既然毁坏财物犯罪本身就比较罕见,则没有必要用解决常见多发的盗窃等一样的严刑峻法来对其加以防范。这也从一个方面说明,行为所得并不是衡量财产犯罪行为社会危害性大小的唯一依据。

其次,以数额即计赃来论罪,会掩盖犯罪的事实真相,难以对犯罪罪名作出准确评价。如 2013 年 4 月 2 日最高人民法院、最高人民检察院《盗窃解释》第 5 条第 2 项前段规定:“盗窃记名的有价支付凭证、有价证券、有价票证,已经兑现的,按照兑现部分的财物价值计算盗窃数额。”这意味着,在我国,如入户盗窃他人记名的活期存单,然后到银行兑现人民币 1 万元的场合,最终只能构成一个盗窃罪,盗窃数额为 1 万元。但是,从侵害法益以及行为形态的角度来讲,上述案例应当构成两个犯罪,而不是一个盗窃罪。因为:第一,进入他人室内盗窃存单的行为,侵害的是“他人”的财产法益,单独构成盗窃。由于我国《刑法》第 264 条规定,“入户盗窃”就构成犯罪,而没有数额限制,所以,“进入他人室内盗窃存单的行为”,仅此就能构成一个盗窃罪。第二,隐瞒该存单属于他人的事实,或者编造自己就是存单主人的事实以该存单到银行兑现的行为,单独构成《刑法》第 266 条规定的诈骗罪。因为存单中所记载的存款归银行占有,行为人以隐瞒真相或者虚构事实的方式骗取现金的行为,实际上是引起了新的侵害法益事实,即侵害了银行占有的现金,单独构成诈骗罪。尽管上述两个行为的最终结果是取走他人价值 1 万元的现金(“计赃”),但是,他人持有价值 1 万元现金的存单所代表的财产性利益和银行占有 1 万元现金所代表的财产利益属于两种不同性质的财产法益,前者盗窃的是权利凭证,后者所骗取的是财物即现金,而且分属不同的财产主体,因此,尽管从最终获取的赃物数量(“计赃”)上来讲,上述行为最终获取的是 1 万元现金,但从刑法评价的角度来讲,构成两个犯罪,应当数罪并罚。相反地,如果仅仅以 1 万元数额财物为准,将上述行为评价为一个盗窃罪的话,就会忽略了之后用盗窃来的存单到银行取款的事实,从而掩盖上述犯罪事实的真相,导致评价不充分的问题。

将上述行为评价为一个盗窃行为,还会引起与刑法的相关规定不符的问题。《刑法》第 92 条第 4 项规定,依法归个人所有的股份、股票、债券和其他财产属于私人所有财产。有价证券、有价票证属于“股票、债券”,这是毫无疑问的,但是按照上述司法解释即“盗窃记名的有价支付凭证、有价证券、有价票证,已经兑现的,按照兑现部分的财物价值计算盗窃数额”,则“有价证券、有价票证”的财产性质取决于其是否已经“兑现”,换言之,只有已经兑现了,才属于财产。正是由于具有这种理解,所以,《盗窃解释》第5条第2项后段规定:“没有兑现,但失主无法通过挂失、补领、补办手续等方式避免损失的,按照给失主造成的实际损失计算盗窃数额。”这种规定显然和《刑法》第92条的相关规定冲突。同时,这种理解也会使上述司法解释中的相关规定相互矛盾。如上述《盗窃解释》第5条第1项规定,盗窃不记名、不挂失的有价支付凭证、有价证券、有价票证的,应当按照票面数额和盗窃时应得孳息、奖金或者奖品等可得收益一并计算盗窃数额。换言之,在盗窃不记名、不挂失的有价支付凭证的时候,即便没有兑现,也要按照可得收益一并计算盗窃数额。但是,只要是有价支付凭证、有价证券、有价票证,不管记名不记名,都是《刑法》第92条所规定的“财产”,但为什么在具体处罚上,却存在这么大的区别呢?着实令人费解。

最后,计赃论罪的做法与刑法处罚未完成犯罪的规定相互冲突。近代早期刑法基于抑制国家权力、保障个人自由的自由主义的考虑,秉承谦抑原则,在犯罪的设置和处罚上,秉承以处罚既遂犯为原则,以处罚未遂犯(包括中止犯)为例外,以处罚预备犯为例外之例外的原则。但进入近代特别是现代之后,由于强调社会保障、共同体秩序,个人自由受到一定程度的限制,特别是在当代,强调所谓风险无处不在、无时不在,预防刑法顺势而生,除了不断新设罪名、加重刑罚处罚之外,还将刑法处罚阶段前移,造成了刑法以处罚未遂犯(包括中止犯)为原则,而以处罚预备犯为例外的局面。[①] 但无论怎么变化,刑法处罚未遂犯(包括中止犯)则是近代以来的刑法一个不变原则。我国刑法也不例外,在《刑法》总则中对于犯罪预

① 参见[日]前田雅英:《刑法总论讲义》(第六版),东京大学出版会2015年版,第101页。

备、未遂和中止的成立条件以及处罚都进行了详细的规定。由于《刑法》总则条款统统适用于《刑法》分则条款,因此,从理论上讲,我国《刑法》分则中所规定的所有犯罪,原则上都处于未遂、中止和预备形态。但受计赃论罪传统的影响,我国《刑法》分则中不少条款采用了以数额论罪的方式,即将数额作为了犯罪的构成要件,这样就出现了未达数额的场合该如何处理的问题。

如我国《刑法》第 140 条规定,“生产者、销售者在产品中掺杂、掺假,以假充真,以次充好或者以不合格产品冒充合格产品,销售金额五万元以上不满二十万元的,处二年以下有期徒刑或者拘役,并处或者单处销售金额百分之五十以上二倍以下罚金”。这里,明确地将“销售金额五万元以上不满二十万元”作为生产、销售伪劣产品罪的客观要件。但由此而引发的问题是,“销售金额五万元以上不满二十万元”到底是本罪的成立要件还是既遂要件?如果说是成立要件的话,则销售金额不满 5 万元的,就无论如何也不成立生产、销售伪劣产品罪;①相反地,如果说“销售金额五万元以上不满二十万元”是本罪的既遂要件的话,则销售金额不满 5 万元的,仍有可能成立本罪,只是不能成立本罪的既遂形态而已。② 主张上述两种观点的学说各执己见、相持不下。2001 年 4 月 9 日最高人民法院、最高人民检察院《关于办理生产、销售伪劣商品刑事案件具体应用法律若干问题的解释》第 2 条第 2 款作出了一个“和稀泥”式的规定,即“伪劣产品尚未销售,货值金额达到刑法第一百四十条规定的销售金额三倍以上的,以生产、销售伪劣产品罪(未遂)定罪处罚”。

---

① 如有观点将“销售金额 5 万元以上”理解为本罪的成立要件,认为“销售金额是销售行为完成的后果。判断销售行为是否完成应以该产品是否被交付给消费者为标准”。按照这种观点,只有销售伪劣产品的行为已经完成并且销售金额在 5 万元以上的,才构成本罪。这实际上否定了本罪存在犯罪未遂的可能性。参见黄京平主编:《破坏市场经济秩序罪研究》,中国人民大学出版社 1999 年版,第 109 页以下。

② 如有观点将“销售金额 5 万元以上”理解为本罪的既遂要件,认为销售金额是指实际已经销售出去的产品金额,尚未销售但可能销售出去的产品金额,不是销售金额。因此,本罪存在犯罪未遂。本罪的未遂,是指已经实施了生产、销售伪劣产品的行为,由于行为人意志以外的原因,没有来得及销售或者销售金额未达到 5 万元以上的情况。参见史卫忠主编:《生产销售伪劣商品犯罪的定罪与量刑》,人民法院出版社 2000 年版,第 106 页以下。

这个规定没有否定上述两种见解,但也没有完全采纳上述两种见解。其一方面认为,本罪存在未遂形态,具体而言,在“货值金额”达到销售金额3倍以上的场合,以本罪的未遂定罪处罚,这意味着“销售金额五万元”不是本罪的成立要件;但另一方面却又规定,只有在“货值金额”达到销售金额3倍以上的场合,才作为本罪的未遂犯处罚,这意味着“销售金额五万元”也不是本罪的既遂要件。司法解释之所以如此煞费苦心,采用这种模棱两可的规定,主要恐怕还是因为《刑法》第140条中所采用的“计赃论罪”的规定方式。

如此说来,计赃论罪的定罪量刑模式不仅在理念上存在缺陷,更为严重的是,其在司法实践中也引起了诸多问题。

三、对计赃论罪定罪量刑模式的修正

如前所述,最近几年来,随着人们对带有浓厚计赃论罪理念的数额犯立法模式的反思,立法机关开始对单纯以数额多寡来确定犯罪与刑罚的模式进行变革。如2011年2月25日公布的《刑法修正案(八)》第39条一改传统的盗窃罪要求数额(或者“多次”)的立法模式,对《刑法》第264条进行修订,将“入户盗窃、携带凶器盗窃、扒窃”行为直接入罪;2015年8月29日公布的《刑法修正案(九)》第44条废除了依照具体数额定罪量刑的做法,按照贪污、受贿的抽象数额以及情节重新设置了定罪量刑标准。从此之后,计赃论罪不再被奉若神明。

但这并不意味着在我国盛行上千年的计赃论罪在一夜之间归于无形。这一点,从盗窃罪、贪污贿赂罪的立法当中尽管降低了“计赃”即数额在定罪量刑中的影响,但司法解释中仍然将“数额”作为定罪处罚的重要依据就能看出。甚至可以这么说,将来,只要我国的法律制裁体系没有大的变更,刑事处罚、行政处分的二元制裁体系依然维持,则“计赃论罪”的定罪处罚模式就不会消失。况且,就涉及财产的犯罪而言,侵财犯罪的数额毋庸置疑是影响行为社会危害性大小的重要因素。因此,现在我们所面临的问题不是如何从根本上消除计赃论罪,而是如何将计赃论罪模式的不足降至最低程度。

就这个问题而言,应当说,现行的相关司法解释存在不足。由于带有计赃论罪性质的数额犯所引起的一系列缺陷,也因为近年来

的刑法进行了方向性的修改,因此,在涉及数额的犯罪特别是财产罪方面,现行的司法解释就侵财数额的理解,基本上采用了以下方式,即一方面,一如既往地重视侵财数额,并且“与时俱进”,不断提高数额要求;另一方面,看重数额之外的情节,规定在具备特殊情节的场合,可以降低数额要求。这种规定方式,似乎公允持中,照顾到了各方面的要求,但实际上,其中隐藏着严重问题。

第一,就弱化数额要求而强化其他情节要求的规定方式而言,存在和罪刑法定原则冲突的问题。如2013年4月2日最高人民法院、最高人民检察院《盗窃解释》第2条规定,盗窃公私财物,具有下列情形之一的,“数额较大”的标准可以按照前条规定标准的50%确定:(1)曾因盗窃受过刑事处罚的;(2)一年内曾因盗窃受过行政处罚的;(3)组织、控制未成年人盗窃的;(4)自然灾害、事故灾害、社会安全事件等突发事件期间,在事件发生地盗窃的;(5)盗窃残疾人、孤寡老人、丧失劳动能力人的财物的;(6)在医院盗窃病人或者其亲友财物的;(7)盗窃救灾、抢险、防汛、优抚、扶贫、移民、救济款物的;(8)因盗窃造成严重后果的。但是,《刑法》第264条中明文规定,一般盗窃必须达到“数额较大”的标准,相关司法解释也明确地说明,数额较大是指“公私财物价值1000元至3000元以上”。众所周知,数学是暂时撇开对象的具体内容,纯粹形式地研究事物的数量关系和空间形式的科学,因此,在诸种对事物的描述当中,数字是最精准的。一就是一,二就是二,没有任何模糊和讨价还价的余地。从此角度来看,上述一定条件下,“数额较大”可以降至原定标准的50%的规定显然不符合上述数字精确性的特点,具有类推之嫌,即“数量不够,情节凑数”,不够的数量可以其他情节来补充认定,二者只要在性质上差不多就够了。这种问题,是解释者在我国《刑法》第264条有关盗窃罪的认定和处理采用“计赃论罪”的前提下,所做的一个无可奈何的选择,但实际上也反映了“计赃论罪”处罚模式中与生俱来的缺陷。

第二,就一如既往地重视计赃即数额,并且还不断地提高定罪量刑的数额、提高入罪门槛的做法而言,其不仅和当今的犯罪学研究成果背道而驰,而且有不断向违法行为让步之嫌。如就盗窃罪而言,现行司法解释规定,盗窃公私财物价值1000元至3000元以上、

3万元至10万元以上、30万元至50万元以上的，应当分别认定为《刑法》第264条规定的“数额较大”“数额巨大”“数额特别巨大”。1998年3月26日最高人民法院、最高人民检察院、公安部发布的《关于盗窃罪数额认定标准问题的规定》（已失效）规定：（1）个人盗窃公私财物“数额较大”，以500元至2000元为起点。（2）个人盗窃公私财物“数额巨大”，以5000元至2万元为起点。（3）个人盗窃公私财物“数额特别巨大”，以3万元至10万元为起点。同样，就贪污贿赂犯罪而言，现行司法解释规定，贪污或者受贿数额在3万元以上不满20万元的，就是数额较大；20万元以上不满300万元的，为数额巨大；300万元以上的，为数额特别巨大。但是，按照《刑法修正案（九）》之前的刑法规定，个人贪污、受贿5000元以下的，就满足刑事起诉标准；个人贪污、受贿数额在5000元以上不满5万元的，要处1年以上7年以下有期徒刑；个人贪污5万元以上不满10万元的，要处5年以上有期徒刑，可以并处没收财产；个人贪污、受贿数额在10万元以上的，处10年以上有期徒刑或者无期徒刑，可以并处没收财产，即现行的司法解释将贪污贿赂罪的入罪标准提高了6倍。

这种提高定罪量刑的数量标准、提高犯罪门槛的做法，虽说是照顾到了我国社会经济发展的实际情况，人民生活水平不断提高，对财产犯罪侵害的感受也水涨船高的现实，但其至少存下两个方面的问题：

第一，和当今的犯罪学的研究成果背道而驰。自20世纪90年代以来所流行的犯罪学研究成果表明，①一幢有少许破窗的建筑，如

① 英国人认为，早期的犯罪学理论痴迷于犯罪原因分析，而现代的犯罪学则认为，寻找犯罪原因是徒劳的，但犯罪的机会则是可以控制的；早期的研究，注重倾向性变量，即促使犯罪人实施犯罪行为的因素，与犯罪人人格、性格、智力、价值观等相关，而现代的犯罪学则注重“情景性”变量，即犯罪的机会特征。情景性犯罪预防，指的是一种优先选择的机会，它不依赖于社会及其结构的改善，而仅仅致力于减少犯罪的机会。由此，欧美的一些批判性犯罪学家开始改变思路，提倡以人性恶为前提的环境犯罪学，认为犯罪的发生与行为环境——场所、时间等机会密切相关，主张以改善微观环境来预防犯罪。在这种没有机会、就没有犯罪的犯罪环境论的思路下，人们不需要讨论犯罪的真正原因是什么，更不需要矫正犯罪人的人格、改善犯罪人的家庭乃至社会大环境，一样能够预防犯罪（至少是绝大多数的犯罪）。随着这一理论的发展，尤其是20世纪90年代西方发达国家刑事政策由正义模式转为以社区为基础的犯罪预防论之后，环境犯罪学发挥着越来越重要的作用。

果那些窗不被修理好,可能将会有破坏者破坏更多的窗户。最终他们甚至会闯入建筑内,如果发现无人居住,他们也许就在那里定居或者纵火。一面墙,如果出现一些涂鸦没有被清洗掉,很快的,墙上就会布满乱七八糟、不堪入目的东西;一条人行道有些许纸屑,不久后就会有更多垃圾,最终人们会理所当然地将垃圾顺手丢弃在地上。① 这正是我国古语所谓“千里之堤,毁于蚁穴”的道理,因此,必须防微杜渐即“零容允”。但是,调高相关犯罪的入门条件,提高涉财犯罪的数额的做法,显然不符合上述见解。

第二,表明刑法在相关犯罪面前效果不明显。我国全面进行改革开放、进行社会主义法治建设有近40年的历史,随着法制体系逐步完善、法治水平逐步提高,相应地,人们的法治观念也进一步增强,法治要求也应当进一步提高。但随着社会的发展,相关犯罪的成立要求标准即数额要求却原地踏步甚至步步后退的事实却粉碎了人们的这种愿望。多年来的刑事法制建设,不仅没有增强人们的法治意识,提高违法行为的成本,反而让人们的守法底线不断后退,违法行为的成本进一步降低。过去盗窃500元就要构成犯罪,现在却要盗窃2000元才构成犯罪;过去贪污、受贿5000元就要构成犯罪,现在却要达到3万元才能构罪。② 这种入罪门槛不断升高,意味着人们的守法底线进一步降低,其不仅是对我国多年来持之以恒的法治建设成果的否定,也是我国长期以来在司法实践中有意无意坚持“计赃论罪”观念在作祟的体现。司法实践中,这种步步后退的做法,尽管眼下一时可以降低刑事案件的数量,减轻法院、检察院的办案压力,但其无异于饮鸩止渴,长此以往,很难从根本上抑制或者扭转盗窃、贪腐等刑事案件的猖獗之势。

司法解释中的不断提高计赃数额门槛的做法,也违背了我国近年来的刑事立法宗旨。从我国近年来的刑事立法来看,消除和减少

---

① 这个现象,就是犯罪心理学中所谓的“破窗效应”。

② 或许有人说,这主要是因为社会在发展,人们的物质生活水平有了极大的提高。现在的2000元的实际购买力要大大超过过去的500元,因此将盗窃罪的入罪标准提高到2000元有其道理。但是,这种想法的背后,还是计赃论罪的观念在作祟。其表明,计赃论罪的观念,从过去到现在并没有本质上的变化。

“计赃论罪”思维模式影响的做法，主要是通过增加情节的比重来实现的，而不是倚重作为犯罪成立条件的数额要件。如《刑法修正案(八)》第39条对盗窃罪的修改，是通过将“入户盗窃、携带凶器盗窃、扒窃”规定为与传统的盗窃类型即“盗窃公私财物，数额较大的，或者多次盗窃”并列的方式进行的，并没有数额进行任何变动。这种增加盗窃行为类型的作为，实际上隐含着扩大盗窃处罚范围的意义。过去即便有“入户盗窃、携带凶器盗窃、扒窃”行为，若没有达到“数额较大”，就不构成盗窃罪。但现在没有这种“数额”限制，理论上讲，只要有上述行为，就构成犯罪。这表明，就盗窃罪而言，立法是在降低或者限制数额在其成立中的意义。但现行的司法解释似乎没有顾及这一趋势，而是反其道而行之，不断地通过提高“数额较大”等的要求，限缩盗窃罪的处罚范围。而且，不可思议的是，司法解释在提高“数额较大”的标准的同时，又规定，特定情形下，盗窃公私财物中的“数额”只要达到数额较大的50%就可以认定。这种规定纯属多余。实际上，只要不提高“数额较大”的认定标准，就可以将司法解释所列举的各种情形囊括在内。因此，维持原来的“数额较大”标准不变甚至降低数额要求，不仅和刑事立法的宗旨一致，而且还可以消除类推解释的嫌疑。贪污、贿赂罪的相关司法解释中也存在类似问题。这里就不赘述了。

总之，人们之所以反感计赃论罪，就是因为其仅仅根据行为人最终的获财结果来评定行为的社会危害性，而将行为形态以及个数撇除在外，掩盖了行为社会危害性的真实情况。这种做法不仅与现代社会以行为论罪的通常做法不符，而且我国长期的司法实践表明，其也存在许多不妥之处。我国的刑事立法已经在开始纠偏，我国的刑事司法也应当跟进，在相关涉财产犯罪的司法解释中体现这种宗旨，降低数额在犯罪认定中的影响，而加大其他情节在定罪量刑中的作用。